U0700596

Treasures for Scholars Worldwide

師顧堂叢書

蔣鵬翔 沈楠 編

儀禮正義

四

〔清〕胡培翬 撰
楊大堉 補
胡肇昕

廣西師范大學出版社
GUANGXI NORMAL UNIVERSITY PRESS

本冊目録

卷二十三

卷二十四

卷二十五

記

卷二十六

卷二十七

儀禮正義卷二十一　鄭氏注

績溪胡培翬學

喪服經傳第十一

鄭目錄云天子以下死而相喪衣服年月親疏隆殺之禮也喪必有服所以爲至痛飾也不忍言死而言喪喪者棄亡之辭若全存於彼焉已棄亡之耳大戴第十七小戴第九劉向別錄第十一疏正義曰唐石經作喪服第十一子夏傳與今本十一同釋文作喪服經傳第十一單疏作喪服第十一皆無子夏傳三字瞿中溶云石本原刻作喪服經傳第十一後磨改然則今本石經不足據也校勘記云案隋書經籍志馬融等注喪服其題皆曰喪服經傳則此四字乃舊題也疏云傳曰者不知何人所作人皆云孔子弟子卜商字子夏所爲師師相傳蓋不虛也若題中本有子夏傳三字則賈疏何必云爾儀禮目錄校證云據賈疏則賈本亦無子夏傳三字今本蓋後人所增當依舊題作喪服經傳從之又目錄親疏隆殺之禮下釋文有也字又有喪必有服所以爲至痛飾也十一字今據增若全存居於彼焉已亡之耳案賈疏述目錄無居

字已下有棄字賈疏云儀禮十七篇餘不爲傳獨爲喪服作傳者喪服一篇總包天子以下五服差降六術精麤變除之數既繁出入正嬪交互恐讀者不能悉解其義是以特爲傳解敖氏云先儒以傳爲子夏所作未必然也今且以記明之漢藝文志言禮經之記顔師古以爲七十子後學者所記是也而此傳不特釋經文亦釋記文則是作傳者又在作記者之後明矣今案經文精微詳悉非周公莫能作記傳亦皆聖賢之徒爲之但此傳爲子夏所作與否似當在闕疑之列近儒乃謂傳文有莽歆增竄者禮經釋例云周官晚出故宋人或疑爲莽歆僞撰若儀禮自西漢立學以來從無有疑及之者爲此論者自非喪心病狂不至于此葢淺惡其說之足以害經也○鄭云天子以下死而相喪衣服年月親疏隆殺之禮也者此篇言喪服自天子至庶人總包在內故云天子以下與士喪士虞專言士禮者不同吳氏紱云小宗伯辨吉凶之五服注但言王及公卿大夫士者彼以齊爲差此庶人之服無異於士而寄公爲所寄之君服大夫士爲其舊君服且下同於民據此則庶人亦在其內矣敖氏謂此篇言諸侯以下喪服郝氏敬謂篇內服制斷自大夫以下天子諸侯缺焉盛氏世佐云中

肅曰期之喪達乎大夫三年之喪達乎天子諸侯以上絕旁期至於爲高曾祖父母父母妻長子之屬則貴賤一而已曾子云哭泣之哀齊斬之情饘粥之食自天子達孟子云三年之喪齊疏之服飦粥之食自天子達於庶人三代共之以二子之言斷之喪服亦安有貴賤之等或所異者或絕或降耳其不絕不降者則固無以異也而是篇已具矣何闕焉今案敖氏郝氏有意違鄭而不知說之難通盛氏駁之是也然而相喪衣服謂斬衰齊衰大功小功緦麻年月謂三年期年九月七月五月三月親者隆而疏者殺其禮具存於此也賈疏謂喪服十有一章從斬至緦麻升數有異以下遂極論衰冠升數及降正義服其說多前後抵牾不詳不備今悉心參考別爲圖說附于本篇記末而此不具錄焉所謂十有一章者斬衰一也齊衰三年二也齊衰杖期三也齊衰不杖期四也齊衰三月五也殤大功六也成人大功七也緦衰八也殤小功九也成人小功十也緦麻十一也

云喪必有服所以爲至痛飾也者所以爲至痛飾也三年問文但哀有淺深則服有隆殺此鄭申言聖人制服之義也家語云斬衰菅菲杖而歠粥者則志不在于酒肉白虎通云喪禮必制衰麻何以副意也服以飾情情

貌相配中外相應是之謂飾云不忍言死而言喪喪者棄亡之辭若全存於彼焉已棄亡之耳者白虎通云喪者何謂也喪者亡人死謂之喪言其亡不可復得見也曲禮庶人曰死鄭注死之言澌精神澌盡說文亦云死澌也故不言死而言喪喪者是孝子不忍死其親之意謂親尚全存於彼此棄亡之不得見耳臧氏庸云已猶此也是也白虎通又云天子下至庶人俱言喪何欲言身體髮膚俱受之父母其痛一也賈疏云喪字去聲人或以平聲讀之義亦通吳氏章句云人死曰喪喪去聲此謂生人喪之喪平聲今案鄭目錄云死而相喪亦據生人言之釋文喪字無音則讀平聲是也云劉向別錄第十一者別錄向所作但他篇不言劉向此言之者孔叢伯云劉向二字衍文蓋儀禮中軼刊監本者依士冠禮疏補因誤加也朱子云夏商而上大槩只是親親長長之意到得周來則又添得許多貴貴底禮數如始封之君不臣諸父昆弟封君之子不臣諸父而臣昆弟期之喪天子諸侯絕大夫降然諸侯大夫尊同則亦不絕不降姊妹嫁諸侯者則亦不絕不降此皆貴貴之義上世想皆簡略到得周公搜剔出來立為定制更不可易禮經釋例云禮記大傳服術有六一曰親親二曰尊尊三

曰名四曰出入五曰長幼六曰從服鄭注術猶道也親親父母爲首尊尊君爲首喪服小記亦云親親尊尊人道之大者也親親尊尊二者以爲之經其下四者以爲之緯也今案孔子云親親之殺尊賢之等禮所生也貴貴卽尊賢之義古者喪期無數虞書言三載四海遏密八音孟子言堯崩三年之喪畢則三年之喪自虞已然但殷以前質至周更參以貴貴之制而五服等殺益明今之律令言服制必本是篇古禮之行於今者此其最著也後人安可視爲無用而忽之哉○三禮札記云喪服一篇唐以前亦別行於世馬融王肅孔倫陳銓裴松之雷次宗蔡超田僑之劉道拔周續之並專注喪服見釋文序錄惠氏棟云喪服傳有南北諸儒之說故賈疏甚詳亦較明暢今按此篇於鄭注外兼存馬王諸家說至賈疏之可從者亦多采錄焉

喪服斬衰裳苴絰杖絞帶冠繩纓菅屨者者者明爲下出也凡服上曰衰下曰裳麻在首在要皆曰絰絰之言實也明孝子有忠實之心故爲制此服焉首絰象緇布冠之缺項要絰象大帶又有絞帶象革帶疏正義曰前題喪服經傳乃後世編禮者所加此喪服二字則禮經本文爲齊衰以下用布

一篇總目也斬衰裳先言斬者李氏云斬之而後成衰裳
也不言裁割而言斬者取痛甚之意禨記曰三年之喪如
斬春秋傳曰孤斬焉在衰經之中今案斬與齊對斬是斬
截布斷之斷之而不緝爲斬緝之則爲齊也苴經杖絞帶
者賈疏云以一苴目此三事謂苴麻爲首經要經又以苴
竹爲杖以苴麻爲絞帶禮記孔疏云苴是黎黑色又云苴
者黯也至痛內結必形色外章心如斬斫故貌必蒼苴所
以衰裳經杖俱備苴色也李氏云絞帶與要經同在于要
蓋亦以苴麻爲之閒傳曰斬衰何以服苴苴惡貌也所以
首其內而見諸外也喪服四制又曰苴衰不補則衰裳亦以
苴色矣今案衰裳不言苴而言斬者沈氏彤謂斬之義重
于苴是也絞是糾而合之絞帶亦蒙苴文則用苴麻明矣
敖氏謂用牡麻褚氏寅亮云按士喪禮云婦人之帶牡麻
結本指齊衰婦人也注云婦人亦有苴經但言帶者明其
異旣婦人異男子而用枲則男子兩帶俱苴可知若絞帶
用牡麻必明著之以別于苴矣敖說非也又此章明婦人
之服異者但云布總箭笄髽衰而不言經可見斬衰婦人
要經與男子同敖氏謂用牡麻亦非也婦人喪服要重于
首豈反用牡麻耶冠繩纓者賈疏云以六升布爲冠又屈
一條繩爲武垂下爲纓又云齊衰冠纓用布則知此繩纓

不用苴麻用枲麻李氏云冠纓不蒙苴文故退次帶下杖齊其心故序帶上也今案菅屨詳下傳襄公十七年左傳曰齊晏桓子卒晏嬰麤縗斬苴絰帶杖菅屨食鬻居倚廬寢苫枕草其老曰非大夫之禮也曰唯卿爲大夫案此喪服斬衰之制貴賤皆同至春秋時而有異故其老疑之然晏子所服與喪服經傳符合亦可證此禮遵行已久非出後人僞撰也杜氏云其異唯枕草耳然枕凷亦非喪服正文不言三年者以下齊衰云三年明此斬衰三年可知
注云者者明爲下出也者周公作經上陳其服下列其人此經言者者是指人言之故云明爲下出也後章言者者放此云凡服上曰衰下曰裳者李氏云凡服上曰衣衰喪服以布爲衰綴之于衣因統名此衣爲衰今案下記云衰長六寸博四寸是指當心者言之又云凡衰外削幅則統指衣言之褋記端衰喪車皆無等鄭注喪者衣衰及所乘之車貴賤同孝子于親一也衣衰言端者玄端吉時常服喪之衣衰當如之此亦謂衣爲衰故喪服每以衰與裳對言也鄭云凡服兼五服解之云麻在首在要皆曰絰者絰有二皆以麻爲之在首者謂之首絰士虞記婦人說首絰是也在要者謂之要絰士喪禮要絰小要是也首絰亦謂之環絰要絰亦謂之絰帶經言絰實兼二者故鄭云在首在要

皆曰經也云經之言實也明孝子有忠實之心故爲制此服焉者案檀弓云經也者實也此鄭所本成伯璵禮記外傳云經者實也表其有喪毀之情實也李氏云喪服皆因吉服舊名經以明忠實之心衰以表哀摧之義惟此二者別制名耳今案衰本亦作縗釋名縗摧也言傷摧也經實也傷摧之實也云衰首經象緇布冠之缺項者鄭以吉時緇布冠別有缺項以固冠此喪服別有首經加冠上故云象之吳氏紱云緇布冠有缺項而纓屬之所以固冠也喪冠自有纓不藉經而固則二者不類矣又凡弔事弁經服弁亦有經不獨冠則首經不從冠取象更明矣敖氏云古未有喪服時但加此經以表哀戚後聖因而不去且異其大小之制以爲輕重是說得之云要經象大帶又有絞帶象革帶者賈疏云吉備二帶大帶申束衣革帶以佩玉佩及事佩之等朱子云革帶是正帶以束衣者不專爲佩而設大帶乃申束之耳申重也故謂之紳今案白虎通云要經者以代紳帶也鄭說葢本此要經亦名帶見下傳而又有絞帶是喪服亦備二帶故鄭謂要經象吉時大帶絞帶象吉時革帶也云齊衰以下用布者是專指絞帶言之楊氏復云斬衰絞帶用麻齊衰絞帶用布是也○李氏云凡喪皆旣虞卒哭變而受以輕服以初喪冠之布爲衰冠降其

衰一等受麻絰以葛絰間傳曰斬衰三升旣虞卒哭受以成布六升冠七升去麻服葛葛帶三重十三月而練又以七升之冠布爲衰冠又降一等以八升布爲之七升者始入大功之布而以練衰謂之功衰服問曰三年之喪既練服其功衰襍記曰三年之喪雖功衰不弔是也間傳曰期而小祥練冠縓緣要絰不除檀弓曰練葛要絰繩屨無絇旣虞卒哭之屨無文以旣練用大功繩屨差之其用齊衰蔍蒯之屨乎二十五月大祥除衰去杖縞冠素紕布純淺衣間傳曰又期而大祥素縞麻衣檀弓曰祥而縞玉藻曰縞冠素紕旣祥之冠也二十七月而禫冠朝服間傳曰中月而禫禫而纖無所不佩禫之屨無文先儒以爲大祥白麻屨禫屨無絇禫逾月卽吉萬氏斯大云喪服之重者有變有除變者不遽除而除者不更變故變有受而除無受夫變則變矣而謂之受者何也孝子於此有不忍遽變之心若人授之而已受之者然也考禮喪冠爲父六升旣卒哭受七升爲母七升旣卒哭受八升至練而易爲練冠祥而更易爲縞素禫更易而纖此冠之變也喪衰爲父三升旣卒哭受以成布六升爲母四升旣卒哭受以成布七升練後易衰不見於經襍記曰有父母之喪尙功衰間傳曰三年之喪旣練矣服其功衰注疏謂練後之衰升數與大

功衰同父七升母八升又閒傳注大祥除衰杖此衰之變也初喪成衰之衣經無可考觀檀弓云練練衣黃裏縓緣則前此不練不縓可知大祥變而麻衣禫後變而素端黃裳此衣之變也首要之絰父喪以苴麻母喪以牡麻男子婦人所同也卒哭後男子以葛絰變要麻婦人以葛絰變首麻葢男子重首婦人重要輕者變而重者不變故至練男子除首絰而要葛猶存婦人除要絰而首葛不去閒傳小記所謂易服者易輕者除服者先重者此也至於屨父喪初以菅母喪則蔍蒯卒哭後父與母同而練後皆易以麻檀弓所謂練繩屨無絇者此也合而觀之冠也衰也衣也男之要絰婦之首絰也屨也則變而不遽除者也男之首絰婦之要帶也則除而不更變者也喪服之變除如此此經有所及有所未及因取禮記中可見者以明之今案此篇惟大小功略言變之節餘不言者周公作經舉其大綱於五服精麤及喪期多寡之數則詳之於變除之節則略之故錄李氏萬氏說於此以備參考又案衰裳冠屨之屬俱是三日成服服之未成服以前斬衰者髽髮齊衰者免此經不言髽髮與免者以篇名喪服故主成服以後言之杖亦自成服始大祥除服則棄之喪大記云棄杖者斷而棄之於隱者是也下經云女子子在室衰三年家語季

桓子喪康子練而無衰子游問曰旣服練服可以除衰乎孔子曰無衰衣者不以見賓何以除焉則衰固服之以終喪矣因李萬說更考之如此

傳曰斬者何不緝也苴絰者麻之有蕡者也苴絰大搹左本在下去五分一以爲帶齊衰之絰斬衰之帶也去五分一以爲帶大功之絰齊衰之帶也去五分一以爲帶小功之絰大功之帶也去五分一以爲帶緦麻之絰小功之帶也去五分一以爲帶苴杖竹也削杖桐也杖各齊其心皆下本杖者何爵也無爵而杖者何擔主也非主而杖者何輔病也童子何以不杖不能病也婦人何以不杖亦不能病也絞帶者繩帶也冠繩纓條屬右

縫冠六升外畢鍛而勿灰衰三升菅屨者菅菲也外納居倚廬寢苫枕塊哭晝夜無時歠粥朝一溢米夕一溢米寢不脫絰帶旣虞翦屛柱楣寢有席食疏食水飲朝一哭夕一哭而已旣練舍外寢始食菜果飯素食哭無時

盈手曰搹搹扼也中人之扼圍九寸以五分一爲殺者象五服之數也爵謂天子諸侯卿大夫士也無爵謂庶人也擔猶假也無爵者假之以杖尊其爲主也非主謂衆子也屬猶著也通屈一條繩爲武垂下爲纓著之冠也布八十縷爲升升字當爲登登成也今之禮皆以登爲升俗誤已行久矣襍記曰喪冠條屬以別吉凶三年之練冠亦條屬右縫小功以下左縫外畢者冠前後屈而出縫於武也二十兩曰溢爲米一升二十四分升之一楣謂之梁柱楣所謂梁闇疏猶麤也舍外寢於中門之外屋下壘墼爲之不塗墍所謂堊室也素猶故也謂復平生時食也斬衰不書受月者天子諸侯卿大夫士虞卒哭異數

疏 斬者何至外納 正義曰此傳自

皆釋上經文自居倚廬以下則略言孝子居喪之禮節
也傳文多設爲問荅斬者何問辭不緝也荅辭馬氏融
云不緝不緶也李氏云不緶衰裳之邉側也今案緶之
義爲縫說文云齊緶也下傳云齊者何緝也賈疏云緝
今人謂之爲緶緶與緝同義謂斬布爲衰裳而其邉側
不縫也馬氏又云蕡者枲實枲麻之有子者其色麤惡
故用之苴者麻之色案馬氏以蕡爲枲實本爾雅釋草
孫氏注云蕡麻子也案此傳云苴絰者麻之有蕡者也
下傳云牡麻者枲麻也則苴麻有子枲麻爲雄麻無子
而爾雅云枲實者對文異散則通枲實猶言麻實耳爾
雅又云莩麻母郭注苴麻盛子者則苴麻名莩不名枲
也詩九月叔苴毛傳苴麻子也是因苴麻有子又謂麻
子爲苴御覽引本草云麻子一名麻藴齊民要術引崔
寔曰苴麻麻之有藴者莩麻是也一名蕡敖氏云麻有
蕡則老而麤惡矣故以爲斬衰之絰間傳曰斬衰貌若
苴齊衰貌若枲是苴之形尤麤於枲故鄭注士喪禮云
苴麻者其貌苴以爲絰服重者尚麤惡又云牡麻絰者
其貌易服輕者宜差好也苴絰大搹左本在下者謂苴
絰之大如搹圍乃絰之最大者卽斬衰之首絰也本麻
根也大功以上絰有本詳士喪禮婦人之帶牡麻結本

下張氏爾岐云左本在下者首絰之制以麻根置左當耳上從額前遶項後復至左耳上以麻之末加麻根之上綴束之也今案士喪禮云苴絰大鬲下本在左與此文異義同又云牡麻絰右本在上下齊衰章傳同朱子云齊衰首絰之制以麻根處著頭右邊而從額前向左圍向頭後卻就右邊元麻根處相接即以麻尾藏在麻根之下麻根搭在麻尾之上綴殺之案張氏左本在下之說蓋由朱子說推之士喪禮注云下本在左重服統於內而本陽也右本在上輕服本於陰而統於外此鄭釋左右下上之義下本在左為父也右本在上為母也父是陽左亦陽故本在左母是陰右亦陰故本在右內謂下外謂上也去五分一以為帶謂斬衰之要絰也士喪禮要絰小焉謂要絰小於首絰五分之一也齊衰之絰斬衰之帶也謂齊衰之首絰與斬衰之要絰大小同吳氏章句云絰帶各五絰首絰帶要絰曰帶者蓋指象大帶者言之去五分一者謂要絰得首絰五之四也齊衰之絰斬衰之帶也與斬衰要絰同下並倣此去五分一以為帶齊衰要絰又去首絰五之一也下並倣此合五服發於此者圖數迭減遞陳故連及之苴杖斬衰之杖削杖齊衰之杖因絰但言苴杖未言杖之用竹故傳

明之竝明下章削杖用桐也白虎通云所以杖竹桐何取其名也竹者蹵也桐者痛也父以竹母以桐何竹者陽也桐者陰也竹何以爲陽竹斷而用之質故爲陽桐削而用之加人功文故爲陰也王氏肅云削杖削爲四方杜元凱云員削之象竹貫疏云父者子之天竹圜亦象天又竹能貫四時而不變子之爲父哀痛亦經寒溫而不改故用竹也爲母杖桐者欲取桐之言同內心同之於父又引喪服變除云削之使下方者取母象於地故也喪服小記亦云苴杖竹也削杖桐也孔疏云苴者黯也削殺也削奪其貌不使苴也必用桐者明其外雖被削而心本同也徐氏乾學云敖引杜元凱說證削杖爲圓愚謂小記言杖大如經經之形旣圓則杖形亦圓可知況桐之言同謂其制同之於父也何必取天圓地方之說乎今案徐說是也桐言削者葢削之使合大小之度竝削去其枝葉也喪服小記云經殺五分而去一杖大如經鄭注如要經也孔疏云鄭所以知然者以其同在下之物故也褚氏云小記兩經字俱指要經敖氏謂杖如首經非也杖各齊其心賈疏云杖所以扶病病從心起故杖之高下以心爲斷也皆下本本根也皆指二杖言卽旣夕記所謂杖下本竹桐一也彼注云順其

性也謂根在下順竹桐之性也敖氏云下本所以別於吉凡吉杖下末曲禮曰獻杖者執末謂吉杖也今案吉杖本在上或刻鏤以爲飾此削杖但削之以別於苴而苴杖不削亦尙麤惡之意問喪曰爲父苴杖爲母削杖喪服小記曰母爲長子削杖蓋禮服斬衰者用苴杖服齊衰者用削杖也杖者何爵也又設爲問荅之辭以下一問一荅凡五問荅賈疏云有爵之人必有德有德則能爲父母致病深故許其以杖扶病雖無爵然以適子故假取有爵之杖爲之喪主衆子雖非爲主子爲父母致病是爲輔病也敖氏云傳意蓋謂此杖初爲有爵者居重喪而設所以優貴者也其後乃生擔主輔病之義焉今案白虎通云所以必杖者孝子失親悲哀哭泣三日不食身體羸病故杖以扶身明不以死傷生也是輔病之義也白虎通又云禮童子婦人不杖者以其不能病也卽本此傳言也賈疏以此童子爲庶童子謂當室童子則杖引問喪云禮曰童子不緦惟當室緦緦者其免也當室則免而杖矣謂適子也襍記云童子哭不偯不踊不杖不菲不廬注云未成人者不能備禮也直有衰裳絰帶而已賈疏又以此婦人爲童子婦人引喪大記云三日子夫人杖五日大夫世婦杖諸經皆有婦人

杖文故知成人婦人正杖也明此童子婦人又云童子得稱婦人者案小功章云爲姪庶孫丈夫婦人之長殤是未成人稱婦人也喪服四制云婦人童子不杖不能病也孔疏婦人謂未成人之婦人童子謂幼少之男子又喪服小記疏云喪服傳婦人何以不杖爲鄭學者則謂爲童子婦人是與賈說同雷氏以爲此喪服妻爲夫妾爲君女子子在室爲父女子子嫁反在父之室爲父三年如傳所云婦人者皆不杖喪服小記婦人不爲主而杖者姑在爲夫唯著此一條明其餘不爲主者皆不杖賈疏非之案賀氏循亦云婦人不杖謂出嫁之婦人不爲主則不杖其不爲主而杖者唯姑在爲夫沈氏彤云童子何以不杖包女子子言案小記云女子子在室爲父母其主喪者不杖則子一人杖鄭云女子子在室亦童子也一人杖謂長女也然則非長女不杖且有男昆弟主喪者則女女子皆不杖矣不能病以稚弱不能致哀故婦人何以不杖承上文言婦人則成人矣雖非主而亦杖故問也此婦人謂異姓來嫁之婦人案喪大記君之喪夫人世婦杖大夫之喪主婦杖士之喪婦人皆杖然則婦人皆杖者唯士之喪耳若大夫之喪則主婦而外有不杖者矣君之喪則夫人世婦而外有不杖

者矣凡此不杖者恩皆疏故曰不能病楊氏圖云不杖者蓋婦人不皆杖非不杖也金氏榜云婦人唯爲主者杖不爲主者不杖以經校之妻爲夫母爲長子爲主而杖者也妾爲君女子子在室爲父母不爲主不杖者也故喪服小記申其義曰婦人不爲主而杖者姑在爲夫杖明他婦人不爲主者不杖矣又曰女子子在室爲父母其主喪者不杖則子一人杖明主喪者杖則女子子爲父母不杖矣小記之文正與喪服傳婦人不杖義相發明喪大記士之喪三日之朝婦人皆杖此謂主婦於三日之朝皆主人而杖不得下通衆婦人君之喪五日世婦杖君之世婦尊同大夫所謂杖者爵也不得下通於大夫士之妾鄭君於小記注謂婦人成人者皆杖違失經意今案此傳婦人鄭無注賈孔以爲童子婦人雷氏賀氏沈氏金氏以爲成人婦人細繹傳意自以成人婦人爲是而沈氏金氏之說尤詳蓋傳層遞問下其問童子者以男子非主皆杖童子何以不杖其問婦人者以童子未成人非主不杖婦人已成人非主何以不杖此兩問俱跟非主而杖說下若童子當室而杖婦人爲主而杖則其義已該於擔主中矣童子自包女女子在內若以上句爲問童男下句爲問童女則童男旣以稚

弱不能病豈童女又能病乎此問所不必問者也賈孔之說失之餘詳下經女子子在室爲父下傳以繩帶釋絞帶李氏云繩帶者絞麻爲繩作帶也五服之經皆絞麻兩股相交繩帶則不但兩股矣今案首經要經皆用散麻絞帶當是先以麻糾作繩而後絞之以爲帶說文絞縊也段氏注引此傳云兩繩相交而緊謂之絞是也王氏云絞帶如要經雷氏云絞帶在要經之下言之則要經五分去一爲帶賈疏是王非雷朱子則取雷氏之說謂絞帶小於要經要經象大帶兩頭長垂下絞帶象革帶一頭有彄子以一頭串於中而束之張氏惠言云案生時大帶四寸革帶二寸是半於大帶則絞帶之大不當如要經可知雷說爲是又賈疏謂絞帶虞後變麻服布吳氏疑義云閒傳旣虞卒哭去麻服葛葛帶三重不言何帶則合要經絞帶竝言可知今案斬衰絞帶旣與要經同用苴麻則虞後亦當與要經同用葛吳說是也冠六升賈疏云以冠爲首飾布倍衰裳而用六升又加以水濯勿用灰而已今案冠衰升數下記詳之廣雅云鍛椎也蓋椎治之使略成熟以冠在首尊之但色不須白故勿加灰也敖氏云言鍛而勿灰者嫌當異於衣也故以明之凡五服之布皆不加灰襍記曰加灰錫也

其說是已衰三升賈疏云不言裳裳與衰同今案旣夕記亦云衰三升注云衣與裳也案衰裳升數同傳記舉衰以包裳故鄭兼裳言之閒傳云斬衰三升餘詳本篇記末菅屨者菅菲也周公時謂之屨後世或謂喪屨爲菲故作傳者據當時之名釋之菲與屝同說文屝屨屬段氏注云屨之麤者曰屝方言屝麤履也釋名齊人謂草屨曰屝杜注左傳曰屝草屨也菲者屝之假借字菅草名廣雅菅茅也王氏疏證云爾雅白華野菅鄭注云菅茅屬又藗牡茅注云白茅屬小雅白華菅兮白茅束兮傳云白華野菅也已漚爲菅箋云人刈白華於野已漚名之爲菅菅柔忍中用矣而更取白茅收束之茅比於白華爲脃是菅與茅不同物也但菅茅同類亦可通名故說文以菅茅互釋菅可爲索陳風可以漚菅陸璣疏云菅似茅而滑澤無毛根下五寸中有白粉者柔韌宜爲索漚乃尤善矣又可爲簀士喪禮下篇菅簀三其實皆淪又可爲席南山經云白菅爲席又云毛傳已漚爲菅菅對野菅言之非對茅言也段氏玉裁云菅別於茅野菅又別於菅也今案此皆辨菅與茅之別但對文異散則通故說文廣雅皆云菅茅也是茅亦可稱菅矣此以菅爲喪屨亦取麤惡不必爲已漚之菅也故裹

十七年左傳注云菅屨草屨也賈疏云士喪禮屨外納鄭注云納收餘也王謂正向外編之今案士屨外納士喪禮下篇之記也彼疏云謂收餘末向外爲之取醜惡不事飾故也張氏爾岐云外納謂編屨畢以其餘頭向外結之是也張氏又云自居倚廬至不脫絰帶言未葬時事既虞謂葬畢卒哭後練謂小祥後今案倚廬者孝子既殯所居謂之倚者以木倚於東壁爲偏廬始痛深不忍安處之意也既夕記居倚廬注云倚木爲廬在中門外東方北戶案此中門即寢門亦即殯宮門也士止有二門大門在外寢門在內故謂寢門爲中門必於東方者孝子中門內哭位直東序在阼階下故此亦於東方也白虎通云所以必居倚廬何孝子哀不欲聞人之聲又不欲居故處居中門之外倚木爲廬質反古也故禮閒傳曰父母之喪居倚廬於中門外東牆下戶北面此鄭所本也馬氏云倚木以爲廬在東牆下西向門端也今案倚廬初時北向開戶至既虞翦屏柱楣乃西面向開戶馬說始據虞後言之荀子屬茨倚廬一楊倞注云茨蓋屋草也屬茨令茨相連屬倚木爲廬謂一邊著地如倚物然聶氏三禮圖云唐大歷中楊垂撰喪服圖說廬形制云設廬次於東廊下無廊於牆下北上凡起廬先以

一木橫於牆下去牆五尺臥於地爲楣即立五椽於上斜倚東墉上以草苫蓋之其南北面亦以草屏之向北開門一孝一廬門簾以縗布廬形如偏屋其間容半席程氏瑤田翦屏柱楣說云廬倚東壁但一片陂陀坐之西至於地不納明北戶而已又云鄭注楣謂之梁柱楣所謂梁闇其注喪服四制諒闇云諒古作梁楣謂之梁闇謂廬也廬有梁者所謂柱楣也案爾雅楣謂之梁又云梁廇謂之梁蓋言屋之上覆者楣也即梁也非如後世以持楹之橫木爲梁也屏謂楣上但結草屏蔽之初不翦既虞乃翦其屏於是柱其梁之塈於地者而西啟戶旁是之謂柱楣云爾今案喪大記曰父母之喪居倚廬不塗既葬柱楣塗廬孔疏不塗者但以草夾障不以泥塗之也既葬情殺故柱楣以納日光又以泥塗辟風寒記又曰君爲廬宮之大夫士禫之既葬君大夫士皆宮之鄭注宮謂圍障之也禫袒也謂不障是父母之喪無貴賤皆居廬也記又曰凡非適子者自未葬以於隱者爲廬鄭注蓋廬於東南角既葬猶然據此則適子於蓋廬於大門內之東北角近中門爲顯處是父母之喪無問適子衆子皆居廬也襍記曰疏衰皆居堊室不廬廬嚴者也鄭注言廬哀敬之處非有其實則不居案此疏

衰是疏者若爲母齊衰亦居廬也堊室者無飾之室旣
練居之喪大記曰旣練居堊室孔疏堊白也方氏慤云旣
所居之室以堊則以表哀素之心爾非致飾也記又曰
旣祥黝堊鄭注黝堊堊室之飾也鄭以旣祥黝堊爲飾
則堊室無飾明矣故白虎通云練而居堊室無飾之室
是也此注云於中門之外屋下壘墼爲之不塗墍所謂
堊室也者周書曰惟其塗墍茨塗墍是致飾不塗墍亦
謂無飾也壘集釋作纍戴氏震云纍卽累字今注疏本
訛作壘今案說文云坒絫墼也則其字當以作坒爲正
學者多見壘少見坒故坒訛爲壘作纍亦非說文墼令
適也爾雅瓴甋謂之甓令適與瓴甋同卽瓴也前此爲
廬但以草爲屏蔽此則有屋又於屋下累瓴爲牆故謂
之室亦於中門之外者賈疏云練後不居舊廬還於廬
處爲屋故仍在中門外三禮圖云以墼累三面上至屋
屋以瓦覆之按以墼累三面亦謂倚東壁爲之堊室亦
西向開戶杜氏通典云練居之堊室在中門外屋下西
向開戶嫡子在前庶子在後此言孝子喪居變改之節
練後易廬而爲堊室者也周禮宮正大喪則授廬舍辨
其親疏貴賤之居鄭注親者貴者居倚廬疏者賤者居
堊室又襍記曰大夫居廬士居堊室此言初遭喪而以

親疏貴賤分別廬與堊室之居則三禮圖所謂廬南爲堊室者非於舊廬處爲之也餘詳士喪禮主人揖就次下䄻記曰三年之喪廬堊室之中不與人坐焉在堊室之中非時見乎母也不入門喪大記曰婦人不居廬䄻記曰童子不廬則亦不居堊室可知旣夕記亦云寢苫枕塊注苫編藁塊堛也案藁卽草也謂編草爲苫故左傳釋文云苫編草也塊堛也爾雅釋言文郭注土塊也喪大記作枕凷凷與塊同凷正字塊俗字左傳晏嬰寢苫枕草釋文引王儉云夏枕凷冬枕草問喪曰成壙而歸不敢入處室居於倚廬哀親之在外也寢苫枕塊哀親之在土也據此則旣葬亦寢苫枕塊可知旣夕記亦云哭晝夜無時注哀至則哭非必朝夕案士喪禮旣殯後朝夕哭于殯宮有一定之時此則于朝夕哭外毎日在廬中或晝或夜哀至則哭無一定之時故鄭云非必朝夕也喪服小記云哭皆於其次鄭注無時哭也孔疏次謂倚廬唯朝夕哭入門內卽位耳若晝夜無時之哭則皆於廬次之中也張氏爾岐云歠粥三句三日始食後之食節也今案問喪云親始死水漿不入口三日不舉火故鄰里爲之糜粥以飲食之閒傳云父母之喪旣殯食粥爾雅釋言云鬻糜也郭注淖糜郝氏懿行云鬻

經典省作粥旣夕記云歠粥鄭注粥糜也上文餰饘郭云糜也此云淖糜然則四者同類而異名稠者糜淖者曰粥也旣夕及閒傳俱云不脫經帶鄭注旣夕云哀戚不在於安案首經在冠之上要經絞帶在衰裳之外言經帶則冠衰裳俱不脫可知此皆未葬以前事也虞葬畢始祭之名旣虞仍居倚廬唯翦屛柱楣爲異說詳上寢有席席者賈疏謂以席加於苫上但此傳云旣虞寢有席閒傳云旣虞卒哭芐翦不納期而小祥寢有席與此異者案鄭注芐今之蒲苹也孔疏蒲苹爲席翦頭爲之不編納其頭而藏於内也然則芐翦不納卽謂席矣徐氏乾學疑閒傳寢有席句原在芐翦不納之上而記者脫誤或然食疏食水飲者賈疏云未虞以前朝一溢米夕一溢米而爲粥今旣虞之後用麤疏米爲飯而食之明不止朝一溢夕一溢而已未虞亦飲水而在旣虞後言者恐虞後飲漿酪之等故云水飲而已也朝一哭夕一哭而已者旣夕卒哭注云卒哭三虞之後祭名始朝夕之閒哀至則哭至此祭止也朝夕哭而已彼疏云始死主人哭不絕聲小斂之後以親代哭亦不絕聲至殯後主人在廬思憶則哭又有朝夕於阼階下哭至此爲卒哭祭唯有朝夕哭而已今案朝一哭夕一哭乃禮制

如此以旣虞則哀當減故制爲卒哭之祭以止晝夜無時之哭而但循朝一哭夕一哭之常言而已者示不以哀致毀之意非必孝子於旣虞後除朝夕哭外便一無哀痛之時也此等處正須善會張氏爾岐云練十三月之祭此日以練布爲冠服故以名祭卽小祥也旣練舍外寢者舍亦居也古者宮室之制正寢亦曰外寢玉藻將適公所宿齊戒居外寢是也此外寢非正寢葢謂中門外之寢爾張氏又云但於中門外舊廬處爲屋以居是也此寢字與上寢不脫絰帶寢有席之寢異上寢字謂臥也此寢是有室之名鄭以喪大記及閒傳諸篇皆言旣練居堊室故以外寢爲堊室注云所謂堊室也所謂卽指彼文言之始食菜果者案喪大記云旣葬主人疏食水飲不食菜果練而食菜果閒傳云旣虞卒哭不食菜果期而小祥食菜果此傳云始食者明自初喪至練以前皆不食也說文菜草之可食者菜又名蔬爾雅蔬不熟爲饉郭注凡草菜可食者通名爲蔬是也鄭注旣夕云實在木曰果在地曰蓏許氏淮南注在樹曰果在地曰蓏臣瓚漢書注木上曰果地上曰蓏皆與鄭同馬氏融云果桃李屬蓏瓜瓠屬而鄭注喪大記又云果瓜桃之屬則蓏亦果矣蓏之與果葢對文異散文通也應

劭朱衷云木實曰果草實曰蓏張晏云有核曰果無核
曰蓏與鄭說小異大同哭無時者謂旣練雖止朝夕之
哭而哀動於中則猶哭焉但不拘朝夕之時耳喪大記
曰祥而外無哭者禫而內無哭者明練後猶哭也通典
云哭無時哀殺十日五日可也吳氏紱云哭無時與上
文異旣殯哭晝夜無時此數而無時也旣練哭無時
疏而無時也此說得之賈疏謂哭有三無時一有時敖
氏又謂凡哭三無時二有時紛紛之論俱屬支離今不
錄焉　注云盈手曰搹搹扼也者說文搹把也把握也
則搹爲一手所握矣說文搹或从尼作扼是搹扼一字
而鄭以扼釋搹者段氏玉裁云漢時少用搹多用扼故
以今字釋古字也士喪禮搹作鬲注云鬲搤也顏師古
漢書注云搤與扼同史記集解引服虔云滿手曰搤則
搹扼搤三字義同云中人之扼圍九寸士喪禮注云中
人之手搤圍九寸有手字義長賈疏云雷氏以搹搤不
言寸數則各從其人大小爲搤非鄭義據鄭注無問人
之大小皆以九寸圍之之爲正若中人之跡尺二寸也朱
子云首經大一搤只是拇指與第二指一圍吳氏章句
云以指尺度之一圍不過六寸豈鄭所據之尺爲最小
者歟云以五分一爲殺者象五服之數也者謂經帶大

小降殺之數必以五分去一者象服之數有五也楊氏儀禮圖云注疏所論經帶寸分之數甚密而難用約法甚疎而易見今圖只用約法其說善矣然以小功之帶爲圍三寸五分有奇緦麻之帶爲圍二寸八分有奇則猶未確金陵汪士鐸爲余考之曰五服之帶甄鸞李淳風皆四其實五其法今依其術推之以得數記於左斬衰之首經據鄭君圍九寸去五分一以爲帶四其實五其法得帶圍七寸二分齊衰之經與斬衰之帶同去五分一以爲帶四其七寸二分五爲法除之則齊衰之帶得五寸七分六釐大功之經與齊衰之帶同去五分一以爲帶四其五寸七分六釐五爲法除之則大功之帶得四寸六分零八豪小功之經與大功之帶同去五分一以爲帶四其四寸六分零八豪五爲法除之則小功之帶得三寸六分八釐六豪四絲緦麻之經與小功之帶同去五分一以爲帶四其三寸六分八釐六豪四絲五爲法除之則緦麻之帶得二寸九分四釐九豪一絲二忽案此得數即楊圖所謂約法也云爵謂天子諸侯卿大夫士也者殷以前士無爵周則士亦爲爵故王制曰王者之制祿爵公侯伯子男凡五等諸侯之上大夫卿下大夫上士中士下士凡五等白虎通云天子者爵

稱也是自天子至士皆爲有爵之人庶人則無爵也無爵則不得杖而亦杖故鄭謂假之以杖以其爲喪主尊之非喪主而亦杖者衆子是也喪服四制或曰擔主或曰輔病義與此同云屬猶著也者此與士冠禮屬于缺注同一切經音義引字書云著相附著也說文屬連也管子注云屬綴連也綴連是附著之意故云猶著也云通屈一條繩爲武垂下爲纓著之冠也者旣夕記云冠六升外縪纓條屬厭注纓條屬者通屈一條繩爲武垂下爲纓屬之冠與此注同謂纓武同材以一條繩屈而遶之爲武又垂其餘以爲纓也云著之冠者謂武纓皆上縫著於冠也敖氏謂以一條繩爲一纓而又屬於武非矣雜記喪冠條屬鄭注條屬者通屈一條繩若布爲武垂下爲纓屬之冠案此傳及旣夕記俱云冠六升是據斬衰言之雜記云喪冠則統五服之冠言故鄭兼言布謂齊衰以下冠布纓者亦通屈一條布爲武垂下爲纓屬之冠也云布八十縷爲升升字當爲登登成也今之禮皆以登爲升俗誤已行久矣者賈疏云布八十縷爲升此無正文師師相傳言之是以今亦云八十縷謂之宗宗即古之升也又云論語新穀旣升升亦訓爲成今從登不從升者凡織紝之法皆縷縷相登上乃成繒布

登義强於升也胡氏承珙云案說文禾部布八十縷爲稯蓋此無正文稯宗登升皆一語之轉鄭既破升爲登而諸經注仍用升字者則以經典相承已久不復追改耳引襍記者證條屬是喪冠及右縫是大功以上喪冠之制也彼注云別吉凶者吉冠不條屬也吉冠則纓武異材焉右縫者右辟而縫之小功以下左左辟象吉輕也孔疏三年之練冠亦條屬右縫者三年練冠小祥之冠也雖微入吉亦猶條屬右縫與凶冠不異也吉冠則襵上辟縫向左左爲陽陽吉也凶冠縫向右右爲陰陰喪所尚也小功以下輕故縫同吉向左也案襍記小功以下左無縫字此注引有縫字者蓋鄭增之以足義也云外畢者冠前後屈而出縫於武也者賈疏云冠廣二寸落項前後兩頭皆在武下鄉外出反屈之縫於武而爲之兩頭縫畢向外故云外畢案曲禮云厭冠不入公門鄭注厭猶伏也喪冠厭伏是五服同名由在武下反屈之故得厭伏之名今案外畢通典引作縪既夕亦作外縪注縪謂縫著於武也外者外其餘也然則縪是縫合冠武之名冠謂冠梁武謂冠卷古時無論吉冠喪冠初皆冠武別爲之而後以冠前後兩頭縫著於武外縪猶外納謂以冠兩頭之餘向外縫之也考工記玉人天

子圭中必鄭注注必讀如鹿車縪之縪縪謂組約此縫合冠武亦亦有約玉篇廣韻皆云縪冠縫也似縪縪為正字畢為假字檀弓曰古者冠縮縫今也衡縫江氏永云冠以梁得名冠圈謂之武梁之廣無正文喪冠廣二寸則吉冠當亦如之非若後世之帽盡舉頭而蒙之也吉冠之喪梁兩頭皆在武上從外向內反屈而縫之不見其畢喪冠外畢前後兩頭皆在武下自外出反屈而縫之見其畢謂之厭冠也喪冠三辟積于二寸之梁上縮縫之大功以上右縫小功以下左縫殷以上吉冠亦三辟積向左縫周始變為橫縫辟積無數案此說最明析黃氏幹云五服之喪冠其制之異者有四升數之不同一也繩纓之與布纓澡纓二也右縫之與左縫三也勿灰之與灰四也其制之同者亦四條屬一也外畢二也辟積之數三也廣狹之制四也謂自斬至緦其冠皆三辟積廣二寸又黃氏以勿灰與灰為異仍賈疏七升以上灰之說也云二十兩曰溢為米一升二十四分升之一者案禮記喪大記及閒傳皆有朝一溢米莫一溢米之文鄭注喪大記云二十兩曰溢於粟米之法一溢為米一升二十四分升之一孔疏案律厯志黃鍾之律其實一籥合籥為合則二十四銖合重一兩十合為一升升重十

兩二十兩則米二升與此不同者但古秤有二法說左傳者云百二十斤爲石則一升十二斤爲兩則一百九十二兩則一升爲十九兩有奇今一兩爲二十四銖則二十兩爲四百八十銖計十九兩有奇一升則總有四百六十銖八絫以成四百八十銖唯有十九銖二絫在是爲米一升二十四分升之一汪士鐸云案以成四百八十銖成空作減今案說文厽部曰絫十黍之重也段氏注云十黍爲絫而五權從此起十絫爲一銖二十四銖爲兩十六兩爲斤三十斤爲鈞四鈞爲石石許作柘禾部曰柘百二十斤也然則依百二十斤爲石計之一斗十二斤一升當有一斤三兩四銖八絫以二十四銖爲兩計之則二十兩爲四百八十銖一升爲四百六十銖八絫四百八十銖除去四百六十銖八絫仍有十九銖二絫在再以一升作二十四分分之每分適得十九銖二絫是四百八十銖除四百六十銖八絫爲一升仍十九銖二絫爲二十四分升之一也粟米者古九數之一鄭蓋依其法推之故彼注云粟米之法也旣夕記亦云朝一溢米夕一溢米鄭注與此同賈疏兩篇亦相同語多繁而難曉惠氏棟謂其算甚拙可刪故今依禮記孔疏申之焉釋文云射慈與鄭同王肅劉逵袁準孔

倫葛洪皆云滿手曰溢徐氏師曾云溢一手所握也握
容隘必有溢於外者故曰溢米吳氏紱云二十兩曰溢
者與鎰同滿手曰溢者溢與搤同或以如鄭注則日食
米二升有奇疑於太多然古量一升當今一合五勺二
撮有奇與滿手之盛相倣耳胡氏承珙云小爾雅
一手之盛謂之溢王肅等蓋據此案古量甚小漢二斗
七升當今五升四合以古之五當今之一則米一升二
十四分升之一不過當今二合稍贏王說與鄭注亦不
甚相懸耳今案吳氏胡氏之說是也注楣謂之梁及舍
外寢於中門之外云云已詳上云疏猶麤也者案詩召
旻云彼疏斯粺鄭箋疏麤也謂糲米也云素猶故也謂
復平生時食也者賈疏云此食爲飼讀之知者天子以
下平常之食皆有牲牢魚腊練後始食菜果未得食肉
飲酒明專據米飯而言古者名飯爲食與公食大夫者
同音也敖氏云案注云復平生時食則傳之飯字似當
作反盧氏文弨云白虎通曰旣練反素食正作反俗本
訛作及今案鄭注或本白虎通之義此傳文自作飯與
論語飯疏食文法一例小爾雅云素故也鄭以麤糲疏
則所云素猶故也復平生時食者亦謂旣練之後隨其
常居所食之米而食之不必專取麤糲者以爲飯也程

氏瑤田疏食素食說云疏食者稷食也不食稻粱黍也素食鄭注云復平生時食謂黍稷也賤者食稷然豐年亦得食黍良耜之詩其饟伊黍是也若稻粱二者據聘禮公食大夫禮皆加饌非平生常食居喪更何忍食故夫子斥宰我曰食夫稻于女安乎是雖旣練飯素食亦必不食稻粱直止於黍稷也素食對上疏食二食字竝讀去聲顏師古匡謬正俗說素食謂但食菜果糗餌之屬無酒肉也據禮家變節漸爲降殺安得練時便復平生故食以難鄭注不知注據飯素食飯字之義蓋指米而言非飲酒食肉之謂顏說難鄭未當又云居喪飲食變除之節初唯歠粥直不飯食巳而飯疏食稷食也練然後飯素食復平生時食也平生時唯子卯稷食否則兼得飯黍黍稷兼飯平生之常故曰飯素食也然而不食粱肉佐以菜果而已故喪大記曰練而食菜果祥而食肉明乎未祥不飲酒食肉也今案程氏疏食稷食之說以解喪服傳可備一義若以解論語之疏食則未可何也玉藻曰子卯稷食鄭注忌日貶也則居喪而稷食於禮爲宜論語有食不厭精一語則所謂飯疏食雖疏食者自指麤糲之飯言非必稷食矣云斬衰不書受月者天子諸侯卿大夫士虞卒哭異數者云賈疏云葬後有

受服有不受服案下齊衰三月章及殤大功章皆云無受正大功章即云三月受以小功衰即葛九月者今此斬衰章及齊衰章應言受月而不言故鄭君特解之今案大功章注謂天子諸侯卿大夫旣虞受服士卒哭受服襍記曰士三月而葬是月也卒哭大夫三月而葬五月而卒哭諸侯五月而葬七月而卒哭士三虞大夫五諸侯七王制曰天子七月而葬以此差之天子九虞九月而卒哭矣鄭氏謂天子至士葬卽反虞是天子以下虞卒哭月數有異則受服之月亦異故經不書受月也受服詳前斬衰經下

父

疏 正義曰喪服四制曰其恩厚者其服重故爲父斬衰三年以恩制者也賈疏云此章恩義竝設義由恩出故先言父也吳氏廷華云先言父者君亦有父也三禮札記云喪服四制曰資于事父以事君而敬同君服資父而定故先父也今案下諸侯爲天子是先言服之人而後言所服之人此單言所服之人者喪服一經凡所服者同而服之者有異則兼言服之之人若服之者亦同則不必言服之之人子之於父無論適庶其服竝同故但言父而不必言子爲父也下單言所服者倣此

傳曰爲父何以斬衰也父至尊也疏正義曰言何以者據爲母齊衰而問也蔡氏德晉云父者身所由生家之至尊故服斬衰三年自天子至庶人同也吳氏廷華云父母家之嚴君而父又尊於母故曰至尊

諸侯爲天子疏正義曰言諸侯爲天子者嫌諸侯有君國之體或不爲天子服斬故特著之文在父下君上者下文君兼天子諸侯卿大夫而言此專言爲天子故在君上也白虎通曰天子崩遣使者計諸侯七月之間諸侯有在京師親供臣子之事者有號泣悲哀奔走道路者有居其國痛哭思慕竭盡所供以助喪事者李氏云諸侯爲天子斬衰爲王后齊衰昏義曰斬衰服父之義也齊衰服母之義以爲君之妻故服期也服問曰君爲天子三年夫人如外宗之爲君也外宗爲君期也服問又曰世子不爲天子服大夫之適子爲君夫人大子如士服諸侯世子世國卿大夫不世爵故其服異也蔡氏云天子之喪凡畿內公卿大夫士固皆爲天子服斬衰諸侯於天子猶是守土之臣故亦服斬衰唯諸侯世子不爲天子服以遠嫌也諸侯之大夫爲天王繐衰既葬除之以自有君也今

案周禮司服凡喪爲天王斬衰疏謂諸侯諸臣案諸臣自指王朝卿大夫士言之若諸侯之臣則服繐衰不服斬矣吳氏紱云王朝之卿大夫士爲天子服斬統於下文君一條內其說是也

傳曰天子至尊也 疏 正義曰此不發問而直以義釋之也曲禮云君天下曰天子馬氏融云天下所尊故曰至尊也

君 疏 正義曰君總包天子諸侯及卿大夫在內凡爲之臣者皆服斬衰也吳氏紱云此臣爲君指現居官食祿者言其未委贄及仕焉而已者不在此數也以下經庶人爲國君弁舊君數條合觀之可見矣

傳曰君至尊也 天子諸侯及卿大夫有地者皆曰君 疏 正義曰賈疏云君者臣之天故亦同於父爲至尊今案喪服四制曰天無二日土無二王國無二君家無二尊故爲父爲天子爲君傳皆以至尊釋之也 注云天子諸侯及卿大夫有地者皆曰君者上經爲天子止據諸侯言其天子畿內之臣公卿大夫士爲天子俱在此條內故知君中兼有天子也又謂卿大夫有地者爲君者據下傳云君謂有地者也地謂采地

若周禮家邑小都大都及列國卿大夫食邑之類禮運曰天子有田以處其子孫諸侯有國以處其子孫大夫有采以處其子孫三者皆有君義也馬氏融釋此傳云君一國所尊也故曰至尊是專據諸侯言之不及鄭義之精矣敖氏又兼士言之謂有臣者皆曰君吳氏紱云賈疏謂士無臣然特牲記私臣門東北面西上則士自有臣敖氏兼士言之於義爲合又緦麻章爲貴臣服緦大夫無緦服則爲貴臣服者必士也士之有臣可見矣盛氏云案特牲禮士亦有私臣但分卑不足以君之故其臣不爲服斬也褚氏云傳文明以有地者爲君故注本以釋經蓋有地則當世守義與有國者等與暫時涖官而爲其臣屬者不同服斬宜矣士既無地雖爲其臣安得服斬如皁臣輿輿臣隸名亦臣也而豈遞爲之服斬乎今案盛氏褚氏之說是也吳氏駁賈士無臣之說亦是但以敖義爲合則非耳喪服四制曰資于事父以事君而敬同貴貴尊尊義之大者也故爲君亦斬衰三年以義制者也鄭注貴貴謂爲大夫君也尊尊謂爲天子諸侯也義與此注同李氏云凡與國君爲族親者不敢以輕服服君喪服小記曰與諸侯爲兄弟者服斬

父爲長子不言嫡子通上下也亦言立嫡以長〔疏〕正義曰古者重宗法父爲長子服斬衰三年亦敬宗之義故鄭次於子爲父臣爲君之後也注云不言嫡子通上下也亦言立嫡以長者李氏云天子諸侯曰世子大夫以下曰嫡子天子諸侯亦爲世子三年故通上下而言長子也公羊傳曰立嫡以長不以賢言長者又以見斯義今案嫡對庶言嫡妻所生爲嫡子經言長不言嫡者亦以見父所爲三年者止嫡長子一人其餘嫡子不爲三年也

傳曰何以三年也正體於上又乃將所傳重也庶子不得爲長子三年不繼祖也此言爲父後者然後爲長子三年重其當先祖之正體又以其將代己爲宗廟主也庶子者爲父後者之弟也言庶者遠別之也小記曰不繼祖與禰此但言祖不言禰容祖禰共廟〔疏〕正義曰言何以者據爲衆子期而問也經但言父爲長子而父之爲長庶未明傳嫌凡父皆得爲長子三年故特明之注云此言爲父後者然後爲長子三年者爲父後指長子之父言爲父後則亦長子也此傳所言是分別父之長庶必其父是長子爲父後乃得爲其長子三年也云重其當先祖之正體又

以其將代己爲宗廟主也者兩其字指長子言爲宗廟主是重也雷氏次宗云父子一體也而長嫡獨正故曰體既爲正體又將傳重兼有二義乃加其服程氏瑤田喪服足徵記云正體於上言己與尊者爲一體而爲繼禰之宗子主禰廟之祭斯謂之重言其爲受重之人也其長子適適相承是己所受之重將於長子傳之是爲又乃將所傳重也如此則傳文所字乃著力字猶云又乃將所受之重傳之也先有重然後傳非傳與長子然後謂之重注謂重其當先祖之正體意以長子當先祖正體吾乃重之不合傳文傳重之旨傳言正體於上言己正其體於上以主禰廟祭何重如之將傳者時重尙在己猶未傳然將欲傳之而將使之當先祖之正體而繼乎祖故爲長子服三年也庶子之長子不繼祖以庶子本非正體不能正體於上不主禰廟之祭其重本非庶子所得受則亦非庶子所能傳其長子身得繼祖哉傳重故繼祖不傳重故不繼祖服三年與不服三年繼祖不繼祖之分而已矣今案程氏釋傳文極詳細然注重其當先祖之正體亦謂己是嫡長爲父之正體而長子又爲己之正體是承先祖之正體於上故重之與傳文非有二義也云庶子者爲父後者之弟也言庶者遠

別之也者案庶子是妾子之稱意鄭謂為長子三年止為父後承宗祀之一人則嫡妻之第二子亦不得為長于三年故以為父後者之弟釋之明傳言庶子實包衆子在內統言庶者是遠別之見其不得與為父後者同也云小記曰不繼祖與禰此但言祖不言禰容祖禰共廟者案大傳曰庶子不得為長子三年不繼祖也與此傳同喪服小記曰庶子不為長子斬不繼祖與禰故也與此傳稍異故鄭引其文釋之案祖禰共廟謂中下士一廟者詳少牢禮鄭以傳重為宗廟主故以廟言之然因小記此文說禮者遂多枝節馬氏融云長子為五世之適父乃為之斬也又云體者嫡嫡相承也正為體在長子之上上正於高祖體重其正故服三年庶子賤其為長子服不得隨父服三年故言不繼祖也通典云漢戴聖聞人通漢皆以為父為長子斬者以其為五代之嫡也馬融注喪服經用之鄭玄注小記則以為己身繼禰便得為長子斬自後諸儒皆用鄭說案鄭注小記云尊先祖之正體不二其統也言不繼祖禰則長子不必五世是破馬氏之說也其言尊先祖之正體則與此注重其當先祖之正體語意亦同乃賈孔二疏因鄭但言不必五世未明言世數又因小記有不繼祖與禰之文

遂謂必父適祖適繼父祖身三世長子四世乃得三年吳氏廷華云小記言不繼祖與禰此聚訟所由起其弊在誤認不繼祖與禰者皆爲庶子耳譙氏周曰不繼祖與禰者謂庶子身不繼禰故其長子爲不繼祖合而言之也是可以正諸說之失矣馬融主戴聖聞人通漢五世之適說舍子而言曾孫旣與經義不符賈孔因注不必五世說遂舉賀循虞喜庾蔚之四世之說證之謂必適子適孫乃得爲長子三年外此則雖繼禰之嫡子亦不得遂三年之服是又舍子而言孫其失與馬氏等盛氏世佐云子爲父母三年父母爲子期服之正也爲長子三年以其承祖之重而加隆焉爾此尊祖敬宗之義通乎上下者也重謂宗祀也庶子不得祭即不得爲長子三年以其無重可傳也庶子不爲父後者也云不繼祖者指其子而言也然則爲長子三年五宗皆得行之矣雖繼禰之宗亦得爲長子三年者以身旣繼禰即得主禰廟之祭是亦有傳重之道故也先儒謂必至四世乃得三年失其義矣今案吳氏盛氏辨正疏說是也譙周賀循虞喜庾蔚之之說具載通典或曰此注末云容祖禰共廟則不繼祖似指庶子本身言矣曰此鄭欲通合小記與此傳爲一而不覺其說之岐也古者有大宗

有小宗大宗一小宗四繼高祖繼曾祖繼祖繼禰皆宗也此注兩言爲父後明主繼禰者言之卽通典所謂己身繼禰便得爲長子斬是也則庶子不繼禰其長子自不得繼禰傳義昭晰無疑況傳言庶子不言庶孫經但言父爲長子則爲三年不爲三年自當以父之長庶爲別又安得舍繼禰之宗而專以祖適爲說邪以經傳之言繹之四世之說其不足憑益明矣○程氏瑤田又云此傳須將正體二句與庶子二句反正互明之故剔淸其義自見云正體於上言爲父後者與尊者爲一體明非庶子也又乃將所傳重者言爲父後者又將傳重於其長子明其長子將繼祖也此繼祖斷指長子言是爲父後者之長子乃得繼祖故爲之服三年若己不爲父後而爲庶子則其長子將不傳重而不繼祖矣故不爲之服三年也小記云庶子不繼祖者明其宗也言其非繼祖之宗也又云庶子不繼禰者明其宗也言其非繼禰之宗也故曰不繼祖與禰指庶子不爲祖禰宗廟主故不爲長子斬與喪服傳義雖一貫而言各有當一主庶子之長子不傳重而言一主庶子非宗子而言言非一端隨文解之自然通一爲道若彼此互躔則鑿矣今案此亦暗破鄭氏注末之說而其解傳文極明又解小

記可備一義故錄存之

爲人後者疏正義曰此爲人後者後大宗也賈疏云出後大宗其情本疏故設文次在長子之下也雷氏云此文當云爲人後者爲所後之父闕此五字者以其所後之父或早卒今所後其人不定或後祖父或後曾高祖故闕之見所後不定故也

傳曰何以三年也受重者必以尊服服之何如而可爲之後同宗則可爲之後何如而可以爲人後支子可也爲所後者之祖父母妻妻之父母昆弟昆弟之子若子若子者爲所爲後之親如親子疏正義曰言何以者據生己之父母三年不生己之父母亦三年故問也受重者必以尊服服之荅辭尊服謂斬衰馬氏融云受人宗廟之重故三年通典載吳商云禮貴嫡重正其爲後者皆服三年夫人倫之道有本焉重本所以重正也重正所以明尊祖也尊祖所以統宗廟也是以宗絕而繼

之使其正宗百代不失也其繼宗者是曰受重受重者必以尊服服之若不三年豈爲尊重正祖者邪蔡氏云公羊傳曰爲人後者爲之子故爲之服斬也何如而可爲之後以下再問再答同宗同大宗也謂同在繼別一宗之內乃可爲後若同姓而別宗亦不可也汪氏琬云禮同宗皆可爲之後則不必親昆弟之子與從父昆弟之子矣支子適妻次子以下及妾子也其適子當自爲小宗故以支子爲大宗後也通典載許猛云喪服傳曰何如而可以爲人後支子可也言大宗雖重猶不奪己之正以後之也案此論是猛又云小宗無支子則大宗自絕矣此說非也詳後傳適子不得後大宗下爲所後者之祖父母以下乃言爲人後者正親外親之服賈疏云夙者祖父母則爲後者之曾祖父母妻卽爲爲後者之母也妻之父母妻之昆弟妻之昆弟之子於爲後者爲外祖父母及舅與內兄弟也李氏云傳舉正尊以見旁親舉外親以明本族其餘有服者服之一如親子故經於斬衰章舉爲人後之目空其文以包見之後不重出也若宗子爲殤而夙則宗人來後者惟後夙者之父以昆弟之服服殤夙者曾子問曰宗子爲殤而夙庶子弗爲後也小記曰爲殤後者以其服服之敖氏云言妻之昆

弟以見從母言妻之昆弟之子以見從母昆弟也此於尊者唯言所後者之祖父母於親者唯言所後者之妻益各舉其一以見餘服也至於其妻之父母以下乃備言之者嫌受重之恩主於所後者而或略於其妻黨也經見爲人後者如子之服僅止於父故傳爲凡不見者言之又詳此傳言爲人後者爲所後者祖父母服則是所後者殁而其祖父若父或猶存於祖父若父猶存而子孫得置後者以其爲宗子故爾益尊者巳老使子孫代領宗事亦謂之宗子所謂宗子不孤者也程氏瑤田云所後者之妻之父母昆弟昆弟之子若子者例在記庶子爲後者爲其外祖父母從母舅無服爲私外親無服則是將爲適母外親服也今爲人後自與庶子爲後者同也褚氏云賈疏及諸說巳無遺義顧氏炎武乃以昆弟昆弟之子俱屬所後者言則所後者之本宗掛漏反多說易惑人斷不可從今案所後者之昆弟昆弟之子皆屬旁親下記曰于所爲後之兄弟之子若子所爲後之兄弟之子卽所後者昆弟之子則旁親巳包於記若子之內故此傳唯舉正親外親言之以補經記所未及也盛氏說與顧同皆非顧氏又以若子爲後人者從父昆弟之子則於傳上下文義不可通矣尤非又顧氏

盛氏分祖父母爲二謂所後者之祖卽爲後者之曾祖舉祖以包祖母所後者之父母卽爲後者之祖父母此說似尚可從耳注云若子者爲所爲後之親如親子者此子本非親子但旣爲之後則與親子同故爲所爲後者之親之服一如親子之爲之如爲曾祖齊衰三月祖父母期之類是皆親子之服而爲後者亦如之故傳云若子也

妻爲夫疏正義曰賈疏云自此以下論婦人服也婦人卑於男子故次之王氏肅云言夫則可知舉妻者姝妾之文也今案王意謂但言夫已可知爲妻服必言妻爲夫者以別於妾也案曲禮云天子之妃曰后諸侯曰夫人大夫曰孺人士曰婦人庶人曰妻而哀公問云昔三代明王之政必敬其妻子則妻之稱上下通之故言妻以見爲夫斬衰之服亦上下同也吳氏紱云子爲父臣爲君妻爲夫此三綱也遞生他服而不爲他服所生遞殺他服而不爲他服所殺制服之本存焉耳

傳曰夫至尊也疏正義曰馬氏云婦人以夫爲天故曰至尊孔氏倫云以父服服之故曰至

尊蔡氏云女子在室天父適人則天夫故在室爲父服斬適人則降其父服爲期而爲夫服斬也吳氏廷華云小記姑在爲夫杖妻雖以齊爲義而夫實尊於妻今案妻爲夫妾爲君傳皆以至尊釋之者亦家無二尊之義也已

妾爲君【疏】正義曰陳氏銓云降於女君故不敢稱夫稱爲君者同於人臣也敖氏云妾與臣同故亦以所事者爲君春秋傳曰男爲人臣女爲人妾　注云妾謂夫爲君者不得體之加尊之也者以妻與夫有體敵之義故稱夫妾不得體夫故加尊之而稱爲君其斬衰之服則與妻同也雷氏次宗云言妻以明其齊所以得稱夫也言妾以見其接所以乃稱君也云雖士亦然者以上注云大夫以上有地者爲君似士不得君稱然妾之事夫實與臣同故雖士妾亦尊夫爲君也賈疏云內則聘則爲妻奔則爲妾鄭注妾之言接聞彼有禮走而往焉以得接見於君子是名妾之義但其竝后匹適則國亾家絶之本故深抑之別名爲妾也旣名爲妾卽不得名壻爲夫故加其尊名名之爲君也今案賈疏義特嚴正故錄之

傳曰君至尊也妾謂夫爲君者不得體之加尊之也雖士亦然疏正義曰馬氏云妾賤事夫如君故曰至尊也

女子子在室爲父女子子者女子也別於男子也言在室者關已許嫁疏正義曰注女子也各本皆作子女通典作女子盧氏戴氏俱據通典改正今從之別於男子也於嚴本作然誤關已許嫁關嚴徐作謂通典集釋通解毛本俱作關儀禮識誤云監巾箱杭本譌作關疏關通通也從諸本及疏○李氏云上父條女子子在其中矣嫌許嫁即從降服故重出此文敖氏云在室在父之室也與不杖期章適人者對言　注云女子子者女子也別於男子也者言女子子即女子也子是男女對父母之稱故男稱男子今女子重言子者以別於男子也云言在室者關已許嫁者賈疏云關通也謂通已許嫁者言之顧氏炎武云關該也謂許嫁而未行遭父之喪亦當爲之布總箭笄髽三年也內則曰有故二十三年而嫁曾子問孔子曰女在塗而女之父母死則女反是也今案顧說亦通但鄭云關已許嫁明是謂已許嫁者與未許嫁者其服皆同也喪服小記曰女子子在室爲父母其主喪者不杖則

子一人杖鄭注女子子在室亦童子也許嫁及二十而笄笄爲成人成人正杖也案彼文女子子在室與此正同而鄭乃以女子子爲專指未許嫁之童子言與此注兩岐矣且據小記云其主喪者不杖則子一人杖明有主喪者杖則女子子皆不杖可知辨見前傳婦人何以不杖下

布總箭笄髽衰三年

此妻妾女子子喪服之異於男子者總束髮謂之總者既束其本又總其末箭笄篠竹也髽露紒也猶男子之括髮斬衰括髮以麻則髽亦用麻以麻者自項而前交於額上卻繞紒如著幓頭焉小記曰男子冠而婦人笄男子免而婦人髽凡服上曰衰下曰裳此但言衰不言裳婦人不殊裳衰如男子衰下如淡衣淡衣則衰無帶下又無衽

疏 正義曰賈疏云經之例皆上陳服下陳人此服在下言之者欲見與男子同者如前與男子異者如後也又云越妻妾而在女子子之下言之者雷氏云服者本爲至情故在女子之下爲文也今案妻妾女子是正服下子嫁反在父之室是變服故於此言之也三年之文亦至此始見者舉後以該前且以見箭笄髽衰終三年而不變也　注云此妻妾女子子喪服之異於男子者李氏云經杖帶屨婦人同於男子其異者總笄髽以易男子之冠纓衰則連裳爲之故別見此四者也

云總束髮謂之總者旣束其本又總其末者案內則注亦云總束髮孔疏總裂練繒爲之是吉時以繒爲總喪則以布爲總也曾子問女服縞總縞白繒也彼是在塗初聞喪之服此是在家成服之服故不以繒而以布檀弓注婦人弔服素總黃氏榦疑所謂素者縞與布未詳案布總爲斬衰以下之總則弔服自當用縞也程氏瑤田云據內則櫛縰笄總之次蓋櫛而後縰縰而後笄笄則紒成矣乃以帕圍繞所束之髮結其末而垂之令不飛蓬故謂之總然髽必去縰縰韜髮者也縰去則紒露總用布其不以覆紒明矣豈如今之勒子歟云箭笄篠竹也者禮器如竹箭之有筠也注箭篠也鄉射禮箭籌八十注同廣韻篠同筱說文筱箭屬小竹也然則箭笄者以小竹爲笄也黃氏榦云始死將斬衰婦人去笄至男子括髮著麻髽之時猶不笄今成服始用箭笄婦人箭笄終喪有除無變唯妾爲君之長子雖服斬衰不著箭笄今案喪服小記云箭笄終喪三年與此文同又小記云齊衰惡笄以終喪惡笄詳下記云髽露紒也猶男子之括髮斬衰括髮以麻則髽亦用麻以麻者自項而前交於額上卻繞紒如著幓頭焉者幓頭之制詳士喪禮主人髺髮袒下鄭意蓋以婦人之髽與男子之髺髮免三者形象略同然此指用麻布之髽言之故士喪

禮婦人髽于室注云其用麻布亦如著幓頭然是也賈疏云髽有二種一是未成服之髽卽士喪禮所云者是也將斬衰者用麻將齊衰者用布二是成服之後露紒之髽卽此經注是也喪服小記孔疏云髽者形有多種有麻有布有露紒也今辨男女竝何時應著此免髽之服男子之免乃有兩時而唯一種婦人之髽則有三別其麻髽之形與括髮如一其著之以對男子括髮時也前云斬衰括髮以麻則婦人於時髽亦用麻也何以知然案喪服女子子在室爲父髽衰三年鄭云髽露紒也猶男子之括髮旣云猶男子括髮男子括髮先去冠纚用麻婦人亦去笄纚用麻故云猶也以此證據則知有麻髽以對男括髮時也又知有布髽者案此云男子免對婦人髽男免旣用布則婦人髽不容用麻也是知男子爲母免時則婦人布髽也又成服後知有露紒髽者喪服傳云布總箭笄髽衰三年明知此服竝以三年三年之內男不恆免則婦人不用布髽故知恆露紒也故鄭注喪服云髽露紒也且喪服所明皆是成服後不論未成服麻布髽也何以知然喪服旣不論男子之括免則不容說女服之未成義也旣言髽衰三年益知恆髽是露紒也然露紒恆居之髽則有笄此三髽之殊是皇氏之說今考校以爲正有二髽一是斬衰麻髽二是

齊衰布髽皆名露紒必知然者以喪服女子子在室爲父
箭笄髽衰是斬衰之髽用麻鄭注以爲露紒明齊衰髽用
布亦謂之露紒髽也沈氏彤云三髽之說發於皇氏頗得
經意至齊衰期成服之髽布總榛笄又自爲一益實四髽
而二種也程氏瑤田云髽婦人喪結去纚之通名有去笄
之髽有著笄之髽去笄之髽猶男子之髻髮免未成服時
之制也著笄之髽猶男子之冠纓既成服時之制也是故
布總箭笄之髽斬衰之髽也於男子則冠繩纓也喪服所
謂布總箭笄髽衰是也布總榛笄之髽齊衰之髽也於男
子則冠布纓也檀弓記夫子誨南宮縚之妻喪姑之髽所
謂榛以爲笄喪服記所謂惡笄有首以髽是也皆既成服
時之髽也今案皇氏謂有三髽分麻與布爲二賈疏謂髽
有二種合麻與布爲一而以成服未成服言之其說與皇
似異而實同孔疏既引皇說而又駁去成服後之髽謂止
有麻布二髽其說疏矣沈氏程氏又分成服後之髽爲二
以布總箭笄爲斬衰之髽布總榛笄爲齊衰之髽其說益
細要之此注云髽露紒也實爲定詁蓋吉時以纚韜髮喪
則去纚去纚則紒露紒與結同卽今之髻故鄭注士喪禮
及禮記皆以去纚而紒言之此無論未成服已成服之髽
皆爲露紒唯未成服時無笄總以麻若布自項而前交於

額上與男子之髻髮免同雖繞紒而不覆紒故紒仍露於外鄭注士喪禮云髻髮者去笄纚而紒是男子之髻髮亦露紒與髽同但男子成服後則去髻髮免而冠喪冠婦人成服後去麻若布服總與笄而其爲露紒自若故仍謂之髽皇氏賈氏專以露紒爲成服後之髽而不知未成服以前之髽亦露紒其說猶未善也此經云髽三年謂去纚而露紒終三年不變則所謂髽者自指成服後言之皇氏謂此經不論男子之括免則亦不容說女服未成之髽是已鄭氏旣以露紒釋髽而又云猶男子之髻髮斬衰髻髮以麻則髽亦用麻是以未成服之髽釋之也沈氏彤云此經主成服以後言鄭欲以成服之髽等之於未成服之髽豈不思髽以麻若布爲其無笄總而代之也旣布總箭笄以髽矣又安用麻布之幓頭邪麻布代笄總而不代纚纚韜髮以爲飾可去也笄總以安紒而束髮不可去也故不笄總第在成服之前而纚則終喪無之今案沈說是也馬氏融云髽屈布爲巾高四寸著於額上此說左傳孔疏已辨之詳士喪禮婦人髽于室下注引小記者證笄與髽之用也男子冠而婦人笄者孔疏云吉時男首有吉冠女首有吉笄若親始死男去冠女則去笄若成服爲父男則六升布爲冠女則箭篠爲笄爲母男則七升布爲冠女則榛木

爲笄是冠與笄相對也男子免而婦人髽者當襲斂之節男子著免婦人著髽是免與髽相對也但齊衰之男子以布爲免婦人以布爲髽斬衰之男子以麻爲髻髮婦人以麻爲髽是髽兼對免與髻髮而記但舉免言之故賈疏云男子陽多變斬衰名髻髮齊衰以下名免耳婦人陰少變故齊斬同名髽也髻髮與免之制詳下士喪禮主人髻髮袒衆主人免于房下云凡服上曰衰下曰裳此但言衰不言裳婦人不殊裳者陳氏銓云不曰縗裳婦人縗而不裳雷氏次宗云縗者當心六寸布也在衣則衣爲縗在裳則裳爲縗男子離其縗裳故縗獨在衣上婦人同爲一服故上下共其稱也今案雷說是陳氏謂縗而不裳非也婦人之裳連於衣故言衰可以該裳也上經云斬衰裳此不云裳之故鄭釋之云衰如男子衰下如深衣深衣者謂以當心六寸布爲衰與男子同其下則如男子之深衣也案婦人之服裳皆連衣爲之男子唯深衣連衣裳餘皆上衣下裳不相連故云如深衣也云深衣則衰無帶下又無衽者下記云衣帶下尺注衣帶下尺者要也廣尺足以掩裳上際也又云衽二尺有五寸注衽所以掩裳際也案此謂男子衣衰之制也若婦人之衰服如深衣裳連衣爲之則不用衣帶下廣尺之布以掩裳上際亦不用二尺有五寸之衽以掩裳

之兩旁故云無帶下又無衽也

傳曰總六升長六寸箭笄長尺吉笄尺二寸總六升者首飾象冠數長六寸謂出紒後所垐爲飾也

疏正義曰經但言布總箭笄而未言升數與尺寸故傳明之箭笄斬衰之笄傳云長尺而檀弓載南宮縚之妻之姑之喪榛以爲笄亦長尺榛笄卽下記所云惡笄齊衰之笄也斬衰齊衰笄同一尺則五服之笄皆同一尺可知傳又云吉笄尺二寸見吉笄與喪笄異也李氏云下記有用吉笄折首之制故於此併傳之賈疏云吉笄大夫士之妻用象天子諸侯之后夫人用玉　注云總六升者首飾象冠數者上斬衰男子之冠六升此婦人之總亦六升故云象冠數也敖氏云此總六升亦但指卒哭以前者也其卒哭以後當與男子受冠之布同七升旣練則八升也張氏爾岐云總象冠升數餘服當亦各象其冠布之數云長六寸謂出紒後所垐爲飾也者內則注云總束髮也垐後爲飾孔疏束髮之本垐餘於髻後故以爲飾也案紒卽髻也鄭必知長六寸爲紒後所垐者以其束髮爲人所不見無寸可言也賈疏云此斬衰長六寸南

宮緦妻爲姑緦八寸大功當與齊同八寸小功緦麻同一尺吉緦當尺二寸與笄同也檀弓孔疏略同案大功以下無正文存以俟考

子嫁反在父之室爲父三年謂遭喪後而出者始服齊衰期出而虞則受以三年之喪受既虞而出則小祥亦如之既除喪而出則已疏正義曰凡女行於大夫以上曰嫁行於士庶人曰適人子女子也不言女子子省文云嫁則是女子子可知反在父之室馬氏融云爲犯七出還在父母之家案七出詳後出妻之子爲母下王氏肅云嫌已嫁而反與在室不同故明之蔡氏云女出嫁則恩隆於夫家故爲父降服期被出則夫婦義絕而恩隆於父母家矣故仍爲父三年也吳氏紱云有反室不關七出者如國亡子孫無大宗收族之類彼若夫亡則已爲夫三年矣不更爲父貳斬也互見下不杖期章無主節　注云謂遭喪後而出者喪謂父喪鄭意葢以此經子嫁反爲父服後被出而反者也云始服齊衰期者以喪後而出則初遭父喪時未出故服女子子適人者爲父齊衰期之服也云出而虞則受以三年之喪受者案父母之喪既虞受以輕服此被出在未虞之前則虞祭後不以

期喪所受之服爲受而以三年之喪所受之服爲受也以三年之喪受服爲受者謂斬衰初死衰裳三升冠六升旣虞以其冠爲受受衰六升冠七升此被出之女初時雖受齊衰期至虞虞後亦受衰六升總七升服三年之喪服也云旣虞而出則小祥亦如之者案虞與小祥俱是居喪變服之節此女被出若在旣虞後未小祥之前則小祥後受服亦竝受以三年之喪受與出而虞者同故云亦如之也小祥後受以三年之喪受謂受衰七升總八升也云旣除喪而出則已者此謂旣小祥而出者女子子適人爲父期則小祥時服已除此後若被出不重爲父服故云則已已止也喪服小記曰爲父母喪未練而出則三年旣練而出則已練卽小祥祭名此鄭所本但鄭又推出未虞而出一層則比記加詳耳小記又曰未練而反則期旣練而反則遂之孔疏未練而反則期者此謂先有父母喪而爲夫所出今喪猶未小祥而夫命已反則還夫家至小祥而除是依期服也旣練而反則遂之者若被遣還家已隨兄弟小祥服三年之受而夫命之反則猶遂三年乃除隨兄弟故也王肅亦引小記之文以釋此經則與鄭義同敖氏云言反在父之室明其見出於父存之時也著之者嫌與未嫁者異也沈氏彤云此文兼存歿言敖是正解鄭義亦當備盛

氏云此經所陳兼未遭喪而出及遭喪未練而出者言也今案沈盛說是或以敖駁鄭或以鄭駁敖均非賈疏申鄭謂若父未歿被出自然是在室與上文同何須設此經案經言子嫁反在父之室明以別於未嫁在室之女則父存而被出者自不得包于上女子子在室條內賈說未的敖氏又云此喪父與未嫁者同則其爲母以下亦如之可知經特於此發之也自父以下凡爲此女服者亦皆從其本服說亦詳備云凡女行於大夫以上曰嫁行於士庶人曰適人者敖氏謂爲妻者曰嫁兼爲妾者言之曰適人非也褚氏云嫁與適人亦可通稱但此篇之例是專以嫁屬大夫適人指士耳庶人與士不別者禮窮則同也

公士大夫之衆臣爲其君布帶繩屨其士卿士也公卿大夫厭於天子諸侯故降衆臣布帶繩屨貴臣得伸不奪其正【疏】正義曰士即卿公卿大夫仕於天子諸侯者也君謂公卿大夫也衆臣衆家臣也吳氏章句云此本在君服節內因帶屨有異故別言之仍繫之此章之末則斬衰之服猶是也○江氏筠云三升有半之服戴氏震專以公士大夫之臣當之確不可易蓋年月既同正君而服杖冠絰又悉與之相等豈不似國有二君乎況其帶屨止於衆臣降之而貴臣固不與也禮言

大夫之避正君者多矣則益其衰之升數爲三升有半以異於三升之凡爲君者正別嫌明微之意又經不綴於臣爲君之後而獨著之末條則等殺亦從可知矣今案賈疏以諸侯爲天子臣爲君之等爲義服三升有半戴氏嘗辨之金氏榜云傳者於斬衰菅屨下但言衰三升足明君父至尊衰同升數則三升有半爲布帶繩屨者言之也說與戴同江氏申戴義亦詳似可從　注云士卿士也者賈疏云以其當公之下大夫之上尊卑當卿之位故知是卿士也李氏心傳云以傳考之疑士即卿字傳寫誤也方氏苞云詩書多言卿士戴記諸侯之大夫入天子之國曰某士左傳晉士起歸時事于宰旅是也今案據注則士字非誤但鄭雖作士仍以卿釋之據下傳云公卿大夫也卿士之義方說得之天子有三公九卿二十七大夫諸侯有三卿五大夫大國有孤一人亦稱公詳鄉飲禮云公卿大夫厭於天子諸侯故降其衆臣布帶繩屨者案公卿大夫於私臣有君道而於天子諸侯則猶臣也故其衆臣之爲之服者稍殺於天子諸侯而降其帶屨二事布帶與齊衰同繩屨與大功同其餘服杖冠經則如斬也云貴臣得伸不奪其正者謂貴臣得伸其正服依上經苴帶菅屨也貴臣詳下傳又案郝氏敬分公士與大夫之衆臣爲二以公士爲

諸侯之士衆臣爲大夫之衆家臣不知諸侯之士亦公臣不宜與卿大夫異服後儒雖彌縫其說與下傳終屬齟齬斷不可從

傳曰公卿大夫室老士貴臣其餘皆衆臣也君謂有地者也衆臣杖不以卽位近臣君服斯服矣繩屨者繩菲也室老家相也士邑宰也近臣閽寺之屬君嗣也斯此也近臣從君喪服無所降也繩菲今時不借也

疏正義曰李氏云言君謂有地者則無地者無斬服矣卽位卽朝夕哭位也衆臣杖不以卽位下於貴臣猶庶子不以杖卽位下於適子然也張氏爾岐云傳言公卿大夫之家臣唯家老與邑宰二者是貴臣其餘皆衆臣經所言爲其君布帶繩屨者皆是屬也公卿大夫有地有無地此所謂君謂有地者也今案傳云君謂有地者卽釋經爲其君之君指公卿大夫言也與下君字指嗣君者別前傳曰君至尊也注謂卿大夫有地者爲君卽本此傳　注云室老家相也士邑宰也者老是尊稱室老爲私室之尊主相家事故又稱家相曲禮士不名家

相大夫以上亦謂室老爲家相也襍記士居堊室鄭注士謂邑宰與此同詳士冠禮宰自右少退贊命下此家相邑宰是公卿大夫之貴臣其服一無所殺與衆臣異者以其於君恩淺義重也云近臣閽寺之屬者周禮序官內小臣奄上士四人閽人王宮每門四人囿游亦如之寺人王之正內五人內豎倍寺人之數鄭注閽人司昏晨以啟閉者寺之言侍也案此數者皆近君之小臣公卿大夫亦有近臣者儀禮釋官云禮記檀弓季孫之母死哀公弔焉曾子與子貢弔焉閽人爲君在弗內也是大夫之家有閽人左傳宋公使寺人召司馬之寺人宜僚飲崔子使寺人御而出是大夫之家有寺人故鄭云閽寺之屬也云君嗣君也者此謂公卿大夫之子父死而嗣爲後者亦謂之君故鄭以嗣君釋之以別於上所謂君也云斯此也者爾雅釋詁文云近臣從君喪服無所降也者近臣常在君之左右故其服不得與君異嗣君爲其父苴帶菅屨則此服亦如之無所降也盛氏云近臣卑於貴臣而其服乃無所降者以其近君故也今案經但言衆臣傳特言貴臣以別於衆臣而於衆臣中又抽出近臣言之皆以補經所未備喪服小記曰近臣君服斯服矣其餘從而服不從而稅服問曰君之母

非夫人則羣臣無服唯近臣及僕驂乘從服唯君所服服也斯皆近臣從服不與衆臣同之證也云繩菲今時不借也者今時漢時也傳以菲釋屨鄭以漢時不借釋之皆據今釋古謂之不借者釋名云言賤易有宜各自蓄之不假借人也○吳氏紱云斬衰經所未著者不杖期章爲君之父母條傳云父卒然後爲祖後者服斬所謂適孫承重者也其承曾高之重者亦如之鄭荅趙商云天子諸侯之喪皆斬衰無期然則天子諸侯之孫若曾玄皆不以孫曾之服而以臣服也小記與諸侯爲兄弟者服斬嫌不以臣服而以兄弟服也故明之服問諸侯之世子不爲天子服大夫之適子爲君如士之服先儒以爲凡卿大夫之適子爲君皆斬也

右斬衰三年

疏衰裳齊牡麻絰冠布纓削杖布帶疏屨三年者疏猶麤也

疏正義曰說文齊作齋齋經典通作齊王氏肅云疏以名衰輕乎斬也斬不同數麤可知也承裳以齊制而後齊也因衰以斬斬而後衰也李氏云疏衰裳以疏布爲之斬衰斬而後爲衰裳故先言斬疏衰衰裳已制而後齊故後言齊也

斬衰固麤矣而麤不足以言之故以斬名衰見其痛甚之意至齊衰而始有麤稱蔡氏云疏衰裳齊即齊衰也江氏筠云疏與斬皆據初喪之服而言至旣葬而後斬者改加緶緝疏者變入沽功故以相對惟齊則終三年喪皆然喪服中言齊可以包斬故論語兩著見齊衰者孟子對滕文公亦祇言齊疏之服閻百詩議孟子所言爲對父遺斬不知其文承三年之喪而下欲其終三年服故特舉齊且若論斬則彼於時固已成服而斬矣案江說以釋孟子尚可若此經則斬與齊對不與疏對以斬衰亦用麤布也左傳言晏子麤衰斬可證矣今案李說較賈疏爲簡明而賈則又本於王也牡麻經者以牡麻爲首經要經牡不帶子惡減於苴冠布纓者以布爲武坐下爲纓也敖氏云此冠布纓亦條屬右縫吳氏疑義云斬衰冠六升視苴經杖帶爲輕此變苴杖爲削杖變絞帶爲布帶非重於冠故冠枉上乃合削杖詳前賈疏云纓帶言布者以對斬衰纓帶用繩疏屨取用草之義斬衰章言菅屨見草體者以其重此言疏以其稍輕故舉草之總稱李氏云疏屨草屨也讀如周禮聚斂疏材之疏姜氏兆錫云斬衰不言三年者斬衰無不三年不待言也齊衰有三年有期有三月故言之盛氏云此於衰裳則齊之杖則削之以無子之麻爲經纓帶以

成布為之皆殺於斬也年月同而服少異者妹尊卑也以父餘尊之所厭故也布帶與絞帶對亦象革帶也郝氏謂大帶非○注云疏猶麤者貫疏以為直釋經疏衰之疏是也若疏屨之疏則傳釋為藨蒯矣詳下王氏士讓云齊衰三年章只有四條皆以繫母子之恩而不及其他今案斬衰齊衰之服本緣父母而制故斬衰首父齊衰首母也

傳曰齊者何緝也牡麻者枲麻也牡麻絰右本在上冠者沽功也疏屨者藨蒯之菲也沽猶麤也冠尊加其麤麤功大功也齊衰不書受月者亦天子諸侯卿大夫士虞卒哭異數

疏 正義曰齊緝牡麻枲麻之義俱已詳前斬衰傳下右本在上亦詳前馬氏融云在上指右故曰右本又孔氏倫云為母本於陰而統外也本鄭士喪禮注疏屨者藨蒯之菲也謂用藨蒯之草為屨菲與屝同詳前說文藨鹿藿也一曰蒯之屬南都賦其草則藨茅蘋莞廣韻藨可為席蒯本作蔽說文蔽草也左傳引詩曰雖有絲麻無棄菅蒯玉藻屨蒯席史記集解云蒯茅之類可為繩郝氏敬云藨蒯皆草而較細於菅注云沽猶麤也者鄭注檀弓云沽猶略也是沽有麤略之義云冠尊加其麤麤

功大功也者謂冠在首尊宜別於衣故以人功麤略之布爲之卽大功之布也下記云齊衰四升其冠七升間傳曰大功功七升八升九升此七升之布爲大功之首稍加以麤略之功者也若六升以下不加人功則幷無麤功可言矣故傳曰冠者沽功也謂用麤功之布爲之對斬衰冠六升無麤功也敖氏云冠布纓之制與緦纓同已見於前傳故此唯言冠布也不言升數者言沽功則爲大功之首可知云齊衰不書受月者亦天子諸侯卿大夫士虞卒哭異數者此與斬衰傳注云斬衰不書受月者義同說已詳前

父卒則爲母

尊得伸也【疏】正義曰敖氏云父在爲母期父卒則三年云則者對父在而立文也其女子子在室者爲此服亦惟筓總髽衰異爾下及後章放此又云案注云云尊得伸者謂至尊不在則無所屈而得伸其私尊也今案敖氏釋經注取明馬氏融云父卒無所復屈故得伸重服三年也義與鄭同襍記如三年之喪則旣顈其練祥皆行孔疏謂先有父喪而後母死練祥亦然以前文父歿爲母三年也故喪服齊衰三年章云父卒則爲母是也據此是父卒卽得爲母三年孔與馬鄭無異義也賈疏乃謂經云則者欲見父卒三年之內而母卒仍服期要

父服除後而母歿乃得伸三年徐氏乾學云經不曰父卒爲母而曰父卒則爲母正見父卒之後而遭母喪卽服三年也豈必父服除而母卒然後行三年之服乎且子之所以不得遂其三年者以有父在爾父既先歿矣復何所屈而不三年乎此禮之必不然而賈氏之妄無待論者姜氏兆錫云經云父卒則爲母不云父服卒則爲母而疏乃以臆亂經此大惑也吳氏紱云則云者決辭非難辭也方氏苞云則者急辭也但父卒卽得爲母伸疏引三驗皆不可通今案則字古與卽通言父卒卽爲母三年也廣雅云則卽也可證賈疏之謬諸儒論之甚詳茲不備錄其所引內則有故二十三年而嫁閒傳爲母既虞卒哭衰七升及服問注爲母既葬衰八升諸文皆無父服除後爲母三年之義賈之曲說亦不足辨至父在爲母期父卒爲母三年仍服齊不服斬者則以母之與父恩無輕重而分有尊卑不可以母而竝之於父也互詳杖期章父在爲母下○李氏云父卒君母存妾子爲其母當何服案小記曰庶子在父之室則爲其母不禫則父在爲妾母亦杖期同宮者惟不禫耳父歿君母存得伸三年可知萬氏斯大云齊衰三年首言父卒則爲母下卽及繼母慈母因知妾子之爲其母當與此同經不言者包於父卒爲母之中也禮經釋例云

或謂經傳無所生母明文何以知其兼言之也案經云慈母如母慈母亦父妾也非其所生尙爲之三年而謂所生母不得三年乎葢經所云繼母如母者謂如適母也慈母如母者謂如所生母也經文簡括儒者罕通其意唯漢鄭氏能窺見之故其於緦麻三月章庶子爲父後者爲其母注云君卒庶子爲母大功大夫卒庶子爲母三年士雖在庶子爲母皆如衆人於慈母如母注云大夫之妾子父在爲母大功則士之妾子爲母期矣父卒則皆得伸也葢父在則有諸侯大夫士之差父卒則皆得申齊衰三年也鄭氏此注直可補經今案自父言之則有適母妾母之分自子言之則生我者卽母妾子之於母與嫡子之於母同經無所生母明文謂卽包於父卒爲母之中其說是也

繼母如母 疏 正義曰賈疏云繼母本非骨肉故次親母後喪之如親母故云如母蔡氏云繼母謂己母早卒或被出之後而父再娶以繼續己母者也

傳曰繼母何以如母繼母之配父與因母同故孝子不敢殊也 因猶親也 疏 正義曰賈疏云傳以繼母本是路人今來配父輒如己母故發斯問荅之繼母

配父卽是牉合之義與己母無別故孝子不敢殊異之也李氏云緣父之意視繼母與因母不殊故也汪氏琬云或問繼母與母於禮亦有不同歟曰有之母出則爲繼母之黨服母死則爲其母之黨服爲其母之黨服則不爲繼母之黨服此不同者也母出則爲母服期繼母出則不服父歿母嫁亦服期繼母嫁不從則不服此又不同者也喪禮如母者二繼母慈母是也三年之喪於禮爲加服非正服也然則設有前妻之子不爲繼母所撫甚則如孝己伯奇之屬將遂不之服乎曰何爲其然也非出也非嫁也孝子緣父之心不敢不三年也先儒謂子當以父服爲正父若服以爲妻則子亦應服之由是言之不敢殊者孝子之文也其不能不殊者孝子之情也今案繼母如母而傳以配父釋之則服之亦以重父而已與下慈母貴父之命義同或謂繼母有撫育之恩故服之非也設繼母來時子已長成亦必服之則傳配父之義其不可易明矣此聖人制作之精意也注云因猶親也者盛氏云因猶依也詩云靡依匪母故親母曰因母今案詩皇矣因心則友毛傳因親也論語學而篇集解引孔注同是因與親古義通故鄭云因猶親也

慈母如母【疏】正義曰賈疏云慈母非父胖合故次後也

傳曰慈母者何也傳曰妾之無子者妾子之無母者父命妾曰女以爲子命子曰女以爲母若是則生養之終其身如母死則喪之三年如母貴父之命也此主謂大夫士之妾妾子之無母父命爲母子者也其使養之不命爲母子則亦服庶母慈己者之服可也大夫之妾子父在爲母大功則士之妾子爲母期矣父卒則皆得伸也【疏】正義曰傳中別舉傳者是作傳者引舊傳證成己義程氏瑤田云傳中別舉傳凡六條經五條記一條賈疏云妾之無子者謂舊有子今無者終其身者終慈母之身而已今案命爲母子必母是妾而子亦爲妾子者以母是適則凡妾子皆其子不須父命而適妻之子又不可命以爲妾子故也云生養之終其身如母者謂生則養之如親母也死則喪之三年如母者謂父卒而母死則亦服三年如親母也傳文兩如如母字校勘記謂宜屬上讀是也慈母本非骨肉之屬又無配父之尊而服之三年

者以父嘗命爲母子故耳徐氏乾學云慈母非謂母死
絶乳使他妾乳之卽爲慈母也卽妾子年巳稍長父命
之爲母子則成母子矣故曰貴父之命也觀小記爲慈
母後之語蓋命之爲後而非但命之養己義自可見若
但命之養己則自有庶母慈己及乳母二條豈必等之
於親母而行三年之服乎今案徐說是也喪服小記曰
爲慈母後者爲庶母可也爲祖庶母可也鄭注謂父命
之爲子母者也緣爲慈母後之義父之妾無子者亦可
命己庶子爲後孔疏引此傳謂卽爲慈母後之義又云
祖庶母者謂己父之妾亦經有子子死今無也故命己
之妾子與父妾爲後故呼己父之妾爲祖庶母顧氏炎
武疑小記爲誤沈氏彤云此爲後卽鄭注爲殤後所謂
據承之者是也傳曰爲人後者爲之子旣曰以爲子則
亦可云爲後矣亭林之說再商之今案此爲後不過生
養死葬而已與爲大宗後者不同小記又云慈母不世
祭又云爲慈母之父母無服鄭志趙商問慈母嫁亦當
爲服如繼母否鄭荅云慈母賤何得如繼母耶又通典
載劉智庾蔚之之說謂孫不服慈祖母婦不服慈姑則
慈母雖云如母而其實異於親母者多矣注云此主
謂大夫士之妾無子妾子之無母父命爲母子者賈疏

云知非天子諸侯之妾與妾子者案下記云公子爲其母練冠麻麻衣縓緣旣葬除之父歿乃大功明天子庶子亦然何有命爲母子爲之三年乎故知主謂大夫士之妾與妾子也云其使養之不命爲母子則亦服庶母慈己之服可也者敖氏云不謂妾或自有子子或子之母有他故不能自養其子是以不可命爲母子但使慈之而已若是則其服唯加於庶母一等可也今案小功章君子子爲庶母慈己者傳曰君子子者貴人之子也爲庶母何以小功也以慈己加也注君子子者大夫及公子之適妻子案禮爲庶母緦以慈己加至小功彼是適子服庶母慈己者之服此妾子於妾之慈己者有撫養之恩而無母子之命則但服小功不服三年與適子爲庶母慈己者同故鄭云亦也南史司馬筠傳載梁武帝曰禮言慈母有三條一則妾子無母使妾之無子者養之命爲母子服以三年喪服齊衰章所言慈母如母是也二則嫡妻子無母使妾養之雖均乎慈愛但嫡妻之子妾無爲母之義而恩深事重故服以小功喪服小功章所以不直言慈母而云庶母慈己者明異於三年之慈母也其三則子非無母擇賤者視之義同師保而不無慈愛故亦有慈母之名師保無服則此慈母亦無服矣

內則云擇於諸母與可者使爲子師其次爲慈母其次爲保母此其明文言擇諸母是擇人而爲此三母非謂擇取兄弟之母也子游所問自是師保之慈非三年小功之慈也故夫子荅以非禮云云豈非師保之慈母無服之證乎鄭康成不辨三慈混爲訓釋引彼無服以注慈己之後人致謬實此之由今案曾子問篇子游問曰喪慈母如母禮歟孔子曰非禮也古者男子外有傅內有慈母君命所使教子也何服之有昔者魯昭公少喪其母有慈母良及其死也公弗忍也欲喪之有司以聞曰古之禮慈母無服今也君爲之服是逆古之禮而亂國法也鄭注禮所云者乃大夫以下父所使妾養妾子此無服指謂國君之子也據此則曾子問所及內則所云慈母與此章慈母名同而實異緣無母子之命而國君之禮又與大夫以下異也梁武帝分別三條意亦近是但皆鄭注爲未合耳互詳君子子爲庶母慈己者傳下云大夫之妾子父在爲母大功則士之妾子爲母期矣父卒則皆得伸也者此鄭因經無妾子爲母明文故推言之以明大夫士之妾子亦父卒爲母三年也大夫妾子父在爲母大功見大功章士之妾子爲母期經無明文蓋包於下杖期章父在爲母之中也○吳氏疑義云呂

氏四禮疑載慈母注有謂所生之母从父命別妾撫育者十三字

母爲長子疏正義曰賈疏云長子卑故在母下馬氏云母不傳重無五代之義而隨父服三年從於夫也不在斬衰章者以子當服母齊衰也今案喪服小記云母爲長子削杖鄭注嫌服男子當杖竹也母爲長子服不可以重於子爲己也此服齊不服斬義與彼同小記又云婦人爲夫與長子稽顙其餘則否案此爲長子三年謂適子之妻爲長子也詳下

傳曰何以三年也父之所不降母亦不敢降也不敢降者不敢以己尊降祖禰之正體疏正義曰云何以者據母爲衆子期而問也敖氏云夫妻一體故俱爲長子三年此加隆之服也不宜云不降父母於子其正服但當期初非降服今案敖說亦近是但傳意謂父不降長子與衆子同服故母亦不敢降耳注云不敢降者不敢以己尊降祖禰之正體者此注本上父爲長子傳云正體於上言也雷氏云父之重長以居正嫡之胄當爲先祖之主故也母亦以此義而加崇焉夫父之服長以其仰

述祖禰堂構斯荷母亦以其承夫嗣業三從是寄父尙不以大夫之嚴降祖禰之主母亦安敢以婦人之尊降所天之嫡故曰父之所不降母亦不敢降以父況母明父猶屈體母空無嫌如舊曰妻從服則當云夫所不降妻亦不敢降今言父母者豈非自子而言也今案雷云如舊曰妻從服者蓋舊解以此節爲妻從夫服故雷駁之言如舊說云妻從夫服則傳當云夫妻今言父母明是據此子爲祖禰之正體故不敢降則雷說正申明鄭義耳或疑父在子爲母期而母爲長子三年不分父在與否又婦爲舅姑期而爲長子三年俱嫌於過李氏云母爲三年自爲服祖禰之正體無厭屈之義方氏苞云婦爲舅姑期其情適至是而止長子以家之大變先祖之正體攜故與夫同一其戚今案父在爲母期婦爲舅姑期一則屈於父之尊一則明所天之重乃盡人皆然此母爲長子三年必其夫爲適子承宗者乃得服之蓋此禮尊爲尊祖敬宗而設故不嫌於過也善乎萬氏斯大之言曰此母專指宗子之妻非凡爲母者皆爲長子三年也據傳云父之所不降母亦不敢降是母之服重從乎父也上父爲長子傳云正體於上又乃將所傳重也注云重其當先祖之正體是父之服重尊乎祖也故傳

又云庶子不得爲長子三年不繼祖也然則庶子之妻其服長子也亦從夫而殺矣豈得三年乎當與爲衆子不杖期同案萬氏所言宗子兼大宗小宗言卽繼禰者之妻亦爲長子服三年也下記云妾爲君之長子惡笄有首布總喪服小記云妾爲君之長子與女君同鄭注不敢以恩輕輕服君之正統然則凡適子之妻爲長子三年其妾從服三年亦重君之正體也戴氏德云繼母爲長子亦三年小記又云妾從女君而出則不爲女君之子服盧氏植云謂俱有過而出女君爲其子服嫌妾當從服故言不也案此條兼衆子期言不專爲長子也○吳氏紱云小記曰祖父卒而後爲祖母後者三年則其承曾高祖母之重者亦如之上斬章傳云爲人後者者爲所後者之妻若子則所後者之繼妻亦同如爲人後而兼承重則所後或祖母若曾祖高祖母並同也女子子反在父室者父不在爲母三年

右齊衰三年

卷二十一終

儀禮正義卷二十二　鄭氏注

績溪胡培翬學

疏衰裳齊牡麻絰冠布纓削杖布帶疏屨期者（疏）正義曰此服自

疏衰至疏屨皆與前章不殊而備列之者賈疏云以此一期與前三年懸隔恐服制亦多不同故須重列也敖氏云是章凡四條其三言爲母其一言爲妻也以禮考之爲母宜三年乃爲之期者以父在若母出故屈而在此也妻以夫爲至尊而爲爲斬衰三年夫以妻爲至親宜齊衰三年而服期者不敢同於母故爾然則二服雖在於期實有三年之義此杖屨之屬所以皆與三年章同也賈疏又云此章雖止一期而禫杖具有案下襍記云期之喪十一月而練十三月而祥十五月而禫注云此謂父在爲母卽此章也母爲父所屈而至期猶伸禫禫杖爲妻亦伸吳氏紱云此期固是有禫然亦有辨凡禫必主喪者主之母之喪父爲之禫故子從父而禫之若出母與繼母嫁而從者則己非喪主無禫也今案喪服小記云爲父母妻長子禫又云宗子母在爲妻禫案唯言宗子母在爲妻禫則其餘父母在爲

妻皆不禫可知也下傳云父在則爲妻不杖曾子問女未廟見而死壻不杖然則爲妻禫杖亦有不得伸者矣

傳曰問者曰何冠也曰齊衰大功冠其受也緦麻小功冠其衰也帶緣各視其冠問之者見斬衰有二其冠同今齊衰有四章不知其冠之異同爾緣如深衣之緣今文無冠布纓

疏正義曰此傳者設爲問荅以明齊衰以下之冠布兼明帶之緣與冠布同也先緦麻而後小功者特取與大功協句耳無意義也聶氏崇義云斬衰亦冠衣相受何者凡喪制服所以表哀哀有盛時殺時其服乃隨哀隆殺故初服麤惡至葬後練後大祥後漸細加飾斬衰裳初三升冠六升旣葬以其冠爲受受衰六升冠七升小祥又以冠爲受受衰七升冠八升此是葬後祥後皆更以輕服受之故有受冠受服之名其降服齊衰初死衰裳四升冠七升旣葬以其冠爲受受衰七升冠八升正服齊衰五升冠八升旣葬以其冠爲受受衰八升冠九升義服齊衰六升冠九升旣葬以其冠爲受受衰九升冠十升降服大功衰七升冠十升旣葬以其冠爲受受衰十升冠十一升正服大功衰八升冠十升旣葬衰十升冠十一

升義服大功衰九升冠十一升既葬衰十一升冠十二升以其初喪冠升升數皆與既葬受衰升數同故云齊衰大功冠其受又曰小功緦麻冠其衰者謂降服小功衰冠皆十升正服小功衰冠皆十一升義服小功衰冠皆十二升緦麻十五升抽其半而七升半衰冠升數亦同李氏云冠其受者以受衰之布爲冠也冠其衰者冠與衰同也大功以上有受故冠其受小功以下無受故冠其衰盛氏世佐云帶緣布帶之緣也各齊衰以下也斬衰絞帶無緣齊衰以下以布爲帶又有緣輕者飾也云帶緣各視其冠則帶之升數各視其衰歟賈疏分帶緣爲二物訓緣爲中衣之緣非敖指爲冠衰之緣尤誤夫重服斬而不緝齊衰僅緝之而已其冠則五服皆條屬外畢安得有緣今案盛說是也斬衰絞帶賈謂以苴麻爲之則齊衰以下之絞帶雖用布其升數亦當與衰同不當與冠同賈於前章疏云布帶以七升布爲之非也此傳所云各視其冠者帶之緣耳非謂帶也玉藻天子素帶朱裏終辟而素帶終辟大夫素帶辟垂士練帶率下辟鄭注辟讀禆冕之禆禆謂以繒采飾其側是帶有緣也此帶之緣各與其冠布升數同當謂大功以下服輕者若齊衰以上帶末必有緣也於此言之者因廣

陳大功以下之冠而并及之耳　注云問之者見斬衰有二其冠同今齊衰有四章不知其冠之異同爾者此鄭釋傳發問之意也斬衰有二謂三升及三升有半也齊衰有四章謂三年及杖期不杖期三月也斬衰冠俱六升此齊衰四章不知其冠之異同故於此發問也敖氏云問者惟疑此章之冠荅者則總以諸章之冠爲言以其下每章之服亦各自不同故也云緣如深衣之緣者玉藻言深衣之制云緣廣寸半注緣飾邊也鄭以深衣之緣人所共曉故以彼況此謂此緣亦是飾邊也賈因注言深衣而誤解爲中衣致滋後人之謬云今文無冠布纓者鄭以此章所陳服制俱與前章同不應獨無冠布纓三字故從古文不從今文也鄭本經傳相連故於此釋之也

父在爲母　疏　正義曰李氏云喪服四制曰資於事父以事母而愛同天無二日土無二王國無二君家無二尊以一治之也故父在爲母齊衰期者見無二尊也此以權制者也猶心喪三年今案不言繼母慈母者父在爲母期則爲繼母慈母亦期可知上之妾子父在爲其母亦期褚氏云庶子爲母與父異宮者得伸禫與杖同宮者

不禫雖杖而不以即位見小記又案大夫之妾子父在爲其母大功君之庶子父在爲其母練冠麻麻衣縓緣既葬除之不在五服之中詳下大功章及記

傳曰何以期也屈也至尊在不敢伸其私尊也父必三年然後娶達子之志也疏正義曰以子爲母當三年今服期故問也屈也以下荅辭

私尊謂母據子言之馬氏云屈者子自屈於父故期而除母服也父至尊子不敢伸母服三年賈疏云父非直於子爲至尊妻於夫亦至尊母則於子爲尊夫不尊之故言私尊也子於母屈而期心喪猶三年故父雖爲妻期而除三年乃娶者通達子之心喪之志故也左傳晉叔向云一歲王有三年之喪二據太子與穆后天子爲后亦期而云三年喪者據達子之志而言三年也朱子云父在爲母期非是薄於母只爲尊在其父不可復尊在母然亦須心喪三年吳氏澄云夫爲妻之服既除則子爲母之服亦除家無二尊也方氏苞云祥禫而後父將舉吉禮而己之服不除則不可與於祭抑父已禫矣至三年闋而又禫父主之乎己主之乎均有所不可也

吳氏紱云此所謂夫爲妻綱父爲子綱也凡傳言屈與厭不同屈者爲服之人自屈而不得伸也厭者奴者爲尊者所厭也講者多混宜別之今案傳云父必三年然後娶達子之志也二語申明經義特淺蓋古人爲母期雖不得三年亦必盡心喪之實故父俟三年乃娶以達之顧氏炎武云假令娶於三年之內將使爲之子者何服以見何情以處乎理有所不可也抑其子之服於期而申其父之不娶於三年聖人所以損益百世而不可改者精矣敖氏乃謂三年後娶所以終牉合之義非爲達子之志意主駁傳而不知於禮意已失也○通典唐前上元元年武后上表請父在爲母終三年之服詔依行焉開元五年盧履冰上言准禮父在爲母一周除靈三年心喪請仍舊章庶叶通禮于是下制令百官詳議田再思建議云服紀重輕從俗斟酌隨時循古未必是依今未必非也履冰又上疏曰天無二日土無二君家無二尊以一理之也所以父在爲母服周者避二尊也元行沖奏議今若捨尊厭之重虧嚴父之義事不師古有傷名教開元七年下敕曰惟周公制禮當歷代不刊況子夏爲傳乃孔門所受諸服紀宜一依喪服文自是卿士之家父在爲母行服不同議者是非紛然元行沖

謂人曰聖人制服降之理豈不知母恩之深也但尊祖貴禰欲其遠別禽獸近異夷狄故也人情易搖淺俗者衆一紊其文度豈可正乎後蕭嵩與學士改修五禮又議請依元敕父在爲母齊衰三年遂爲成典朱子曰喪禮須從儀禮爲正又曰父在爲母盧履冰議是徐氏乾學云父在爲母不止期歲也禫記曰期之喪十一月而練十三月而祥十五月而禫注云父在爲母則是名雖爲期而其實十有五月與他期服有異又益以心喪之禮則其所以居喪之實未嘗異也乃唐人欲增爲三年謂何至與伯叔母同制豈知伯叔母之期服曷嘗有祥禫之禮乎哉華氏學泉云天尊地卑而乾坤定父天也母地也地統乎天母統乎父陰陽之大分人道之大防也夫資於事父以事母而愛同然而父在爲母三年嫌於無父也故不得不屈而期聖人之制服凡以順天地之理定尊卑之分而已是故知地之不同於天則知母之不同於父矣知陰之必屈於陽則知父在不得伸私尊於母矣自唐武后始創父在爲母三年之說而百王之典禮以一悍妻褻母易之迄千百年而莫之能正何後世之信周公孔子不如其信武氏也然自武氏以後猶爲母齊衰至明洪武時始易以斬而父母之服凡衰

裳帶絰之制悉混同而無別先王制禮之意蕩然無復存焉然而人心安之葢嘗推其故父尊而母親故人之親其父常不如親其母人之欲伸其私尊於母也常過於欲尊其父故父尊於母者天理之公也同母於父者人情之私也理之公不勝其情之私宜乎武氏之制一易迄于百年莫之能正又從而甚焉者矣子夏曰知有母而不知有父禽獸是也野人則曰父母何算焉夫父母何算野人之論也然則今有聖人作其於此必有所不安者矣

妻 疏 正義曰賈疏云妻卑於母故次之徐氏乾學云妻服既爲之杖又爲之禫同於父在爲母所以報其三年之斬異於他服之齊衰期也盛氏云此謂適子父沒者也士之庶子父在亦同大夫之庶子父在爲妻在大功章公子爲其妻在五服之外父沒乃爲之大功

傳曰爲妻何以期也妻至親也 適子父在則爲妻不杖以父爲之主也服問曰君所主夫人妻大子適婦父在子爲妻以杖即位謂庶子 疏 正義曰以父在爲母期而爲妻亦期故問也此

云何以期也與上爲母云何以期也語同而意别上問
怪其輕此問怪其重故雷氏云妻卑以擬同於母故問
深於常也妻至親也荅辭馬氏云妻與已共承宗廟所
以至親也陳氏銓云以其至親故服同於母雷氏云不
直云至親而言妻者明其齊體判合之親以别於至極
之稱而言　注云適子父在則爲妻不杖以父爲之主
也服問曰君所主夫人妻大子適婦者案爲妻父在亦
期父没亦期但父在適子爲妻期而不杖以父主其喪
故也父在則爲妻不杖本下不杖章傳文引服問者證
父主適婦喪之事彼注云言妻見大夫以下亦爲此三
人爲喪主也則士亦主適婦之喪明矣云父在子爲妻
以杖即位謂庶子者案喪服小記云父在庶子爲妻以
杖即位可也此鄭所本孔疏舅主適婦則適子不得杖
舅不主庶婦故庶子爲妻可以杖即位是也以上依鄭
義釋之但經於此章止云妻無適子庶子及父在父没
之分下不杖章云大夫之適子爲妻則又似專言大夫
之適子不以適於士竊疑士卑父在適子庶子爲妻皆
得杖期大夫尊父在庶子爲妻大功其適子爲妻雖不
降其期服而降在不杖章不杖則不禫以示與父没者
有别也若父没之後大夫之適子庶子爲妻皆得杖期

故於此章惟言妻而於下章特言其異者曰大夫之適子爲妻而傳以父在釋之也大夫之庶子父沒爲妻得杖期者大功章大夫之庶子爲妻條注云言從大夫而降則於父卒如國人是也又據小記孔疏引或問云適婦之喪長子亦得有杖祇不得即位然則適子之異於庶子者在不以杖即位非不杖也又襍記云爲長子杖則其子不以杖即位孔疏其子長子之子祖在不厭孫其孫得杖但與祖同處不得以杖即位案此是祖主子喪而孫亦得杖唯不以即位與小記疏所引或說合可證士主適婦之喪而其適子亦得杖也如謂士之適子父在不杖則經於下章當云大夫士之適子爲妻不得專言大夫矣總之經以杖期不杖期分章而於不杖期章唯言大夫之適子則士之適子在杖期章明甚傳惟於大夫之適子發不杖之義則士之適子爲妻亦杖明甚鄭氏此注似猶欠審察耳至襍記所云爲妻父母在不杖孔疏以不杖專指父在言雖無大夫之子之文要自主大夫子言之戴記出漢儒文或不詳此經及傳固自昭昭可據也互詳不杖章大夫之適子爲妻下

出妻之子爲母

出猶去也疏正義曰出母與嫁母非服之正故列妻後經不云出母而云出妻之

子爲母者雷氏云子無出母之義故繼夫而言出妻之子也馬氏云犯七出爲之服期賀氏循云父在爲母厭尊故屈而從期出母服不減者以本旣降義無再厭故也敖氏云出妻之子主於父在者也若父沒則或有無服者矣如下傳所云者是也高氏愈云出妻之子爲母期蓋指父沒言之父沒本應爲母齊衰三年因其出也故降爲期不敢欺其私父也若父在而出母沒也其惟心喪乎盛氏云此禮該父存沒而言也今案諸說以高爲是父不爲出妻服則子於父在自不爲出母服明矣況父在爲母期以父服至期而除子不敢過之亦服期而止豈出母父所不服者而子敢服之於父側乎然則爲母期者以父在而屈爲出母期者必父沒乃伸賀氏以父在爲母例之猶非也或謂經言子者皆有父之稱似當以父在爲是不知經若言出母則似子出其母於義有乖故係父言之而云出妻之子與他章言子者有別義已詳雷氏說矣黃氏榦云出妻之子爲母杖期父卒母嫁無明文漢石渠議問父卒母嫁爲之何服蕭太傅云當服期爲父後則不服韋玄成以爲父沒則母無出義王者不爲無義制禮若服期則是子貶母也故不制服也宣帝詔曰婦人不養舅姑不奉祭祀下不慈子是自絕也故聖人不爲制服明子無出母之義玄成

議是也吳氏紱云此謂出母之反在父室者也義雖絕於夫恩猶繫於子故爲之期且杖不杖則疑於旁親也若出而再適則無服以弃自絕於子也蔡氏云出母不嫁爲父守也其情可憫爲之杖期宜也出母而嫁則甘自絕於我父而失身於人不爲之服亦宜矣舊說以爲出母而嫁亦服杖期者非也今案大戴禮云有所取無所歸不去是古之出妻者大都使之歸還本宗而已非出之使適他族也小記曰未練而反則期惟其未嫁故夫可命之反也據石渠議嫁母本無服則出而嫁者更無論矣故經無爲嫁母杖期之文其服者以已之從之耳徐整問出母亦當報其子否射慈荅曰母亦報子期也李氏云母雖出自爲其子期小記曰妾從女君而出則不爲女君之子服妾不服則女君固自服之也今案此說自確經不云報者於下總言之也詳父卒繼母嫁條通典鄭荅趙商云繼母而爲父所出不服也徐邈荅劉閏之問庶子服出嫡母云以經言出妻之子爲母明非所生則無服也許猛荅步熊問爲人後者本生母出及所後母出云爲人後者不應服親母出以廢所後者之祭也爲所後者若子言若者不明其制如親其情則異也母出亦當異於親子矣雷氏云不直言爲出母嫌妾子及前妻之子爲之服敖氏云此禮亦關上下言之

若妾子之爲其出母或有不然者非達禮也今案以理論之嫡母繼母所後母非己所生其出也固無服本生母出以爲人後而無服若繼妻及妾所生之子於其母之出也亦宜服期以母子之義同也敖說似亦可通。注云出猶去也者國策注云去謂遣之漢書注云去謂逐之此出亦謂遣逐之不使在室故義與去同也此經出妻謂之出大戴禮謂之去公羊注謂之棄大戴禮本命篇云婦有七去不順父母去無子去淫去妒去有惡疾去多言去竊盜去不順父母去爲其逆德也無子爲其絕世也淫爲其亂族也妒爲其亂家也有惡疾爲其不可與共粢盛也多言爲其離親也竊盜爲其反義也婦有三不去有所取無所歸不去與更三年喪不去前貧賤後富貴不去孔氏廣森云婦人雖應此三事若淫與不孝猶當去之禮故有婦當喪而出者公羊傳莊二十七年何注云婦人有七棄無子棄淫泆棄不事舅姑棄口舌棄盜竊棄嫉妒棄惡疾棄義與大戴同此婦人犯七出之事也鄭氏易注云嫁於天子雖失禮無出道廢遠而已若其無子不廢遠之

傳曰出妻之子爲母期則爲外祖父母無服傳曰絕族

無施服親者屬出妻之子爲父後者則爲出母無服傳曰與尊者爲一體不敢服其私親也在旁而及曰施親者屬母子至親無絕道疏正義曰案此傳因經而推言之見其異於見在之母者有此二義以補經所未及也當以出妻之子爲母期至親者屬爲一條出妻之子爲父後者至不敢服其私親也爲一條程氏瑤田云據兩出妻之子文法則兩條皆爲子夏傳別出兩傳曰皆爲引舊傳證成己義也賈以後出妻之子二句承親者屬句爲文遂以爲舊傳釋爲父後者不合爲出母服而以末一傳曰爲子夏釋舊傳意大誤褚氏云經所言皆指有服者傳則有明其無服者此出妻之子爲父後者則爲出母無服二句傳也顧氏炎武以下有傳曰二字遂指爲經文謬甚今案程氏褚氏之說是也服問曰母出則爲繼母之黨服母死則爲其母之黨服案爲繼母之黨服則不爲其母之黨服明甚傳唯言外祖父母舉其重者以見輕者皆無服耳敖氏云絕族無施服言所以爲外祖父母無服也親者屬言所以爲出母期也此傳者引舊禮而復引傳以釋之也下放此吳氏紱云出母己雖爲服妻則

不從服出姑子亦不服出祖母蓋私恩祇在一身而大義已絕也又案子喪服小記曰爲父後者爲出母無服無服也者喪者不祭故也朱子曰出母爲父後者無服此尊祖敬宗家無二上之意先王制作精微不苟蓋如此敖氏云與尊者爲一體釋爲父後也母不配父則爲子之私親郝氏云適子後父與父爲體父至尊也故若服私親是違尊故不敢今案喪服小記云喪者不祭故也與此傳似異而實同彼注云適子正體於上當祭禮也蓋與尊者爲一體卽承宗廟祭祀之重故不敢服私親而廢宗祀也此無服唯承宗祀者一人雖無服猶持心喪其餘則皆服杖期也經但著出母之服未言爲父後者不服故傳明之笞人因此遂有謂父在則服父沒不服者誤之甚矣檀弓載子上之母死而不喪斯時子思猶在也檀弓又云伯魚之母死期而猶哭此父在爲母期也而孔疏亦以出母解之謬江氏永鄉黨圖考云近甘氏紱辨孔子無出妻之事云檀弓載門人問子思曰子之先君子喪出母乎此始指夫子之於施氏而言非謂伯魚之於幷官也初叔梁公娶施氏生九女無子此正所謂無子當出者家語後序謂叔梁公始出妻是也此說甚有理施氏卒夫子爲之服期蓋少時事子思云答

者吾先君子無所失道先君子謂孔子非謂伯魚孔子雖有兄孟皮妾母所生則孔子實爲父後在禮爲父後者爲出母無服聖人以義處禮父旣不在施氏非有他故不幸無子而出實爲可傷故從其隆而爲之服設有他故被出則當從其汙不爲之服矣所謂無所失道也若伯魚之母死當守父在爲母期之禮過期當除故抑其過而止之何得誣爲出母也今案子思答門人之問不正言不喪出母之故而但云道隆道汙者正以夫子爲父後而喪出母爲過禮之事故耳檀弓此節解者紛紛俱無是處唯江氏說實得情理之正故特錄之

注云在旁而及曰施者此母黨之服是旁服非正服故云施服禮記大傳亦云絕族無移服親者屬也自是相傳有此語而傳者引之但大傳作移釋文移或作施同以豉反移猶旁也孔疏無移服言不延移及之此母出則母之族亦與父族絕而不爲親矣故不延移爲服也李氏云施讀如詩莫莫葛藟施于條枚之施云親者屬母子至親無絕道者言母之族可絕而母子至親之恩無可絕也釋名釋親屬云屬續也恩相連續也孝經云父母生之續莫大焉故父沒爲服杖期父在則持心喪也

父卒繼母嫁從爲之服報疏正義曰馬氏云繼母爲己父三年喪禮畢嫁後夫重成母道故隨爲之服繼母不終己父三年喪則不服也李氏云馬鄭以繼母已服父喪貴終母子之恩故隨爲之服惠氏棟云如馬注則傳云貴終是終父三年喪然鄭下注但云嘗爲母子貴終其恩則鄭意不以母之服父喪與否也今案惠說是但鄭於此節雖無注而於檀弓子思之母死於衛節注云嫁母齊衰期則以此經父卒繼母嫁爲服期與馬同矣從蓋訓爲虗字也王氏肅云從乎繼母而寄育則爲服不從則不服服也則報不服則不報庾蔚之謂王順經文鄭附傳說王卽情易安於傳亦無礙敖氏云父卒而繼母不嫁則爲之三年從之嫁則期顧氏炎武云從字句謂年幼不能自立從母而嫁也母之義已絶於父故不得三年而其恩猶在於子不可以不爲之服也盛氏云賈疏以從爲之服爲句從鄭義也後儒以從字絶句用王說也以義斷之當以王說爲正蓋繼母本非屬毛離裏之親又改嫁與父絶乃令前妻之子自居其室者亦爲之服此於情爲不稱而於理亦有所未順者矣唯從繼母而嫁者則爲之服以其有撫育之恩故也今案如王說從字方有著落如馬鄭說則從字似贅文矣姜氏兆錫以王說爲不

易之定論是也經但言繼母之嫁而無父卒母嫁之文蓋舉繼母以該親母謂繼母嫁而子從乃爲之服則母嫁而子不從者皆不爲服可知謂繼母嫁而子從之者必爲之服則親母嫁而子之從之者亦必爲服可知此省文以見義也六朝諸儒沿用鄭說毋謂嫁母有服蔡氏德晉云母嫁則自絕於父而母子之恩亦絕義宜無服故夫死改嫁子不從則不服譙周乃云父卒母嫁非父所絕袁准因云爲父後猶服嫁母徐原一駁之謂適子之不喪出母者以凶服不得祭廟也母嫁亦與廟絕矣與廟絕卽與父絕矣況父固未嘗命之嫁也此而可服安在出母之不可服乎江氏筠云母嫁而子得不從則其子尙有大功同財之親而在母亦可不嫁其嫁也已自絕於其父而并絕其子何杖期之有乎案此二說是也敖氏云報者以其服反服之名謂出妻於其子與此繼母皆報也是報爲總承兩節之辭盛氏駁之謂上文出母不云報者以出母於其子骨肉至親不因報施而服故空其文不知母旣被出卽不足以加尊故言報爲人後者爲其父母亦言報可證也敖說是程氏瑤田云報者同服相爲之名以期報期以大小功報大小功以緦報緦無此重彼輕之殊故謂之報然在喪服有兩例其一此爲彼服而見報文則彼之爲此不復舉其

服也如杖期章父卒繼母嫁從爲之服報而繼母爲所從之子期不見杖期章是也其一此爲彼彼爲此竝舉其服經卽不復見報文而傳必見報之之文也如不杖期章昆弟之子爲世叔父母世叔父爲昆弟之子世叔母爲夫之昆弟之子竝見於經而傳必曰報之是也今案以此推之餘可知矣

傳曰何以期也貴終也嘗爲母子貴終其恩疏正義曰傳以繼母嫁當與出母姝而亦期故問也通典載皇密云婦無再醮之義禮許其嫁謂無大功之親不能自存攜其孤孩與之適人使無窮屈之難故曰貴終也若偏喪之日志存爽貳不遵共姜靡他之節而襲夏姬無厭之欲輕忽先亾棄己如遺何貴終之有郝氏云父殁從繼母嫁是相依也生相依殁相棄是無終也生依之殁服之所以貴終終終其爲母子之義也秦氏蕙田云貴終貴繼母之嫁而能終撫字之恩也非嘗爲母子之說也繼母嫁則無服矣今案皇氏郝氏以終屬子說卽注貴終其恩之意秦氏以終屬嫁母說義尤精又案崔凱庾蔚之謂爲父後者雖從繼母嫁亦不服萬氏斯大云身爲父後業從母往已不能如常禮行爲後事其服自不容無果能如禮爲父後則已

克自立不從繼母往矣不從又奚服哉盛氏云此不別其爲父後與否者以從乎繼母而嫁必其幼弱不能自存者也受恩旣同持服豈得而異故無分乎適庶也今案此傳但云貴終不云爲父後者無服以此服本由從制繼母嫁而子從雖爲父後者亦服繼母嫁而子不從雖不爲父後者亦不服也葛氏盛氏之說得之或疑從一之義終身不改禮婦人不貳斬而乃爲嫁母制服又爲繼父制服何哉曰此聖人恤孤之義不得已而制之禮之權也蓋夫死子幼無大功之親相養以生守死固爲義而孤則無與立矣嫁而以從俾不致轉於溝壑則於子猶能終其恩故不可絕也互詳繼父條下○吳氏紱云爲母則繼母慈母皆如母爲妻則繼妻如妻適孫承祖母之重曾玄孫承曾高祖母之重者祖父在若曾高祖父在亦如之爲人後者所後父在爲所後母若繼母亦如之女子子反在室者父在爲母若繼母與在室同今案黃氏補服有大夫之庶子爲妻杖期大夫之適子父沒爲妻杖期二條徐氏乾學删大夫之庶子爲妻一條是也大夫之庶子父沒爲妻已該於經妻內若父在爲妻大功

不服期也

右齊衰杖期

不杖麻屨者 此亦齊衰言其異於上 疏 正義曰賈疏云此不杖章輕於上禫杖故次之注云此亦齊衰言其異於上者謂此亦齊衰之服唯不杖與上杖異麻屨與上疏屨異故經特言之其餘疏衰裳齊牡麻絰冠布纓布帶及期俱與上同故不言也王氏肅云言與杖期同制唯杖屨異李氏云自此以下哀殺病輕故不杖也易蕉蒯之屨爲麻屨輕重之節也吳氏章句云以上四者俱不言受月蓋三年之喪達乎天子諸侯雖絕期尚爲后齊衰變除之日不盡同故也

祖父母 疏 正義曰此孫爲祖父母服也女孫在室同出嫁亦不降郝氏云此有父在之正禮父沒適孫爲其祖三年以代父也禮各舉其正者故斬衰首父齊衰首母不杖期首祖父母也徐氏乾學云齊衰三年章有繼母如母之文而此不言繼祖母者古文簡省已包於祖母之中也汪氏琬云繼祖母與祖母者有辨繼祖母之沒也祔於廟而祖庶母不祔夫旣祔於廟而爲之孫者方歲時享祀之而可以無服乎今案喪服小記云妾母不世祭則庶

子之子不爲祖庶母服也

傳曰何以期也至尊也疏正義曰賈疏云祖爲孫止大功孫爲祖何以期荅云至尊也者祖是至尊故期若然不云祖至尊而直云至尊者以是父之至尊非孫之至尊也今案此說非凡子孫於一本之親雖有遠近之不同而其奉爲至尊則一以統緒所自來也故傳於父言至尊於祖言至尊而於曾祖父母傳云不敢以兄弟之服服至尊也則自曾高以上皆爲至尊可知朱子曰父母本是期加成三年祖父母世父母叔父母本是大功加成期其從祖伯父母叔父母小功者乃正服之不加者耳敖氏云謂不可以大功之服服至尊故加而爲期也

世父母叔父母疏正義曰此昆弟之子爲之服也世叔非正尊而爲祖之子故次祖後爾雅父之昆弟先生爲世父後生爲叔父父之兄妻爲世母父之弟妻爲叔母邢疏繼世以嫡長先生於父則繼世者也故曰世父說文叔作尗从上小言尊行之小者釋名父之兄曰世父言爲嫡統繼世也又曰伯父伯把也把持家政也叔

少也案世母亦稱伯母見襍記盛氏云父之先生者不皆世嫡而爲祖後者亦存焉故謂之世吳氏廷華云二者不言適庶蓋其服同

傳曰世父叔父何以期也與尊者一體也然則昆弟之子何以亦期也旁尊也不足以加尊焉故報之也父子一體也夫妻一體也昆弟一體也故父子首足也夫妻胖合也昆弟四體也故昆弟之義無分然而有分者則辟子之私也子不私其父則不成爲子故有東宮有西宮有南宮有北宮異居而同財有餘則歸之宗不足則資之宗世母叔母何以亦期也以名服也宗者世父爲小宗典宗事者資取也爲姑在室亦如之

疏 正義曰傳先問世父叔父而後問世母叔母者以欲明一體之義也言何

以者雷氏云非父之所尊嫌服重故問也與尊者一體也荅辭馬氏云與父一體故不降而服期陳氏銓云尊者父也所謂昆弟一體也李氏云五屬之服同父者期同祖者大功同曾祖者小功同高祖者緦世父叔父與己同出於祖應服大功以其與父爲一體故進服期也盛氏云尊者兼祖若父言世叔父者祖之子而父之昆弟也下云父子一體昆弟一體是世叔父與己之祖若父皆爲一體也以是而加隆焉故爲之期也案盛說與馬陳異卻亦可通又問昆弟之子者以非一體而與世叔父同期故問也旁尊也不足以加尊焉故報之也荅辭敖氏云昆弟之子本服亦大功世叔父不以本服服之而報以其爲己加隆之服者以己非正尊不足以尊加之故也今案正尊則可以加尊而降卑如孫爲祖期而祖但爲孫大功是已父子一體也三句因上言一體而廣明一體之人父子首足也三句則又申言一體之實父尊子卑其一體如首足夫陽妻陰其一體如胖合昆弟同氣連枝各得父之體以爲體如四體之本爲一體然馬氏云言一體者還是至親因父加於世叔故云昆弟一體因世叔加於世叔母故云夫妻一體也又云首足者父尊若首加祖在期子卑若足曾孫在緦也集

頭牉合合其半以成夫婦也盛氏云牉與判通半也周禮媒氏掌萬氏之判鄭注引此傳文亦作判今案傳雖以三者並言而意主於昆弟故下專言昆弟以見父與世叔父一體而服有輕重也昆弟之義無分亦承一體言以一體則義不宜分也然而有分者則辟子之私也以下乃特言不容不分之理辟與避同子各私其父故世叔父不得不避之子之私其父亦本乎天理人情張子曰子不私其父則不成爲子古之人曲盡人情如此若同宮有伯父叔父則爲子者何以獨厚於其父爲父者又烏得而當之敖氏云東宮西宮南宮北宮葢古者有此稱亦或有以爲氏故傳引之以證古之昆弟亦有分而不同宮者焉今案異居而同財以下則又卽宗法以明昆弟雖分而仍合之義內則由命士以上父子皆異宮異居卽異宮而財則同有餘謂常用之餘不足謂用有不足也盛氏世佐云支庶之贏餘匱乏皆宗子總攬其大綱而爲之裒益於其閒故宗法立而無貧富不平之患又問世母叔母者以世叔母本是路人而亦朞故問也以名服也荅辭謂世叔母以配世叔父而有母名故服亦與世叔父同大傳服術有六三曰名鄭注名世母叔母之屬是也大傳又云同姓從宗合族屬異姓

主名治際會名著而男女有別其夫屬乎父道者妻皆母道也此所謂以名服也李氏云雖以名服其情則輕喪大記曰叔母世母故主宗子食肉飲酒異於他期喪之未葬不食肉飲酒也今案襍記孔子曰伯母叔母疏衰踊不絕地姑姊妹之大功踊絕於地鄭注伯母叔母義也姑姊妹骨肉也蓋姑妹服雖輕而情重故踊絕於地世母叔母服雖重而情輕故踊不絕地也互詳夫之昆弟之子下　注云宗者世父爲小宗典宗事者喪服小記云繼禰者爲小宗鄭謂世父爲小宗蓋主繼禰者言之若繼禰以上之小宗則有不服服期者矣或謂當兼大宗言之大宗服齊衰三月不服期且此傳係申明大功同財之義故知謂小宗也宗事謂冠昏喪祭之事世父主之也云資取也者鄭注書大傳資晉于天子之國同謂不足則取之于宗以濟其乏也云爲姑在室亦如之者案姑在室服之與世叔父母同出嫁則大功也雷氏云不見姑者欲見時早出之義

大夫之適子爲妻疏正義曰賈疏云凡大夫之子服例在正服後今在昆弟上者以其妻本在杖期直以父爲主故降入不杖章是以進之在昆弟上也今案喪服小記云世子不降妻之父母其爲妻也與大夫

之適子同鄭注世子天子諸侯之適子也案此不杖章唯言大夫之適子爲妻而小記謂天子諸侯之世子亦同則大夫以上皆然以其不杖自大夫之適子始故特舉以爲言然則士之適子爲妻亦杖明矣

傳曰何以期也父之所不降子亦不敢降也何以不杖也父在則爲妻不杖大夫不以尊降適婦者重適也凡不降者謂如其親服服之降有四品君大夫以尊降公子大夫之子以厭降公之昆弟以旁尊降爲人後者女子子嫁者以出降

【疏】正義曰言何以者據大夫之衆子爲妻大功而問也父之所不降二句荅辭又問何以不杖者以旣不降期服則亦當不降杖故問也父在則爲妻不杖亦荅辭傳知父在者李氏云凡言子者父在之稱又云大夫之適子爲妻雖得伸服猶厭於其父直去其杖故在此章今案此說是襍記爲妻父母在不杖注云尊者在不敢盡禮於私喪也據此注則大夫以上之適子不杖爲大夫以上尊故耳非以父爲之喪主也問喪曰父在不敢杖尊者在故也彼經雖謂母喪然其言尊者在不杖之義則固有合矣張氏爾岐云前章注云父在子爲妻以杖即位謂庶子

者蓋士禮也若大夫之庶子父在僅得服大功何得以杖即位乎今案張說是但大夫之適子庶子父沒皆得杖期士之適子父在亦得杖期故經於前章但著妻服而不言服之之人以杖期是爲妻之正服也程氏瑤田亦有此說而張氏履駁之今附錄於此程氏云杖期章傳曰爲妻何以期也妻至親也此條下文不增一字則是士庶爲妻不論父在父卒並杖期也至不杖麻屨章乃曰大夫之適子爲妻則是爲妻父在不杖期專爲大夫之適子特著一例故傳問曰何以期也曰父之所不降子亦不敢降也然旣不降則當如衆人在杖期章今乃移入不杖期故又問曰何以不杖也因荅之曰此大夫父也父在則爲妻不杖若大夫卒則仍歸之於杖期章矣張氏履云此條雖爲大夫之適子言實通乎士庶之父在爲妻其杖期章爲妻條則固爲父卒者立法而父在之例則於大夫之適子見之若如程說士庶爲妻父在得杖豈其父不主適婦之喪乎父主適婦之喪旣杖而子亦杖可乎襍記爲妻父母在不杖不稽顙曷嘗有大夫子之文乎今案此經言大夫大夫之子皆其與士異者張氏謂適乎士庶此疏於禮例之言不足辨也至謂父主適婦之喪其子不杖及襍記爲妻父母在不

杖之文則前已辨之詳杖期章妻條下注云大夫不以尊降適婦者重適也者謂降庶婦不降適婦是重適也馬氏云大夫重適不降大功子從父不敢降其妻故服期也案舅爲適婦大功夫爲妻期今父旣重適不降適婦大功之服故子亦不敢降妻之期服也是馬義與鄭同李氏云凡大夫大夫之子不降者達於天子皆然以大夫爲尊降之始其子爲厭降之始舉以例其餘其說是也云凡不降者謂如其親服服之者親服謂所親之本服如爲妻本服期今不降仍服期是如其親之本服服之也云降有四品以下是鄭廣言降服之義賈疏云君大夫以尊降者天子諸侯爲正統之親后夫人與長子長子之妻等不降餘親則絶天子諸侯絶者大夫降一等卽大夫爲衆子大功之等是也云公子大夫之子以厭降者此非身自尊受父之厭屈以降無尊之妻下記云公子爲其母練冠麻麻衣縓緣爲其妻縓冠葛絰帶麻衣父卒乃大功是也大夫之子卽小功章云大夫之子爲從父昆弟在小功皆是也云公之昆弟以旁尊降者此亦非己尊旁及昆弟故亦降其諸親卽小功章云公之昆弟爲從父母昆弟是也案大功章云公之庶昆弟爲母妻昆弟傳曰先君餘尊之所厭不得過大

功若然公之昆弟有兩義旣以旁尊又爲餘尊厭也云爲人後者女子子嫁者以出降者謂若下文云爲人後者爲其父母報又云女子子適人者爲其父母昆弟爲父後者此二者是出也李氏云尊厭降者禮始於周檀弓曰古者不降上下各以其親滕伯文爲孟虎齊衰其叔父也爲孟皮齊衰其叔父也至周而大夫以上始以尊降其親惟正統不降天子諸侯服高曾祖父母祖父母父母妻長子適婦旁期以下尊不同者皆絕服大夫於天子諸侯所絕者降一等緦則不服司服職曰凡凶事服弁服卿大夫加以大功小功是也服弁服謂斬衰齊衰也其尊同者皆不降大夫以上其子厭於其父降與不降服與不服一視其父也公之昆弟其尊視大夫大功以下以旁尊降其尊不同者一等期以上則厭於先君餘尊先君所不服者服之不過大功又大夫以尊於厭其子而公之昆弟無厭此其異也其爲人後者及女子子嫁者則通乎上下皆以出降其親一等大夫以上於其尊不同者則又以己尊累降之此四品降服不盡見於經參互出之今案注降有四品之說甚精賈疏謂公之昆弟有兩義旣以旁尊又爲餘尊厭此非也先君餘尊之所厭卽所謂以厭降也烏得分爲二閻氏若璩

本之謂降有六於鄭注外增餘尊降殤降二者不知傳所云降不降皆據成人正服言之旣謂之殤則降義自明不得增入此內敖氏以公之昆弟以旁尊降并入厭降中謂降止有三而於以尊降者則但言大夫而不言君以厭降者則但言大夫之子而不言公子皆不可從或又疑注厭降之說吳氏廷華云公子大夫之子所以有降服者因其父降服其子厭於父而不得伸非以其貴也注謂厭降信然○敖氏謂大夫於庶婦降之而至於不服方氏苞謂庶婦服見小功章敖誤也今案庶婦小功本服也大夫以尊降當緦麻而大夫無緦麻故至於不服

敖不誤

昆弟　昆兄也爲姊妹在室亦如之　疏　正義曰賈疏云昆弟卑於世叔故次之此亦至親以期斷沈氏彤云昆弟本服齊衰期由昆弟而推之從父昆弟大功從祖昆弟小功族昆弟緦昆弟雖至親而非至尊與至重故服其本服而無所加也今案襍記云大夫爲其父母兄弟之未爲大夫者之喪服如士服士爲其父母兄弟之爲大夫者之喪服如士服此末俗之禮非正禮辨見後大夫爲祖父母適孫爲士者下　注云昆兄也者爾雅晜兄也說文作

罤云周人謂兄曰罤詩葛藟謂他人昆毛傳昆兄也此鄭所本字以作罤爲正玉篇省作罤爾雅又作晜今作昆者假字也說文昆之本義爲同也爾雅男子先生爲兄後生爲弟說文弟韋束之次弟也釋名兄荒也荒大也弟第也相次第而生也白虎通兄者況也況父法也弟者悌也心順行篤也是兄弟與昆弟通然在此篇則有辨戴氏震云儀禮兄弟與昆弟異喪服傳曰何如則可謂之兄弟傳曰小功以下爲兄弟爾雅曰母與妻之黨爲兄弟又曰婦之黨爲婚兄弟壻之黨爲姻兄弟詩小雅兄弟無遠鄭箋云兄弟父之黨母之黨蓋兄弟云者或專言異姓或兼同姓異姓皆舉遠不以關大功之親臧氏庸云昆弟者一體之親故自同父同母下至同族均有是稱一本之誼也至兄弟雖亦昆弟之通稱對言之則有親疏之別故自大功以上爲昆弟小功以下爲兄弟若推廣言之不特同姓之親通爲兄弟卽母黨妻黨均有兄弟之稱又兼異姓言之矣此二者不同之大致也又曰喪服昆弟之文凡三十有八皆一本之誼也今案戴氏臧氏之說似矣然謂大功以上稱昆弟而小功章緦麻章皆有昆弟之稱謂一本之誼稱昆弟而外姻從母之子亦稱昆弟則其說猶未盡確也今以此篇考之凡經皆言昆弟不言兄弟經是周公所作用

周時語說文所云周人謂兄曰𪁺是也記與傳則有言昆弟者有言兄弟者傳曰小功者兄弟之服也又曰小功以下爲兄弟此指服言之蓋喪服大功以下無外姻之服小功以下乃有之古人通謂外姻爲兄弟以小功緦麻內皆有異姓之服故名其服爲兄弟服其言昆弟者則皆指人言之仍經例也然兄弟亦有指人言者鄭記注云兄弟猶言族親是也總之服制之稱止可言兄弟不可言昆弟其同行輩之稱則兄弟與昆弟亦通他經多有言兄弟者非謂昆弟之必不可稱兄弟也云爲姊妹在室亦如之者謂姊妹在室服與昆弟同出嫁則大功也

爲衆子衆子者長子之弟及妾子女子子在室亦如之士謂之衆子未能遠別也大夫則謂之庶子降之爲大功天子國君不服之內則曰冢子未食而見必執其右手適子庶子已食而見必循其首

疏 正義曰賈疏云衆子卑於昆弟故次之 注云衆子者長子之弟及妾子者長子之弟謂適妻所生第二子以下也前斬章云父爲長子是爲適長子一人則此爲衆子明兼適妻所生第二以下及妾子言也敖氏云士妻爲妾子亦期通典載劉玢荅王徽之問云長子有廢疾不得受祖之重則服與衆子同在齊衰葢以不堪傳重故不加服非以廢疾而降也子

婦之服例皆小功以夫當受重則加大功若夫有廢疾則
居然小功亦非降也庾蔚之謂劉說爲得理云女子子在
室亦如之者謂女子子在室服與衆子同出嫁則大功也
各本皆有在室二字賈謂鄭不云在室蓋所見本異耳或
據以刪在室二字非也雷氏云經於伯叔父無姑文於昆
弟下無姊妹文於衆子下無女子子文者以未成人則爲
殤已成人則當出故皆不見於此今案雷說與鄭異鄭謂
經言世叔父昆弟衆子即包姑姊妹女子子在內是省文
之例故於各條下補之雷則謂經特不見其文以明嫁當
及時然則女年二十以上或有故未嫁而殀亦爲殤服乎
雷說非矣云士謂之衆子未能遠別也者李氏云喪服本
文皆據士此云衆子則士之稱也案前庶子不得爲長子
三年注云言庶者遠別之此以士卑未能遠別故不稱庶
子而稱衆子也云大夫則謂之庶子降之爲大功天子國
君不服之者謂大夫以上皆謂之庶子大夫於庶子降一
等故大功天子諸侯無期以下服故不服之引內則者證
長子之弟與妾子同服之義彼注云冢大也冢子猶言長
子然則未食而見者惟長子一人其餘適子庶子則皆已
食而見是長子之弟與妾子同也或疑注分別大夫士爲
非案鄭以經每言大夫之適子大夫之庶子故以長子衆

子爲士之稱前父爲長子下注云不言適子通上下葢亦謂此其實長子衆子與適子庶子名異實同凡言長子者則不獨長子之弟爲衆子而妾子亦爲衆子言適子則不獨妾子爲庶子而適子之同母弟亦爲庶子經中凡以適對庶言者適謂適長一人其餘皆庶也

昆弟之子 疏 正義曰此世叔父爲之服也賈疏云昆弟子疏於親子故次之陳氏銓云男女同耳今案女在室同出嫁亦降大功

傳曰何以期也報之也 檀弓曰喪服兄弟之子猶子也蓋引而進之 疏 正義曰傳欲明報義故假問以發之 注引檀弓孔疏云己子服期兄弟之子應降一等服大功今乃服期故云引進也朱子云猶子訓如謂服如己子也沈氏彤云凡旁親卑屬之服皆報也惟昆弟之子同於己子故又有引而進之之義今案檀弓說與上傳旁尊也不足以加尊焉故報之之也不同而皆可以發明經意鄭以報字義上傳已盡故引檀弓釋之以見昆弟與己一體其子當視如己子矣○案上爲衆子節賈疏云昆弟衆子及昆弟之子

皆不發傳者以其同是一體故無異問此疏云引同己子與親子同故不言報據此似此節本無傳文先大父日上世父母叔父母傳明云昆弟之子何以亦期也旁尊也不足以加尊焉故報之也則義已見於彼此不當重出然則此傳曰何以期也報之也九字疑後人因夫之昆弟之子傳文而誤衍耳至賈疏謂引同己子故不言報亦非蓋報義已見前傳無煩重出耳

大夫之庶子爲適昆弟兩言之者適子或爲兄或爲弟疏正義曰敖氏云大夫之庶子爲昆弟大功嫌於適亦然故以明之今案庶子謂適妻所生第二以下及妾子也適昆弟謂其爲父後者一人也天子諸侯爲長子服斬則天子諸侯之庶子於適昆弟與大夫之庶子同可知　注云兩言之者適子或爲兄或爲弟者經言昆復言弟以其適子有長於妾子者亦有小於妾子者不定故兩言之也盛氏云立子以適不以長故容有弟而爲父後者其庶兄服之亦如斯例也

傳曰何以期也父之所不降子亦不敢降也大夫雖尊不敢降其

適重之也適子爲庶昆弟庶昆弟相爲亦如大夫爲之疏正義曰言何以者據庶子相爲大功而問也下二句荅辭與大夫之適子爲妻傳義同盛氏云父於長子三年庶子期昆弟相爲亦期服之正也大夫以尊故降庶子於大功而於長子自若三年是父之所不降也大夫之庶子厭於父降其庶昆弟於大功而於適昆弟自若期是子亦不敢降也注云大夫雖尊不敢降其適重之也者此釋傳父所不降之義云云適子爲庶昆弟庶昆弟相爲亦如大夫爲之者以父之所降子亦不敢不降也如大夫爲之皆大功也陳氏銓云大夫爲衆子大功嫡子期今案大夫自是承宗傳重者當爲長子三年陳氏謂期非也

適孫疏正義曰賈疏云孫卑於昆弟故次之此謂適子歿其適孫承重者祖爲之期今案適孫承重爲祖斬衰祖似當從父爲長子之例服斬今期者吳氏廷華云適子歿其祖已爲之服斬故不復爲適孫斬也

傳曰何以期也不敢降其適也有適子者無適孫孫婦亦如之周之道適子歿則立適孫是適孫將上爲祖後者也長子在則皆爲庶孫耳孫婦亦如之適婦

在亦爲庶孫之婦凡父於將爲後者非長子皆期也

【疏】正義曰言何以者據爲衆孫大功而問也不敢降其適也荅辭有適子者無適孫則申明經之所云適孫者乃適適子已死之稱也孫婦亦如之又因適孫而兼明孫婦之例也盛氏云傳意蓋謂孫爲祖期祖亦當報之以期以正尊故降之於大功而爲適孫則在此章是不敢降其適也注云周之道適子死則立適孫是適孫將上爲祖後者也者謂適子已死乃立適孫爲後是適孫將上爲祖後之人鄭於檀弓仲子舍其孫而立其子注云周禮適子死立適孫爲後此云周之道亦謂周禮對殷禮適子死立次子爲後言也云長子在則皆爲庶孫耳者謂長子在則不立適孫無適庶之別雖孫之長者亦與庶孫同服大功以明傳所云無適孫之義也顧氏炎武云家子身之副也家無二主亦無二副故有適子者無適孫唐高宗有太子而復立太孫非矣云孫婦亦如之適婦在亦爲庶孫之婦者謂適婦在則雖長孫之婦亦不得爲適孫婦以明傳亦如之之義也云凡父於將爲後者非長子皆期也者敖氏云注蓋以斬衰章唯言父爲長子故也又云鄭言此者爲適子死而無適孫者見之且明爲適孫亦期之意也沈氏彤云敖蓋以此

注專爲庶長及旁枝來爲後者而設不知適曾孫適玄孫與庶長子族人支子之已立者皆將爲後者也敖說未盡又云黃勉齋以後人生而立後者爲非卻恐未然今案此注明不爲適孫三年之義而又以廣明立後之服二者相兼乃備注雖云父實則孫曾之爲後者亦統之也又適孫以下承重孫婦之服議者不一通典載賀循云其夫爲祖曾祖高祖後者妻從服如舅姑孔瑚問虞喜曰假使玄孫爲後玄孫之婦從服期曾孫之婦尚存纔緦麻近輕遠重情實有疑喜荅曰有嫡子者無嫡孫又若爲宗子母服則不服宗子婦以此推玄孫爲後若其母尚存玄孫之婦猶爲庶不得傳重傳重之服理宜在姑矣庾蔚之云舅沒則姑老是授祭事於子婦至於祖服自以姑爲嫡萬氏斯大著承重妻從服說以賀說爲然褚氏則取虞庾之說方氏苞云夫受曾祖之重而祖姑與姑竝存祖姑期其本服且當爲主也孫婦期從夫也唯姑本大功然不可以姑輕而婦重緣亾夫之義則祖姑姑婦三世皆期歟今案據鄭注云適婦在亦爲庶孫之婦自當以虞氏庾氏之說爲是方說亦未可從也

爲人後者爲其父母報疏正義曰此爲人後者爲本生父母服也賈疏云欲其厚於所後薄於本親抑之故次在孫後也王氏肅云凡服不報以適尊降也旣出爲大宗後其父母不得服以加也故不以出降而報之雷氏次宗云據無所厭屈則期爲輕言報者明子於彼則名判於此故推之於無尊遠之以報服女雖受族於人猶存父子之名故得加尊而降之今案此二說釋經報字之義謂亦如世叔父之於昆弟之子以旁尊不足加尊而報之也程子曰旣爲人後便須將所後者呼之以爲父以爲母不如是則不正也禮文葢言爲其父母以別之非謂將本生父母亦稱爲父母也張子曰爲其父母不論其族遠近竝以期服服之敖氏云言其以別於所後者也旣爲所後者之子統不可二也顧氏炎武云言其父母其昆弟皆私親之辭吳氏廷華云不降於齊衰三年及杖期者嫌同於所後之母也故降同世叔父母之服以示大宗之重華氏學泉云或問爲人後者不皆親昆弟之子或小功緦麻及族人之無服者爲之於其本生父母之服何如曰禮爲人後者爲其父母期不聞以所後者之親疏異也爲人後者爲其昆弟大功亦不聞以所後者之親疏異也葢人子不得已而爲人後降其親一等以伸所後之尊

足矣不容計所後之親疏遠近而異其服也其所以必降其親者何也隆於所後也其所以不計其親疏者何也隆於所後亦不得薄於所生也先王之制服所以交致其情而無憾也曰降其父母之服不易其父母之名何也曰此特欲著其服不得不係之其父母也非爲人後者自稱之辭也旣已稱所後者謂之父母又仍其父母之稱而不易非不二統之旨矣夫人子於所生其恩罔極一旦出而爲人後誠有大不忍於其父母聖人斷之以義爲降其父母之服使之同於世叔父母而其父母亦降其尊而爲之報以同其子於昆弟之子凡此者皆所以重大宗使制其私恩而制之以義也昜有仍其父母之稱使名與實相違也哉然則歐陽公曾子固爲人後之議所生稱親之說非歟曰非也歐曾之說主於恩者也吾折衷之於朱子朱子之說主於義者也歐曾之言以爲人後者不當易其父母之稱朱子曰今設有爲人後者於此一日所後之父與所生之父竝坐而其子侍側稱所後父曰父稱所生父又曰父自是道理不可朱子之所謂不可者主以理也而未嘗非情歐曾之所言者主以情也而於理有所不可矣今案華氏之論詳而正矣氏謂不降之於齊衰三年及杖期而降之於不杖期嫌與所後之母同服亦得制禮精意喪服小

記曰夫爲人後者其妻爲舅姑大功此亦謂本宗舅姑也妻從夫服夫降期故妻降服大功

傳曰何以期也不貳斬也何以不貳斬也持重於大宗者降其小宗也爲人後者孰後後大宗也曷爲後大宗大宗者尊之統也禽獸知母而不知父野人曰父母何算焉都邑之士則知尊禰矣大夫及學士則知尊祖矣諸侯及其大祖天子及其始祖之所自出尊者尊統上卑者尊統下大宗者尊之統也大宗者收族者也不可以絕故族人以支子後大宗也適子不得後大宗都邑之士則知尊禰近政化也大祖始封之君始祖者感神靈而生若稷契也自由也及始祖之所由出謂祭天也上猶遠也下猶近也收族者謂別親疏序昭穆大傳曰繫之以姓而弗別綴之以食而弗殊雖百世婚姻不通者周

道然也【疏】正義曰此傳者設爲問荅以明服期之義并以明大宗之重也自何以期也至降其小宗也再問再荅皆以明服期之義但問與荅專據爲父服斬言者母統於父明重者降則輕者亦降可知馬氏云爲大宗後當爲大宗斬還爲小宗期故曰不貳斬也敖氏云父不可二斬不竝行旣爲所後父斬則於所生父不得不降爲期也今案大宗百世不遷之宗小宗五世則遷之宗喪服小記云別子爲祖繼別爲宗繼禰者爲小宗有五世而遷之宗其繼高祖者也大傳云別子爲祖繼別爲宗繼禰者爲小宗有五世不遷之宗有五世則遷之宗百世不遷者別子之後也宗其繼別子之所自出者百世不遷者也宗其繼高祖者五世則遷者也鄭注小記云小宗有四或繼高祖或繼曾祖或繼祖或繼禰皆至五世則遷注大傳云繼別爲宗別子之世嫡也族人尊之謂之大宗又云小宗四與大宗凡五孔疏小宗四謂一是繼禰與親兄弟爲宗二是繼祖與同堂兄弟爲宗三是繼曾祖與再從兄弟爲宗四是繼高祖與三從兄弟爲宗并繼別子之大宗爲五也案此傳大宗謂所後小宗謂其父母持重謂主持宗廟祭祀之重卽前傳所謂受重也爲人後者孰後問辭後大宗也荅辭旣

云持重於大宗矣而又云孰後者蓋發問以明古唯大宗乃立後之義通典載張湛曰禮所稱爲人後後大宗所以承正統之主非正統之重無相後之義徐氏乾學云古禮大宗無子則立後未有小宗無子而立後者也自秦漢以後世無宗子之法凡無子者卽小宗亦爲之置後彼豈盡爲祭祀起見哉大要多爲貲產爾不知小宗無後者古有從祖祔食之禮則雖未嘗繼嗣而其祭祀固未始絕也今案從祖祔食之禮見小記曷爲後大宗又發問以起下也大宗者尊之統也以下乃反復申明大宗不可無後之義白虎通云宗者尊也爲先祖主者宗人之所尊也是大宗小宗皆族人所尊而大宗又統乎小宗故爲尊之統禽獸與人異知生於母而不知有父野郊外之地野人謂鄉曲之人聞見淺狹也都邑是城內人民聚會之地故左傳云邑有先君之主曰都無曰邑邑曰築都曰城穀梁傳民所聚曰都釋名邑人所聚會之稱也此士字泛指士民言與下學士異算字義未詳或曰算分別也程氏瑤田云算恐尊字之訛觀下連言則知尊似蒙上何尊言之汗簡載古文尊字與算相似今案以上下文義考之似謂野人知有父而不知父之尊於母故下接云都邑之士則知尊

父矣禰謂父也或說與程說似俱可通大夫是服官政
有治人之任者學士謂升於學校之士通三物六行者
也故知尊祖敖氏云諸侯言太祖天子言始祖則始祖
太祖異矣周祖后稷又祖文王白虎通云后稷爲始祖
文王爲太太祖此其徵也及謂祭及之也程氏又云禽獸
以下言其尊之統有自然之別由其所知各有限也聖
人緣人情以制禮因以辨上下而別尊卑此所以有尊
者統上卑者統下之殊今案統上統下是比擬之辭言
由尊禰尊祖以至祭及始祖之所自出是天子之尊比
諸侯大夫所統爲上由繼禰繼祖以及繼別子之所自
出則大宗之尊比小宗所統爲上故曰尊者尊統上卑
者尊統下而復言大宗者尊之統以結上意也賈疏謂
尊者天子諸侯卑者大夫士敖氏謂尊者天子卑者諸
侯似俱泥大宗者收族者也此又從尊之統上推出收
族一義皆以明大宗之重而不可絕何休公羊傳注云
小宗無子則絕大宗無子則不絕重本也故族人以支
子後大宗也謂大宗不可以絕故族人爲之立後陳氏
銓云大宗爲尊者之正宗故後之也適子不得後大宗
謂適子自當主小宗之事然此論其常耳若同宗無支
子則適子亦當後大宗白虎通云小宗可以絕大宗不

可絶故舍己之後往爲後於大宗所以尊祖重不絶大宗也通典載戴聖云大宗不可絶言適子不爲後者不得先庶耳族無庶子則當絶父以後大宗范汪云廢小宗昭穆不亂廢大宗昭穆亂矣先王所以重大宗也豈得不廢小宗以繼大宗乎方氏觀承云適子不得後大宗正以申言支子爲後之義非謂大宗可絶也敖氏大宗有時而絶之說非矣今案戴范之論甚正據前傳云何如而可以爲人後支子可也玩可也語氣非執定之辭自是有支子當以支子爲之不得以適子後人耳非謂無支子卽可聽其絶也敖說害理方駁之極是通典又載劉得問同宗無支子唯有長子長子不後人則大宗絶後則違禮如之何田瓊荅曰以長子後大宗則成宗子禮諸父無後祭於宗家後以其庶子還承其父案此論正足濟禮之窮也　注云都邑之士則知尊禰近政化也者案都邑之中有官府以宣布政令故其居此者近習禮法而知以父爲尊對野人僻處遠地言也云大祖始封之君者謂始受封之君若周公大公是也云始祖者感神靈而生若稷契也者案史記及各書多言姜嫄履巨跡而生稷簡狄呑鳦卵而生契故鄭箋詩生民玄鳥二篇亦本之是其感神靈而生之事也云自由

也及始祖之所由出謂祭天也者案大傳王者禘其祖之所自出以其祖配之鄭注凡大祭曰禘自由也大祭其先祖所由生謂郊祀天也王者之先祖皆感太微五帝之精以生蒼則靈威仰赤則赤熛怒黃則含樞紐白則白招拒黑則汁光紀皆用正歲之正月郊祭之蓋特尊焉孝經曰郊祀后稷以配天配靈威仰也又喪服小記注云始祖感天神靈而生祭天則以祖配之此注所謂祭天蓋亦謂祭靈威仰與彼義同後儒則以始祖之所自出爲帝嚳與鄭異云上猶遠也下猶近也者謂尊統上者所統遠尊統下者所統近故以猶遠猶近釋之也云收族者謂別親疏序昭穆者蓋親疏別則詮益明昭穆序則倫不紊白虎通謂大宗所以紀理族人者此也又引大傳者證收族之事繫之以姓而弗別謂若周禮小史定繫世綴之以食而弗殊謂若大宗伯以飲食之禮親宗族兄弟雖百世婚姻不通者周道與殷異鄭意蓋謂有大宗以收族故其統緒可以百世不亂如大傳所云也

女子子適人者爲其父母昆弟之爲父後者〔疏〕正義曰賈疏云女子

卑於男子故次男子後吳氏廷華云不言婦人者以其服父之黨故從父言之今案女子子適人父母降服期昆弟降服大功此爲昆弟仍服期不降者以其爲父後也故經言昆弟之爲父後者以別之檀弓曰妻之昆弟爲父後者死哭之適室非爲父後者哭諸異室敖氏云此昆弟不言報是亦爲之大功耳盛氏云爲父後者父之適長子也不云適昆弟而云爲父後者容立庶子及族人爲後也

傳曰爲父何以期也婦人不貳斬也婦人不貳斬者何也婦人有三從之義無專用之道故未嫁從父旣嫁從夫夫死從子故父者子之天也夫者妻之天也婦人不貳斬者猶曰不貳天也婦人不能貳尊也爲昆弟之爲父後者何以亦期也婦人雖在外必有歸宗曰小宗故服期也從者從其教令歸宗者父雖卒猶自歸宗其爲父後特重者不自絕於其族類也曰小宗者言

是乃小宗也小宗明非一也小宗有四丈正義曰自
夫婦人之爲小宗各如其親之服辟大宗疏爲父何以
期也至婦人不能貳尊也皆釋爲其父毋之義以下乃
釋昆弟之爲父後者也獨問爲父者以父在爲毋亦齊
衰期而父之服本斬衰三年故問也婦人不貳斬也荅
辭李氏云上傳止言不貳斬此言婦人不貳斬者彼謂
不兩統貳父耳爲君爲長子猶有斬服婦人則惟於所
天服斬故傳毎連言婦人不貳斬以別之或曰鄭氏謂
內宗外宗爲君服斬何言乎婦人不貳斬也曰非也服
問曰君爲天子三年夫人如外宗之爲君也夫人爲天
子期則內宗爲君亦期矣襍記曰外宗爲君夫人猶內
宗也是內宗外宗之服不異也所謂與諸侯爲兄弟服
斬者自爲男子生文婦人不貳斬何義而以斬服服君
乎周禮曰內宗外宗內女外女之有爵者謂嫁於卿大
夫士者也爲夫之君自應服期其異者幷服夫人猶之
仕焉而已者幷服小君耳遂以爲服斬則誤矣今案此
駁襍記注之說也婦人出嫁爲父尚不服斬而謂爲君
服斬乎李氏之駁是矣婦人不貳斬者何也是更問不
貳斬之義故下申言之案婦人之義在從人無自專自
用之道郊特牲曰婦人從人者也幼從父兄嫁從夫夫

死從子與此文略異而義同敖氏云人所尊大者無加天故以之爲比蓋婦人未嫁以父爲天故爲父服斬旣嫁則移所天於夫故降父之服爲期而爲夫服斬人無二天則服亦無二斬故曰婦人不貳斬者猶曰不貳天也又云婦人不能貳尊也者謂婦人之德在純一不能有二尊猶易傳所謂從一而終也爲昆弟之爲父後者何以亦期也與上問同而意異上問怪其輕此問怪其重謂昆弟當降大功而亦期故問也婦人雖在外以下荅辭必有歸宗謂婦人雖出嫁在外而不能無被出之時故於本族必有所宗主也吳氏紱云歸宗雖或然之事而必有可歸之宗此見婦人在夫家恆凜凜有不克終之戒焉案此說甚善曰小宗故服期也言昆弟之爲父後者是小宗歸則當宗之故仍服期不降以示加隆之意也此傳言經制服獨隆於爲父後者其義如是非歸宗後始服之與下節不降其祖義同　注云從者從其教令者鄭注郊特牲云從謂順其教令　蓋婦人之義以順從爲正也云歸宗者父雖卒猶自歸者此注當以歸字爲句宗字屬下句歸卽公羊傳大歸曰來歸之歸何注所謂廢棄來歸是也言父雖卒猶自有來歸之時云宗其爲父後持重者不自絕於其族類也者言父

卒而歸必以爲父後持重者爲宗主者以其爲己之族類雖見絶於夫家而不自絶於族類也持重二字釋爲父後言主持廟祀之重鄭必以父卒爲言者以父在則所謂子嫁反在父之室者自有父主之不必以昆弟爲宗主也自賈疏誤讀猶自歸宗爲句而持字或誤作特或誤作服文義遂不可通矣馬氏云歸宗者歸父母之宗也昆弟之爲父後者曰小宗此順傳文釋之鄭則特言宗其爲父後後者之義也云曰小宗者言是乃小宗也者謂傳恐人疑爲大宗故特明之王氏肅云嫌所宗者唯大宗故曰小宗明各自宗其爲父後者也此解與鄭同云小宗明非一也小宗有四者此鄭又轉一義以釋傳言小宗之意蓋以經云爲父後明是指繼禰之小宗言之但古者小宗無子不立後則爲祖後爲曾高後者皆可以爲歸宗故云明非一也小宗有四詳前云丈夫婦人之爲小宗各如其親之服辟大宗者此鄭因上言丈夫小宗有四而幷言小宗之服也案下齊衰三月章丈夫婦人爲宗子此爲大宗也在五屬外者服之如是五服內者亦先服齊衰三月而後以本服足其月數此爲小宗則各如其親之服服之如同高祖緦同曾祖小功同祖大功同父期與大宗異故云辟大宗也

繼父同居者疏正義曰賈疏云繼父本非骨肉故次在女子子之下今案經不云繼父而云繼父同居者明同居乃有繼父之稱若不同居則不稱繼父下章繼父不同居者亦是嘗同居後異居也李氏云繼父服此子無文以繼母嫁報服推之或者以報服乎同母異父之昆弟之服經亦無文檀弓曰公叔木有同母異父之昆弟死問於子游子游曰其大功乎狄儀有同母異父之昆弟死問於子夏子夏曰我未之前聞也魯人則爲之齊衰狄儀行齊衰今之齊衰狄儀之問也鄭氏謂服大功者是今案同母異父之昆弟有服乃末俗之失鄭以服大功爲是亦非也據禮父族之服因己與同宗而制母黨之服因母所自生而制此繼父同居者本路人不過以其有恩於己而服之與父族異則不得因繼父而及其子至母既再嫁此異父之子乃母再嫁所生與母黨異亦不得因嫁母而及其子故禮經不爲同母異父者制服也憯聖門弟子亦沿末流之失不能援禮經以正之耳

傳曰何以期也傳曰夫死妻穉子幼子無大功之親與之適人而所適者亦無大功之親所適者以其貨財爲

之築宮廟歲時使之祀焉妻不敢與焉若是則繼父之道也同居則服齊衰期異居則服齊衰三月也必嘗同居然後爲異居未嘗同居則不爲異居妻穉謂年未滿五十子幼謂年十五已下子無大功之親謂同財者也爲之築宮廟於家門之外神不歆非族妻不敢與焉恩雖至親族已絶矣夫不可二此以恩服

疏正義曰言何以者謂繼父非爾未嘗同居則不服之親屬而服期故問也復云傳曰乃傳者引舊傳以荅之夫死妻穉子幼以下詳言繼父同居之義與之適人謂此子隨母適人也所適者謂母所再嫁之夫也馬氏云無大功之親以收養之故母與之俱行適人說文財人所寶也貨財也二字亦通蓋金玉布帛泉穀之屬皆爲貨財也若是則繼父之道也是字指上文言謂必此子與母所再嫁之夫皆無大功之親其夫更以貨財爲此子築廟祀先而妻不與焉乃得爲繼父同居之道非泛謂嫁母後夫爲繼父也郝氏云設使子有大功之親則亦不依他人爲父使其人有大功之親則亦不得養他人爲子或私其貨財不與同

利易其宗姓使不得自奉其先祀或使其妻預旣絕之禮使鬼神不享有一於此則恩誼薄烏得稱父此說是也必嘗同居云云傳蓋恐人以不隨母適人者爲異居故特辨之喪服小記曰繼父不同居也者必嘗同居皆無主後同財而祭其祖禰爲同居有主後者爲異居盛氏云小記皆無主後卽傳所謂子無大功之親所適者亦無大功之親也同財而祭其祖禰卽傳所謂以其貨財爲之築宮廟歲時使之祀焉也三者具爲同居一不具卽爲異居云有主後者爲異居舉一以例其餘耳今案小記之文蓋亦以釋此經繼父同居不同居之義與此傳畧同也 注云妻穉謂年未滿五十者是言之極耳其實四十三十以下亦包之也云子幼謂年十五已下者曲禮人生十年曰幼學二十曰弱冠士冠禮云棄爾幼志明十九以下皆爲幼鄭必云十五以下者謂十五以上則可自成立不隨母嫁故內則成童舞象鄭注成童十五以上也馬氏云穉少幼小也無年限故鄭易之云子無大功之親謂同財者也者古者同祖皆同財此無大功之親謂無同祖以上親也云爲之築宮廟於家門之外神不歆非族者以傳云爲之築宮廟明爲此子築之故於家門之外不與已廟同處以神不歆非族

也賈疏云隨母嫁得有廟者非必正廟但是鬼神所居曰廟若祭法庶人祭於寢也神不歆非族大戴禮文云妻不敢與焉恩雖至親族已絶矣夫不可二者謂夫妻雖至親但旣嫁後夫則於前夫之族已絶夫不可二故也據此則不敢與者爲不敢與於祭爾馬氏云不敢與知之也恐非云此以恩服爾者謂繼父本非親屬特以其養育已竝爲已築廟於生者死者皆有恩故服之耳云未嘗同居則不服之者以始終同居服齊衰期先同居後不同居服齊衰三月今未嘗同居則不獨與同居者異卽與先同居後不同居者亦異故無服也馬氏釋未嘗同居則不爲異居云謂已自有宗廟不隨母適人初不同居何異居之有也賈疏云謂子初與母往繼父家時或繼父有大功內親或己有大功內親或繼父不爲已築宮廟三者一事闕雖同在繼父家全不服之矣今案馬以子不隨母往爲未嘗同居賈則以初隨母往時三者有一闕卽爲未嘗同居以此傳及小記之文考之則賈說爲細密蓋一有大功之親卽非無主後者不爲築宮廟卽非同財祭先之義故一事闕卽不爲同居也惟其初時兩無大功同財祀先煢獨相倚恩誼至渥故得以繼父同居目之而爲之齊衰期其後或繼父更

有子或已自有子更立家廟雖不同居而其初時同居之恩誼不可忘故爲之齊衰三月也若初時三者有一闕子即隨母往亦不爲同居則前章所云繼母嫁從者但爲其母制服而不爲嫁母之後夫制服矣蔡氏學泉云或問儀禮有繼父之服父可繼乎曰此以恩服也聖人所以通人道之窮使鰥寡孤獨各得其所舉天下無顛連無告之民者也夫夫死妻穉子幼無大功之親眞天下之窮民而無告者也婦人不二夫禮之常也夫死妻穉子幼遇之變也而又無大功之親以相周恤則此煢煢孤子係祖父再世之血食設一旦轉死溝壑棄兩世之孤斬先人之祀聖人之所大不忍也不得已爲通其窮制同居繼父之服而傳爲之申明其制曰夫死妻穉子幼子無大功之親與之適人而所適者亦無大功之親所適者以其貨財爲之築宮廟歲時使之祀焉妻不敢與焉若是則繼父之道也嗚呼傳之言盡之矣夫其所以適人而所適亦無大功之親此其孤單獨立年老無倚與穉妻幼子窮相埒耳是故兩人之窮常兩相恤兩相倚聖人之所不禁也而第爲之教曰所適者能以其貨財爲若子築宮廟不絕其先祖之血食而又爲之不悖於禮恩莫隆焉是則有繼父之道矣聖人固許

之爲父子矣許爲父子而後天下之爲繼父者能盡其心以相恤亦惟命之爲父子而後天下之待繼父者不背其恩以相棄使所適者幸而他日有子則此子歸其本宗而爲異居繼父仍不敢忘其前日之恩爲制齊衰三月之服以報之若不幸而所適者終於無子則以恩相終始而爲同居繼父生則爲之養死則爲之齊衰期此亦情之不容諉義之無可辭者也然必妻穉子幼無大功之親而後許之適人非是不得藉口以適人矣必所適者以其貨財爲之築宮廟以存其先祀而後謂之繼父非是不得託名於繼父矣必兩無大功之親同財而祭其祖禰而後謂之同居繼父非是不得比恩於同居矣且其所以必爲之築宮廟於家門之外者神不歆非族而不敢以非禮瀆也其所以妻不敢與焉者婦人不二夫而不敢以非禮干也其所以專舉築宮廟歲祀爲繼父之道者恩莫隆於崇其先諡莫重於尊其祖而不敢以私恩混也此禮之作所謂仁至義盡非聖人莫之能定者也俗儒謂周立宗子之法以收族安有顛連而入繼父之家者疑其非周公之舊夫宗子之法窮鄉庶姓或有不能及且恐法久不能不廢故制繼父之服以通人道之窮禮之作合經權常變以垂則於萬世而

豈拘拘守一法以爲盡善而不爲法外之慮哉嗟乎三禮惟儀禮最古而乃從而疑之奮其拘曲之說以詆毀之則是天下舉無可信之書也甚矣其妄也盛氏云俗之薄也柏舟之節未可槩諸凡人凱風之嘆時或興於孝子聖人慮後世失節之婦必有棄其遺孤而莫之恤者故於齊衰杖期章爲制繼母嫁從之服而於此章又著繼父同居之文使之相收相養而六尺之孤庶不至轉於溝壑勇此聖人之微權也賈疏以爲許婦人改嫁誤矣或又因是而訾聖經是惡知禮意哉今案此禮蓋爲庶人而設士之單微者或亦有之華氏發明聖經之義至詳且盡盛氏之辨亦是故竝錄之以諗後之疑此經者○通典載王方慶問徐堅曰女子年纫而早孤其母貧窶不能守志攜以適人爲後夫之鞠養及長出嫁不復同居今母後夫亾欲制繼父服不知可否堅荅曰儀禮喪服經繼父同居齊衰期鄭康成曰以恩服耳小戴禮記繼父服竝有明文斯禮經之正說也至於馬融王肅賀循等竝稱大儒達禮更無異文唯傅玄著書以爲父無可繼之理不當制服此禮焚書之後俗儒妄造也袁準作論亦以爲此則自制父也亂名之大者竊以父猶天也愛敬斯極豈宜靦貌繼以他人哉然而藐爾

窮孤不能自立既隨其母託命他宗本族無養之人因託得存其繼嗣在生也實賴其長育及其奴也頓同之行路重其生而輕其奴篤其始而薄其終稱情立文豈應如是故袁傅之駁不可爲同居者施焉昝朋友之奴同爨之喪並制緦麻詳諸經典比之於此蓋亦何嫌繼父之服宜依正禮今女子母攜重適人寄養他門所適慈流情均膝下長而出嫁始不同居此則筓總之儀無不畢備與築宮立廟無異焉蓋有繼父之道也戴德喪服記曰女子子適人者爲繼父服齊衰三月不分別同居異居梁氏集說亦云女子子適人者服繼父與不同居者服同今爲服齊衰三月竊爲折衷方慶濮善此答今案此論女子子爲繼父之服也其服儀禮所不載而其論足與禮經相發明矣

爲夫之君疏正義曰爲夫之君其情疎故次繼父同居者下吳氏紱云諸侯夫人畿內公卿大夫士之妻爲天子侯國公卿大夫士之妻爲國君凡公卿大夫士之臣之妻爲其君皆是也方氏苞云爲夫之君服期經有明文而孔穎達襍記疏亦云於君服斬誤也案方說是辨見前

傳曰何以期也從服也疏正義曰言何以者謂父母親而夫之君疎今與出嫁為父母同故問也從服也荅辭馬氏云夫為君服三年妻從夫降一等故服期李氏云從乎夫而服之也凡從服降所從一等大傳曰有屬從有徒從屬從者所為服者於己有血屬之親也徒從者與彼非親空從而服之耳子為母之黨妻為夫之黨夫為妻之之黨屬從也臣為君之黨妾子為君母之黨妾為女君之黨妻為夫之君徒從也小記曰從服者所從亾則已屬從者所從雖沒也服從服謂徒從也今案此經不言為君之夫人有服而襍記云外宗為君夫人猶內宗也是內宗外宗於夫人有服彼注云內宗五屬之女外宗謂姑姊妹之女舅之女及從母是本有服者與此泛言從夫而服者異也

姑姊妹女子子適人無主者姑姊妹報疏正義曰此以憐其無主而加服期故次為夫之君下爾雅曰男子謂女子先生為姊後生為妹父之姊妹為姑白虎通云男稱兄弟女稱姊妹何男女異姓故別其稱也父之昆弟不俱謂之世父父之女昆弟俱謂之姑何也以為諸父內親也故別稱之也姑當外

適人疎故總言之也姊者咨也妹者末也釋名父之姊妹曰姑姑故也言於己爲久故之人也姊積也妹昧也餘詳士冠禮敖氏云爲姑姊妹女子子出適者降爲大功今以其無主乃加於降服一等而爲之期其姑姊妹於昆弟姪亦不容不以其所加者服之云報者服期之義生於己而不在彼故也女子子適人者爲父母自當期不必言報矣程氏瑤田云此言姑姊妹報下經大夫之子節言唯子不報蓋互相足今案此經主謂父母昆弟姪爲姑姊妹女子子之無主者服之以示矜憐之意其姑姊妹亦以夫家旣無主後遇本親昆弟姪之喪亦加隆焉是之謂報敖氏謂服期之義生於己而不在彼是矣郝氏乃謂姑姊妹於姪昆弟以無主亦然此說非也姪昆弟無子而以自有本宗主之卽或小宗不立後亦可從祖祔食與女子異或疑夫得祔食宗子之家其妻不從夫食乎吳氏紱云適子自祭其祖禰尙有吉祭未配者無後者與殤者等禮從其畧焉得配邪又案女子子不爲父服斬者此無主與被出異前斬衰章子嫁反在父之室爲父三年乃被出而歸與夫絶者故爲父服斬此則夫亡時已服斬故不貳斬也

傳曰無主者謂其無祭主者也何以期也爲其無祭主

故也無主後者人之所哀憐不忍降之 疏 正義曰此傳先釋經無主之義而後言服期之故也賈疏云無主有二謂喪主祭主傳不言喪主者喪有無後無無主者若當家無喪主或取五服之內親又無五服親則取東西家若無則里尹主之今無主者謂無祭主也今案賈說本襍記是也 注云不忍降者謂不忍降服大功仍服期也雷氏云案檀弓曰姑姉妹之薄也葢有受我而厚之者今無祭主者是無子無夫則無受我而厚之者也既無受我之厚則我不得降其本情故哀發於無主而服依於天倫也敖氏云祭主者夫若子若孫也然而無祭主尤可哀憐故加服期以其本服如是也今案此無主謂爲士妻者與下經言無主者異賈疏云不言嫁而云適人者適人謂士也若言嫁乃嫁於大夫於本親又以尊降不得言報其說是也

爲君之父母妻長子祖父母 疏 正義曰此從服之輕者故次姑姉妹女子子無主下先言父母妻長子而後言祖父母者以其非服之常故退在後也李氏云此服雖重而恩則輕襍記曰親喪外除兄弟之喪內除視君之母與妻比之兄弟檀弓曰居君之母與妻之喪居處言語飲食衎爾小記曰爲君之父母妻長

子君已除喪而後聞喪則不稅其禮若小功以下耳君之適婦適婦從服無文案下記君之所爲兄弟服室老降一等則君爲之服者臣皆從服也庾蔚之以爲經惟見重服之從則輕服不從可知未知然否服問曰大夫之適子爲君夫人大子如士服君之母非夫人則羣臣無服惟近臣及驂乘從服惟君所服服也小記曰近臣君服斯服矣其餘從而服不從而稅君雖未知喪臣服已惟君所服者其服視君無所降也稅謂喪服年月已過乃追服之今案據此經則庾氏之說爲是室老降一等彼注云公士大夫之君詳後又據服問君之妻長子之服及於大夫之適子而君之父母與祖父母則否是亦其異也

傳曰何以期也從服也父母長子君服斬妻則小君也

父卒然後爲祖後者服斬此爲君矣而有父若祖之喪者謂始封之君也若是繼體則其父若祖有廢疾不立父卒者父爲君之孫宜嗣位而早卒今君受國於曾祖

［疏］正義曰言何以者以其情疏而俱服期故問也從服也以下荅辭馬氏云父母長子君服斬故臣從降服一等期也妻則小君服母

之義故期也敖氏云此先總言從服則夫人之服亦在其中矣以其非從斬而期故復以小君别言之爲小君亦謂之從服者謂其得配於君乃有小君之稱故也爲母齊衰亦云斬者以皆三年而略從其文耳父卒然後爲祖後者服斬則是父在而祖之不爲君者卒君雖爲之後亦唯服期以父在故耳唯祖後於父而卒者君乃爲之斬也葢其斬與期唯以父之存沒爲制君服斬然後臣從服期又此言爲君之母與其祖母皆指其卒於夫殁之後者也其夫若在君爲之期則臣無服也今案傳兩言君之服斬明臣所以服期則小君也者臣爲小君本服期而君之妻卽小君其義又與他從服期者不同故特言之然期雖小君本服亦緣君而服故均謂之從服敖說得之經言父在爲母期喪服小記曰祖父卒而後爲祖母後者三年明君三年臣乃從服期敖氏謂經言君之母與祖母皆指夫不在者說亦是也○敖氏云案注云此爲君矣而有父若祖之喪者謂始封之君也若是繼體則其父若祖有廢疾不立此總釋國君有不爲君之祖若父也注又云父卒者父爲君之孫宜嗣位而早卒今君受國於曾祖此釋父卒然後爲祖後者服斬之文也夫君之無父而爲祖後者有二有君巳

卽位而父先卒祖後卒者如注所云者是也亦或有父爲君而卒子旣代立而祖乃卒者注乃舉其一而遺其一意似未備今案敖氏分別注釋傳之意尚是但謂其有未備則於注義尚欠審察蓋注父卒者以下雖釋傳父卒然後爲祖後者服斬之文要仍是承上父若祖有廢疾不立說下故結言今君受國於曾祖也此不過舉父卒爲祖後之一端以示人注意總以經所云君之父若祖皆是未爲君而卒者若旣爲君而卒則其臣當服斬不服期矣張氏爾岐云注云繼體之君容有祖父之喪者謂父有廢疾不立而受國於祖或祖有廢疾不立父立而又早卒受國於曾祖故身巳爲君而又有父若祖之喪皆爲之三年其臣從服爲之期也案此說極明但傳意係主祖之未立爲君者說故注亦以受國於曾祖言耳賈疏云趙商問已爲諸侯父有廢疾不任國政不任喪事而爲其祖服制度之宜年月之斷云何荅云父卒爲祖後者三年斬何疑趙商又問父卒爲祖後者三年已聞命矣所問者父在爲祖如何欲言三年則父在欲言期復無主斬杖之宜主喪之制未知所定荅曰天子諸侯之喪皆斬衰無期彼志與此注相兼乃具章氏平云彼志之說惟與此注父若祖有廢疾不立同

而兼具父在一義也今案朱子於宋孝宗之喪得鄭志此條淡服鄭康成詳宋史禮志及建炎以來朝野雜記後人因此謂君於祖喪不論父在與否皆當服斬並謂臣於君之父若祖之喪亦當服斬不知朱子論宋事則祖與父皆爲天子者與此注義別至鄭所云天子諸侯之喪皆斬亦自爲其嗣君及孫行言耳劉氏績三禮圖說云君之父祖雖曾爲君旣老而傳嗣君在位猶臣致仕無二斬但從君而已徐氏乾學淡取之謂前皇旣禪位於嗣皇則其崩也嗣皇自行三年之服而羣臣從君降一等服期可也豈必執君服皆斬之說乎據此則君之父若祖未立爲君者臣不宜服斬益明矣○汪氏琬云禮父在爲祖期父卒爲祖後者服斬衰此喪服傳之明文也後儒若賀循徐廣之徒乃言父亾未殯而祖亾適孫不敢服祖重謂父屍尚在不忍變於父在也愚竊以爲不然禮殯而後成服父旣先卒則先成父服而後成祖服當其成祖服之時父屍已殯矣夫何不敢服重之有祖無適子而猥云不忍不忍於父而忍於其祖則父之心能安父之目其能瞑邪爲長子傳曰正體於上父乃將所傳重也是父生存已許其子傳祖父之重矣及其沒也適孫不敢申祖服然則主祖之喪者當誰屬

平小記父母之喪偕先葬者不虞祔待後事禫記有父之喪如未沒喪而母死其除父之喪也服其除服卒事反喪服如三年之喪則既頴其練祥皆行由是言之父卒尚不得以餘尊厭母安有適孫爲祖而不敢服重者哉然後知賀徐皆妄說也庾蔚之言賀循所記謂大夫士又非也爲祖後者自天子達士庶皆同則其服不得有異今案承重之服經無專條此傳所云爲祖後者服斬卽適孫承重之通例也賀徐之說正與賈疏謂父卒三年內母卒仍服期者同一謬妄汪氏駁之是矣

妾爲女君 疏 正義曰賈疏云妾事女君使與臣事君同故次之敖氏云此服期與臣爲小君之義相類今案妾亦服女君之黨禮記曰女君死則妾爲女君之黨服攝女君則不爲先女君之黨服孔疏引賀瑒云抑妾故爲女君黨服防覬覦也攝女君差尊故不爲服

傳曰何以期也妾之事女君與婦之事舅姑等 女君君適妻也女君於妾無服報之則重降之則嫌 疏 正義曰妾與妻同事一人而獨爲重服故問也妾之事女君二句荅

辭賈疏云竝后匹適傾覆之階故抑之雖或姪娣使與婦事舅姑同也今案妾事女君如婦事舅姑故爲女君服期亦與婦服舅姑同也　注云女君君適妻也者案妻與夫體敵郊特牲曰婦人無爵從夫之爵故妾以夫爲君卽名夫之適妻爲女君也釋名妾謂夫之嫡妻曰女君夫爲男君故名其妻曰女君也云女君於妾無服者以經傳無文也云報之則重降之則嫌者此鄭釋無服之由也雷氏云今抑妾使同婦尊女君使同姑女君於妾不得同姑之降婦不降則應報所以不報者欲伸聖人抑妾之旨若復報之則竝后之誠意無所徵故報之則違抑妾之義降之則有舅姑之嫌故使都無服無重嫌之責褚氏云妾稱適爲女君儼有君臣之分矣若仍以本族娣姪出降一等之服服之是等夷也當以康成無服之論爲正或謂士妾有子則稱貴妾妻當從服不知從服降一等仍無服也推之買妾更可知今案注降之則嫌之說後人駁之者甚多不知妾事女君如舅姑所以明尊卑之分而女君究不得以舅姑自居也若竟降之則是視妾如子婦矣而可乎雷氏申鄭義極是褚氏之說蓋因敖謂妾於女君有親者宜以出降一等者服之竝引緦章貴妾之文而駁之也

婦爲舅姑疏正義曰妾事女君與婦事舅姑同故文相次也說文婦服也蓋取卑服之義白虎通稱夫之父母謂之舅姑何尊如父而非父者舅也親如母而非母者姑也釋名夫之父曰舅舅久也久老稱也夫之母曰姑亦言故也餘詳士昏禮王氏志長云婦爲舅姑期非輕舅姑也重斬也女子非夫不天從夫則父母降矣何也無二天也婦之尊舅姑也以舅姑之子爲天也舅姑从而服斬是二其天也故不敢也高氏愈云古人婦爲舅姑服齊衰期蓋引而與己之親父母同則亦恩義之盡矣婦人之義以夫爲天不容有二傳所謂婦人不貳斬也華氏學泉云先王之制禮稱情而立文夫斬者斬也三年之喪如斬所以爲至痛極也先王以爲惟妻之於夫孝子之於親其情爾矣非可以責婦之於舅也且禮女子子適人而降其父母傳曰不二斬也不二斬者不二天也夫臣之於君子之於父婦之於夫三綱也臣以君爲天子以父爲天婦以夫爲天一也臣爲君服斬而爲君之父母期子爲父服斬而爲父之父母期妻爲夫服斬而爲夫之父母期稱情而爲之弗可易也方氏苞云婦爲舅姑期何也稱情以立文適至是而止也婦之痛其舅姑信及其子之半可以稱婦順矣其義之重比於孫之喪其祖不可謂非隆矣後世易

以斬衰三年將責以誠乎抑任其僞乎信乎禮非聖人不能作也今案諸說發明經義精矣然舅姑之服雖期而與他期服異通典劉系之問子婦爲姑旣期綵衣邪荀訥荅曰子婦爲姑旣期除服之時人以夫家有喪猶白衣吳氏澄云期之後夫未除服婦已除服而居喪之實如其夫是舅姑之服期而實三年也故大戴禮云與更三年喪不去或疑經無繼姑之文案繼母如母則繼姑自如姑夫之所服婦亦不敢不服也經不言者已於姑中該之矣服問曰傳曰有從輕而重公子之妻爲其皇姑鄭注皇君也諸侯妾子之妻爲其君姑齊衰與爲小君同舅不厭婦也孔疏公子謂諸侯之妾子皇姑卽公子之母也然則妾子之妻爲夫所生母亦期明矣下記云婦爲舅姑惡笄有首以髽檀弓子栁之妻爲舅服衣衰而繆絰子栁使之總衰而環絰非禮也

傳曰何以期也從服也（疏）正義曰言何以者據婦爲夫三年而爲舅姑期疑其輕故問也從服也荅辭馬氏云從夫而爲之服也從服降一等故夫服三年妻服期也今案喪服小記云婦當喪而出則除之此言當舅姑之喪而夫出之則除服明此服從夫而服也○唐李涪刊誤曰女子在家以父爲天婦

人無二天則婦之爲舅姑不服齊衰三年著矣貞元十一年蕭據狀稱今時俗婦爲舅姑服三年恐爲非禮請禮院詳定李岧議曰謹案開元禮五服制度爲舅姑及女子適人爲其父母皆齊衰不杖期蓋以婦人之道以專一不得自達必繫於人故女子適人服夫以斬而降其父母喪服傳曰女子已適人爲父母何以期也婦人不二斬也先聖格言歷代不敢易由此論之父母之喪尚止周歲舅姑之服無容三年黃氏榦云宋乾德三年十一月尹拙等言婦爲舅姑服期後唐劉岳書儀稱婦爲舅姑服三年與禮律不同請别裁定詔百官集議魏仁浦等奏議曰謹案內則云婦事舅姑如事父母則舅姑與父母一也古禮有期年之說雖於義可稽書儀著三年之文實在禮爲當蓋五服制度前代損益已多只如嫂叔無服唐太宗令服小功曾祖父母舊服三月增爲五月適子婦大功增爲期衆子婦小功增爲大功父在爲母服期高宗增爲三年婦人爲夫之姨舅無服明皇令從夫而服又增舅母服緦麻又堂姨舅服袒免訖今遵行遂爲典制又況三年之內几筵尚存豈可夫衣麤衰婦襲紈綺夫婦齊體哀樂不同求之人情實傷至治況婦人爲夫有三年之服於舅姑而止服期是尊夫

而卑舅姑也十二月丁酉始令婦爲舅姑三年今案魏仁浦等以爲夫三年爲尊夫而卑舅姑是不知禮意甚矣唐李茝之論得之

夫之昆弟之子男女皆是

疏正義曰此世叔母爲之服也賈疏云以義服情輕故次在婦爲舅姑下方氏苞云父在爲母期而世母叔母亦期母爲眾子期而夫之昆弟之子亦期何也恩之所難屬也故重其義以維之幼失父母舍是無依也發而獨舍是無歸也故非其母也而母之所以責母之義也非其子也而子之所以責子之義也沈氏彤以方說爲得之　注云男女皆是者謂經所言子兼男女言之也女子子在室則世叔母亦服之以期出嫁大功盛氏云案此唯謂男子也女子子則異於是其未成人者以殤降成人而未嫁者逆降其旁親旁親亦當逆降之矣女子子嫁者未嫁者爲世叔母在大功章

傳曰何以期也報之也

疏正義曰何以期也此問疑其重報之也苔辭陳氏銓云從於人者宐服大功今乃期者報之也李氏云從乎夫而服則當大功報之故期也凡爲夫之黨尊者皆從服卑

者皆報之從服故降其夫一等卑者以名服已與夫同故已報之亦與夫同也此報服之重者故著之餘皆例此今案李說與陳同而義益顯也

公妾大夫之妾爲其子疏正義曰賈疏云二妾爲其子應降而不降重出此文故次之馬氏云公諸侯也雷氏云嫌二妾從於君尊以降其子故明之所嫌者尊故降不言士妾也敖氏云二妾之子爲母之服異於衆人嫌母爲其子亦然故以明之今案敖說與雷雖異要皆以明經不言士妾之故耳

傳曰何以期也妾不得體君爲其子得遂也此言二妾不得從於女君尊降其子也女君與君一體唯爲長子三年其餘以尊降之與妾子同也疏正義曰雷氏云夫人與君同體以尊降其子也公子與君同體以厭其親也妾無夫人之尊故不敢降其子無公子之厭故得遂其親也而事鄰於體君跡幾於不遂故毋以不體得遂爲言也賈疏云傳嫌二妾承尊應降今不降故發問荅云妾不得體君爲其子得遂也者諸侯絶旁期爲衆子無服大夫降一等爲衆子大功其妻體君皆從夫而降之至於

二妾賤皆不得體君君不厭妾故自爲其子得伸遂而服期也今案鄭唯據女君體君言之雷氏兼公子與君同體言案緦麻章庶子爲父後者爲其母傳曰與尊者爲一體不敢服其私親也據此則公子非爲父後者不得云與君同體矣雷說未的賈依鄭義言之較明晰又程氏瑤田謂妾不得體君當以妾子比例不當以女君比例詳後公妾以及士妾爲其父母下 注云其餘以尊降之與妾子同也者謂女君所生第二子以下以尊降與妾子同諸侯夫人無服大夫妻爲之大功也敖氏云公與大夫於其子有以正服服之者有以尊降之若絶之者其妻與夫爲一體而從之故不問己子與妾子其爲服若不服亦然二妾於君之子亦從乎其君而爲之其爲服若不服皆與女君同唯爲其子得遂獨與女君異者則以不得體君故也葢母之於子本有期服初非因君而有之故不得體君則此服無從君之義是以得遂也褚氏云敖謂唯爲其子得遂獨與女君異者則以不得體君故也此明妾於己子若不爲服則同乎女君矣同乎女君即體君矣故爲服期此正解注不得從女君尊降其子之義也極明晰

女子子爲祖父母疏正義曰賈疏云章首已言爲祖父母兼男女以重出其文故次在此也馬氏云不言女孫言女子子者婦質者親親故繫父言之出入服同故不言在室適人也敖氏云斬衰章曰女子子在室爲父對適人者言之也此惟云女子子而已所以見其在室適人同也徐氏乾學云此條係專指出嫁者而言沈氏彤云案傳意經女子子下當脫適人者三字蓋作傳時固有之今案此經初閱馬氏敖氏之說以爲得之矣及細覈之而知其有未然蓋不杖期章之例多兼男女言之如言昆弟不別言姊妹言衆子不別言女子子明卽兼之可知又昆弟之子陳氏銓云男女同耳夫之昆弟之子鄭注云男女皆是此其證也則女子子在室爲祖父母之服已包於上祖父母條內矣奚容重出乎唯此條專指適人者言故傳直云不敢降其祖也降之義生於適人使經未言適人傳必先申言適人而後言不敢降如下節女子子無主者經未言適人傳必申言適人是也當以徐氏沈氏之說爲正陳李諸家說亦同見下

傳曰何以期也不敢降其祖也經似在室傳似已嫁明雖有出道猶不降疏

正義曰此傳指適人者言之何以期也據適人宜降而不降故問也不敢降其祖也荅辭孔氏倫云婦人歸宗故不敢降其祖郝氏敬云祖至尊也以適人降則大功與昆弟等父母降與祖同猶可祖降與昆弟同不可今案二說俱可通敖氏謂不敢以兄弟之服服至尊不知此經所云兄弟服係指小功以下言之敖說未的　注云經似在室傳似已嫁者案經當有適人者三字馬鄭作注時已脫故云經似在室又以傳云不敢降其祖必出嫁乃有降義故云傳似已嫁也云明雖有出道猶不降者鄭以傳是主已嫁者言故云女子子有出嫁之道明雖出猶不降其祖也賈以許嫁而未嫁者言之誤矣陳氏銓云鄭曰經似在室失其旨也在室之女則與男同已見章首何爲重出言不敢降者明其已嫁傳義詳之李氏云章首已著祖父母今重出之明爲已嫁者生文下章女子子嫁者未嫁者爲曾祖父母之服同知此雖已嫁者亦不降也女子子適人者爲昆弟之爲父後者爲祖父母曾祖父母皆與在室者同然則女子子於正統之親雖出猶不降其爲父母期者屈於不貳斬耳不敢降其祖則得降其旁親今案陳氏李氏之説是也又敖氏説祖父母曾祖父母不降之義最精詳下章女

子子爲曾祖父母條下○通典載崔凱喪服駁云代人或有出後大宗者還爲其祖父母期與女子子出適不降其祖同義凱以爲女子出適人有歸宗之義故上不降祖下不降昆弟之爲父後者今出後大宗大宗尊之統收族者也故族人尊之百代不遷其父母報之期所謂尊祖故敬宗也又曰持重於大宗者降其小宗降其小宗還當爲其祖父母大功耳近儒若王氏錫闡程氏瑤田等多援女子子出適人之例謂爲人後者亦當不降本生祖服此似是而非之論道光四年　上諭諸臣會議大清通禮各條時內閣主稿有中書湯儲璠者欲主其說以問於培翬培翬以書荅之其略云此說已見通典崔凱駁之謂女子出適人有歸宗之義與孔倫說同此已足見爲人後者不得以女子子例矣然義猶不止此女子子出適人祖父母止一而已不聞又有祖父母也若爲人後者旣有所後之祖父母爲服期矣而又爲本生祖父母服期非二祖乎且女子子不降祖經已著之傳特明之本生祖果服期經傳何以無一語及之乎朱子嘗云如今有人爲人後一日所後之父與所生之父相對坐其子來喚所後父爲父終不成又喚所生父爲父這自是道理不如此以是推之其無二祖

服明矣女子出嫁與出爲人後似同實異願詳察之其後此說遂寖不用至崔凱謂當降服大功於儀禮後大宗之義亦尚未合詳後

大夫之子爲世父母叔父母子昆弟昆弟之子姑姊妹女子子無主者爲大夫命婦者唯子不報命者加爵服之名自士至上公凡九等君命其夫則后夫人亦命其妻

疏　正義曰賈疏云此言大夫之子爲此六大夫六命婦服期不降之事並是應降而不降故次在女子爲祖下李氏云案下章大夫爲世父母叔父母子昆弟昆弟之子爲士者大功則其爲大夫者期矣大夫爲姑姊妹女子子嫁於大夫者大功則其無主者亦期也今案此十二人本皆期服大夫之子從父降旁親一等於世叔父子昆弟昆弟之子之爲士者世叔母之爲士妻者皆降服大功今以其爲大夫命婦尊與己父同故服期姑姊妹女子子出嫁降大功適士又降小功今以其爲大夫妻尊同但降大功又以其無主而憐之加一等故服期也此大夫之子從大夫而服經不見大夫者舉大夫之子以包之也萬

矣此所爲者凡六大夫六命婦

氏斯同以大夫之子爲適子盛氏謂兼適庶章氏平云褋
記云大夫之適子服大夫之服不得概之庶子此經從服
則適庶同父卒則如國人又子在昆弟上者舊說皆謂大
夫之子所生子郝氏以爲世叔父之子謬甚又此子敖氏
以爲不別適庶盛氏謂是衆子非長子據斬衰章父爲長
子三年不服期盛說是也爲大夫命婦者謂此世叔父子
昆弟昆弟之子是爲大夫者世叔母姑姊妹女子子是爲
命婦者也此句總承上文言故下傳先釋之而後釋無主
之義也唯子字兼男女言詳下經嫌諸人以大夫命婦
之尊或皆不報故特言唯子不報以明之此經言唯子不
報而不言諸人之報前經言姑姊妹報而不言女子子之
不報皆舉一以見二省文之法也敖氏云姑姊妹女子子
云無主則是夫先卒也夫爲大夫而先卒其妻猶用命婦
之禮則嘗爲大夫而已者亦用大夫之禮可知吳氏紱云
父爲大夫而己之子昆弟之子又爲大夫可見五十命爲
大夫之法不可執也祖孫同爲大夫又見一國之大夫不
止五十也其或老而致事又見
致事者同於現爲大夫者也

傳曰大夫者其男子之爲大夫者也命婦者其婦人之

爲大夫妻者也無主者命婦之無祭主者也何以言唯子不報也女子子適人者爲其父母期故言不報也言其餘皆報也何以期也父之所不降子亦不敢降也大夫曷爲不降命婦也夫尊於朝妻貴於室矣無主者命婦之無祭主謂姑姊妹女子子也其有祭主者如眾人唯子不報男女同不報爾傳以爲主謂女子子似失之矣大夫曷爲不降命婦據大夫於姑姊妹女子子既以出降大功其適士者又以尊降在小功也夫尊於朝與己同妻貴於室從夫爵也【疏】正義曰何以期也謂此六大夫六命婦之服本皆宜降大功今不降而服期故問也父之所不降子亦不敢降也此荅辭也蓋大夫之子謂爲士者本無應降之理因大夫已降子厭於父不得不從父而降今父既不降故子亦不敢降章氏平云此章傳言父之所不降者三上經大夫之適子爲妻父自爲適婦大功大夫之庶子爲適昆弟父自爲適子斬傳皆曰父之所不降此經子昆弟之子大夫爲庶孫不降服大功

女子子祖亦以命婦無主爲之大功歟程氏瑤田云案父之所不降言大夫於此六大夫六命婦之親服期不降非指其子之親而言也若其子之世叔母則大夫之嫂與弟婦大夫於此人本無服不得云不降其子之衆子則大夫之庶孫本大功服亦不得云何以期也今案章氏以父之所不降卽指子所服之十二人言與前傳言父之所不降者例同程氏則以父之所不降指父身之世叔父母子昆弟昆弟之子姑姊妹女子子言謂父於此等親不降故子於此等親亦不降其說似較章氏爲優葢其中有無服者若以前傳例之究於不降之義窒礙難通耳敖氏云大夫曷爲不降命婦承父之所不降者而問也夫尊於朝則妻貴於室言其夫妻一體同尊卑也是以不降之尊於朝謂爲大夫貴於室謂爲內子程氏又云大夫不降大夫亦宜發傳而不發者欲於大夫本服中發之下經大夫爲世父母諸人爲士者服大功人數正與此同故發傳曰尊不同也尊同則得服其親服於尊不同而竝發尊同之傳所以補此傳之所未發者也　注云命者加爵服之名自士至上公凡九等者左傳僖二十八年王策命晉侯爲侯伯覲禮諸公奉篋服加命書于其上是命爲加爵服之名也周禮大

宗伯以九儀之命正邦國之位典命上公九命侯伯七命子男五命王之三公八命其卿六命其大夫四命公之孤四命其卿三命其大夫再命其士一命侯伯之卿大夫士亦如之子男之卿再命其大夫一命其士不命鄭注王之上士三命中士再命下士一命是自士至上公凡九等也此經無士鄭欲解命有九等故兼士言耳云君命其夫則后夫人亦命其妻矣者言后夫人則君亦總謂天子諸侯也周禮內宰凡喪事佐后使治外內命婦正其服位先鄭云外命婦卿大夫之妻王命其夫后命其妻玉藻君命屈狄鄭注君女君也禮天子諸侯命其臣后夫人亦命其妻以衣服所謂夫尊於朝妻榮於室也云此所爲者凡六大夫六命婦者賈疏云六大夫謂世父一也叔父二也子三也昆四也弟五也昆弟之子六也六命婦者世母一也叔母二也姑三也姊四也妹五也女子子六也云無主者命婦之無祭主謂姑姊妹女子子也其有祭主者如衆人者無祭主義巳詳上此謂命婦與上別也但命婦中兼有世母叔母此無主專指姑姊妹女子子言以世叔母旣爲大夫本宗卽無子亦自有主之者不得言無主且世叔母因尊同服期姑姊妹女子子因尊同而又無主憐之加服期二者

本異傳言命婦蓋以別於上經之適人無主者然嫌世
叔母亦在其中矣故鄭特辨之而又申言之曰其有祭
主者如衆人明有祭主則不服期也云唯子不報男女
同不報爾傳以爲主謂女子子似失之矣者鄭謂經中
子字兼男女言與傳異義故駁傳王氏肅云姑姊妹本
大功今以無主爲之期故亦報己以期女子子亦大功
今以無主爲之期女子子本爲父母期今雖具報自其
本服故曰唯子不報雷氏云以報之爲言二服如一父
母爲女子子適人無主者期女子子適人亦爲父母期
與報相亂故經別其非報也案此二說皆專指女子子
言與傳同徐氏乾學云經言唯子不報傳獨以女子子
釋之者蓋言男子則子爲父三年從無服期之禮不待
言而可見惟嫁女爲父母期而期原其本服不得以報
言故經曰唯子不報鄭氏乃謂男女同不報而以傳之
專言女子子者爲失何其考之不精與至敖氏又謂經
言不報指男子子爲父三年與期服異故言唯子不報則
益支離矣胡氏承珙云經文渾括唯子不報自兼男女
言之傳以同服相爲之謂報子爲其父母三年無疑於
期之報故獨舉女子子適人者爲其父母自當期不因
其父母哀其嫁於大夫而無主爲之加服而乃服期以

報故曰女子子適人者爲其父母期故言不報也此於經文自是專明一義鄭以經文唯子不報必兼男女而後世父母叔父母昆弟昆弟之子姑姊妹無主者此十人於大夫之子相報服期之義始截然分明況傳以不報主謂女子子而又云其餘皆報雖皆指兩相服期者爲報而文義嫌於以子亦爲報故鄭駁之沈氏彤謂女子子適人者句上脫子爲其父母三年一句蓋爲傳彌縫姝可不必今案鄭氏以傳爲失而後人又多申傳以駁鄭似爲定論矣及閱胡氏之說而知傳其餘皆報一語自呈罅漏蓋女子子適人爲父期是本服非報子爲父三年亦非報況經明言子不言女子子謂言子兼女子子可也謂言子不兼子不可也胡氏此說深有功於經不獨爲功鄭氏云大夫曷爲不降命婦據大夫於姑姊妹女子子既以出降大功其適士者又以尊降在小功也者謂傳據大夫於姑姊妹女子子明有降道故發曷爲不降之問也案大功章大夫大夫之子爲姑姊妹女子子嫁於大夫者是以出降也小功章大夫大夫之子爲姑姊妹女子子適士者是以出降而又以尊降也云夫尊於朝與己同妻貴於室從夫爵也者謂妻以夫之爵爲爵夫之尊與己同則妻之尊亦與己同故不降

也據傳夫尊於朝二句則不降命婦之問兼有世
叔母在內鄭唯據姑姊妹女子子言似尙未備

大夫爲祖父母適孫爲士者疏正義曰祖父母適孫服巳見前此疑大夫或降故因

言大夫降服而及之次在此也李氏云三年之喪達乎天
子祖與適孫則稍殺矣嫌得以尊降故舉大夫以明之案
襍記曰大夫爲其父母兄弟之未爲大夫者之喪服如士
服士爲其父母兄弟之爲大夫者之喪服如士服大夫之
適子服大夫之服大夫之庶子爲大夫則爲其父母服大
夫服春秋傳晏桓子卒晏嬰麤縗斬寢苫枕草其老曰非
大夫之禮也曰唯卿爲大夫則大夫喪服與士服有異也
故鄭氏以爲士爲父服縷如三升半而三升爲母蓋五升
縷而四升爲兄弟六升縷而五升大夫以上乃備儀盡飾
大功以下大夫士服則同然案經斬衰章不見大夫士服
之異孟子亦云三年之喪齊疏之服飦粥之食自天子達
記傳所言蓋周衰禮壞或自爲服制以相別異記禮者因
襍記之非舊典也敖氏云此祖父適孫爲士也乃合祖母
言之所謂妻從夫爵者也上巳見祖父母適孫矣此復著
大夫之禮則經凡不見爲服之人者雖曰通上下言之而
實則主於士也明矣盛氏云大夫爲祖父母謂父在者及

父卒而不爲祖後者也適孫謂適子早卒者也

傳曰何以期也大夫不敢降其祖與適也不敢降其祖與適則可降其旁親也【疏】正義曰何以期也謂大夫於他期親之爲士者皆降此獨不降故問也大夫不敢降其祖與適也荅辭馬氏云尊祖重適自尊者始也故不敢降敖氏云大夫不降祖與適聖人制禮使然非謂大夫之意亦欲降此親而不敢降之也傳言似有害於義理沈氏彤云聖人制禮皆緣人情謂於其祖與適而以貴貴之義降之則其心必有所不敢故聖人不之降使其心之即安也何嘗謂大夫之意欲降此親而不敢降乎凡傳之言不敢者皆當以此意推之敖說非賈疏云大夫以尊降其旁親雖有差約不顯著故於此更明之傳云不降祖與適明大夫於旁親降可知

公妾以及士妾爲其父母【疏】正義曰此以妾自爲其黨服故次在此章之末馬氏云公謂諸侯也其閒有卿大夫妾故言以及士妾也皆爲其父母得服期也李氏云經嫌妾以厭降其私親故明之下記

曰凡妾爲私兄弟如邦人今案上經云女子子適人者爲
其父母則是服已在其中復言此者嫌妾或屈於其君爲
父母不得服期故特著之郝氏云舉國
君及士見凡爲妾者皆得爲父母期也

傳曰何以期也妾不得體君得爲其父母遂也然則女君有以
尊降其父母者與春秋之義雖爲天王后猶曰吾季姜
是言子尊不加於父母此傳似誤矣禮妾從女君而服
其黨服是嫌不自服正義曰何以期也謂妾爲其父
其父母故以明之【疏】母宜與妻異而亦期故問也妾
不得體君得爲其父母遂也荅辭陳氏銓云以妾卑賤
不得體君又嫌君之尊不得服其父母故傳明之雷氏
云今明妾以卑賤不得體君厭所不及故得爲其父母
遂也案此二說止釋不得體君本義而義亦明似不必
以比例言也　注云然則女君有以尊降其父母者與
春秋之義雖爲天王后猶曰吾季姜是言子尊不加於
父母此傳似誤矣者案上公妾大夫之妾爲其子傳亦
云妾不得體君與此傳同鄭注上傳以女君爲比例故
於此傳亦以女君爲比例而疑傳之誤也雖爲天王后
猶曰吾季姜此桓九年公羊傳文何注亦云明子尊不

加於父母蓋說公羊者相傳之義如此故鄭與何同也云禮妾從女君而服其黨服是嫌不自服其父母故以明之者此鄭旣駁傳更自立一義以解經謂經因妾服女君之黨嫌不自服其黨故特言此以明之妾爲女君之黨服見襍記郝氏云鄭以傳爲誤傳未嘗謂女君可降其父母也謂妾之父母君同凡人嫌妾自爲重服違君自遂似乎不可耳盛氏云經重出此條嫌其或在厭降之例也傳之之此言所以明君不厭妾之義與經合士妾亦有厭降之嫌者妾謂夫爲君通上下之辭也沈氏彤云此不對女君以尊降其父母言蓋以女君體君得爲其父母遂無所厭屈妾不得體君君不厭之故亦得爲其父母遂不嫌等於女君也傳本不誤小記謂世子不降妻之父母況妻而自降其父母乎襍記謂妾從女君而服其黨服豈女君而顧不自服其父母之服乎此本無可疑者不知鄭何以駁之如此程氏瑤田云妾不得體君二條當以妾子比例不當以女君比例蓋妾之爲其子猶妾子之爲其母妾子有體尊者之時而爲其母不得遂之事緦麻章曰庶子爲父後者爲其母傳曰何以緦也傳曰與尊者爲一體不敢服其私親也據此是妾子本不與尊者爲一體爲其母得遂今二妾不體

君亦爲其子得遂是其例也又妾之爲其父母猶妾子之爲其外祖父母妾子有體尊者之時而爲其外祖父母不得遂之事若妾子本不與尊者爲一體爲其外祖父母得遂也下記曰庶子爲後者爲其外祖父母無服不爲後如邦人是也今諸妾不體君亦爲其父母得遂是其例也今案上傳妾不得體君謂諸侯之君於衆子無服大夫之君於衆子降服大功妾不體君故爲其子得服期此傳妾不得體君謂君於妾之父母無服妾不體君故爲其父母得服期此義之易明無煩比例而得者其以女君爲比例乃注家俗以勘明經義非傳者立言之意鄭誤以傳言妾不得體君爲對女君得體君言故於此傳遂窒礙難通諸家辨之是矣至程氏以妾子比例在此條郤精切於上條尚未合不如仍從注說蓋公妾之子爲其母練冠麻麻衣縓緣在五服外不得云遂服也○吳氏紱云不杖期之服經文有未著後人以意求之者如女子子在室旣與男女同則其爲世叔父母昆弟姑姊妹在室者昆弟之子昆弟之女子子在室者期也丈夫之爲姑姊妹女子子昆弟之女子子在室者亦期也婦人爲夫黨之卑屬與夫同則爲其衆子女子子在室者夫之昆弟之子女子子在室者亦期也其

嫁而反在室者親屬相爲亦如之妾爲己子得遂則公妾以及士妾爲其女子子在室及反在室者與子同矣妾爲君之黨服與女君同則爲君之父母當如女君之爲舅姑士之妾爲君之衆子同己子矣繼母如母則繼祖母如祖母繼姑亦如姑慈母如母則夫之慈母亦如姑矣但孫不服慈祖母耳爲人後者爲所後者之親如子則所後者之父母卽己之祖父母矣其爲姑姊妹若昆弟之女子子在室者亦如之其相報者亦如之爲人後者之妻爲夫所後如舅姑夫所後之昆弟之女子子在室者相爲亦如之士爲適子廢疾不受重者期則同於衆子也世子爲妻期則同於大夫之適子爲妻也凡庶昆弟爲世子期則大夫之庶子爲適昆弟可推且又臣從君服也大夫之適子爲君夫人太子期同於父也則亦臣從君之服也大夫之子爲昆弟之子將爲祖後者期則以尊者不降其適推之也君君夫人之喪其孫曾玄之婦從夫而服者及內宗外宗皆期以輕服不可服至尊又婦人不貳斬也公子之妻爲其皇姑夫不服而妻服之以在內也則公大夫之庶女子子在室爲其母其亦期歟

右齊衰不杖期

卷二十二終

儀禮正義卷二十三　　鄭氏注

績溪胡培翬學

疏衰裳齊牡麻絰無受者無受者服是服而除不以輕服受之不著月數者天子諸侯葬異月也小記曰齊衰三月與大功同者繩屨

疏正義曰齊衰無受者日月雖少而服重於功緦故次不杖期章後也郝氏敬謂疏衰重於大功是也特言衰絰以其重故著之餘輕者不言略也　注云無受者服是服而除不以輕服受之者凡喪皆既葬後以輕服易重服謂之受受承也接也其三年者則於練祥後又易以輕服詳篇首斬衰經下此齊衰之服三月即除不易以輕服故云無受也云不著月數者天子諸侯葬異月也者吳氏廷華云天子七月而葬諸侯五月而葬三月之後尚須藏服待葬時服之若言三月嫌葬時無服也姜氏兆錫云案下各傳皆言齊衰三月然爲王侯服者仍藏以待葬服故傳雖言三月而經不著其月也今案此服不九月七月而三月者張氏爾岐云大夫士三月葬故以三月爲主吳氏又云天道期年一大變三月一小變俱時之重者不期故三月也云小記

曰齊衰三月與大功同者繩屨者案鄭注小記云雖尊卑異於恩有可同也孔疏齊衰爲尊大功爲卑而三月爲恩輕九月恩稍重制之在尊卑湥淺之閒故有可同也李氏云繩屨者以麻糾繩爲之凡用麻者以繩爲輕故齊衰期麻屨無受者繩屨徐氏乾學云喪服本經大功以下皆不言用何屨唯喪服小記言齊衰三月與大功同者繩屨則大功用繩屨也鄭氏謂小功以下吉屨無絇則小功緦麻同用吉屨也又云斬衰齊衰皆言冠大功以下不言冠蓋齊衰言布纓則大功以下亦布纓可知也斬衰言條屬則齊衰以下亦條屬可知也其異者唯緦麻則澡纓小功以下則左縫及布之升數有不同爾其冠之形制無不同也今案此不言帶蓋亦布帶可知又譙周云齊衰三月不居堊室盛氏云不居堊室宜與大功同有帷帳也亦於中門外爲之○案賈疏以齊衰三月爲義服李氏云曾祖父母不當爲義服吳氏廷華云此服以曾祖爲主又云此章當首曾祖疑錯簡爾賈以此章論義服故首寓公未然今案李氏吳氏之說是也詳此篇記末喪服以本親爲主故斬衰首父齊衰三年及杖期首母齊衰不杖期首祖父母則齊衰三月自當首曾祖父母此章各條敘次多襍竊疑曾祖父母後當以庶人爲國君次之寄公爲所寓又次之爲

舊君君之母妻又次之大夫爲舊君又次之大夫在外其妻長子爲舊國君又次之丈夫婦人爲宗子宗子之母妻又次之大夫爲宗子及曾祖父母爲士者如衆人二條又次之女子子嫁者未嫁者爲曾祖父母又次之繼父不同居者又次之如此較有條理但舊本相傳已久不敢移易姑識所疑俟後人考定焉

寄公爲所寓寓亦寄也爲所寄之國君服

疏正義曰注云寓亦寄也者說文方言皆云寓寄也是寓與寄義同故寄公亦稱寓公郊特牲曰諸侯不臣寓公是也云爲所寄之國君服者言此寄公爲所寓居之國君服也雷氏云旣來受其恩宜敬於所託故與衆人同敖氏云經傳不見諸侯相爲服之禮是無服也寄公巳失國異於諸侯又寓於他邦之地則不可不爲其君服蔡氏德晉云郝仲輿謂寄公爲衰世之禮非也禹會諸侯於塗山執玉帛者萬國至周初止千八百國而巳則其間失國而爲寄公者必多而其服由來舊矣周之制禮非用於一時今案寄公有被天子削地而失國者則盛世固有之詳下又晉書禮志云新禮以今無寄公之事除之摯虞以爲周禮作樂於刑厝之時而著荒政十二禮備制待物不以時衰而除盛典世隆而闕衰教也宜定新禮自如舊經詔從之

傳曰寄公者何也失地之君也何以爲所寓服齊衰三
月也言與民同也諸侯五月而葬而服齊衰三月者三
月而藏其服至葬又更服之既葬而
除之疏正義曰此欲明寄公爲失地之君故設爲問荅也
賈疏云失地君者謂若禮記射義貢士不得其人
數有讓黜爵削地削地盡君則寄在他國李氏云春秋
傳衞侯出奔齊齊人以郲寄衞侯詩序曰狄人迫逐黎
侯黎侯寓于衞是爲寄公今案禮記孔疏云或天子削
地或被諸侯所逐皆爲失地是必兼二義乃備也言何
以者又爲問荅以明服齊衰三月之義也敖氏云寄公
非臣也故但齊衰三月而與民同今案本章庶人爲國
君服齊衰三月故言與民同也方氏苞云一失地之君
空遽與民同而特制此服俾守宗社者知一旦可降爲
鄰國之庶人而愼乃有位也王氏士讓云案與民同亦
寄公自處然爾其所寓之君則以客禮待之喪大記君
之喪未小斂爲寄公國賓出君拜寄公國賓於位夫人
爲寄公夫人出夫人亦拜寄公夫人於堂上是也今案
喪大記所云自是主國體制如此然如方說亦足以昭
炯戒矣○蔡氏德晉云康成以爲天子七月葬諸侯五

月葬爲之齊衰者皆三月其服至葬更服之葬後乃除愚意爲天子諸侯未葬恐不應釋服白虎通謂民始哭素服先葬三月成齊衰亦非沈氏彤云案小記爲兄弟既除喪已及其葬也反服其服此爲緦葬而服除者言則服除於葬之先者亦可例推又孔叢子子思曰期之大功之喪既除乃葬則服其所除之服以葬既葬而除之鄭注蓋本此二條今案據此則鄭說固有所本蔡氏駁之非矣唯白虎通謂民始哭素服先葬三月乃服齊衰則是聞喪不服踰時乃服當未然耳

丈夫婦人爲宗子宗子之母妻婦人女子子在室及嫁歸宗者也宗子子繼別之後百世不遷所謂大宗也【疏】正義曰馬氏云丈夫婦人謂一族男女皆爲宗子母與妻王氏云此爲族人無復五屬者爲反爲其宗子服也李氏云宗子有君族之道故族人皆爲齊衰三月其在五屬之內則三月之後自以本服終之宗子之母妻統族人之婦故族人亦爲之服曾子問曰宗子雖七十無無主婦義由於此蔡氏云大宗至尊五屬之外皆服齊衰三月其在五服中者緦麻之親服齊衰三月而除若大功小功之親則既服齊衰三月乃受以大功小功

之衰以足其月數而止今案丈夫婦人馬以一族男女言
之則不問五屬內外皆爲宗子服也王氏專指五屬外言
非又在五服內者大功小功之親蔡謂旣服齊衰三月乃
受以功衰本下記注是也或謂月算如邦人皆齊衰者亦
非　注云婦人女子子在室及嫁歸宗者也者案女子子
在室謂未嫁者與嫁歸宗者則如斬衰章所云子嫁反在
父之室謂已嫁而被出歸於本宗者也褚氏云婦人當依
注指本宗女子言赦謂兼宗婦在內而經無夫之宗子文
非也此服專爲宗子而制不問親疏尊卑及無服者皆服
嫂叔無服爲宗子及毋妻則當服矣赦謂無服亦非江氏
笴云先王制禮服窮四世獨於宗子雖絶屬亦爲之服者
以尊祖敬宗之義大不可拘以此限也嫂叔之不爲服特
以遠嫌耳尊祖之義旣非親盡所得而奪又豈遠嫌所得
而奪乎又云案鄭論五屬之內與宗子有期之親者服齊
衰期其大功小功俱先服齊衰三月卒哭乃受功衰緦麻
則與絶屬者同齊衰三月然則嫂叔旣無服不論親疏俱
竝同齊衰三月程氏瑤田云注女子子在室五字取精妙
丈夫婦人竝指同姓者言故謂婦人爲在室者若異姓婦
人以路人來與夫胖合其從夫之服舅姑期年夫之祖父
母大功於夫之昆弟且無服無緣從夫服宗子獨厚之同

姓婦人爲同姓從宗合族屬之事故女服必與男同今案褚氏江氏程氏之說是也又程氏謂丈夫婦人經中凡四見詳小功章從母丈夫婦人下宗子繼別爲大宗之義詳爲人後者爲其父母傳下

傳曰何以服齊衰三月也尊祖也尊祖故敬宗敬宗者尊祖之義也宗子之母在則不爲宗子之妻服也疏正義曰何以服齊衰三月也怪其重而問也尊祖也三句荅辭宗子之母在二句則又申言母在不爲妻服之義以補經所未及也雷氏云言尊祖故敬宗明祖已沒也無由施於尊者但敬宗以致尊祖之心敖氏云別子爲祖繼別爲宗祖者己之所自出也尊之重本也然其尊祖之誠無由自盡故於敬宗見之蓋敬其爲別子之後者乃所以尊別子也故曰敬宗者尊祖之義也此爲宗子與其母妻服皆敬宗之事故傳言之沈氏彤云祖太祖也宗宗子也宗子者太祖之正體而奉事太祖以收族族人當敬之如太祖故卽以曾祖齊衰三月之服服之也宗子之母在則不爲宗子之妻服也者敖氏云謂宗子之母雖老而妻代主家事若先其母而卒族人亦不

爲服葢其母尚在故也此義與宗子不孤而於族人不以宗子服之者意實相類姜氏兆錫云此猶有適子無適孫之意以一宗無二服故也方氏苞云賈疏謂母在年未七十則自與祭故族人爲之服非也祭必夫婦親之故舅殁則姑老冢婦所祭祀賓客每事請於姑則宗子之母不與祭明矣族人所以爲之服者雖不與祭而族人合食及將嫁之女教於宗室領之者必宗子之母其妻不敢代也今案宗子母在而妻於族人雖不爲服而宗子得爲其妻禫喪服小記曰宗子母在爲妻禫亦以舅没姑老有承祭之重故也

爲舊君君之母妻 疏 正義曰舊君舊蒙恩渥今雖退歸田里不忘舊德故服之也雷氏云身既反荅服亦同人葢謙遠之情居身之道也然恩紀內結實異餘人故爰及母妻也敖氏云君亦謂舊君也在國而云舊君者明其不見爲臣也此服大夫士同之顧氏炎武云古之卿大夫有見小君之禮而妻之爵服則又君夫人命之是以不容無服今案此爲舊君經傳皆不言大夫故敖兼士言之葢凡爲舊臣者之通禮也

傳曰爲舊君者孰謂也仕焉而已者也何以服齊衰三

仕焉而已者謂老若有廢疾而

月也言與民同也君之母妻則小君也

致仕者也爲小君服者恩淺於民　疏正義曰傳以經言爲舊君者非一故發問也孰謂之謂吳氏廷華云疑當作爲仕焉而已者也荅辭何以服齊衰三月也疑其輕而問也言與民同也荅辭君之母妻則小君也傳意謂母妻爲小君故宜服也臣在位爲君服斬爲君之母妻服期俱見前李氏云仕焉而已則釋斬而齊案士相見禮凡自稱于君宅者在邦則曰市井之臣在野則曰草莽之臣宅者謂致仕者也孟子曰在國曰市井之臣在野曰草莽之臣皆謂庶人宅者稱謂與庶人正同故其服亦同敖氏云已猶止也鄭氏以爲致仕是也此嘗仕矣今又在國其服宜異於民乃亦齊衰三月者蓋不在其位則不宜服斬以同於見爲臣者而臣於君又無期服故但齊衰三月而不嫌其與民同也然又爲小君服則亦異於民矣通典載虞喜議云老而致仕臣禮既全恩紀無替自應三年不得三月與傳義違非也又殷泉源問天子諸侯臣致仕服有同異范宣荅云禮制殘缺天子之典多不全具唯國君之禮往往有之臣之致仕爲舊君齊衰三月天子之臣則亦然矣今案傳以

母妻爲小君似專指國君言張氏惠言謂君爲有地之君兼天子諸侯及大夫言似亦可通據襍記云違諸侯之大夫不反服違大夫之諸侯不反服則大夫之臣亦爲舊君服也　注云仕焉而已者謂老若有廢疾而致仕者也者大夫七十而致事見曲禮其有廢疾不任事者則亦致仕也吳氏紱云古人臣進退不苟微嫌細故則奉身而退如子文三仕三已柳下惠三黜可見也鄭注專以老與廢疾爲致仕似未該今案注言若是舉以例其餘也云爲小君服者恩深於民者以民但爲君服而不爲小君服今致仕者兼服小君是以其受恩深於民故也○徐氏乾學云禮於舊君之服有三其一仕焉而已身離朝宁者爲舊君君之母妻是也其一以道去君身違宗國者大夫爲舊君是也其一臣諫已絕出居他邦或改事新主者大夫在外其妻長子爲舊國君是也原臣之於君義當服斬乃不服斬而服齊甚至有不服者何也恩有淺深故服與不服有異也其仕焉而已者雖身猶在國較之居官食祿者其恩已輕故降而服齊猶以君臣誼重故服君而并服其母妻也其以道去君者雖義猶未絕較之致仕家居者其恩更輕故但服其君而不服其母妻也其出居他邦者雖恩義已絕而

妻子之居本國者不可以無服故妻與長子行服而其身則不服也乃知去官從故官之品此後世之令不可以語周禮也今案此章言舊君者三前一條指凡仕者後二條指爲大夫者前一條以在國之臣言後二條以去國之臣言而大夫在外條主言其妻子之服大夫爲舊君條主言大夫自服皆謂恩義未絕者徐氏謂大夫在外恩義已絕其身不服說本
賈疏及檀弓孔疏非也詳後

庶人爲國君不言民而言庶人庶人或有在官者天子畿内之民服天子亦如之

【疏】正義曰此服男女同之白虎通云禮不下庶人所以爲民制服何禮不下庶人者尊卑制度也服者恩從内發故爲之制也注云不言民而言庶人庶人或有在官者李氏云庶人在官者謂府史胥徒也檀弓曰公之喪諸達官之長杖則庶人在官者不杖斬同於民而已褚氏云注言民之中卽有在官庶人亦正同民三月不服斬也故言或以包之敖氏誤會注意乃云非在官者不服謬也今案傳屢言與民同則齊衰三月乃庶人本服以其分與臣異不可服斬又不可以輕服服君故也云天子畿内之民服天子亦如之者白虎通云王者崩京師之民喪三月何民賤而王貴故三月而

已此鄭所本也檀弓曰天子崩七日國中男女服謂庶人也又曰三月天下服謂諸侯之大夫爲王繐衰也吳氏紱云侯國之民不服天子者勢彌遠而分逾尊故不可制服然遏密八音亦足以致其情矣采地之民爲公卿大夫之君無服齊不世也庶人爲君之母妻無服

大夫在外其妻長子爲舊國君在外待放已去者疏正義曰李氏云上下條曰舊君此曰舊國君者以在其國而服之義繫於國故與庶人爲國君之文同江氏筠云賈疏謂大夫不言爲本君服據禮記是其君尊卑不敵不反服者案違諸侯之大夫不反服其君尊卑敵則反服此在外中兩者俱有以其服不服不定故空其文賈說偏矣又云敖氏謂妻子亦在外非也經祇云大夫在外則其妻子在國可知其云舊國君者乃對大夫在外立文非據其妻子言也今案江說是矣但此條主言大夫之妻長子服故不言大夫之服傳亦不言之以大夫在位其妻爲君服期長子爲君服斬今大夫在外嫌其妻及長子仍服期與斬故特著之至大夫恩義未絕在外亦服齊衰三月禮記所云反服是也若恩義已絕則雖所仕之君尊卑敵亦不服其妻子亦不得留於國中

矣諸家謂大夫在外無服非詳後舊君條下　注云在外
待放已去者以經云在外明是已去本國適異國也待放
義亦詳後
舊君下

傳曰何以服齊衰三月也妻言與民同也長子言未去

也妻雖從夫而出古者大夫不外娶婦人歸宗往來猶
民也春秋傳曰大夫越境逆女非禮君臣有合離之
義長子去
可以無服

疏正義曰何以服齊衰三月也怪其輕而問
也妻言與民同也二句荅辭沈氏彤云士
去國無服其妻長子在國自同於民故不著之也敖駁
傳非今案萬氏斯同據此條謂上致仕者其妻長子亦
宜爲舊君服案上爲舊君不專指大夫言舊君亦不專
指國君言故經不著妻子之服也　注云妻雖從夫而
出古者大夫不外娶婦人歸宗往來猶民也者鄭以傳
但言長子未去而不言妻未去故爲此義解之此歸宗
是歸寧父母與前傳言婦人雖在外必有歸宗者異春
秋莊二十七年莒慶來逆叔姬公羊傳曰大夫越境逆
女非禮也鄭引之者證大夫不外娶之事通典載賀循
云案鄭注喪服云凡妻從夫降一等夫合三月則妻宜

無服而猶三月者古者大夫不外娶其妻則本國之女也雖從夫而出婦人歸宗往來猶民故從民服也長子有服謂未去者也循以爲以道去君非罪之重其子尚可以畱值君薨則服也鄭昕云案禮妻爲期而長子三年今夫雖在外妻尙未去恐或者嫌猶宜期故言與民同則出國無服可知也所以別言之者明夫旣去位妻便同於民爾今案鄭氏歸宗往來之說諸家駁之據鄭昕所云亦以妻爲未去也況民云妻與民同唯未去故與民同也但鄭意亦當備固有從夫而歸宗往來者此說是葢妻有從夫出者亦有從長子在國者鄭注專爲從夫出者言之明出者服則未出者亦服可知賀氏申鄭義甚明至長子言未去明宗廟猶存通典載戴聖曰大夫在外者三諫不從而去君不絕其祿位使其嫡子奉其宗廟言長子者重長子也承宗廟空以長子爲文蕭太傅曰長子者先祖之遺體也大夫在外不得親祭故以重者爲文此皆釋經言長子及傳未去之義也或曰傳言妻與民同亦兼未去者言長子言未去亦謂與民同是互言之其說亦通云君臣有合離之義長子去可以無服者鄭意葢謂長子在國奉宗廟則君臣之義未絕故爲之服若長子已去宗廟無存恩義已絕卽可

不服矣此申言傳義而亦見大夫去國在外猶服也

繼父不同居者　嘗同居今不同居　疏　正義曰徐氏乾學云案徐駿五服集證此條分而爲二一爲繼父先曾同居今不同居者一謂父卒而母改嫁其子隨母與繼父同居後來不與同居一爲繼父雖同居兩有大功之親者引小記曰有主後者爲異居注云隨母之子雖與繼父同居而繼父或有親子及隨母之子有兄弟及堂兄弟爲主後也雖與同居亦爲先同而後異義亦明晰今案此與同居服齊衰期者皆空有報服經不言者闕也餘詳繼父同居者條下

曾祖父母　疏　正義曰爾雅王父之考爲曾祖王父王父之妣爲曾祖王母郭注曾猶重也謂祖之上又有祖也說文曾益也釋名曾祖從下推上祖位轉增益也袁氏準云喪服爲曾祖父母齊衰三月自天子至於士一也也祖期則曾祖大功高祖小功而云三月者此通遠祖之言也今有彭祖之壽無名之祖存焉十代之祖在堂則不可以無服也鄭子曰我高祖少皞摯之立也非五代祖也蒯瞶禱康叔自稱曾孫非四代之祖孫然則高遠也無名

之祖希及之矣故不復分別而重言之也沈氏括云喪服但有曾祖曾孫而無高祖玄孫先儒以謂服同曾祖曾孫故不言可推而知或曰經之所不言則不服皆不然也曾重也由祖而上者皆曾祖也由孫而下者皆曾孫也雖百世可也苟有相逮者則必爲服喪三月故雖成王之於后稷亦稱曾孫而祭祀祝文無遠近皆曰曾孫顧氏云禮記祭法言適子適孫適曾孫適玄孫適來孫左傳王子虎盟諸侯亦曰及而玄孫無有老幼玄孫之文見於記傳如此然宗廟之中並無此稱詩維天之命駿惠我文王曾孫篤之鄭氏箋曰曾猶重也自孫之子而下事先祖皆稱曾孫禮記郊特牲稱曾孫某注謂諸侯事五廟也於曾祖以上稱曾孫而已左傳哀公二年衞太子禱文王稱曾孫蒯聵晉書鍾雅傳元帝詔曰禮事宗廟自曾孫已下皆稱曾孫義取於重孫可歷世共其名無所改也又云曾祖父母齊衰三月而不言曾祖父之父母非經文之脫漏也蓋以是而推之矣凡人祖孫相見其得至於五世者鮮矣人之壽以百年爲限故服至五世而窮苟六世而相見焉其服不異於曾祖也觀於祭之稱曾孫不論世數而知曾祖之名統上世而言之矣盛氏云爾雅曾祖王父之考爲高祖王父曾祖王父之妣爲高祖王母又曾孫之子爲玄孫玄孫

之子爲來孫來孫之子爲曷孫曷孫之子爲仍孫仍孫之子爲雲孫自玄孫而下五世各有名稱而宗廟之中自孫之子而下皆稱曾孫者不唯義取於重且以玄來等皆疏遠之名故不稱也然爾雅孫之名及於八世而祖之名止於四世高祖父之父母其謂之何曰自高祖王父之考以上統謂之祖而已祭法王立七廟一壇一墠曰考廟曰王考廟曰皇考廟曰顯考廟曰祖考廟所謂祖考者卽高祖王父之考也而直云祖考則自此以上都無異名可知喪服經高祖已上略而不言以其相及者鮮且自曾祖而推之可知也顧云苟六世而相見焉其服不異於曾祖是也云曾祖之名統上世而言之則非矣今案經不言高祖之服鄭氏謂與曾祖同服後儒推之謂曾高而上苟有相及者皆服齊衰三月蓋以正統之親當喪不容無服理自可通顧氏謂曾祖之名統上世而言之則沿沈氏由祖而上皆曾祖之說盛氏駁之是也唐貞觀中魏徵奏高祖曾祖舊服齊衰三月請加爲齊衰五月開元禮曾祖父母齊衰五月高祖父母齊衰三月朱子謂未爲不可然非制禮本意詳下

傳曰何以齊衰三月也小功者兄弟之服也不敢以兄

正言小功者服之數盡於五則高祖

弟之服服至尊也宜緦麻曾祖宜小功也據祖期則曾祖宜大功高祖宜小功也曾祖高祖皆有小功之差則曾孫玄孫爲之服同也重其衰麻尊尊也減其日月恩殺【正義】曰言何以者怪其三月太輕齊衰又重故發問也小功者以下荅辭古人通謂外姻爲兄弟而喪服小功以下外姻之服亦在焉故名其服爲兄弟之服下傳云小功以下爲兄弟是也江氏筠云服大功乃同財之親小功係兄弟之服是五案服中親疏一界別也敖氏謂大功亦爲兄弟服非矣今案兄弟之服一止可施於旁親故不敢以服至尊而服齊衰三月也至尊謂曾祖父母義詳前章祖父母條下　注云正言小功者服之數盡於五則高祖宜緦麻曾祖宜小功也者此鄭以五服之數推言之謂曾祖宜小功以釋傳言小功之義也案三年問云至親以期斷是期爲父正服由是推之祖宜大功曾祖宜小功高祖宜緦麻也云據祖期則曾祖宜大功高祖宜小功也曾祖高祖皆有小功之差則曾孫玄孫爲之服同也者此鄭因經未言高祖故又推言之以明高祖與曾祖同服之義蓋父之服加隆至三年祖亦加至期由是推之曾祖宜大功高祖宜小功也是

皆有小功之差故其服宜同也下緦麻章注云族祖父者亦高祖之孫則高祖有服明矣此鄭明高祖有服之義也近程氏瑤田著喪服足徵記謂高祖玄孫無服喪服經不言高祖玄孫者不制服也其說以大傳四世而緦數語爲據云四世而緦服之窮也謂曾孫緦麻服至此而窮也五世祖免殺同姓也謂己爲玄孫無服但以祖免行事張氏履辨之云逮見高祖卽以服曾祖齊衰三月者服之逮見玄孫卽以服曾孫緦麻者服之經不著可推而知也小記之以三爲五以五爲九以己合上下數之大傳之四世五世不數己且大傳本指旁殺若謂五世祖免指高祖玄孫則正統也謂之同姓可邪且上數高祖下數玄孫亦止四世不得數己而爲五世以己方計其人之世數而爲服之差區不得自占一世也荀子有天下者祭七世世除太祖二祧則高祖爲四世如程氏說豈高祖爲五世廟乎程氏又云族昆弟之子自吾曾祖視之爲昆弟之玄孫五世祖免者也自吾高祖視之則六世親屬竭者也張氏辨之云子孫出於己從下數者也故視子爲一世玄孫爲四世昆弟同出於父從旁數者也故視昆弟爲一世又從旁而下至昆弟之玄孫爲五世然昆弟之玄孫雖爲五世而己之玄孫仍

爲四世不得爲玄孫無服引例也其言甚繁不具錄要以張氏之說爲正云重其衰麻尊尊也減其日月恩殺也者以曾祖宜小功五月今易爲齊衰是重其衰麻所以尊至尊也易爲三月是減其日月見恩稍殺也敖氏云日月雖減於小功而衰麻之屬實過於大功且專爲尊者之服是以日月之多寡有所不計禮有似殺而實隆者此之謂歟沈氏彤云王志長疑曾祖減至三月高祖同服殊未安案曾祖之所以減至三月者爲欲與齊衰之加相折除也蓋曾祖祖之本服小功加一等爲大功又加一等爲齊衰父與祖加一等曾祖恩疏而顧加二等不可也故於其本月數而降一等以月數之降除衰服之加得加服止一等若高祖之本服緦月數已無可降而緦又不敢以服至尊禮窮則同與曾祖皆齊衰三月宜也何不安之與有又云唐開元禮增曾祖爲五月則齊衰加本服二等而月數如其本服失輕重之義矣吳氏廷華云期年天道一大變三月天道一小變其義相似故齊衰之服惟期與三月祖期則高曾自應三月此理之確不可易者方氏苞云高祖與曾祖同服無可殺也以義則高曾等重而恩亦未見其有差也後世易曾祖爲五月高祖爲三月而例以小功緦麻之月數未

達於正體之義以上諸說皆發明鄭義者也王氏肅云祖期則曾祖大功而傳以小功爲說者服本以期爲正父則倍之故再期祖亦加隆故服期曾祖恩輕加所不及正當小功故傳以小功言之耳傳言小功者兄弟之服是據祖父而言也從祖祖父從祖父從祖昆弟此三者其親皆從祖父而來也而已皆爲之小功從祖昆弟固與己爲兄弟之族而從祖父與己父爲從父兄弟者也從祖祖父則與己祖父爲兄弟故曰小功者兄弟之服也不敢以祖父兄弟小功之服服祖父之尊者故曰不敢以兄弟之服服至尊徐氏乾學云王說非也此所云小功者非指小功五月之期乃指小功衰裳之服也蓋謂小功布衰裳之服乃兄弟之服不可以加至尊故用齊衰觀傳文三服字其義了然今案王以從祖祖父從祖父從祖昆弟三者釋兄弟之服說殊迂曲徐氏駁之是矣

大夫爲宗子　疏　正義曰盛氏云唯言宗子則宗子之母妻蓋無服矣此其異異於衆人者也今案此宗子亦大宗也秦氏蕙田謂喪服言宗子之服皆指大宗言是也

傳曰何以服齊衰三月也大夫不敢降其宗也疏正義曰言何以者疑大夫之尊可不爲服故問也大夫不敢降其宗也荅辭馬氏云五屬孫雖爲大夫不敢降宗子故服齊衰三月尊祖故不降也李氏云大夫不奪宗故也曾子問曰宗子爲士庶子爲大夫以上牲祭於宗子之家小宗且然大宗可知今案前言丈夫婦人爲宗子此復言大夫爲宗子者大夫尊降旁親嫌或降之而不服故傳以不敢降明之此亦兼絶屬者言馬氏專以五屬言之非也

舊君大夫待放未去者疏正義曰此條主謂大夫自服經但言舊君者蒙上宗子條大夫爲之文也檀弓仕而未有祿者違而君薨弗爲服也彼是初仕未得祿者此旣爲大夫則已有田祿可知不言孤卿者古者卿爲上大夫言大夫可以該之也盛氏云經大夫爲宗子舊君曾祖父母爲士者如衆人十七字空作一句讀四人者三爲士一爲士妻而大夫之服無少異不敢以己貴而降其宗與君與祖也今案傳未嘗言不降君此說顯與傳背斷不可從秦氏蕙田云此條但蒙上大夫爲文不合以下爲士者爲文其說是也　注云大夫待放未去者鄭以前條及

此條皆爲大夫待放而前是巳去此是未去者葢以前有大夫在外之文而此不著前言舊國君而此不言國故也然據傳亦似巳去者詳下○雷氏云經前巳有爲舊君今復有此舊君傳所以知前經是仕焉而巳後經是待放未去者葢以兼服小君知恩有淺深也仕焉而遐君臣道足埽恩義旣施服及母妻今被放而去名義盡矣若君不能埽其宗廟則但不爲戎首而已以其猶復未絶故得同於庶人適足以反復於君不獲及其親也今案雷氏以此但爲舊君服不爲舊君之母妻服與仕焉而巳者異其說是矣至待放未去乃是注文雷亦以爲傳云則失檢也

傳曰大夫爲舊君何以服齊衰三月也大夫去君埽其宗廟故服齊衰三月也言與民同也何大夫之謂乎言其以道去君而猶未絶也以道去君謂三諫不從待放於郊未絶者言爵祿尚有列於朝出入有詔於國妻子自若民也

疏 正義曰傳以此條是大夫自服故直言大夫爲國君對上經其妻長子爲舊國君立文也何以服齊衰三月也沈氏彤云此問怪其輕覲苔辭亦言與民同可見也大夫去君埽其

宗廟方氏苞云宗子去國庶子爲壇而祭其畱者不敢
辟廟門故君命有司春秋埽除示望其歸守先祀以相
感動耳今案此言大夫去而君尚有恩於其臣故爲之
服也宗廟舉其重者言之埽其宗廟謂君使長子攝除
宗廟以守先祀當以戴氏說爲正方氏謂命有司埽除
恐未然不服斬而服齊衰三月是與民同服也馬氏云
據不在列位不敢自比於畱臣故自同於庶人也此正
荅何以服齊衰之問也何大夫之謂乎言旣去位何仍
謂爲大夫服蓋以其去君以道而恩誼猶未絕故謂爲大
夫也此設爲問以荅以明經言大夫之義幷上言大夫在
外者釋之也　注云以道去君謂三諫不從待放於郊
未絕者案白虎通云諸侯之臣諍不從得去必三諫者
何以爲得君臣之義必待於郊者忠厚之至也冀君覺
悟能用之所以言之放者臣爲君諱若言有罪放之也又
云臣待放於郊君不絕其祿者示不欲其去也以其祿
三分之二與之一畱與其妻長子使得祭其宗廟賜之
環則反賜之玦則去鄭上注云待放未去及此注云待
放於郊未絕皆據白虎通言也通典載崇氏問淳于睿
曰凡大夫待放於郊三月君賜環則還賜玦則去不知
此服已賜環玦未荅曰其待郊已三月未得環玦未適

異國而君埽其宗廟故服齊衰三月此亦本鄭注待放未去言也云言爵祿尚有列於朝出入有詔於國者曲禮文鄭引以證未絕之事也云妻子自若民也者謂妻子亦與民同服齊衰三月不服期與斬也傳以妻子之服已見於上故此不言鄭恐人疑與大夫在外者有異故特言之徐氏乾學云以道去君則凡有故而去者皆是也何獨指三諫不從者乎且旣曰去國明謂身適他國矣鄭注引曲禮爵祿有列於朝二句不知曲禮上文明言去國三世則非在本國彰彰矣何得執爲待放於郊乎江氏筠云前服主於妻子欲顯妻長子之未去故經言大夫在外此服則大夫自爲去與未去者同故沒其文也蔡傳云大夫去君埽其宗廟參以孟子有故而去及去三年不反之文則知去後亦應爲服去如此未去益可知注特說得一半耳今案以道去君卽孔子所謂以道事君不可則止者故鄭假三諫不從者言之明其自行去君非以罪見逐其實以道去君所包者廣孔子之膰肉不至不脫冕而行亦是鄭特舉一端以明之耳至爵祿有列於朝二句乃斷章取義以證未絕之事皆不足爲鄭病惟尋繹傳文似指已去者言江氏謂去與未去皆服故經但言舊君而不言大夫之在外與在

國其說似爲得之然則上文大夫在外亦是恩義未絕者其大夫亦爲爲服明矣戴氏聖謂大夫在外者三諫不從而去君不絕其祿位使其嫡子奉其宗廟與此傳合若有罪見逐君絕其祿位收其宗廟其妻長子亦不得留在本國矣惟上條主言妻長子之服故不言大夫之服此條主言大夫之服故不言妻子之服其實二條皆是恩義未絕大夫去與未去及其妻與長子之在國者皆服齊衰三月也黃氏乾行謂大夫在外卽孟子所謂去之日遂收其田里禮所謂爵祿無列於朝出入無詔於國者非矣或曰此傳言大夫去是去位非去國注云待放未去是言未去國傳注正合今案孟子齊宣王曰禮爲舊君有服何如斯可爲服矣所謂禮卽指此經言也孟子曰諫行言聽膏澤下於民有故而去則君使人導之出疆又先於其所往去三年不反然後收其田里此之謂三有禮焉如此則爲之服矣孟子所言卽本傳義據云導之出疆則不得云未去國矣但待放未去而值君薨與待放已去而值君薨皆服齊衰三月故傳舉已去者以包之也又檀弓穆公問於子思曰爲舊君反服古與子思曰古之君子進人以禮退人以禮故有舊君反服之禮也今之君子進人若將加諸膝退人若將

隊諸淵毋爲戎首不亦善乎又何反服之禮之有案子思所言與此傳亦相發明鄭注前以仕焉而已者言後以放逐之臣言不無自相矛盾徐氏譏之是矣

曾祖父母爲士者如衆人疏正義曰此亦蒙上大夫爲之文故傳以大夫言之經不云如士而云如衆人明曾祖父母之服無貴賤同也

傳曰何以齊衰三月也大夫不敢降其祖也疏正義曰此亦疑大夫當以尊降故問也前章大夫爲祖父母爲士者傳曰大夫不敢降其祖此與彼同義蓋尊祖父母亦是正統之親與旁親異也

女子子嫁者未嫁者爲曾祖父母疏正義曰賈疏云未嫁者同於前爲曾祖父母今并言者女子子有逆降之理故因已嫁幷言未嫁敖氏云此不降之服似不必言未嫁者經蓋顧大功章立文

傳曰嫁者其嫁於大夫者也未嫁者其成人而未嫁者

也何以服齊衰三月不敢降其祖也言嫁於大夫者明雖尊猶不降也成人謂年二十已笄醴者

【疏】正義曰馬氏云嫁者未嫁者也此著不降明有所降爲曾祖父母服也嫁者嫁爲大夫妻也成人謂十五以上許嫁未行者也以祖名曾明婦人雖爲天王后不降其祖宗也沈氏彤云傳嫁者四句專釋嫁者未嫁者凡女行於大夫曰嫁故曰嫁於大夫未嫁者蓋許字於大夫者也逆降旁親惟字於大夫者則然若適人者固無逆降之理江氏筠云未嫁而降義姝可疑金氏榜曰此主言大夫之女子子也大夫之子得從大夫而降女子子蓋亦如之經故與嫁者並言耳得此說而疑乃氷解蓋上三條俱是大夫禮本條又有嫁於大夫之文更驗之大功章而益顯其說不可易也今案女行於大夫曰嫁沈氏以未嫁者爲許字於大夫而未嫁其說是矣江氏據金說謂未嫁者爲大夫之女得從大夫而降似可存備一說馬氏以十五以上爲成人與鄭異詳下何以服齊衰三月亦疑其當降而問也不敢降其祖也荅辭馬氏謂雖爲天王后亦不降是也敖氏云女子子之適人者降其父母一等乃不降其祖與曾祖者蓋尊服止於齊衰三月其自大功以下

則服至尊者不用焉故父母之三年可降而為齊衰期
而祖之齊衰期不可降而為大功曾祖之齊衰三月又
不可降而無服此所以二祖之服俱不降也案此說最
精否則何以降父母而不降祖與曾祖乎李氏謂父母
之降期屈於不二斬不如此說之確敖氏又謂傳言成
人而未嫁者與不敢降之意不相通似失其旨沈氏云
嫁於大夫字於大夫皆貴也雖貴不敢降其祖祖至尊
也未嘗不與上下意相通敖駁傳非　注云言嫁於大
夫者明雖尊猶不降也者以嫁於大夫尊宜可以降而
猶不降則適士者之不降可知是舉尊以明之也云成
人謂年二十已笄醴者也者內則十有五年而笄鄭注
謂應年許嫁者女子許嫁笄而字之其未許嫁二十則
笄禮記女雖未許嫁年二十而笄禮之案馬以成人為
十五以上許嫁者據內則言也鄭必易之為二十者以十
九以下為長殤二十乃為成人且經言未嫁傳必云成
人而未嫁者以成人則有出道嫌或有所降故鄭舉年
二十者言之餘詳士昏禮記女子許嫁笄而醴之下云
此著不降明有所降者謂不敢以尊降其祖則以尊降
旁親明矣下大功章女子子嫁者未嫁者為世叔父母
是也○吳氏紱云此服為高祖父母與曾祖父母同大

夫不降其祖則天子諸侯爲曾高祖父母之不爲天子諸侯者同爲人後者於所後者之祖父母則己之曾祖父母其曾祖父母則己之高祖父母也畿內之民服天子與侯國之民服國君同凡民爲君服夫妻同大夫不降其宗則服宗子之母妻與士同

右齊衰三月

大功布衰裳牡麻絰無受者大功布者其鍛治之功麤沽之【疏】正義曰此本服齊斬爲殤從降在大功故在正大功之上齊衰三月之下無受者不以輕服受之終喪一服而已不言月數者或九或七異也李氏云衰裳不言齊者齊之可知無受者旣卒哭不變服也服問曰殤非重麻爲其無卒哭之稅所謂無受也楊氏復云斬衰冠纓齊衰冠布纓齊衰以下不見所用何纓案襍記云緦冠繰纓注云繰當爲澡麻帶絰之澡謂有事其布以爲纓以此條推之則自緦而上亦皆冠布纓而未澡至緦始澡其纓耳吳氏紱云不言布帶因於齊衰可知也其屨繩屨見齊衰三月章注○斬衰疏衰不言功與布者以不加人功未成布也此則稍加以人功而其鍛

治之功麤略故謂之大功布也若小功則功差細密矣沽猶略也沽下之字敖作也似長賈疏云言鍛治可以加灰矣吳氏紱云此服七升者蓋猶勿灰也灰則爲有事矣案吳說是也

子女子子之長殤中殤殤者男女未冠笄而死可傷者女子子許嫁不爲殤也

疏正義曰馬氏云子者男子之巳爲子及女子子之殤服也成人服期長中殤降一等服大功也不書男子女子者男女異長也男子二十而不爲殤女子十五許嫁笄而不爲殤也其未許嫁如男子二十乃不爲殤李氏云言子者長子亦在焉以殤死略之敖氏云言子又言女子子以姝之是經之正例凡言子者皆謂男子吳氏廷華云本服長子斬衆子及室女皆期殤則並降爲大功今案此云長殤中殤者中從上其服同故連言之也又殤服首子女子子者以是巳所生非旁親故列於前賈疏云中殤或從上或從下是則殤有三等制服唯有二等者欲使大功下殤有服故也若服亦三等則大功下殤無服矣聖人之意然也注云殤者男女未冠笄而死可傷者古者男二十而冠女二十而笄故鄭以殤爲未冠笄而死也釋名未二十而死曰殤殤傷也可哀傷也廣雅釋詁殤慯也慯與傷通是以其可

哀傷而名爲殤也云女子子許嫁不爲殤也者喪服小記曰丈夫冠而不爲殤婦人笄而不爲殤曲禮女子許嫁笄而字春秋僖九年伯姬卒文十二年子叔姬卒公羊傳皆云此未適人何以卒許嫁矣婦人許嫁字而笄之死則以成人之喪治之是女子許嫁而笄卽不爲殤矣襍記曰女雖未許嫁年二十而笄禮之鄭注雖未許嫁年二十亦爲成人矣而馬氏云女子十五許嫁笄而不爲殤也其未許嫁如男子二十乃不爲殤義與鄭同其云女子十五許嫁笄者據內則十有五年而笄言也又男二十而冠爲正法亦容有早冠者冠不爲殤也通典載束皙云男二十而冠三十而娶女十五許嫁而笄二十而出竝禮之大斷至於形智夙成早堪冠娶亦不限之二十矣笄冠有成人之容婚嫁有成人之事鄭玄曰殤年爲大夫乃不爲殤爲士猶殤之檀弓曰魯人欲勿殤童汪踦問於仲尼仲尼曰能執干戈以衞社稷雖欲勿殤也不亦可乎此有功而殤也通典又云凡臣不殤君子不殤父妻不殤夫蔡氏德晉云左傳國君十五而生子是固有年十四五而婚娶者矣律以傳文十九至十六爲長殤十五至十二爲中殤則父與夫皆有卒於殤之年者矣旣冠昬不得復以殤服服之則凡有妻子者皆勿殤可也此皆謂年未二十而不爲殤者也

傳曰何以大功也未成人也何以無受也喪成人者其文縟喪未成人者其文不縟故殤之絰不樛垂蓋未成人也年十九至十六爲長殤十五至十二爲中殤十一至八歲爲下殤不滿八歲以下皆爲無服之殤無服之殤以日易月以日易月之殤殤而無服故子生三月則父名之死則哭之未名則不哭也縟猶數也其文數者謂變除之節也不樛垂者不絞其帶之垂者襍記曰大功以上散帶以日易月謂生一月者哭之一日也殤而無服者哭之而已爲昆弟之子女子子亦如之凡言子者可以兼男女又云女子子者殊之以子關適庶也

疏正義曰何以大功也長殤中殤之本服有斬與齊今俱大功故問也未成人也荅辭何以無受也以正大功有受服此無受故又問也喪成人者其文縟四句荅辭兩言未成人者以此降爲大功及無受皆以未成人之故其文縟其文不

縟乃正釋無受之義殤之經不繆坐則亦文不縟之故舉之以爲無無受比例也年十九至十六爲長殤以下乃釋經長殤中殤下殤名義而又詳言無服之殤以補下經所未及也不滿八歲以下皆爲無服之殤謂八歲以下至始生皆無服也大戴禮本命篇云男以八月而生齒八歲而毀齒說文男八月生齒八歲而齔齔毀齒也然則有服之殤斷自八歲爲始義蓋本此通典載徐整問射慈曰八歲以上爲殤者服未滿八歲爲無服假令子以元年正月生七歲十二月死此爲七歲則無服也或以元年十二月生以八年正月死但踐八年計其日月適六歲耳然號爲八歲日月甚少全七歲者日月爲多若人有二子各死如此其七歲者獨無服則父母之恩有偏頗答曰凡制數自以生月計之不以歲也今案傳不云七歲以下而云不滿八歲以下者謂必實歷七歲入八歲限乃爲下殤如每歲十二月七歲八十四月若有八十五月者爲滿八歲否則仍在七歲限內未滿八歲矣射氏所謂以月計者始合傳意也沈氏彤云此不滿八歲以下者本在服內之殤以其不滿八歲故抑之使無服也傳又云以日易月之殤殤而無服者恐人疑以日易月之殤爲有以日易月之服故又申言之敖氏

云子生三月則父名之者三月天時一變故名子者法之未名則不哭者子見於父父乃名之未名則是未之見也未見則未成父子之恩故不哭此義與婦之未廟見而奻者相類今案內則子生三月之末妻以子見於父父執子之右手咳而名之是子生三月父名之之事也傳言此者又以見無服之殤七歲至生三月其限也

注云縟猶數也其文數者謂變除之節也者案變除之節詳斬衰經下廣雅縟數也說文縟繁采飾也其文縟者謂禮文繁數既葬受以輕服有變除之節也不縟則無變除之節故無受也云不樛垂者不絞其帶之垂者案鄭云帶謂要經也樛當從手旁石經原刻作摎是也廣雅摎束也眾經音義引倉頡篇亦云摎束也摎垂謂結束其帶之垂者今本作樛假借字南有樛木傳云木下曲曰樛又檀弓衣衰而繆經鄭注繆讀爲不摎垂之摎足見字以作摎爲正矣敖氏云摎當作繆非又云經謂首經也垂者其纓也褚氏云要經有摎散之變始散繼摎者爲變其文縟也始終不摎者爲不變其文不縟也若首經則九月以上始終有纓七月以下始終無纓但有有纓無纓之別無摎垂不摎垂之異敖以爲首經誤今案褚說是也云襍記曰大功以上散帶者凡喪

小斂後皆服麻大功以上絰其帶不絞是謂散帶散帶與不摎絰同故鄭引以爲證但彼是成人之喪初時不絞至成服乃絞此則初終不絞也云以日易月謂生一月者哭之一日也殤而無服者哭之而已者鄭以傳旣云無服而又云然則哭之則以日易月當謂哭日生一月者哭之一日賈疏謂若七歲歲有十二月則八十四日哭之此旣於子女子子下發傳則惟據父母於子不關餘親馬融王肅云以日易月者以哭之日易服之月殤之期親則以旬有三日哭緦麻之親則以三日爲制與鄭不同劉氏敞云以日易月者假令長子也其本服三年則本殤之二十五日餘子也其本服期則殤之十三日其說本馬王而惟言父母於子不及餘親又與馬王異李氏云八十四日哭之惟期親則然大功以下而不復有以日易月之哭馬王之說非也期親長中殤降而大功下殤降而小功猶有緦一等以無服之殤未及於禮不以緦服之隨其生月制爲哭日若大功則長中殤降而小功下殤降而緦無服之殤服名已絕與小功中殤緦之長殤皆已無服柰何生三月而更制哭日乎束晳曰緦麻不服長殤小功不服中殤大功不爲易月哭惟齊衰乃備四殤焉敖氏云無服之殤以日易月唯用

於凡有齊斬之親者自大功之親以下則否蓋齊斬之長殤中殤大功下殤小功以次言之則七歲以下猶宜有服但以其不入當服之限是以略之然其恩之輕重與殤之在緦麻者相等故不可不計日而哭之若滿七歲者哭之八十四日則亦近於緦麻之日月矣是其差也江氏筠云如馬王說則齊斬之親命名以上與七歲者同旬有三日之哭是太無區別也而八歲者雖疏得三月之服七歲者雖親不及半月之哭則又差別過當也據殤之長中下定於歲之多寡則自初生以至七歲豈得無分而以哭代服亦不容太相懸絕則注謂計歲之月爲哭之日者得之且易月之月與三月之月一字豈容異解明不如注說之得也沈氏云以日易月馬融劉敞之說是注疏之說決不可從說父母以百歲而終計其月當一千二百依鄭賈所云哭之三年尚不滿千日豈有哭七歲之殤而日數反過於哭父母者乎敖以爲近於緦麻之日數則緦麻之喪安得日日而哭乎亦非也孔氏廣森云鄭康成謂生一月者哭之一日假令週七歲便當哭八十四日夫逾月而葬葬而卒哭成人之喪猶或如此而猥令連旬之外累月之餘區區孩童哭慟不已疑非理也今案馬鄭二義不同諸儒互相詰

難如通典所載淳于睿范甯戴逵庾蔚之之說詳矣然駁馬者江爲取確駁鄭者沈孔爲取精馬鄭二說俱有難從今以傳文繹之竊疑殤而無服者謂但哀傷之而無服非謂哭也沈氏謂此殤字當作傷嫌重出無義案殤本訓傷不必改字傳子生三月數語蓋謂已三月者哭之未三月者不哭以證子之生月有多寡則父母之哀情有淺深故生一月者哀傷之一日生七歲者哀傷之八十四日以爲斷制使勿過情蓋雖無服而亦制此禮以節父母之哀非謂八十四日便日日哭之也通典載戴德云七歲以下至生三月殤之以日易月生三月哭之葬于園旣葬止哭不飲酒食肉畢喪各如其日月案此解正得傳義其云旣葬止哭於理尤合則所謂無服之殤以日易月者亦但不飲酒食肉不作樂以終喪之日而已鄭氏誤以哭爲言於理遂多窒礙其以生一月爲一日者自確也至李敖諸家謂無服之殤專指期親以上言亦本通典所載諸儒舊說賈劉則唯據父母於子言案此傳發於子女子子下而傳末子生三月云云又唯言父子以是證之賈劉之說不可易矣云爲昆弟之子女子子亦如之者以下云夫之昆弟之子女子子之長殤中殤知之也程氏瑤田云案經於子見長殤

中殤而小功章不見下殤於昆弟之子女子子見下殤於小功章而此經不見長殤中殤蓋互文也敖以爲脫文大繆云凡言子者可以兼男女又云女子子者殊之以子關適庶也者謂言子可以兼男女而此經又言女子子者以子中兼有適庶故殊言之以明適庶同服適子子亦降服大功也○徐氏乾學云儀禮有三殤之服漢晉迄元皆因之明初集禮一書亦仍其制至改制孝慈錄盡去殤服不載士大夫遭此變者旣不可盡用成人之禮又不可竟安於無服不得已多依倣古禮行之亦禮以義起者矣

叔父之長殤中殤姑姊妹之長殤中殤昆弟之長殤中殤夫之昆弟之子女子子之長殤中殤適孫之長殤中殤大夫之庶子爲適昆弟之長殤中殤疏正義曰叔父之長殤中殤兄之子爲之也姑姊妹之長殤中殤姪與兄弟爲之也夫之昆弟之子女子子之長殤中殤世叔母爲之也賈疏云自叔父之長殤中殤至大夫庶子爲適昆弟之長殤中殤皆是成人齊衰期長殤中殤降一等在大功故於此總見之郝氏敬云尊

屬之殤止於叔父姑自世父以上長於父則無殤也盛氏云祖爲適孫之長殤中殤大夫以上同凡言適孫皆無適子者今案大夫之庶子爲適昆弟本服期與適子爲庶昆弟庶昆弟相爲異詳不杖期章

公爲適子之長殤中殤大夫爲適子之長殤中殤 公君也諸侯大夫不降適殤者重適也天子亦如之 疏 正義曰賈疏云公爲適子大夫爲適子皆是正統成人斬衰今爲殤死不得著代故入大功特言適子者天子諸侯於庶子則絶而無服大夫於庶子降一等故唯言適子也敖氏云公亦有爲適子長殤之服則國君之世子亦必二十而後冠如衆人矣 注云公君也者以經但言公嫌與公孤之公同故訓爲君謂五等之君也爾雅釋詁云公侯君也云諸侯大夫不降適殤者重適也者謂與凡人之爲適殤者同是不降也馬氏云公謂諸侯也重適也大夫亦重適故皆不降服大功也義與鄭同云天子亦如之者謂天子亦不降適殤也祭法曰王下祭殤五適子適孫適曾孫適玄孫適來孫

其長殤皆九月纓絰其中殤七月不纓絰 經有纓者爲其重也自大功巳

上經有纓以一條繩爲之小功已下經無纓也【疏】正義曰馬氏云長殤以成人其經有纓中殤賤禮略其經無纓也陳氏銓云長中殤唯以經有纓無纓爲異耳今案長殤亦未成人中殤以其年少於長殤非賤也又長殤九月中殤七月不獨有纓無纓爲異馬陳之説似皆疎矣李氏云小記曰再期之喪三年也期之喪二年也九月七月之喪三時也五月之喪二時也三月之喪一時也喪服之正無七月七月者謂此中殤之服也徐氏乾學云禮無七月之服唯殤有之蓋長殤降一等下殤降二等中殤則無定其在大功之殤則中從上而降一等在小功之殤則中從下而降二等降二等者固與小功之服同其降一等者不可即與大功之服同故特設七月以處之誠先王盡愛盡倫之善制也王氏士讓云此殤大功無受則冠衰經帶皆不變也終其九月七月之數除之而已今案長殤中殤均入大功章者以其服皆以大功布爲之也然中殤殺於長殤有九月纓經七月不纓經之異故經於此總著之言其者指爲之服者言也經謂首經也　注云經有纓者爲其重也者以長殤情重於中殤故經有纓也云自大功已上經有纓者此鄭廣解成人五服有纓無纓之事但成人五服中唯大功言經纓餘皆不言鄭以此經言九月纓經七月

不纓經則成人大功九月已上經有纓小功五月已下經無纓明矣云以一條繩爲之者賈疏云鄭見斬衰冠繩纓通屈一條繩爲武垂下爲纓故知此經之纓亦通屈一條繩屬之經垂下爲纓可知今案王氏肅云大功已上以繩爲經之纓也義與鄭同又賈疏謂經之有纓所以固經吳氏紱云經以有纓無纓爲重服輕服之別非藉以固經也若云固經則無纓者其謂之何此說是矣

右大功殤九月七月

大功布衰裳牡麻經纓布帶三月受以小功衰卽葛九月者

受猶承也凡天子諸侯卿大夫旣虞士卒哭而受服正言三月者天子諸侯無大功主於大夫士也此雖有君爲姑姊妹女子子嫁於國君者非內喪也古文依此禮也

疏 正義曰李氏云此章衰裳三等降服七升正服八升冠皆十升義服九升冠十一升三月旣葬各以其冠爲受十升十一升者小功之布故曰受以小功衰也下記曰大功八升若九升小功十升若十一升記此受服之差也經纓者經有纓也大功九月已上經有纓故於此著之卽就

也敖氏云齊衰以上其經皆不言經纓故於此成人大功言之乃因輕以見重且明有纓者之止於此也受以小功衰者說大功布衰裳而以小功布衰裳受之也卽葛說麻經帶就葛經帶也三月而變衰葛九月而除之此章特著受月者以承上經無受之後嫌與之同亦且明受以衰之止於此也今案大功以上經皆有纓獨於此言之者以文承中殤不纓經之後嫌亦無纓故特著之於此言布帶者明自齊衰以下帶皆用布其升數各視其衰耳受以小功衰卽葛九月謂於三月變服後以小功衰及葛經帶終九月之期也下小功章注云卽就也郝氏敬云去故就新曰卽說文葛絺綌艸也無葛則以潁代之襍記如三年之喪則旣潁鄭注潁草名無葛之鄉去麻則用潁是也　注云受猶承也者謂小功衰與大功布相承而服之故云受猶承也云凡天子諸侯卿大夫旣虞士卒哭而受服者案天子至士皆於葬後受以輕服士卒哭與葬同月天子諸侯卿大夫卒哭與葬異月故大夫以上旣虞受服士卒哭受服也云正言三月者天子諸侯無大功主於大夫士也者王制曰天子七月而葬諸侯五月而葬大夫士三月而葬襍記曰士三月而葬是月也卒哭大夫三月而葬五月而卒哭諸侯五月而葬七月而卒哭鄭注天子至士葬卽反虞據

此則士三月葬葬月反哭反哭受服是三月也大夫三月葬葬卽反虞旣虞受服亦三月故以三月爲主大夫士言也天子諸侯絶旁期故無大功之服云此雖有君爲姑姊妹女子子嫁於國君者非內喪也者賈疏謂彼國自以五月葬後受服此諸侯爲之自以三月受服同於大夫士意葢以非內喪不必拘五月之期耳敖氏云此三月受服上下同之章內有君爲姑姊妹女子子嫁於國君者而服問又言君主適婦之喪是諸侯雖無大功而於其尊同者若所不可得而絶者亦服此服也其姑姊妹女子子之嫁於國君者爲外喪君之受服固不視其卒哭之節適婦雖內喪而其禮則比於命婦但三月而葬故君亦惟三月而受服也今案敖氏申明鄭義又補出適婦一層尤密云古文依此禮也者戴氏震云古文下或當有訛脫

傳曰大功布九升小功布十一升此受之下也以發傳者明受盡於此也又受麻經以葛經閒傳曰大功之葛與小功之麻同

疏正義曰注云此受之下也以發傳者明受盡於此也者閒傳云大功七升八升九升小功十升十一升十二升下記云大功八升若九升小功十升若十一升注云

降而在大功者衰七升正服衰八升其冠皆十升義服九升其冠十一升皆以其冠爲受此云十一升是受之下也必於此發傳者見受服盡於此也李氏云傳據義服大功而言義服大功衰九升受以小功衰十一升服之有受者止於此小功以下無受也敖氏云大功布三等受布二等此於大功與受布各見一等者但以其一一相當者言也觀此則其上二等之受布亦可見矣江氏筠云大功三等殤九月者七升殤七月者八升此則九升故云大功布九升小功二等殤服十升以外皆十一升故云小功布十一升今案傳以大功中有降有正有義而其服至九升而止受服至小功十一升而止故舉其下者言之而其上者可見敖說是也江說與記注違似未可從云又受麻經以葛經者鄭以經云卽葛經是以葛經易麻經而傳但言衰布未言葛經之制故引閒傳以明之案閒傳曰大功之葛與小功之麻同謂大功變服之葛經帶降初喪一等五分去一與小功初喪所服之麻經帶大小同也

姑姊妹女子子適人者疏正義曰大功章首此者以女子子是己所生非旁親故也姑姊

妹與女子子四人本服期適人則降大功因其服同故連言之李氏云襍記曰伯母叔母疏衰踊不絶地姑姊妹之大功踊絶於地若知此者由文矣哉絶地離地地也伯叔母義也姑姊妹骨肉也姑姊妹雖已出降其情猶不殺也敖氏云不杖期章不特著爲此親在室者之服蓋以此條見之經之例然也其他不見者放此

傳曰何以大功也出也出必降之者蓋有受我而厚之者【疏】正義曰何以大功也以其當服期而問也出出也荅辭謂以出降也敖氏云以出者降其本親之服故此亦降之也檀弓云姑姊妹之薄也蓋有受我而厚之者也此鄭注所本薄謂降服大功也受我而厚之謂其夫爲之杖期禫也此雖言姑姊妹而女子子義亦同

從父昆弟世父叔父之子也其姊妹在室亦如之【疏】正義曰爾雅兄之子弟之子相謂爲從父晜弟郭注從父而別案鄭云世父叔父之子也者正謂其從父而別也此自己身言也爾雅兄之子弟之子自父身言也同父昆弟期從父昆弟降一等故服大功注云其姊妹在室亦如之者謂從父姊妹也

爲人後者爲其昆弟疏正義曰此本宗昆弟也次於從父昆弟後者猶不杖期章爲人後者爲其父母列於世叔父母後也義詳前不言報者省文以前爲其父母言報則此亦報可知也敖氏云其姊妹在室亦如之

傳曰何以大功也爲人後者降其昆弟也疏正義曰此本服期今大功故問也爲人後者降其昆弟也荅辭謂以出後大宗故降也馬氏云昆弟在期而降之以所後爲親也賈疏云於本宗餘親皆降一等非詳小功章爲人後者爲其姊妹適人者下

庶孫男女皆是下殤小功章曰爲姪庶孫丈夫婦人同疏正義曰賈疏云卑於昆弟故次之陳氏銓云自非適孫一人皆爲庶孫也今案有適子者無適孫適子在則凡孫皆爲庶孫也孫於祖父母服期祖父母於庶孫以尊加之故不爲報服　而服大功也若適子先殁則爲適孫一人期詳不杖期章　注云男女皆是者謂女孫在室亦如之也云下殤小功章曰爲姪庶孫丈夫婦人同者以彼云爲姪庶孫丈夫婦人之長殤庶孫兼男女言明此庶孫

亦兼男女故引以爲證也

適婦適婦適子之妻　疏正義曰賈疏云疎於孫故次之黄氏榦云適婦無所指斥明關天子諸侯今案服問曰君所主夫人妻大子適婦君旣爲適婦喪主則亦服大功可知是適婦之服通於天子諸侯也爾雅子之妻爲婦長婦爲嫡婦衆婦爲庶婦是適子之妻爲適婦也內則又謂適婦爲家婦義同

傳曰何以大功也不降其適也婦言適者從夫名　疏正義曰言何以者據爲庶婦小功而問也不降其適也荅辭馬氏云重適故不降之爲服也陳氏銓云婦爲舅姑服期舅姑爲婦婦宜服大功而庶婦小功者以尊降之也此爲婦大功故傳釋不降李氏云婦人從服夫黨之尊者降於夫一等所爲服者亦降其夫一等報之婦爲舅姑期舅姑宜爲之大功又以正尊降之服小功惟適婦則不降王氏士讓云言不降有降者喪服小記曰適婦不爲舅後者則姑爲之小功是本大功而降者也今案傳云不降其適對庶婦言陳氏李氏之說取明晰敖氏云亦加隆之服婦從其夫而服舅姑期舅姑以正尊而加尊焉故例爲之

小功此異其爲適故加一等也沈氏彤云通典載劉玢云子婦之服例皆小功以夫當受重則加大功敖以適婦大功爲加隆蓋本諸此其實非也褚氏云傳明言不降敖氏故與傳違乃曰加隆吳氏紱云由適以之庶則庶爲降由庶以之適則適爲隆二義皆可通今案吳氏欲調停敖說然庶婦之小功究不得謂爲本服則自以傳言不降者爲是耳賈疏云父母爲適長三年今爲適婦不降一等服期者長子本爲正體於上故加至三年適婦無正體之義故也○唐貞觀中加適婦爲期服詳小功章庶婦下○注以適庶之名本由子起今婦亦言適者以其夫爲適子則妻亦爲適婦故云從夫名也

女子子適人者爲衆昆弟父在則同父没乃爲父後者服期也【疏】正義曰此下言婦人之服故次於此章首男子爲姊妹適人者大功故此適人者亦爲之大功皆以出降也但適人者爲昆弟有期與大功之異昆弟則皆爲之大功耳　注云父在則同父没乃爲父後者服期也者盛氏戴氏謂今本爲下脫一爲字是也女子子適人者爲昆弟之爲父後者服期見不杖期章鄭謂父在則爲爲父後者與衆昆弟同服大功父没乃服

期者蓋以爲後是據父沒言也盛氏云此與大夫之庶子爲適昆弟期同是應降而不降不必父沒乃爲之服期今案此云衆昆弟明對爲父後者言之猶衆子對長子言也昆弟之爲父後者在期章衆昆弟在此章經已分別明晰似不必以父在父沒爲言盛說可從

姪丈夫婦人報爲姪男女服同

疏正義曰此姑已適人者爲姪服也賈疏云姪卑於昆弟故次之今案爾雅女子謂晜弟之子爲姪姪兼男女言馬氏云嫁姑爲嫁姪服也俱出也專以女言非矣左傳僖十五年姪其從姑姪指子圉言是謂男爲姪也公羊傳莊十九年以姪娣從姪者何兄之子也釋名姑謂兄弟之女爲姪是謂女爲姪也此經云姪丈夫婦人猶言姪男姪女也敖氏云必言丈夫婦人者明男女皆謂之姪也章首已見爲姑適人者之服此似不必言報疑報字非誤則衍盛氏云上主爲丈夫言此則兼言婦人故復云報以明之今案盛說是也　注云爲姪男女服同者鄭意謂女子在室與男同然巳嫁者亦不降也李氏云言婦人者明巳嫁者與在室之服同下經大夫之妻爲姑姊妹嫁于大夫者大功爲人後者爲其姊妹適人者小功則以出降者兩皆出亦止降一

等褚氏云姑與姪不以兩
出而再降姊妹同是也
傳曰姪者何也謂吾姑者吾謂之姪疏正義曰賈疏云云謂吾姑者吾
謂之姪者名唯對姑生稱若對世叔唯得言昆弟之子
不得姪名也朱子曰古人不謂兄弟之子爲姪但云兄
之子弟之子孫亦曰兄孫耳二程子非不知此然從俗
稱姪者蓋亦無害於義理也喪服兄弟之子猶子也猶
字不是稱呼是記禮者之辭古人無云猶子者○徐氏
乾學云此條當與上女子子適人者爲衆昆弟者合爲一
條蓋此姪丈夫婦人報皆一女子子適人者爲之也盛氏
云此與上節經文宜合爲一節言女子子適人者爲此
四等之親服而此四等之親亦以是服報之也丈夫男
昆弟及姪也婦人女昆弟及姪女也此等皆期親降在
大功今案此姪丈夫婦人本蒙上女子子適人者爲之
文徐氏謂皆適人者爲之其說是矣但衆昆弟對爲父
後者言姪兼姪女言不得合爲一條盛氏謂丈夫婦人
兼承昆弟姪言程氏瑤田說亦同不知姊妹相爲之服
已包於章首條內喪服經傳於男則曰昆弟於女則曰
姊妹截然分明無女昆弟之稱盛氏造揑牽合斷不可

從

夫之祖父母世父母叔父母（疏）正義曰此以從服故次昆弟姪後賈疏云夫之祖父母世父母爲此妻著何服案下緦麻章云婦爲夫之諸祖父母報鄭注謂夫所服小功者則此夫所服期不服報王肅以爲父爲衆子期妻小功爲兄弟之子期其妻亦小功以其兄弟之子猶子引而進之進同己子明妻同可知李氏云爲昆弟之子夫之昆弟子之妻之服經無文案下經爲夫之姑小功爲夫之諸祖父母緦皆言報經則夫之旁尊於卑者之婦皆報之不盡出耳王肅以爲與衆子之婦同服小功非旁尊報之例也敖氏云不言夫之世父母叔父母報文略也沈氏彤亦以賈疏及王說爲非謂敖說得之又云夫之祖父母爲此妻則以正尊而不服報又與世叔父母言不同程氏瑤田云夫之世叔父母經不見報文不服也曷不同服也不可服也舅姑於適婦大功庶婦小功夫之祖父母於孫婦服緦今報之大功同於適婦矣小功同於庶婦矣緦麻同於孫婦矣旁殺之謂何親疏不分隆殺無節於服僨矣張氏履云旁服無不報以此婦之爲已大功也而置之不報有是理乎又引沈子敦云此夫之諸祖父母

報不以同孫婦爲嫌而從子之妻何獨以同庶婦孫婦爲嫌從祖祖父母猶爲此婦服而世叔父母反不爲服亦非旁殺之義今案夫之世叔父母當以其服報之經不言者因祖父母不當言報故於世叔父母之報文亦從省以可推而知也李氏沈氏張氏之說是矣

傳曰何以大功也從服也夫之昆弟何以無服也其夫屬乎父道者妻皆母道也其夫屬乎子道者妻皆婦道也謂弟之妻婦者是嫂亦可謂之母乎故名者人治之大者也可無愼乎道猶行也言婦人棄姓無常秩嫁於父行則爲母行嫁於子行則爲婦行謂弟之妻爲婦者卑遠之故謂之婦嫂者尊嚴之稱是爲嫂亦可謂之母乎言不可嫂猶叟也叟老人稱也是爲序男女之別爾若己以母婦之服服兄弟之妻兄弟之妻以舅子之服服己則是亂昭穆之序也治猶理也父母兄弟夫婦之理人倫之大者可不愼乎大傳曰同姓從宗合族屬異姓主名治際會名著而男女有別

疏

正義曰何以大功也以本係路人今服大功疑其重而問也從服也荅辭馬氏云從夫爲之服降一等也陳氏銓云凡從服皆降一等今案夫之祖父母世叔父母夫皆服期妻從服降一等故服大功又問夫之昆弟何以無服者蓋以夫之昆弟夫亦服期妻當從服大功今經不爲制服故問也其夫屬乎父道者以下乃反覆申言無服之義以荅之也凡婦人隨夫爲尊卑夫屬父道妻卽爲母道父屬子道妻卽爲婦道若昆弟之妻與己尊卑同不可謂弟妻爲婦亦不可謂嫂爲母故曰謂弟之妻婦者是嫂亦可謂之母乎此母婦之名服所由定而稱之不可紊亂故又曰名者人治之大者也可無慎乎李氏云昆弟之妻本非母婦之行不可服以母婦之服又不得以妻道屬其昆弟之妻故昆弟之妻與夫之昆弟不相爲服敖氏疑傳以男子不服昆弟之妻爲荅與夫之昆弟所以無服之義相違沈氏云案嫂不可謂母故不得以服夫之昆弟之子者服其弟弟妻不可謂婦故不得以服夫之世叔父者服其兄此正荅昆弟之妻不服夫之昆弟之義今案沈說是也此傳所云亦兄禮記大傳蓋聖賢相傳論服之微旨檀弓曰嫂叔之無服也蓋推而遠之也此記者別述所聞然皆足以發明經

不制服之義孔疏引何平叔云男女相爲服不有骨肉
之親則有尊卑之異也嫂叔親非骨肉不異尊卑恐有
混交之失推使無服也范氏祖禹云嫂不可謂母則屬
乎妻道者也故推而遠之以明人倫程子曰推而遠之
此說不是古之所以無服者只爲無屬今上有父有母
下有子有婦叔父伯父父之屬也故叔母伯母之服與
叔父伯父同兄弟之子子之屬也故兄弟之子之婦服
與兄弟之子同若兄弟則己之屬也難以妻道屬其嫂
此古者所以無服以義理推不行也沈氏云推而遠之
爲叔在夫行嫂在妻行有所嫌故爾傳舉其上下記舉
其中合之而義乃備程子謂叔與嫂何嫌之有此程子
自道其意若先王之服術通徹上下不專爲中人以上
制也曲禮云嫂叔不通問夫生則不通問死則爲之衰
麻何義乎且所以不爲服於其死者正使之遠別於其
生也顧氏炎武云謂弟之妻婦者是嫂亦可謂之母乎
蓋言兄弟之妻不可以母子爲比以名言之旣有所閡
而不通以分言之又有所嫌而不可以不遠記曰嫂叔
之無服也蓋推而遠之也夫外親之同爨猶緦而獨兄
弟之妻不爲制服者以其分親而年相亞故聖人嫌之
嫌之故遠之而大爲之坊不獨以其名也吳氏紱云夫

之姊妹上非母道下非婦道而相爲服則嫂叔之無服以遠嫌明矣官氏獻瑤云在禮嫂叔不通問其亾也嫂不撫叔叔不撫嫂故記曰推而遠之也是則制禮者坊世之淺意也今案程子論無屬之義極精而推遠之義諸家發明亦詳記說未可偏廢然禮之坊多在嫂叔者以其分尤親故尤致別嫌之意奔喪曰無服而爲位者唯嫂叔鄭注正言嫂叔尊嫂也兄公於弟之妻則不能也謂不能爲位以哭也據此則兄公於弟妻遠之尤淺其宜遜嫌不待言矣顧氏謂鄭此注足補禮記所未及信然○校勘記云言婦人棄姓至則爲婦行二十四字今本脫徐本通典集釋通解俱有楊氏無浦鏜云爾雅疏亦有脫是嫂亦可謂之母乎八字今本脫徐本通典集釋通解俱有與疏合通典母乎下更有言不可三字案若無言不可三字則空述傳文殊覺無謂注意言嫂者雖是尊嚴之稱然竟謂之母則不可也不過比之以老人耳是三字宜補入叟釋文作傁老人下集釋有之字今案大傳是嫂亦可謂之母乎注亦云言不可也則此三字當有明矣嚴本亦無今據通典補　注云道猶行也者謂行輩也云言婦人棄姓無常秩者謂尊卑無一定也云謂弟之妻爲婦者卑遠之故謂之婦嫂者尊嚴之

稱是嫂亦可謂之母乎言不可者朱子云案傳意本謂弟妻不得爲婦兄妻不得爲母故反言以詰之曰若謂弟妻爲婦則是兄妻亦可謂之母矣而可乎言其不可爾非謂卑遠弟妻而正謂之婦也注疏皆誤盛氏云弟之妻爲婦文見爾雅故鄭爲之說曰卑遠之故謂之婦然非傳義也朱子駁之當矣云嫂猶叟也叟老人稱也者賈疏云叟有兩號若孔注尚書西蜀叟叟是頑愚之惡稱若左傳云趙叟在後叟是老人之善名故云老人之稱云是爲序男女之別爾者言傳所云是序男女昭穆之別也云若已以母婦之服服兄弟之妻兄弟之妻以舅子之服服已則是亂昭穆之序也者此正釋無服之義也沈氏云上言母而下言子上言婦而下言舅是直以母爲親母婦爲子婦矣據傳文上云母道婦道而下以母婦承之則謂母爲世叔母之母謂婦爲昆弟子婦之婦乃與兩道字切合案沈說亦是引大傳者證名不可不愼之義彼注云異姓謂來嫁者也主於母與婦之名耳際會昏禮交接之會也著明也母婦之名不明則人倫亂也○舊唐書禮儀志貞觀十四年太宗曰同爨尚有緦麻之恩而嫂叔無服宜集學者詳議於是魏徵令狐德棻等奏議請服小功五月報其弟妻及夫兄

亦小功五月制可之沈氏云奔喪云無服而爲位者唯嫂叔及婦人降而無服者麻鄭云雖無服猶弔服加麻祖免爲位哭也是嫂叔之喪固弔服而加麻矣非若顏師古所云闔門縞素己獨玄黃莫改者也又云孩童之叔被鞠養於長嫂則旣葬之後心喪終期亦庶幾恩義之兼盡乎後世因鞠養之恩而制嫂叔之服因嫂叔制服而并制兄公弟妻之服如魏徵諸人皆不知先王之禮意者也今案稚叔鞠於長嫂此不過千百中之一二禮當爲天下萬世遵行不當爲一二人立制當時唐臣阿徇帝旨遂議制服而其援以爲說者僅以長嫂於稚叔有鞠養之恩及子思哭嫂爲位爲辭然子思之哭嫂禮未言其有服也至弟妻與夫兄相爲服絕無義可言若此傳詳明無屬之理禮記又著遠別之義足見禮經不爲制服實本天理人情歷聖相傳未之有改雖貞觀中議定服制而其後盧履冰元行冲之流尚以爲宜依舊禮亦可知禮之協於人心者不可易矣竊謂夫之兄弟當依禮經無服遭喪則兄弟之妻及夫之兄弟皆弔服加麻叔於長嫂更爲位以哭若有早歲而孤爲嫂所鞠養以長者則或如韓昌黎之於鄭氏服期以報或盡心喪之禮在其人自行之而不必垂爲定制可也

大夫爲世父母叔父母子昆弟昆弟之子爲士者 子謂庶子 疏

正義曰此著大夫之禮故次女子後合世叔母言爲士者以其爲士妻非命婦也與不杖期章言大夫爲祖父母適孫爲士者例同賈疏云大夫爲此八者本期今以爲士降大功敖氏云不杖期章爲此親之爲大夫命婦者云大夫之子此云大夫互見其人以相備也今案經不言報則此八者爲大夫皆如其親服服期明矣　注云子謂庶子者以長子在斬衰章故知謂庶子也馬注與鄭同喪服小記曰大夫降其庶子其孫不降其父鄭注大夫爲庶子大功是也朱子云喪服自期以下諸侯絶大夫降謂此王氏士讓云子非旁親亦降之者適爲本庶爲支猶之旁親也

傳曰何以大功也尊不同也尊同則得服其親服 尊同謂亦爲大夫者親服期 疏 正義曰何以大功也以本期今服大功故問也尊不同也以下荅辭尊不同謂大夫與士也馬氏云皆期也大夫尊降士故服大功也　注云尊同謂亦爲大夫者以上八者爲士故尊不同若亦爲大夫則尊同也云親服期者謂其本親之服是期也因尊不同降大功若尊同則得服期也馬氏云尊同亦

爲大夫服期也與鄭義同褚氏云此等有父爲大夫而存者卽是尊同不降王氏士讓云大夫士雖同爲臣而服命殊矣燕射則有堂上堂下之班鄉飲酒則有齒與不齒之異卽五服之喪而哭位別焉若喪服不爲之減殺則他禮皆窒礙而不可行故大夫降其旁親理當然也嘗爲大夫而已者猶降詳不杖期章華氏學泉云或問大夫之降其期以下服何也曰先王制服尊尊親親之義竝重曰尊尊則自天子以至公侯卿大夫統此矣尊不敵親故雖天子不敢降其正期親不適尊故雖大夫得降其旁期或曰天子諸侯之貴其於諸父昆弟有君臣之分矣故族人不得以其戚戚君也大夫於諸父昆弟無君臣之分其所以必詘其親以伸其貴何也曰古者諸侯之封不過百里大夫之仕於其國其父兄宗族之爲士者皆其所統也不使之衆著於尊尊之義不可以爲治後世士大夫之仕者離其鄉數千里故雖入爲公卿出爲牧伯而五服之親不聞有所降殺其時義宜爾也大夫之子以大夫而降何也曰此亦從尊尊之義推之也國無二君家無二尊父之所不服子亦不敢服故大夫以尊降大夫之子及公之子以厭降公之昆弟卽公子也以先公之餘尊降大夫之無餘尊故大夫

沒大夫之子不降今案王說華說發明大夫降期之義精矣

公之庶昆弟大夫之庶子爲母妻昆弟公之庶昆弟則父卒也大夫之庶子則父在也其或爲母謂妾子也【疏】正義曰賈疏云云公之庶昆弟大夫之庶子者此二人各自爲母妻爲昆弟服大功此竝受厭降卑於自降故次在自降人之下馬氏云言庶者諸侯異母兄弟也庶子大夫妾子也諸侯貴妾子父在爲母期父沒伸服三年大夫貴妾子父在爲母期賤妾子父在爲母大功則從大夫而降也今案馬解庶昆弟庶子之義是矣其言諸侯大夫貴妾之服與禮經不合張氏爾岐云據注及疏此經文昆弟二字舊在傳後鄭君始移在傳前與母妻合文汪氏琬云戴德喪服變除曰天子諸侯之庶昆弟大夫之庶子爲其母大功哭泣飲食思慕猶三年賀循喪服要記凡降服旣降心喪如常月劉智謂小功以下不稅乃無心喪又陳沈洙議元嘉立議心喪二十五月爲限唯王儉古今集記終二十七月爲王逡所難何佟之儀注亦用二十五月無復心禫云云是則心禫可廢心喪不可廢也宋服制凡如適孫祖在爲祖母爲人後者爲其所生父母之類皆許解官申心喪三年蓋猶遵用

前代制也自明以來此禮不行久當亦士大夫所宜講求者　注云公之庶昆弟則父卒也者以其繫於今公而言昆弟不言公子是父已卒矣又下傳云先君亦已卒之稱故鄭知父卒也云大夫之庶子則父在也者以其繫於大夫而言庶子是大夫在矣又下傳云從降亦大夫在之辭故鄭知父在也云其或爲母謂妾子也者以經中言適庶之例凡適妻所生第二子皆爲庶子但君大夫於適妻不降則適妻子爲母自皆得伸其本服今服大功故知經所云爲母指妾子爲其生母言也其爲妻爲庶昆弟則適妻所生第二子皆服大功以不杖期章大夫之適子爲妻大夫之庶子爲適昆弟證之可知故鄭云或者蓋謂爲妻昆弟大功庶所同唯爲母大功當專指妾子言耳以經中言庶之例與他條稍異故不欲正言庶之而言或謙若不敢定也

傳曰何以大功也先君餘尊之所厭不得過大功也大夫之庶子則從乎大夫而降也父之所不降子亦不敢降也言從乎大夫而降則於父卒如國人也昆弟庶昆弟也舊讀昆弟在下其於厭降之義宜蒙此傳也

是以上而同之父所不降謂適也[疏]正義曰何以大功也以此等親皆宜服期今大功故問也以下皆荅辭先君餘尊之所厭二句則荅言公之庶昆弟爲母妻昆弟大功之義也國君絶期於妾及庶子庶婦皆不爲服故君在則公子厭於父之尊於昆弟無服而爲母若妻在五服之外下記公子爲其母練冠麻麻衣縓緣爲其妻縓冠葛絰帶麻衣縓緣是也君卒向之公子今爲公之庶昆弟然猶厭於餘尊止服大功而已雷氏云公羊傳云國君以國爲體是以其人雖亾其國猶存故許有餘尊以厭降之禮經釋例云敖氏謂其奻者猶爲餘尊之所厭大謬竊謂公之庶昆弟其父雖卒而適子尚爲諸侯是先君之餘尊猶在故爲所厭不得伸也大夫之庶子二句則荅言庶子爲母妻昆弟大功之義也陳氏銓云從乎大夫而降謂父在者蓋大夫降其妾及庶子庶婦之服故大夫之庶子於母妻昆弟之服亦降期而爲大功此從父而降也但父卒則無餘尊所厭耳父之所不降二句則因降而兼言不降之義也李氏云厭降與尊降異尊降者不降其正統之親及旁親之尊同者厭降者父所不服則皆不敢服之穀梁傳曰公子之重視大夫公之昆弟其尊與大夫等而其服有不同者

以此公之昆弟於大功以下乃無餘尊之厭得伸於尊不同者則自以己旁尊降之一等與大夫同　注云言從乎大夫而降則於父卒如國人也者蓋大夫之庶子本無降其母妻昆弟之理因從父而降故父卒得伸本服爲母三年爲妻昆弟期也顧氏炎武云尊尊親親周道也諸矦有一國之尊爲宗廟社稷之主旣沒而餘尊猶在大夫之尊不及諸矦旣沒則無餘尊故其庶子於父卒爲其私親竝依本服如邦人也親不敵尊故厭尊不敵親故不厭此諸矦大夫之辨也云昆弟庶昆弟也者謂此經所言昆弟指庶昆弟言若適昆弟則父亦不降也云舊讀昆弟在下其於厭降之義宐蒙此傳也是以上而同之者賈疏云言舊讀謂鄭君已前馬融之等以昆弟二字抽之在傳下鄭檢經義昆弟乃是公之庶昆弟大夫之庶子所爲者父以尊降庶子則庶子亦厭而爲昆弟大功是知宐蒙此傳則昆弟二字當在傳上與母妻宐蒙此傳同爲厭降之文不得如舊讀也云父所不降謂適也者謂適妻適子適婦之等皆君大夫所不降也○徐氏乾學云此昆弟二字本在下條皆爲其從父昆弟之爲大夫者上鄭氏謂宐在此愚謂此條爲母爲妻與下記公子爲其母妻相照彼公子以父在故

旣葬卽除此則父沒故得申大功至大夫之庶子又卑於公之庶昆弟雖父在亦得申大功故同類言之初何嘗及於昆弟乎今雖從注疏之本不敢擅易而解義決當以舊讀爲正程氏瑤田云先君餘尊之所厭止於爲母爲妻益母妻者其私親也故以君厭之若夫昆弟豈可以私親加之哉昆弟二字斷屬下節余從舊讀不憑鄭君也又云上條著大夫之服則公之昆弟大夫之子皆在所包何以知之小功殤服中大夫公之昆弟大夫之子爲其昆弟庶子姑姊妹女子子之長殤一條卽上大夫條之長殤服於其大夫下連言公之昆弟大夫之子卽可決大夫條之大夫二字實包三人也此條別出公之庶昆弟大夫之庶子專著其爲母爲妻遠不同於大夫及公之適昆弟大夫之適子益公之適昆弟其母諸侯夫人也服齊衰三年其妻亦猶大夫妻服期大夫之適子其母其妻皆大夫之所不降者今別出者著二庶之爲母妻也若二庶之昆弟以公之庶昆弟言其於昆弟之爲士者自同大夫之爲昆弟服大功若其昆弟已爲大夫則又在尊同得服親服之例矣安得以先君餘尊厭之邪若大夫庶子之昆弟則固從大夫而服巳包在上條大夫爲子昆弟昆弟之子諸人中矣必別出

之邪禮經釋例云賈疏謂馬融之等以昆弟二字抽之在傳下所謂傳下者傳曰之下也葢舊讀傳曰昆弟何以大功也其義原可兩通近人有以昆弟二字屬下節經文之首者則讀之不可通矣胡氏承珙云經不見公之昆弟爲其昆弟成人者之服故特以昆弟與母妻一例於此見之而後公之昆弟爲其昆弟成人者之服始著至大夫之子爲其昆弟之爲大夫者巳見不杖期章而其爲昆弟之不爲大夫者獨無所見故亦於此見之若如舊讀置昆弟二字於下條之上則昆弟爲誰之昆弟於義無屬於文不辭矣鄭君改讀極精後人故欲從舊讀而强爲之解非也今案以昆弟二字置於下條之首則文義不順此斷不可從唯喪服各章各省文互見據穀梁傳云公子之重視大夫小功殤服大夫公之昆弟大夫之子爲其昆弟庶子姑姊妹女子子之長殤注云公之昆弟猶大夫不杖期章大夫之子爲昆弟之爲大夫者期與大夫同則大夫之子爲昆弟之爲士者大功亦當與大夫同程氏謂公之昆弟大夫之子郎包於上大夫條內不必別出亦自有理且大夫之子無論適庶爲昆弟之不爲大夫者皆大功若謂大夫之庶子爲昆弟之不爲大夫者無所見故於此見之則大夫之適

子爲昆弟之不爲大夫者又於何見之乎徐氏程氏謂此條但言爲母爲妻不兼昆弟以下記公子爲母妻在五服之外證之其說似是竊疑昆弟二字屬上屬下皆非當屬衍文耳今仍依鄭釋之而節錄諸家說於後竝附管見俟後人考定焉

皆爲其從父昆弟之爲大夫者皆者言其互相爲服尊同則不相降其爲士者降在小功適子爲之亦如之

疏 正義曰或本有移上經昆弟二字置於皆字上者此大非辨見前　注云皆者言其互相爲服尊同則不相降者從父昆弟本大功若爲大夫則以尊降今兩爲大夫尊同不降此爲彼服大功彼爲此亦服大功故云互相爲服以釋皆字之義明皆服大功也云其爲士者降在小功者謂大夫爲從父昆弟之爲士者則降一等服小功也云適子爲之亦如之者此兩爲大功之服適庶同不以適子而有異也李氏云皆者皆公之庶昆弟大夫之庶子也敖氏云此文承上經兩條而言則皆云者皆大夫公之昆弟大夫之子也大夫公之昆弟於此親則尊同也大夫之子於此親則亦以其父之所不降者也故皆服其親服今案此條以皆字起似是承上文之辭

敖說亦通大夫爲從父昆弟之爲大夫者服是正解不當遺之賈李說尚未合

爲夫之昆弟之婦人子適人者 婦人子者女子子也不言女子子者因出見恩疏

疏 正義曰此世叔母爲之服也不言世叔父爲之服者以此包之賈疏云此亦重出故次從父昆弟下馬氏云在室者期適人者降大功也○注以婦人子卽女子子而經不言女子子因出見恩疏者言女則已所生是親言婦則爲人婦是疏今不言女子子而言婦人子者以其出適人降服大功故言婦人子以見其恩之疏也陳氏銓云婦人者夫之昆弟之子婦也子者夫之昆弟之女子子適人者也此是二人皆服大功先儒皆以婦人子爲一人此旣不辭且夫昆弟之子婦復見何許也徐氏乾學以陳說爲長今竝錄之

大夫之妾爲君之庶子 下傳曰何以大功也妾爲君之黨服得與女君同指爲此也妾爲君之長子亦三年自爲其子期異於女君也士之妾爲君之衆子亦期

疏 正義曰賈疏云妾爲君之庶子輕於爲夫之昆弟之女故次之今案鄭以此經專爲一條不合下文也 注云下傳曰何以大功也妾爲君之黨服得與女君

同指爲此也者鄭以此傳問荅爲此經而發今在下者彼注云文爛在下爾故也也蓋大夫與大夫之妻爲庶子大功此大夫之妾爲大夫之庶子亦大功是爲君之黨服得與女君同也言君之黨明非妾所生子且亦見從君而服之義沈氏彤云妾從女君而服君之黨則爲君之祖父母世父母叔父母亦大功可知也云妾爲君之長子亦三年者此與女君同也云自爲其子期異於女君也者大夫之妾自爲其子期見不杖期章異於女君之大功也鄭言此者見經所言庶子爲適妻所生第二子以下及他妾之子也王氏肅云大夫之妾爲他妾之子大功九月自諸侯以上不服義與鄭同云士之妾爲君之眾子亦期者士及士妻爲眾子期故妾亦期眾子與此庶子一也

女子子嫁者未嫁者爲世父母叔父母姑姊妹舊讀合大夫之妾爲君之庶子女子子嫁者未嫁者言大夫之妾爲此三人之服也

疏正義曰瞿中溶云石本原刻無女子○賈疏云此是女子子逆降旁親又是重出故次之於此云舊讀者賈疏以爲馬融之輩舊讀如此今案舊讀以大夫之妾爲君之庶子女子子嫁者未嫁者爲一條爲世父母叔父母姑姊妹又爲一條亦大夫之妾爲之鄭則以女子子嫁者

未嫁者爲世父母叔父母姑姊妹自爲一條不連上經也云言大夫之妾爲此三人之服也者此鄭申述舊讀之說但此注文義未了不應截斷當與下注聯合爲一詳下

傳曰嫁者其嫁於大夫者也未嫁者成人而未嫁者也何以大功也妾爲君之黨服得與女君同下言爲世父母叔父母姑姊妹者謂妾自服其私親也此不辭卽實爲妾遂自服其私親當言其以見之齊衰三月章曰女子子嫁者未嫁者爲曾祖父母經與此同足以見之矣傳所云何以大功也妾爲君之黨服得與女君同文爛在下爾女子子成人者有出道降旁親及將出者明當及時也

疏正義曰校勘記云妾爲君之黨服爲下通典有女字注同案有女字非是經云君之庶子是君之黨非女君之黨也○鄭以嫁者其嫁於大夫者也未嫁者成人而未嫁者也十九字爲此經之傳何以大功也妾爲君之黨服得與女君同十六字爲上經大夫之妾爲君之庶子之傳其三十五字皆爲傳文至下言爲世父母叔父母

姑姊妹者謂妾自服其私親也二十一字乃鄭注之文
訛入傳內唐石經及各本皆如此其誤已久近儒辨正
甚確詳下○校勘記云注當言其以見之見徐本通典
集釋敖氏俱作明下足以見之矣賈疏述注作見文爛
在下爾通典爾作耳今案兩見字作明亦通嚴本俱作
明今從之此注當與上舊讀以下三十二字下言以下
二十一字共爲一節後人傳寫誤分之戴氏震云賈疏
謂下言二字及者謂妾自服其私親也九字總十一字
既非子夏自著又非舊讀者自安是誰置之也今以義
必是鄭君置之鄭君欲分別舊讀者如此意趣然後以
注破之據疏此說以爲世父母叔父母姑姊妹十字爲
傳文以下言二字及者謂妾自服其私親也九字共十
一字爲鄭所加不知經既見世父母叔父母姑姊妹十
字傳不應重見此十字而絶不釋其意是二十一字通
爲鄭注無疑且考其文義上云言大夫之妾爲此三人
之服也下云謂妾自服其私親也一言字一謂字皆指
舊讀者之意如是自舊讀至此不辭凡五十六字一氣
連貫不可截斷盛氏云注意與傳文本無不合李爲傳
寫者所誤故人不能無疑耳何以大功也妾爲君之黨
服得與女君同三句據注當在經文大夫之妾爲君之

庶子下而簡脫在此此誤於漢以前者也下言爲世父母叔父母姑姊妹者謂妾自服其私親也二十一字據疏是鄭君置之當屬注而大書連於傳此誤於唐以前者也褚氏云此條細玩賈疏注混於傳眞屬顯然不知何時將舊讀以下三十二字屬經文姑姊妹以下下言至私親也二十一字廁入傳中而以此不辭以下爲駁傳語襍亂無次讀者滋眩阮氏學海堂本校勘記云案下言以下二十一字乃鄭所引舊讀之文與下此不辭相連者爲注文而上節鄭注舊讀以下三十二字當次於傳文女君同之下則一氣相連曰言曰下言文義顯然矣自寫者誤分注爲兩截竄舊讀三十二字於傳曰之前而又誤鄭注下言二十一字爲傳文遂爲學者大疑向使此二十一字爲傳則舊讀甚是鄭若破之是破傳非破舊讀矣鄭不言傳誤而但言舊讀誤是傳必不與舊讀合矣今案下言以下二十一字諸家辨爲注文確不可易秦氏蕙田孔氏廣森胡氏承珙亦同此說金氏榜江氏筠又謂此傳唯何以大功也妾爲君之黨服得與女君同爲傳文餘皆屬注文以嫁者其嫁於大夫者也未嫁者成人而未嫁者也爲注引齊衰三月章傳文以明舊讀者之意其說未然蓋嫁者以下十九字爲

此經之傳何以大功也十六字爲上經之傳因脫爛在此舊讀遂誤合爲一若如金氏江氏謂注引前傳文以明舊讀者之意則當有駁語何以注未反爲成人而未嫁者申明其義是其說必不然矣鄭與舊讀異而傳文不異必須將傳注混淆之處辨清然後經義可解考此注但辨舊讀之誤而不言傳誤則下言二十一字斷非傳文無疑且以通篇傳文考之辭句簡古亦無此下言等文法則斷爲注文又何疑也蓋舊讀以大夫之妾爲首以爲君之庶子女子子嫁者未嫁者爲一條以爲世父母叔父母姑姊妹爲一條故注先述其說而後駁之褚氏云注曰舊讀合大夫之妾爲君之庶子女子子嫁者未嫁者言大夫之妾爲此三人之服也是言其第一誤也注又曰下言爲世父母叔父母姑姊妹者謂妾自服其私親也是言其第二誤也然後以此不辭云云辨其非此說是也云卽實爲妾遂自服其私親亦當言其以明之者謂世父母以下果爲妾私親之服則爲下當有其字如不杖期章公妾以及士妾爲其父母之類今不言其其是辭與義違非私親明矣又引齊衰三月章者鄭以此經爲女子子嫁者未嫁者爲世父母叔父母姑姊妹之服與彼經云女子子嫁者未嫁者爲曾祖父母

文法一例足明女子子嫁者未嫁者不連上經爲文矣此鄭駁舊讀之說也云傳所云何以大功也妾爲君之黨服得與女君同文爛在下爾者謂此傳十六字本當在女子子嫁者未嫁者之上因簡冊脫爛故誤在下也云女子子成人者有出道降旁親及將出者明當及時也者此釋本傳義也女子子嫁者未嫁者爲世父母等七人本皆期服今嫁者降服大功未嫁者亦降大功故傳以成人釋之言此未嫁者乃成人而未嫁明已笄醴及年二十以上故注謂成人則有出嫁之道雖未出亦逆降也父以下旁親也注又云則將出當及時者恐將嫁之時而遭旁親期服則不能及時而嫁若逆降在大功之末可以嫁子故云明當及時也盛氏云嫁者因出降也不云適人而云嫁者見其雖貴爲大夫妻不再降也又云昏姻之時男女之正王政之所重也女子二十而嫁有故二十三年而嫁謂父母喪也聖人權於二者之閒以父母之喪較之昏姻之時則服重而時輕故使之遂其服以世叔父諸喪較之昏姻之時則服輕而時重故使之遂其時此逆降之禮所由設也褚氏云前章不敢降其曾祖意尤重在已嫁者此條意重在許字者之逆降又云逆降之節未必一許嫁卽然或在請期之後

將嫁而未及嫁亦遂同於已嫁之例耳孔氏廣森云此未嫁逆降者蓋以貴降也經例行於大夫已上曰嫁行於士庶人曰適人然則未嫁者未嫁於大夫也凡未許人或許適士而未行者皆通言在室耳唯許嫁大夫而未行者乃別謂之未嫁故傳說之曰成人而未嫁著成人者明其已許嫁也婦人外成旣許嫁大夫雖未行固已貴矣是以有逆降之法經言女子子未嫁者唯此及齊衰三月章爲曾祖父母二事曾祖父母至尊也雖許嫁大夫不得以貴降彼舉未嫁以包在室許大夫者猶不降許士者可知矣世父母叔父母姑姊妹旁親也故許嫁大夫得以貴降此舉未嫁以殊在室必許大夫者然後逆降則許士者無逆降可知矣禮經釋例云未嫁者謂許于大夫而未嫁者蓋尊尊之義故鄭注亦引齊衰三月章以證之其義甚明胡氏承珙云逆降之說梁朱異問北使李業興曰女子逆降旁親亦用鄭義否業興曰此之一事亦不專從後儒於此多有疑鄭者然經以嫁者未嫁者連文傳於未嫁之上特著成人二字則逆降之法似未可謂無之也今案此及爲曾祖父母條一言其降旁親一言其不降正親無論已嫁未嫁皆然故連言嫁者未嫁者然未嫁而逆降旁親必其許嫁於

大夫而年在及笄以上者故經言嫁不言適人而傳亦俱以嫁者嫁於大夫未嫁者成人而未嫁釋之也注言將出者當及時正以明傳成人之義其引齊衰三月章爲曾祖父母條作比例亦正以傳釋此經與彼文同足明經言嫁之旨注之與傳豪無不合至盛氏言逆降重昏姻之時褚氏言逆降在請期之後孔氏及釋例言逆降爲貴貴尊尊之義胡氏言逆降義本經傳皆足以發明注說此鄭義之灼然昭著者也萬氏斯大云此條言大夫之妾當服大功者在君之家則有君之庶子女子子嫁者未嫁者在私家則有世父母叔父母姑姊妹經傳甚明以鄭不從舊讀爲非徐氏乾學更駁逆降之說而皆以下言至服其私親也爲傳釋經之文不知此二十一字乃注文誤入也王氏志長郝氏敬張氏爾岐汪氏琬姜氏兆錫程氏瑤田亦皆以舊讀爲是朱子云今考女子子適人者爲父母及昆弟之爲父後者已見於齊衰期章爲眾昆弟又見於此大功章惟伯叔父母姑姊妹之服無文而獨見於此則當從鄭注之說無疑矣敖氏云經初無爲女子子未嫁者之禮又云爲世父母以下乃適人者之通禮經必不特爲此妾發之又此妾爲私親大功者亦不止於是也傳說俱失之案敖不知

下言以下二十一字非傳文故謂傳爲失然其指駁舊讀則固確甚金氏榜云小功章大夫之妾爲庶子適人者彼庶子爲女子子則此經大夫之妾爲君之庶子與小功章大夫之妾爲庶子之長殤庶子蓋通男女言之彼據適人此關在室則君之庶子下不得復出女子子嫁者未嫁者之文審矣凡此皆舊讀之必不可通者鄭氏之注乃駁舊讀非駁傳文傳雖有錯簡而解經固自無誤由後人分裂鄭注又誤注入傳遂使此經之義瞀亂難明今雖不敢遽易舊本而傳注混淆有必不容不辨者因考定重列於後

經大夫之妾爲君之庶子女子子嫁者未嫁者爲世父母叔父母姑姊妹

傳曰嫁者其嫁於大夫者也未嫁者成人而未嫁者也何以大功也妾爲君之黨服得與女君同

以上鄭注以前經傳之次

經大夫之妾爲君之庶子

傳曰何以大功也妾爲君之黨服得與女君同

經女子子嫁者未嫁者爲世父母叔父母姑姊妹

傳曰嫁者其嫁於大夫者也未嫁者成人而未嫁者也

以上依鄭注釐訂經傳之次

注舊讀合大夫之妾爲君之庶子女子子嫁者未嫁者言大夫之妾爲此三人之服也下言爲世父母叔父母姑姊妹者謂妾自服其私親也此不辭即實爲妾遂自服其私親當言其以明之齊衰三月章曰女子子嫁者未嫁者爲曾祖父母經與此同足以明之矣傳所云何以大功也妾爲君之黨服得與女君同文爛在下爾女子子成人者有出道降旁親及將出者明當及時也

以上訂正鄭注原文

大夫大夫之妻大夫之子公之昆弟爲姑姊妹女子子嫁于大夫者疏正義曰賈疏云此等姑姊已下應降而不降又兼重出其文故次在此也馬氏云此上四人者各爲其姑姊妹女子子嫁於大夫者服也在室大功嫁於大夫大功尊同也案在室大功以在大夫尊降之限嫁大夫尊同故不復重降嫁士則小功今案馬注見通典案在室大功以在大夫尊降之限云云疑後人申釋馬注之說非注原文也此公之昆弟亦庶昆弟大夫之妻爲姑姊妹賈疏以爲本親姑姊妹非夫之姑姊妹是也又謂此四等人尊卑同皆降姑姊妹已下一等大功又以出降當小功但嫁於大夫尊同無尊降直有出降故皆大功也敖氏云大夫公之昆弟爲此服則尊同也大夫之子則亦從乎大夫而爲之也經言大夫大夫之子爲服者多矣於是乃著大夫之妻者以爲此條可與之相通故因而見之也褚氏云大夫之妻服其本族與男子同因嫁而降雖彼此俱嫁亦止一降無再降也故大夫之妻服其姑姊妹之嫁於大夫者與大夫同程氏瑤田云他處不見兩皆出室之例惟此大夫妻爲嫁大夫者可見兩相出室無兩相再降者也盛氏云大夫之妻爲姑姊妹嫁於大夫者之服在此

則其適士者當降在小功可知矣

此亦命婦以尊降旁親之證也

君爲姑姊妹女子子嫁于國君者疏正義曰此因大夫爲姑姊妹等嫁於大夫之服而及之也馬氏云君諸侯也爲姑姊妹女子子嫁於國君者服也不言諸侯者關天子元士卿大夫也上但言君者欲關天子元士卿大夫嫁女諸侯皆爲大功也今案馬氏謂君爲諸侯是矣關天子元士卿大夫說以尊同之義覈之非也李氏云檀弓曰齊穀王姬之喪魯莊公爲之大功由魯嫁故爲之服姊妹之服春秋伯姬卒穀梁傳曰外夫人不卒此其言卒何也吾女也適諸侯則尊同以吾爲之變卒之也敖氏云以上條例之則夫人公子之服亦當然也

傳曰何以大功也尊同也尊同則得服其親服諸侯之子稱公子公子不得禰先君公子之子稱公孫公孫不得祖諸侯此自卑別於尊者也若公子之子孫有封爲

國君者則世世祖是人也不祖公子此自尊別於卑者也是故始封之君不臣諸父昆弟封君之子不臣諸父而臣昆弟封君之孫盡臣諸父昆弟故君之所爲服子亦不敢不服也君之所不服子亦不敢服也不得禰不得祖者不得立其廟而祭之也卿大夫已下祭其祖禰則世世祖是人不復祖公子者後世爲君者祖此受封之君不復祀別子也公子若在高祖以下則如其親服後世遷之乃毁其廟爾因國君以尊降其親故終說此義云【疏】正義曰何以大功也以諸侯絶期以下服今服大功故問也尊同也二句荅辭馬氏云諸侯絶期姑姊妹在室無服也嫁於國君者尊與己同故服其親服今案姑姊妹女子子本服期出嫁大功是大功者其親服也尊同故服尊不同則不服之矣或曰兼釋上節大夫公之昆弟於爲命婦者亦通諸侯之子稱公子以下則因諸侯以尊降其親而廣言尊卑之別竝言尊降旁親之服皆指諸侯言也諸侯之子適適相承爲諸侯其支庶則稱

公子支庶所生之子則稱公孫鄭注檀弓謂庶子言公卑遠之也禰禰廟祖祖廟公子公孫不得禰祖諸侯此則以其不爲諸侯而別於爲諸侯者是自卑別於尊也公子之子孫有封爲國君者如周禮典命公卿大夫出封皆加一等鄭注大夫爲子男卿爲侯伯是支庶之子孫有封爲五等諸侯之事也祖謂大祖廟王制諸侯五廟二昭二穆與大祖之廟而五鄭注大祖始封之君是也世世謂不祧也是人指封爲國君者世世奉封爲國君者爲大祖而祀之不祀公子爲大祖此則以始封者爲諸侯而別於不爲諸侯者是自尊別於卑也張氏爾岐云自由也由其位之或卑或尊爲別是也此自尊別於卑不祖公子乃後世子孫別之非封君之意楊氏復疑以尊自別於祖之卑於理有害非矣云是故者承上起下之辭此始封之君以下承上有封爲國君者言之也朱子云始封之君所以不臣諸父昆弟者以始封君之父未嘗臣之故始封之君不敢臣也封君之子所以不臣諸父而臣昆弟者以封君之子臣所謂諸父者即始封君謂之昆弟而未嘗臣之者也故封君之子亦不敢臣之封君之子所謂昆弟者即始封君之子始封君嘗臣之者也故今爲封君之子者亦臣之封君之孫所謂

諸父昆弟者卽始封君之子所臣之昆弟及其子也故
封君之孫亦臣之故下文繼之以君之所不服子亦不
敢服也君之所爲服子亦不敢不服也今案不臣則爲
服臣之則不服此傳於盡臣諸父昆弟下而卽接言服
不服之義也李氏云所不臣者鄭氏謂以其親服服之
荀顗以爲大夫猶降其親則諸侯雖所不臣者亦絕不
服虞喜以爲大夫亦當從諸侯之例一世爲大夫不降
兄弟二世不降諸父三世乃皆降之如圭謂諸侯世國
大夫不世爵祿恐不得以世數爲比所不臣者服此國
君先儒據小記謂與諸侯爲兄弟者服斬疑亦未然盛
氏云不臣者以本服服之不絕升不降也所不臣者爲
此始封之君若子服亦如之賈疏云當服斬恐非是臣
之則臣服之斬而君絕服矣又云此言子之服與否皆從
乎君而爲之也前傳云父之所不降子亦不敢降亦是
此意此主爲諸侯故言服與不服以諸侯有絕而無降
也今案諸侯絕旁服自指三世盡臣者言之荀說非盛
說是也李駁虞說亦是　注云不得禰不得祖者不得
立其廟而祭之也者鄭恐人疑公子公孫不得以諸侯
爲父祖故特解之謂傳所云禰與祖者謂不得立禰廟
祖廟而祭之也郊特牲曰諸侯不敢祖天子大夫不敢

祖諸侯而公廟之設於私家非禮也卽其義也左傳宋祖帝乙鄭祖厲王又云凡邑有宗廟先君之主曰都此謂有大功德者詳郊特牲孔疏所引五經異義云卿大夫已下祭其祖禰者謂公子之子孫有爲卿大夫士者則但祭其祖禰不得祭諸侯也祭法曰大夫立三廟曰考廟曰王考廟曰皇考廟適士二廟曰考廟曰王考廟官師一廟曰考廟官師中下士也此卿大夫已下之制也若公子身爲大夫則其父自有適子爲諸侯者立廟祭之不得立禰廟以祭其父公子之子爲大夫則立禰廟以祭公子不得立祖廟以祭其祖之爲諸侯者至公子之孫爲大夫則以公子爲祖以公子之子爲禰是爲祭其祖禰不得以諸侯爲祖禰也爲士者亦如之云則世世祖是人不復祖公子者後世爲君者祖此受封之君不復祀別子也者公子亦稱別子喪服小記曰別子爲祖鄭注諸侯之庶子別爲後世始祖也謂之別子者公子不得禰先君若然則別子當爲祖矣而傳云不祖公子者以此受封之君有功德而爲諸侯當世世祖之故不復祀別子也云公子若在高祖以下則如其親服後世遷之乃毀其廟爾者諸侯五廟四親廟一大祖廟也四親廟者高曾祖考也此云不祖公子謂不祀公子

爲大祖耳若公子在高祖以下則自如其親服立廟祀之如公子於始受封者父也則在禰廟祖也則在祖廟曾祖高祖也則在曾祖廟高祖廟但四親廟以次遞遷公子在高祖以上親盡無服則遷其主於祧而毀其廟不復祀之非若受封之君後世尊爲大祖親盡不毀也云因國君以尊降其親故終說此義云者言此非以釋經但因國君得以尊降其旁親之服故推極言之其尊卑之義有如此云○蔡氏德晉補服四條爲昆弟之女子子適人者大夫適子爲庶昆弟夫爲人後者其妻爲舅姑女子子適人者爲世父母叔父母姑姊妹報又云政和禮有爲兄弟之子婦爲夫兄弟之子婦二條當取以補其闕

右大功九月

卷二十三終

儀禮正義卷二十四　鄭氏注

績溪胡培翬學

總衰裳牡麻經旣葬除之者 疏 正義曰此諸侯之臣爲天子服天子七月而葬旣葬除之故在大功九月下小功五月上總衰裳者以總布爲衰裳也下記曰總衰四升有半其冠八升馬氏云經帶從大功制度小功言澡麻是言牡麻知從大功也旣葬除其服天子七月葬不言七月者言同時而除也敖氏云七月而除則經未必纓也冠八升則此帶亦八升矣今案戴氏德謂經制同小功據經麻不言澡當從馬說又此帶亦用布其升數當與衰同詳前杖期章敖謂與冠同非又戴氏德射氏慈皆云吉屨無絇敖氏云此承大功之下疑其亦用繩屨與齊衰三月者同蓋服至尊之屨或當然也姜氏兆錫以敖說爲是

傳曰總衰者何以小功之縷也 治其縷如小功而成布四升半細其縷者以恩輕也升數少者以服至尊也凡布細而數者謂之總今南陽有鄧總 疏 正義曰總衰者何問辭也以小功之

縷也荅辭以用也言用小功之縷爲之也敖氏讀何以爲句非○賈疏述注云而成布四升半又云以服至尊也校勘記云徐本布下有尊字至下無尊字張氏淳從疏今案集釋與疏同不誤嚴本與徐同今從集釋本云治其縷如小功而成布四升半者程氏瑤田云繐也大功也小功也皆衰名非縷名也其縷名則大功衰之縷卽名大功之縷小功衰之縷卽名小功之縷獨繐衰不治繐之縷卽治小功之縷以織爲繐衰之布其布之成也不同小功之十升十一升而但爲四升半故其布雖細而疏於小功名之曰繐衰之布卽較之大功衰布亦猶麤也云細其縷者以恩輕也升數少者以服至尊也者猶喪服以布縷之麤細見哀戚之淺深今細其縷者以臣於諸侯者其於天子受恩輕也縷如小功而升數獨少者以服至尊不可用小功之布下記注云升數在齊衰之中者不敢以兄弟之服服至尊也是也云凡布細而疏者謂之繐者案說文云繐細疏布也段氏注云案小功十升若十一升成布而此用小功之縷四升半成布是爲縷細而布疏其名曰繐者布本有一種細而疏者曰繐但不若繐衰之大疏而繐衰之名繐實用其意故鄭舉凡布以明之釋名說繐衰亦曰細而疏如繐

也今案釋名釋采帛又云繐惠也齊人謂涼爲惠言服之輕細涼惠也蓋縷細而布疏故輕涼檀弓縣子曰綌衰繐裳非古也鄭注非時尚輕涼慢禮又叔仲衍使子柳之妻爲其舅繐衰鄭注時婦人好輕細而多服此者是繐衰禮經特制以爲諸侯之大夫服天子之服而春秋時凡期功之喪皆服之則失禮甚矣左傳襄二十七年衞獻公喪弟鱄如稅服終身杜注稅即繐也云今南陽有鄧繐者舉漢時繐布以證其細而疏也孔氏廣森云鄧者南陽郡縣名故南都賦曰穰橙鄧橘賈以爲鄧氏造布有名繐望文強解失之今案檀弓孔疏云繐布疏者漢時南陽鄧縣能作之是鄧爲縣名也

諸侯之大夫爲天子〔疏〕正義曰賈疏云此大夫中有孤卿以其小聘使下大夫大聘或使孤或使卿也今案儀禮十七篇中或言上大夫下大夫或言公卿大夫公即孤也其有不言公卿不分上下而單言大夫者皆兼卿言之此篇是也敖氏云諸侯之大夫於天子爲陪臣不可以服斬又不可以無服故爲之變而制此繐衰焉不齊衰三月者亦避於其舊國君之服也

傳曰何以緦衰也諸侯之大夫以時接見乎天子接猶會也

諸侯之大夫以時會見於天子而服之則其士庶民不服可知疏正義曰何以緦衰也以諸侯之大夫於天子其分遠其情隔而爲之制服故問也荅云諸侯之大夫以時接見於天子者言其接見於天子有時故爲制服也　注云接猶會也諸侯之大夫以時會見於天子而服之者鄭以諸侯使大夫行聘覜之禮得以時會集京師見於天子故轉接爲會也周禮大行人時聘以結諸侯之好殷覜以除邦國之慝鄭注此二事者亦以王見諸侯之臣使來者爲文也時聘者亦無常期天子有事諸侯使大夫來聘親以禮見之禮而遣之所以結其恩好也殷覜謂一服朝之歲五服諸侯皆使卿以聘禮來覜天子天子以禮見之命以政禁之事所以除其惡行是其見於天子之事也盛氏云言此者明其有是恩義故有是服聖人不爲恩義所不及者制服也旣爲大夫雖未嘗聘問王朝而其可以接見之禮自在故無不爲天子服者賈疏云不聘卽不服非說者又以接見天子爲會葬尤謬今案盛說是也云則其士庶民不服可知者此士庶民亦諸侯之士庶民也鄭以經但言諸侯

之大夫而不及士庶則不服可知通典載徐整問射慈曰諸侯之大夫以時會見於天子故爲總衰七月不知此大夫時以何事而得見之也遠國大夫在蕃荒服者未嘗及見天子亦爲服不荅曰諸侯之大夫有出朝聘之事會見天子故言時會雖未會見猶服此服士以下則無服沈氏彤云賈疏謂諸侯之大夫不接見天子則不服此義本東晉邵戩而吳射慈則云雖未接見猶服射慈之言未可非也方氏苞謂士亦當有服使從君朝覲適遭大喪士獨吉服駭人觀聽今案畿外諸侯之臣與天子遠其閒亦自有等差旁士雖有隨從作介之事而分卑於大夫故不爲制服若在王朝而遭喪亦當如戴德所云服白布深衣素冠而豈遂吉服乎至大夫因有接見之禮而制此服不論已未接見自皆當服斷從射氏之言無疑矣

右繐衰旣葬除之

小功布衰裳澡麻帶絰五月者澡者治去莩垢不絕其本也小記曰下殤小功帶澡麻不絕其本屈而反以報之【疏】正義曰此殤小功章在成人小功之上者以其中有下殤小功係本齊斬之親

降而在此故列成人小功之前以見其親重也賈疏云自上以來皆帶在經下今此帶在經上者以大功以上經帶有本小功以下斷本此殤小功中有下殤小功帶不絕本與大功同故進帶於經上倒文以見重故與常例不同也且上章多以一經包二此別言帶者亦欲見帶不絕本與經不同故也又殤大功言無受此直言月數不言無受者下章言卽葛此章不言卽葛亦是兼見無受之義又不言布帶與冠文略也不言屨者當與下章同吉屨無絇也李氏云澡麻者以牡麻澡戛之小功以下皆然又云凡喪年月已過而始聞喪者大功以上皆追服之謂之稅小功則否檀弓曰小功不稅小記曰降而在緦小功者則稅之敖氏云小功布之縷麤於緦之縷矣乃曰小功者對大功立文也不言牡麻與無受者可知也今案大功以上麻不澡小功以下澡治之亦以其服輕故也襍記曰緦冠繰纓鄭注繰當爲澡麻帶經之澡所謂澡麻帶經者卽指此經之文也彼疏謂讀從喪服小記誤矣　注云澡者治去莩垢不絕其本也者莩垢謂麻皮之污垢濯治之使略潔白也儒行曰澡身而浴德亦是修治之義不絕其本謂不斷其本連根爲之引小記者證帶不絕本也彼文詘而反以報之作詘此引作屈義同鄭注小記云報猶合也下殤小功

本齊衰之親其經帶澡率治麻爲之帶不絕其本屈而上至要中合而糾之明親重也凡殤散帶垂褚氏云小記孔疏云首經無根要經猶有根示其重也屈所垂散麻上至於要然後分爲兩股合而糾之以垂下較此賈疏更明矣孔疏又引賀瑒云下殤小功男子經牡麻而帶澡婦人帶牡麻而經澡故小功殤章云牡麻經若依其次不應前帶故知前言男子之帶後言婦人之經也今案經言澡麻帶經則帶經皆以澡麻爲之惟下殤小功帶不絕本爲異耳李氏謂賀說非鄭義是也

叔父之下殤○適孫之下殤○昆弟之下殤○大夫庶子爲適昆弟之下殤○爲姑姊妹女子子之下殤

疏 正義曰馬氏云本皆期服下殤降二等故小功也賈疏云自叔父以下至女子子之下殤八人皆是成人期長殤中殤大功已在上殤大功章以此下殤小功故在此章也盛氏云以殤大功章校之子之下殤公爲適子大夫爲適子之下殤皆當在此經不盡見之者略可知也今案敖氏以不見子之下殤等爲文脫非矣

爲人後者爲其昆弟從父昆弟之長殤疏正義曰馬氏云成人服大功也長殤降一等故小功也賈疏云從父昆弟情本輕故在出降昆弟後也李氏云爲其昆弟下少之長殤三字敖氏云爲從父昆弟者異人也經文省爾其姊妹之殤亦如之張氏爾岐云爲人後者爲其昆弟與凡人之爲從父昆弟二者本服大功其長殤則小功今案此節本屬兩條從父昆弟係指凡人爲之非謂爲人後者爲之也經以二者長殤之服同故總言之敖氏張氏說最明晰又此二者中殤之服與長殤同經不言者以中從上略之詳下傳

傳曰問者曰中殤何以不見也大功之殤中從上小功之殤中從下問者據從父昆弟之下殤在緦麻也大功小功皆謂服其成人也大功之殤中從上則齊衰之殤亦中從上也此主謂丈夫之爲殤者服也凡不見者以此求之也疏正義曰敖氏云大功之殤始見於此而又不言中殤故發問也喪服之等其重者自大功而上輕者自小功而下已於緦麻本有無之類見之矣此復以竝二者之中殤各異其從上從下之制亦因以見義云盛氏云殤大功章長殤中殤竝見則齊斬之

殤中從上經文已明至此章但見長殤而不及中殤緦麻章又或但見下殤而不及中殤故傳發其例於此以此是大功之殤之第一條也從上者比本服降一等也從下者比本服降二等也大功之殤中從上皆降爲小功唯下殤緦麻也小功之殤中從下皆降爲無服唯長殤緦麻也　注云問者據從父昆弟之下殤在緦麻也者賈疏云以其緦麻章見從父昆弟之下殤此章見從父昆弟之長殤唯中殤不見故致問是以云據從父昆弟也姜氏兆錫云此章所列下殤其長殤中殤多見大功章若此所列長殤除庶孫丈夫婦人之下殤及從父昆弟姪之下殤夫之叔父之中殤下殤見緦麻章外其爲人後者爲其昆弟之中殤下殤爲從父昆弟之中殤大夫等爲其昆弟庶子姑姊妹女子子之中殤下殤大夫之妾爲庶子之中殤下殤皆不見也以此條在前乃發於此以明之耳云大功小功皆謂服其成人也者謂傳所云大功小功皆指成人本服言非謂殤服也賈疏云以其緦麻章傳云齊衰之殤中從上大功之殤中從下據此二傳言之禮無殤在齊衰則下齊衰之殤與大功之殤據成人明此大功小功亦據服其成人可知也云大功之殤中從上則齊衰之殤亦中從上也者據此

傳云大功之殤中從上以大功重於小功也若齊衰則又重於大功明亦中從上可知云此主謂丈夫之爲殤者服也凡不見者以此求之也者賈疏云鄭以此云大功之殤中從上小功之殤中從下緦麻章云齊衰之殤中從上大功之殤中從下兩文相反故鄭以彼謂婦人爲夫之族類此謂丈夫爲殤者服也鄭必知義然者以其此傳發在從父昆弟丈夫下下文發傳在婦人爲夫之親下故也張氏爾岐云成人當服大功者其中殤與長殤同成人當服小功者其中殤與下殤同凡不見於經者皆當以此例求之此男子服殤者之法若婦人爲夫族服殤法又在後緦麻傳也今案張說極明自郝氏敬以大功小功爲指殤服言與鄭異後人毋從而和之至程氏瑤田服足徵記竝以後傳長殤中殤降一等下殤降二等四語爲經文尤非也辨見緦麻傳末

爲夫之叔父之長殤 不見中殤者中從下也 疏 正義曰此婦人爲夫族服故次在此馬氏云成人大功長殤降一等故服小功 注云不見中殤者中從下也者案緦麻傳末云大功之殤中從下注云此主謂妻爲夫之親服故知此經言長殤不言中殤爲中從下也緦麻章云夫之叔父之中殤下殤彼文中下殤連言是

中從下明矣

昆弟之子女子子夫之昆弟之子女子子之下殤（疏）正義曰馬氏云伯叔父母爲之服也成人在期下殤降二等故服小功也陳氏銓云妻爲夫之昆弟之子女子子與夫同李氏云昆弟之子女子子下殤在此章則長中殤當大功矣公大夫爲適長中殤大功則下殤亦小功也互文耳程氏瑤田云昆弟之子女子子之長中殤未見大功殤服章此亦如大功殤服章見子之長中殤而其下殤不見於小功章蓋兩章互見可知也今案經所不見者諸家以爲互文是也以此知下殤小功中有長子斬衰之服降而在此者亦以殤从略之與衆子同矣

爲姪庶孫丈夫婦人之長殤（疏）正義曰馬氏云適人姑還爲姪祖爲庶孫成人大功長殤降一等故小功也言丈夫婦人者明姑與姪祖與孫疏遠故以遠辭言之雷氏云前大功章爲姪巳言丈夫婦人今此自指爲庶孫言不在姪盛氏云案姑在室爲姪與世叔父同本服期長殤當降爲大功今在此小功明是巳與

適人者也丈夫婦人兼姪與庶孫言雷說非

今案此二者不言中殤以中從上可知也

大夫公之昆弟大夫之子爲其昆弟庶子姑姊妹女子子之長殤大夫爲昆弟之長殤小功謂爲士者若不仕者也以此知爲大夫無殤服也公之昆弟不言庶者此無服無所見也大夫之子不言庶者關適子亦服此殤也云公之昆弟爲庶子之長殤則知公之昆弟猶大夫

疏正義曰此謂大夫公之昆弟大夫之子三等人爲此七種人服也馬氏云大夫以尊降公之昆弟以尊厭大夫子以父尊厭各降在大功長殤復降一等故小功也大夫無昆弟之殤此言殤者關有罪若畏厭溺當殤服之今案馬謂大夫無昆弟之殤與鄭異以全篇例考之無有謂畏厭溺爲殤者說未確　注云大夫爲昆弟之長殤小功謂爲士者若不仕者也以此知爲大夫無殤服也者昆弟成人本服期長殤當降在大功今降在小功明是昆弟爲士若不仕者也李氏云大夫爲昆弟之爲士者尊不同故降其長殤大功而爲小功也然則尊同者不降矣而大功章不見大夫爲昆弟之長殤者爲大夫無殤服也五十命爲大夫者禮之常其或少有才德命爲大夫者雖在殤年而死亦

不以殤服服之故大夫無爲昆弟之殤大功也云公之昆弟不言庶者此無無服無所見也者校勘記云通典無下有母字通解無作庶張氏曰案疏云若爲母則兼云庶以其適母適適庶之子皆同服妾子爲母見厭不申今此經不爲母服爲昆弟以下長殤竝同故不言庶也考疏之義無蓋庶字也從疏案此須如通典作此無母服乃與賈疏合張氏改無爲庶非疏意李氏云上章公之昆弟言庶者主見妾母之服此無取於庶之義故不言庶今案據李說似亦當從通典爲是云大夫之子不言庶者闕適子亦服此殤也者闕通也謂大夫之子服此七種人長殤小功適庶同故亦不言庶也云云公之昆弟爲庶子之長殤則知公之昆弟猶大夫者李氏云公子之重視大夫舊見大夫昆弟之相爲期而公之昆弟相爲大功遂疑公之昆弟與大夫之尊不等此經大夫與公之昆弟爲庶子以下之殤服同則公之昆弟與大夫之尊不殊也今案敖氏云其中殤亦從上若下殤則不服之蓋大夫無緦服也此說是敖又云此已爲大夫不應有昆與姊之殤而此經乃爾蓋以昆弟姊妹字連文且此條亦不專主於大夫故也案此說未合經義吳氏紱云大夫而有兄弟殤者不杖期章有大夫之子爲子昆弟之子爲大夫者之服則大夫不必五十亦有少

年爲之者可知賈疏謂有盛德者固然然亦有公族高勳世爲大夫者適子雖未冠已爲大夫而姊若庶兄尚在長殤之限者其說是也

大夫之妾爲庶子之長殤 君之庶子 〔疏〕正義曰馬氏云除適子一人其餘皆庶子也男女至成人同在大功長殤降一等故小功也不言君者殤賤見妾亦得子之也敖氏云上巳言君之庶子故此略之爲君之女子子亦然是雖大功之殤亦中從上蓋女君之爲此子與夫同而妾爲君之黨服得與女君同故皆宜中從上而不可以婦人之從服者例論也其下殤亦不服之今案大夫之妾爲庶子成人服大功巳見上章其適子之長殤大夫爲之大功妾亦同也○鄭以經未言君故特著之必云君之庶子者以其庶子中兼有適妻所生第二子以下及他妾之子也馬謂殤賤不言君非

右小功殤五月

小功布衰裳牡麻絰即葛五月者 即就也小功輕三月變麻因故衰以就葛絰帶

而五月也閒傳曰小功之葛與緦之麻同舊說小功以下吉屨無絇也【疏】正義曰此是成人小功輕於殤小功故次之敖氏云即葛不云三月者已於大功章見之故不言也郝氏敬云牡麻洗治之牡麻不言澡同也經兼首要即葛謂三月既葬以葛易澡麻所以異於降服小功也王氏士讓云殤小功言澡亦牡麻此言牡亦澡之文互見今案殤小功重於成人小功而用澡麻爲帶絰則此亦澡之明矣不言布帶與冠亦略也 注云即就也謂去麻就葛也云小功輕三月變麻因故衰以就葛絰帶而五月也者謂衰不變而絰變以故衰葛絰終五月之期也衰不變則裳亦不變可知大功以上既葬衰裳皆變故云小功輕對大功以上言也敖氏云此變麻即葛乃不易衰者爲無受布也閒傳曰小功之葛與緦之麻同謂麤細同鄭引之者證小功有變麻服葛之事也云舊說小功以下吉屨無絇也者鄭以小功以下之屨經無明文故引舊說爲據絇在屨頭詳士冠禮周禮屨人注云屨有絇者飾也賈疏云小功輕故從吉屨屨爲其大飾故無絇也

從祖祖父母從祖父母報 祖父之昆弟之親【疏】正義曰爾雅父之世父叔父爲從祖祖

祖父父之世母叔母爲從祖祖母父之從父昆弟爲從祖父父之從父昆弟之妻爲從祖母馬氏云從祖祖父母者曾祖之子祖之昆弟也正服小功從祖父母者從祖祖父之子是父之從父昆弟也云報者恩輕欲見兩相爲服故云報盛氏云云爲從祖祖父者昆弟之孫也爲從祖父者從父昆弟之子也幷服其妻者以名服也此四人皆報故合言之方氏苞云世叔父母期則從祖空大功而服小功何也大功之親皆屬乎祖與父者也從祖則屬於曾祖者也五服唯兄弟服遞降一等所謂四世而緦服之窮也不然則服及五世矣○敖氏云案注意謂從祖祖父乃祖父之昆弟從祖父乃祖父之昆弟之子故曰祖父之昆弟之親也或曰注內祖父二字平讀從祖祖父母是祖之昆弟之親從祖父母是父之昆弟之親今案從祖祖父爲祖之昆弟而從祖父則父之從父昆弟也此及下從祖昆弟三者皆從祖而別故以從祖名之當以敖說爲是

從祖昆弟父之從父昆弟之子 疏 正義曰馬氏云謂曾祖孫也於己爲再從昆弟同出曾祖故言從祖昆弟正服小功也今案馬云曾祖孫謂曾祖之曾孫省一曾字耳湛氏若水曰何以小功也其祖與吾之祖出一人

之身是也鄭云父之從父昆弟之子所云父之從父昆弟卽己之從祖父也陳氏銓云從祖父之子同出曾祖也義與馬同黃氏云從祖祖父者祖之昆弟也其子謂從祖父又其子謂從祖昆弟又其子謂從祖昆弟之子凡四世上三世以祖父己旁殺之義推之皆當服小功名爲三小功下一世以子旁殺之義推之當服緦此三小功一緦與己同出曾祖

從父姊妹父之昆弟之女〔疏〕正義曰馬氏云伯叔父之女與鄭云父之昆弟之女一也張氏爾岐云此當通下文孫適人者爲一節皆爲出適而降小功也今案張說是賈疏謂姊妹逆降宗族宗族亦逆降報之故不言出適與在室誤矣盛氏云女子子所逆降者唯旁期耳爲其嫁當及時至於大功之末可以嫁子於昏嫞之時固無害無逆降例也

孫適人者孫者子之子女孫在室亦大功也〔疏〕正義曰爾雅子之子爲孫上大功章庶孫鄭注云男女皆是故此云女孫在室亦大功也馬氏云祖爲女孫適人者降一等故小功也義與鄭同案經孫不言女者敖氏

云適人則爲女孫無嫌故不必言女又云三者適人其服同謂此姊妹孫三者在室大功適人皆降小功也方氏苞蔡氏德晉說亦同程氏瑤田云適人者三字總承從父姊妹孫知必承從父姊妹者以姊妹適人者在大功章從祖姊妹適人者在緦麻章比例而知之也今案此說最確鄭注大功章從父昆弟云其姊妹在室亦如之是鄭以此章從父姊妹爲指適人者言明甚鄭本不誤賈自誤耳以此斷之則從父姊妹孫適人者當合爲一節無疑矣

爲人後者爲其姊妹適人者不言姑者舉其親者而恩輕者降可知【疏】正義曰馬氏云在室者齊衰期適人大功以爲大宗後疏之降二等故小功也陳氏銓云累降也湛氏若水云姊妹期也何以小功以爲人後降也適人又降也今案此所謂累降也敖氏云經於前章爲人後者惟見其父母昆弟姊妹之服餘皆不見是於本服降一等者止於此親爾所以然者以其與己爲一體也然則自此之外凡小宗之正親旁親皆以所後者之親疏爲服不在此數矣此姊妹之屬不言報省文也記曰爲人後者于兄弟降一等報今案敖氏此說極是後儒多駁之由未明儀禮後大宗之義耳古者大宗得立後小宗無子不立後故傳曰爲人後者孰後後大宗也

又曰持重於大宗者降其小宗也喪服一篇言爲人後者爲本宗之服共四條而約之則三曰其父母其昆弟其姊妹而已不杖期章爲人後者爲其父母以出後大宗降三年爲期也大功章爲人後者爲其昆弟以出後大宗降期爲大功也殤小功章爲人後者爲其昆弟以長殤再降故小功也此章爲人後者爲其姊妹適人者出後大宗姊妹與昆弟同降大功以適人再降故小功也經所言爲人後者爲本宗之服止於如是其他期功之親不一及之非盡無服也以所後之親疏爲服也傳曰爲所爲後者之祖父母妻妻之父母昆弟昆弟之子若子言爲人後者爲所後之正親外親服之皆如親子也記曰于所爲後之兄弟之子若子言爲人後者爲所後之旁親服之一如親子也傳與記兩言若子而經所不言者其服以所後之親疏爲斷不以本宗爲斷審矣所以然者爲後有受重之義即與親子無異故抑其本宗之親使厚於所後之親孟子曰天之生物也使之一本職是故也然而其父母其昆弟其姊妹猶必制降等之服者則以父子一體昆弟姊妹一體故耳自餘本宗之親固不得援以爲例矣不然豈有本宗期功之親悉降一等而經於各章内獨無一言也哉且不惟經不言而已即傳注亦無一言及之也自賈疏於爲人後者

爲其昆弟下有本宗餘親皆降一等之語於是後人遂謂本宗期服之親悉降大功大功之親悉降小功小功之親悉降緦麻且云以所後之親疏爲斷設出後在疏遠則本宗祖父母以上俱無服矣於心安乎嗚呼爲是說者其不達於禮意甚矣儀禮所謂爲人後者後大宗也大宗者尊之統故古人特重之重大宗不得不抑小宗矣重大宗所以尊祖也尊祖所以明一本也假如爲所後之正親旁親外親旣悉如親子爲之服而於本宗之正親旁親外親又悉以親子之服推之而一一爲降等之服非二本而何哉汪均之曰戴氏聖云大宗不可絕族無庶子則當絕父以後大宗范氏汪云廢小宗昭穆不亂廢大宗昭穆亂矣豈得不廢小宗以繼大宗乎案古之重大宗如是故於爲人後者本宗之服止言父母昆弟姊妹三者而其餘悉以所後者之親疏爲服以見大宗之重後世不明乎古者唯大宗立後小宗無子不立後之義無論大宗小宗皆爲置後甚至有利其貲產舍大宗而爭爲小宗後者夫爲小宗後則其尊不足以相統於此而以所後之親疏爲服設出後在五服外則本生祖亦無服安其於心有不安而紛紛議增也不知儀禮之立後與世俗異儀禮重大宗如戴氏所云族無庶子當絕父以後大宗夫父尚可絕而何論於父

母昆弟姊妹以外之服況大宗爲一尊之統以大宗之祖臨之則本生祖亦其所統服以大宗本之親爲斷卽本生祖無服亦其心安而理得者後人於儀禮所不言者輒欲議增由不明後大宗之義耳又曰小宗無後古有從祖祔食之條則雖不立後而其祭祀未嘗絶也今人小宗亦爲立後雖非古禮而意在從厚尙屬可行然欲執此以議儀禮則於先聖制作之精意失之遠矣今案汪氏發明儀禮重大宗之義極精足見敖說正得禮經本義也或又以記云爲人後者于兄弟降一等爲本宗餘親悉降一等之證不知記所云兄弟非指餘親言也辨見後注云不言姑者舉其親者而恩輕者降可知者鄭以姊妹爲親於姑故舉姊妹而姑之恩輕者亦降可知陳氏銓云姑不見者同可知也此本鄭說也馬氏云不言姑者明降一體不降姑也此以姑爲仍服本服不降與鄭異今案馬鄭之說皆失之鄭謂舉姊妹可以該姑然經何以亦不言世父叔父乎喪服經言爲人後者爲本宗之服三曰父母曰昆弟曰姊妹是三者一爲人後卽有之是凡爲人後者之所同也若本生姑惟出後在稍疏者有之苟後於同祖之世父叔父則姑卽其姑無本宗與所後之別是以經祇言姊妹不言姑也經始以凡人之所同者言之可定爲制則言之而非

凡人之所同者言之不足以該則不言也是以經於爲人後者爲本宗服亦不言世父叔父也且若出後在同祖以外之伯叔父則當以所後者之親疏爲服其服又無定並姊妹亦不言矣又喪服經傳中言姑姊妹者十有五言姊妹者唯此與從父姊妹二條從父姊妹文係從父言之故不得言姑此條則以姑與姊妹有姝故亦不言姑鄭氏此注於全篇大例似尚未周察也至馬謂不降姑考大功章姑姊妹適人者同降大功則何不降之有蓋緣未審爲人後者之姑與姊妹有姝而誤爲此說是皆未得經不言之指也

爲外祖父母　疏　正義曰賈疏云言爲者以其母之所生情重故言爲也今案上是本族之服此是外親之服故言爲以別之若云情重則父與君何以不言爲乎賈說非也下記曰庶子爲後者則爲外祖父母從母舅無服不爲後如邦人服問曰母出則爲繼母之黨服母死則爲其母之黨服爲其母之黨服則不爲繼母之黨服鄭注雖外親亦無二統喪服小記曰爲君母後者君母卒則不爲君母之黨服又曰爲母之君母母卒則不服又曰爲慈母之父母無服上杖期章傳曰出妻之子爲外祖父母無服爾雅母之考爲外王父母之妣爲外王母徐氏乾學

云案外祖父母之名總之則一分之則有十三子爲母之父母一也前母子爲後母之父母二也後母子爲前母之父母三也庶子爲適母之父母四也庶子爲繼適母之父母五也庶子爲生母之父母六也爲人後者爲所後母之父母七也爲人後者爲所生母之父母八也庶女之子爲母之適母九也女之子爲母之生母十也慈母之子爲慈母之父母十一也出妻之子爲母之父母十二也嫁母之子爲母之父母十三也凡若此者其在於古有服有不服今則無有不服所不服者惟庶子爲其生母之父母而已云案虞喜謂縱有十繼母惟當服亦其母者之黨不知亦其母者久亾此從服也所從亾則已焉爲服之竊謂當服在堂繼母之黨耳吳氏紱云外祖父母有常服六子爲因母之父母一也母出爲繼母之父母二也庶子君母在爲君母之父母三也庶子爲繼母之父母四也庶子不爲父後者爲己母之父母五也以上女子子同爲人後者爲所後母之父母六也其餘則皆不服汪氏琬云禮爲其母之黨服則不爲繼母之黨服或問繼母如母何以不爲其黨服曰鄭注不謂外氏不可二也庾蔚之亦謂若服繼母之黨則亂於己母之出故也禮慈母與繼母同喪服小記曰爲慈母之父母無服則其不服繼母之黨宜也今案徐氏謂

庶子不爲生母之父母服據後代律制言也下記云不爲後如邦人則在禮庶子不爲父後者得爲其生母之黨服矣詳下記又庶子爲適母之父母服詳本章

傳曰何以小功也以尊加也 疏 正義曰何以小功也據外親之服不過緦故發問也以尊加也荅辭馬氏云外祖父母者母之父母也本服緦以母所至尊加服小功褚氏寅亮云馬鄭皆云以母之至尊故本服緦而加服小功最得聖人重本宗輕外族之意敖乃云子從母而服母黨者皆降於其母二等母爲其父母期宜小功非以尊加故與傳違大謬如其說則母爲其昆弟之爲父後者期何不亦降二等而小功乎今案褚說是也

從母丈夫婦人報 從母母之姊妹 疏 正義曰注云從母母之姊妹者馬注同爾雅母之姊妹爲從母此正稱也釋名母之姊妹曰姨據爾雅妻之姊妹同出爲姨是姨爲夫稱妻姊妹之名詩邢侯之姨左傳蔡侯曰吾姨也是也孔仲達云子效父語亦呼爲姨故左傳襄二十三年云穆姜之姨子也杜注穆姜姨母之子是因父

呼妻之姊妹爲姨子遂呼母之姊妹爲姨母後世并有姨兄弟姨姊妹之稱皆俗稱耳喪服經謂父之昆弟曰從父母之姊妹曰從母皆從乎父母而名也江氏筠云袁準謂舅之與姨俱母之姊妹兄弟焉得異服從母者從其母而爲庶母者也親益重故小功也彼始總有緦麻章耳如其說則從母昆弟乃己之庶昆弟服宜大功何至降而在緦案江說是也袁氏以從母爲父妾則禮經不見母之姊妹服矣不可從云報者馬氏云從母報姊妹之子男女也言丈夫婦人者異姓無出入降皆以丈夫婦人成人之名名之也李氏云從母爲旁尊故報之言婦人者異姓無出降已嫁與在室者同服故舉其成人之名此申馬義也敖氏云經凡三以丈夫婦人連文而所指各異讀者詳之敖意葢以此丈夫婦人爲指成人言上殤小功章爲姪庶孫丈夫婦人爲指未成人言也程氏瑤田云經中丈夫婦人凡四見齊衰三月章丈夫婦人爲宗子宗子之母妻一也大功章女子子適人者爲衆昆弟姪丈夫婦人報二也小功殤服章爲姪庶孫丈夫婦人之長殤三也小功章從母丈夫婦人報四也鄭注爲宗子章云婦人女子子在室五字最精妙四經特著丈夫婦人竝指同姓者言故謂婦人爲在室者衆昆弟姪側皆女與男同其爲在室明矣姪庶孫

之殤爲在室者不待言爲從母女與男同服小功非在室而何又云丈夫婦人之名起於年十九以後不爲殤而始成人者此名之所由起也於殤而曰丈夫婦人散文通也今案程氏謂丈夫婦人四經竝指同姓是矣其謂婦人爲專指在室者言則非此條當從馬說大功章之婦人亦不專指在室言也且彼文丈夫婦人專承姪言不兼昆弟辨已見前又此經連言丈夫婦人者四敖謂三亦誤鄭注此條云丈夫婦人姊妹之子男女同注大功章云爲姪男女服同是鄭以丈夫婦人爲男女之稱爾於齊衰三月章必云女子子在室者恐人疑出嫁者亦服宗子也此及大功章不言在室蓋亦兼已嫁者言矣○蔡氏云或疑從母適本宗之服晉邵戩曰案從母嫁於無屬名者即與嫁他姓不異則宜服從母嫁於異姓之服矣今案庶子爲君母之從母詳下朱子曰姊妹於兄弟未嫁期旣嫁則降爲大功姊妹之身卻不降也故姨母重於舅也從母之夫舅之妻皆無服何也曰先王制禮父族四故由父而上爲族曾祖父緦麻姑之子姊妹之子女子子之子皆由父而推之也母族三母之父母母之母母之兄弟恩止於舅故從母之夫舅之妻皆不爲服推不去故也妻族二妻之父妻之母乍看時似乎襍亂無紀子細看則皆有義存焉又詳緦麻章

舅下

傳曰何以小功也以名加也外親之服皆緦也外親異姓正服不過緦丈夫婦人姊妹之子男女同

【疏】正義曰傳以服舅緦而從母小功故問也以名加也謂因有母名故加至小功是正荅其問也外親之服皆緦也又推言之以明外祖從母之小功爲加也馬氏云外祖從母其親皆緦也以尊名加故小功也鄭云外親異姓正服不過緦者以外親之屬皆係異姓故先王制禮其正服不過於緦也雷氏云二親恩等而中表服異君子類族辨物本以姓分爲判故外親之服不過於緦於義雖當求情未愜苟微有可因則加服以申心外祖有尊從母有名故皆得因此加以小功也舅情同二人而名理闕無因故有心而不獲遂也然情不止於緦亦以見於慈母矣至於餘人雖有尊名而不得加者服當其義情無不足也庾蔚之云傳云以名服及云以名加皆是先有其義故施以此名錫名則義自見矣外親以緦緦者抑異姓以敦己族也又云男女異長由母於姊妹有相親之近情故許其因母名以加服方氏苞云從母之服乃隆於

母之兄弟何也與母同生而又同類故親其姊妹之子常過於舅之親其甥是以稱其情而爲之服也○汪氏琬云先王之制禮也在父黨則父之昆弟爲重而於父之姊妹則恩殺矣故服諸父期而服姑姊妹大功在母黨則母之姊妹爲重而於母之昆弟則恩殺矣故服從母小功而服舅緦先王所以分內外別男女也唐太宗顧加舅服使與姨母同太宗知禮孰不知禮顧氏炎武云唐玄宗開元二十三年制令禮官議加服制韋縚請加外祖父母服至大功九月舅服至小功五月堂姨母舅舅母服至袒免崔沔議曰禮教之設本於正家家正而天下定矣正家之道不可以貳總一定義理歸本宗所以父以尊崇母以厭降內有齊斬外服皆緦尊名所加不過一等此先王不易之道其來久矣貞觀修禮改舊章漸廣渭陽之恩不遵洙泗之典及宏道之後唐玄之閒國命再移於外族矣禮亾微兆儻見於斯開元初盧履冰嘗進狀論喪服輕重勑令僉議於時羣議紛拏各安積習太常禮部奏依舊定陛下運稽古之思發獨斷之明特降別勑一依古禮事符典故人知向方式固宗盟社稷之福更圖異議竊所未詳願守八年明旨以爲萬代成法韋述議曰天生萬物唯人最靈所以尊尊

親親別生分類存則盡其愛敬殺則盡其哀慼緣情而制服考事而立言往聖討論亦已勤矣上自高祖下至玄孫以及其身謂之九族由近而及遠稱情而立文差其輕重遂爲五服雖則或以義降或以名加教有所從理不踰等百王不易三代可知若以匹敵言之外祖則祖也舅則伯叔父之列也父母之恩不殊而獨殺於外氏者所以尊祖禰而異於禽獸也且家無二尊喪無二斬持重於大宗者降其小宗爲人後者減其父母之服女子出嫁殺其本家之喪蓋所存者遠所抑者私也今若外祖及舅更加服一等堂舅及姨列於服紀之內則中外之制相去幾何廢禮徇情所務者末且五服有上殺之義必循源本方及條流伯叔父母本服大功九月期是加服從父昆弟亦大功九月并以上出於祖其服不得過於祖也從祖祖父母從祖父母從祖昆弟皆小功五月以出於曾祖服不得過於曾祖也族曾祖父母族祖父母族父母族昆弟皆緦麻三月以出於高祖服不得過於高祖也堂舅姨既出於外曾祖若爲之制服則外曾祖父母及外伯叔祖父母亦宜制服矣外祖加至大功九月則外曾祖父母合至小功外高祖合至緦麻若舉此而舍彼事則不均棄親而錄疏理則不順推

而廣之則與本族無異矣且服皆有報則堂外甥外曾祖姪女之子皆須制服矣聖人豈薄其骨肉背其恩愛蓋本於公者薄於私存其大者略其細義有所斷不得不然苟可加也亦可減也往聖可得而非則禮經可得而隳矣先王之制謂之彝倫奉以周旋猶恐失墜一紊其敘庸可正乎楊仲昌議曰案儀禮爲舅緦鄭文貞公魏徵議同從母例加至小功五月雖文貞賢也而周孔聖也以賢改聖後學何從今之所請正同徵論如以外祖父母加至大功豈不加報於外孫乎外孫爲報服大功則本宗庶孫又用何等服邪竊恐內外乖序親疏奪倫情之所沿何所不至昔子路有姊之喪而不除孔子曰先王制禮行道之人皆不忍也子路除之此則聖人援事抑情之明例也記不云乎毋輕議禮時玄宗手敕再三竟加舅服爲小功舅母緦麻堂姨堂舅袒免宣宗舅鄭光卒詔罷朝三日李景讓上言人情於外族則深於宗廟則薄所以先王制禮割愛厚親士庶猶然況於萬乘親王公主宗屬也舅氏外族也今鄭光輟朝日數與親王公主同非所以別親疏防僭越也優詔報之乃罷朝兩日夫由韋述楊仲昌之言有以揆本而尊經由崔沔李景讓之言可以察微而防亂豈非能言之士深

識先王之禮而亦目及武韋之禍思永監於將來者哉
今案顧氏所引各說多本舊唐書禮儀志於內親外親
服制差等言之最爲明晰因此傳
言外親之服皆緦故備錄於此

夫之姑姊妹娣姒婦報 夫之姑姊妹不姝在室及嫁者因恩輕略從降 疏 正義曰爾雅夫之姊爲女公夫之女弟爲女妹禮記昏義鄭注又稱女公爲女妐女女妹爲女叔馬氏云妻爲夫之姑姊妹服也報者姑報姪婦也言婦者廟見成婦乃相爲服李氏云娣姒婦兩見則相爲服自明報文指爲夫之姑姊妹而退在下者要娣姒之服亦因夫而生故使并蒙上文敖氏云娣姒婦亦言報者明其不以夫爵之尊卑而異也吳氏紱云昆弟一爲大夫一爲士則大夫降其昆弟小功娣姒婦相爲小功雖命婦亦不降以其夫於昆弟妻無服故不隨夫爵而異也今案報字總承上言敖氏吳氏之說是馬氏謂姑報姪婦李氏謂報文專指夫之姑姊妹皆非也娣姒之服因同居而生此條當分兩類夫之姑姊妹爲一類娣姒婦爲一類夫之二字專屬姑姊妹言李氏謂使娣姒婦并蒙上文亦非 注云夫之姑姊妹不姝在室及嫁者以不見適人之服故知在室及嫁不姝也云因恩輕略從降者夫爲

姑姊妹正服期出嫁降服大功妻從服降一等在室正服大功出嫁降服小功今因恩輕不分在室與出嫁一從降服小功之例服之是略也案婦人爲夫之從父昆弟之妻有服而爲夫之從父姊妹無服亦是其略也敖氏云從服者宜有一定之制不必隨時變易也

傳曰娣姒婦者弟長也何以小功也以爲相與居室中則生小功之親焉娣姒婦者兄弟之妻相名也長婦謂穉婦爲娣婦娣婦謂長婦爲姒婦

【疏】正義曰譙氏周云父母既歿兄弟異居又或改娶則娣姒有初而異室者矣若不本夫爲倫惟取同室而已則親娣姒與堂娣姒不應有殊經殊其服以夫之親疏者是本夫與爲倫也婦人於夫之昆弟本有大功之倫從服其婦有小功之倫於夫從父昆弟有小功之倫從服其婦有緦麻之倫也夫以遠之而不服故婦從無服而服之然則初而異室猶自以其倫服庾氏蔚之云傳以同居爲義蓋從夫謂之同室以明親近非謂常須共居設夫之從父昆弟少長異鄉二婦亦有同室之義聞而服之緦也今人謂從夫昆弟爲同堂取於此也婦

從夫服降夫一等故爲夫之伯叔父大功則知夫姑姊妹皆是從服夫之昆弟無服自別有義耳非如徐邈之言出自恩紀者敖氏云婦人於夫之昆弟以遠嫌無服假令從服亦僅可以及於其昆弟之身不可以復及其妻也然則娣姒婦無相爲服之義而禮有之者則以居室相親不可無服故爾然二人或有竝居室者有不竝居室者亦未必有常其居室者而相爲服之義惟主於此者葢本其禮之所由生者言也方氏苞云古者大功同財而異宮期之兄弟未有異居者以問寢視膳佐餕羣子婦所同也故娣姒婦曰相與居於室中夫之從父兄弟之妻都宮則同而所居分南北東西故曰相與同室今案傳先釋娣姒婦之義而後發何以小功之問故諸家皆以傳爲專指娣姒婦言也敖說淺得制禮精意方說分別亦精程氏瑤田云案夫之姑姊妹不見適人者適人則不爲之服矣傳曰以爲相與居室中則生小功之親焉幷夫之姑姊妹總發傳也適人則不相與居室中又何服之有乎案程說似亦可通然緦麻章爲夫之從父昆弟之妻傳亦曰以爲相與同室則生緦之親焉正以昆弟妻本無爲服之義其制服實由相與居室中及同室而生則此傳爲專釋娣姒婦明矣　注云娣

姒婦者兄弟之妻相名也者鄭意蓋謂兄妻爲姒弟妻爲娣也又云長婦謂穉婦爲娣婦娣婦謂長婦爲姒婦者此爾雅文鄭注今相呼先後或云妯娌鄭引爾雅者蓋證娣姒之爲弟姒之爲長以明傳弟長之義也徐氏乾學云傳文弟長者雙訓娣姒言娣是弟姒是長非以娣爲長也公羊傳云娣者何弟也知其以弟解娣自以長解姒今案吳語長弟許諾韋昭云長先也弟後也然則弟長猶後先耳釋名少婦謂長婦曰姒言其先來己所當法似也長婦謂少婦曰娣娣弟也己後來也夫以先來爲姒後來爲娣則姒明是兄妻娣明是弟妻而傳之以弟釋娣以長釋姒益無疑矣爾雅又云女子同出謂先生爲姒後生爲娣此雖指同嫁一夫而言與此不同然姒長娣弟固昭然也馬氏云娣姒婦者兄弟之妻相名也長稚自相爲服不言長者婦人無所專以夫爲長幼不自以年齒也妻雖小猶隨夫爲長也先娣後姒者明其尊敵也據此則馬鄭義同賈疏因成十一年左傳穆姜稱聲伯母爲姒昭二十八年傳叔向嫂稱叔向妻爲姒遂以娣姒據婦年大小不據夫年大小非鄭義矣方言築娌匹也郭注兄弟婦相呼爲築娌是娣姒匹敵之證近儒徐氏乾學沈氏彤盛氏世佐吳氏廷華秦氏

蕙田江氏筠皆以賈說爲非沈氏云左傳載叔向嫂稱叔向妻爲姒亦晚周文勝之俗然耳謂叔向嫂稱而妻長曷嘗有明文乎婦人從夫長婦稚婦當據夫年大小也盛氏云婦人從夫之爵坐以夫之齒則其娣姒之稱亦以夫之長幼爲斷明矣賈疏誤左傳穆姜叔向嫂皆呼夫弟之妻爲姒者朱子云單舉則可通謂之姒蓋相推讓之義耳是也江氏云春秋傳不著娣稱疑爾時兩相稱俱曰姒蓋以遊媵之有姪娣也今案左傳杜注云兄弟之妻相謂爲姒則是春秋時兩相稱皆曰姒與禮經爾雅不同其不足爲婦年長稚之證明矣左傳孔疏亦同賈說皆誤也萬氏斯同方氏苞孔氏廣森皆駁賈疏之誤而萬氏孔氏又據穆姜叔向嫂二事謂娣長而姒幼誤與賈同蓋其說始於敖氏傳弟長也之弟敖本誤作娣故謂傳文以長釋娣不知娣之爲弟姒之爲長爾雅釋名各書悉與傳合古訓昭然不可臆改也方氏又謂弟長言兄弟之友恭因制娣姒之服以教親睦則益支離附會矣

大夫大夫之子公之昆弟爲從父昆弟庶孫姑姉妹女子

子適士者從父昆弟及庶孫亦謂爲士者【疏】正義曰馬氏云謂上三人各自爲其從父昆弟庶孫姑姊妹女子子適士者服也從父昆弟庶孫正親大功也以尊降故服小功姑姊妹女子子適人大功適士降一等故服小功也鄭云從父昆弟及庶孫亦謂爲士者言以爲士故降服小功也義本與馬同惟因經未言爲士故特著之亦者亦適士之文也大功章大夫大夫之子公之昆弟爲姑姊妹女子子嫁大夫夫大功故適士小功馬云適人大功意蓋指嫁大夫者言然語嫌蒙混矣敖氏云經不言適人而言適士者所以見從父昆弟及庶孫亦謂爲士者也經之例多類此公之昆弟於其從父昆弟之不爲大夫者乃小功者以其非公子也

大夫之妾爲庶子適人者君之庶子女子子也庶女子子在室大功其嫁於大夫亦大功【疏】正義曰盧氏文弨云爲下當有君之二字各本脫石經初刻有之案注云君之庶子則此二字本有明矣校勘記謂君之二字蒙大功章大夫之妾爲君之庶子而省似未然通典爲下有君之二字而庶子下又有女子子三字者校勘記謂以注入經是也經云庶子不言女子子者以言適人則女子自明且以見大功章殤小功章之言妾爲

庶子俱兼男女言也李氏云上文云適士則此亦適士也鄭氏曰凡女行於大夫以上曰嫁行於士庶人曰適人今案據此例則適人卽是適士不必破人爲士矣注云君之庶子女子子也者因經未言女子子而著之也敖氏云女子子不必言庶文有脫誤今案子有受重之義故別其長者爲適女則雖女君所生亦無長幼之異經必言庶者爲兼有他妾之女也若妾爲其所生女則在室期適人大功妾不得體君爲其子得遂也馬氏云適夫人庶子也說未旳云庶女子子在室大功其嫁於大夫亦大功者馬氏云在室大功出降一等故服小功王氏肅云適士降一等在小功今案嫁於大夫大功故適士小功王說與鄭同馬謂出降小功非蓋大夫之妾爲君之黨服得與女君同大功章大夫大夫之妻爲女子子嫁於大夫者馬注彼云在室大功嫁於大夫大功與鄭此注同所謂在室大功者以在大夫尊降之限嫁於大夫則爲命婦尊同不降當服期以出嫁降一等仍服大功故云在室大功嫁於大夫亦大功也然則此適士小功以尊降非以出降明矣秦氏蕙田乃謂此注馬是而王非誤也○敖氏云考喪服記與小記言妾爲君之長子之服大功章及此章凡三見大夫之妾爲君之庶子及其女子子之服若其君之他親則無聞焉

然則妾從服其君之黨者止於此耳是亦異於女君者也今案君之父母祖父母似亦當從服與女君同其旁親蓋皆不服之矣

庶婦　夫將不受重者

〔疏〕正義曰馬氏云庶子婦也舅姑爲之服也敖氏云庶婦爲舅姑期舅姑乃再降之爲小功者所以別於適婦也方氏苞云婦人爲庶婦小功而夫之兄弟之子婦大功何也報服也姑之於婦則不可以言報夫之兄弟之子婦服不見經何也以婦服夫之世母叔母報知其報也何以知其報也旁親之相爲服無尊卑皆報　注云夫將不受重者此有二義凡夫將受重者惟適子一人其餘皆不受重者也故言此以見自適婦一人而外皆爲庶婦也鄭必言將者以舅姑歿夫乃受重此言爲婦服則舅姑尚在故云將也此一義也又或適子有廢疾他故不能受重則其婦之服亦同於庶婦喪服小記曰適婦不爲舅後者則姑爲之小功鄭注謂夫有廢疾他故若死而無子不受重者小功庶婦之服也凡父母於子舅姑於婦將不傳重於適及將所傳重者非適服之皆如庶子庶婦也此又一義也○舊唐書禮儀志貞觀十四年魏徵等奏適子婦舊服大功請加爲期衆子婦舊服小功今請

與兄弟子婦同爲大功從之黃氏榦云案儀禮婦服舅姑期故舅姑服適婦爲大功今加適婦爲期非輕重降殺之義沈氏彤云兄弟子婦之大功旣爲報服雖重於衆子婦要不當易其升適婦爲期庶婦爲大功不免遷就之失案大功章適婦傳曰不降其適也明庶婦之小功爲降適婦之大功爲正若舅姑以重適婦之故升大功而爲期豈適子亦可以重適妻之故升期而爲三年邪故適子爲適妻期則舅姑之從服不得不降而大功爲適婦大功則庶婦不得不降而小功此皆制服自然之條理無可增加魏公之誤由不詳考禮文故爾今案沈說是也

君母之父母從母

君母父之適妻也從母君母之姊妹【疏】正義曰此謂妾子爲適母之父母適母之姊妹服如適子也云君母父之適妻也者王氏肅云君母庶子之適母案在父爲適妻在子爲適母一也妾謂夫之適妻爲女君故妾子因之謂適母爲君母耳君母之父母即外祖父母也云從母君母之姊妹義詳前馬氏云君母者母之所君事者從母者君母之姊妹也妾子爲之服小功也自降外祖服緦麻外無二統者又云從君母爲親服也君母亾無所復厭則不爲其親服也自得伸其外祖小功也賈疏云君母在旣爲君母父母其己母之父母

或亦兼服之若馬氏自義君母不在乃可伸矣今案兼服之是也馬氏謂君母在自降外祖緦麻君母不在乃伸小功案自降外祖緦麻馬之臆說耳下記曰庶子爲後者爲其外祖父母從母舅無服不爲後如邦人云不爲後如邦人其則雖君母在爲己母之父母亦小功矣鄭注服問亦云外親無二統彼據因母繼母言若妾子之爲其外祖父母與妾之爲其父母例同此自別爲一義蓋妾母不得以統言也徐氏乾學云母不厭子女君不厭妾馬說非

傳曰何以小功也君母在則不敢不從服君母不在則不服不敢不服者恩實輕也凡庶子爲君母如適子【疏】正義曰何以小功也下通典有從服也三字各本無據馬氏云從君母爲親服也似亦有此三字蓋此三字正荅何以小功之問下二句乃申言其義耳不云君母奻而云君母不在者賈疏云或出或奻容有數事不在也敖氏云君母在則不敢不從服者以其配父尊之也君母不在則不服者別於己之外親也此庶子雖服其君母之父母姊妹彼於此子則無服也郝氏敬云君母在不敢不服聖人於禮人情耳人情所不敢聖人因之尊尊親親所以不得不相爲用也今案君母之父

母姊妹昆弟卒君母之痛方淺凡君母所生之子無不爲服而已見其哀痛獨晏然不與同憂是自外於君母矣而敢乎所以從之爲服也若君母不在則無所見以動其情故不服此所謂徒從也大傳曰從服有六有屬從有徒從孔疏謂妾爲女君之黨庶子爲君母之親皆是徒從也喪服小記曰從服者所從亡則已鄭注謂若爲君母之父母昆弟從母也此所云從服者即徒從也小記又曰屬從者所從雖歿也服鄭注謂若自爲己之母黨小記又曰爲君母後者君母卒則不爲君母之黨服孔疏君母卒爲後者嫌同於適服君母之黨故特明之此言君母卒妾子爲君母後者亦不服其黨則其不爲君母後者不服益可知矣小記又曰爲母之君母母卒則不服鄭注母之君母外祖適母此言其母爲妾所生其母卒亦不爲母之適母服也通典車氏問臧壽曰妾子旣服先適母之黨又服繼適母之黨否壽荅曰庶子以賤不敢不從服耳旣服前適母黨則後適母黨義無以異壽又問徐藻藻荅曰庶子若及先適母則服其黨若不及則服後適母黨外服無二此之謂也庾蔚之曰適母雖有三四妾以始生所遇適母之黨若己生悉不及妾服最後者之黨也　注云不敢不服者恩實輕

也者言君母之父母姊妹於己恩實輕但以君母故不敢不從服耳前傳曰君之所爲服子亦不敢不服此義雖別於彼而其言不敢之意則有同也云凡庶子爲君母如適子者此申言從服之義也庶子謂妾子也妾子爲君母服與適子爲母同故爲君母之黨服亦與適子同但君母不在則不服其黨與適子略異耳

君子子爲庶母慈己者君子子者大夫及公子之適妻子　疏　正義曰注云君子子者大夫及公子之適妻子者戴氏聖云君子子爲庶母慈己者大夫之適妻之子養於貴妾大夫不服賤妾慈己則緦服也其不言大夫之子而稱君子子者君子猶大夫也戴意以經庶母指大夫之貴妾言大夫爲貴妾緦其適妻之子亦服緦故以慈己服小功若賤妾則大夫不服適妻之子亦不服慈己但服緦耳雷氏云大夫不服凡妾父所不服子亦不敢服安得爲庶母緦哉大夫惟服姪娣今所服者將姪娣之庶母說與戴同是皆以君子子爲大夫之適妻子庶母爲大夫之貴妾也鄭云大夫之適妻子蓋本於戴又云公子者以公子與大夫尊卑同故兼言公子之適妻子也金氏榜云士爲庶母緦此言以慈己加明其本服緦此君子子爲士之子明矣齊衰三年章傳曰慈母者何也

妾之無子者妾子之無母者父命妾曰女以爲子命子曰女以爲母若是則生養之終其身如母死則喪之三年如母貴父之命也注云不命爲母子則亦服庶母慈己之服是妾子服庶母慈己小功與適妻子同經言君子子文屬於父關適庶之辭注主適妻子言與上齊衰三年章注自相違失今案此庶母慈己之服本爲適妻子而制故此注主適妻子言但妾子養於他妾亦爲慈己故齊衰三年章注又兼妾子言昭十一年左傳其僚無子使字敬叔此妾子養於他妾者也金氏謂適子妾子同是矣至君子之名各書多以稱士不必定指大夫此注言大夫子而不及士子與金氏專指士子言皆偏也喪服慈母如母及庶母慈己二條葢皆大夫士之禮諸侯以上無之曾子問子游問慈母孔子曰古者男子外有傳內有慈母君命所使敎子也何服之有鄭注言無服也此指謂國君之子也大夫士之子爲庶母慈己者服小功孔疏引熊氏云士之適子無母乃命妾慈己亦爲之小功知者以士爲庶母緦明士子亦緦以慈己加小功故此連言大夫士也是鄭亦兼士言之矣皇氏謂有士字爲誤非也士之妻自養其子固不必有慈母然或妻有故不能養而妾代養之亦卽慈己者也惟此服本因緦而加士不論貴妾賤妾其子皆以爲庶母

而服緦大夫則必貴妾而其子及服緦此則小異者耳

傳曰君子子者貴人之子也爲庶母何以小功也以慈己加也

云君子子者則父在也父沒則不服之矣以慈己加則君子子亦以士禮爲庶母緦也內則曰異爲孺子室於宮中擇於諸母與可者必求其寬裕慈惠溫良恭敬愼而寡言者使爲子師其次爲慈母其次爲保母皆居子室他人無事不往又曰大夫之子有食母庶母慈己者此之謂也其可者賤於諸母謂傳姆之屬也其不慈己則緦可矣不言師保慈母居中服之可知也國君世子生卜士之妻大夫之妾使食子三年而出見於公宮則劬非慈母也士之妻自養其子

【疏】正義曰注云云君子子者則父在也父沒則不服之矣者以君子言明父在可知父沒則不服謂不服其加服褚氏云注意以此服雖因慈己而加而三母實是大夫之禮父沒則三母之禮亦無故仍服爲庶母本服之緦云以慈己加則君子子亦以士禮爲庶母緦也者據此傳言以慈己加不言以慈己服則是本服爲緦因慈己加至小功耳禮士爲庶母緦大夫以上無服故知君子子

亦從士禮爲庶母緦也若戴氏雷氏之義則以大夫子爲父之貴妾緦此庶母自指貴妾也詳上然據鄭此注則庶母慈己之服亦兼有士子明矣馬氏云爲慈養己者服小功貴人者適夫人也子以庶母慈養己加一等小功也爲父賤妾服緦父沒之後貴賤妾皆小功也陳氏銓云君子子者大夫之美稱也貴人者謂公卿大夫也謂貴人之子父沒之後得行士禮爲庶母緦也有慈養己者乃加服小功今案貴人當從馬說妾有貴妾而妻更貴於妾故以適妻爲貴人此經特云爲庶母則知此服本爲適妻子而制故傳以貴人之子釋之也鄭於傳貴人無注而內則妻以子見於父貴人則爲衣服鄭注云貴人大夫以上則知陳說本此矣但陳氏謂父沒之後乃服庶母慈己之服則與鄭注適相反馬氏謂父沒貴賤妾皆小功說更無據惠氏棟嘗其疑誤後學誠然竊以慈己之服父在父沒皆當服之敖氏云父在且伸此服父沒可知江氏筠云以慈己加服係於己不由於父父之存沒同耳此說是也鄭引內則者證庶母慈己之義自異爲孺子室於宮中至他人無事不往皆內則文大夫之子有食母亦內則文彼注云此人君養子之禮也諸母衆妾也可者傳御之屬也子師教示以善

道者慈母知其嗜欲者保母安其居處者又云大夫食母選於傳御之中喪服所謂乳母也此注引內則之文而云庶母慈己者此之謂也蓋以慈母食母為慈己比附耳云其可者賤於諸母謂傳姆之屬也者以彼云擇於諸母與可者使充三母則可者與諸母自是兩種人鄭以諸母為眾妾故以可者為傳姆之屬賤於諸母士昏禮注云姆婦人年五十無子出而不復嫁能以婦道教人者文選注引漢書音義云婦人年五十無子者為傳是傳姆義同內則注云傳御之屬與此異者案士喪禮有外御注云外御小臣侍從者既夕記又有內御注云內御女御也喪大記孔疏云內外宜別內御婦人然則御即婦人在內侍從之屬亦賤於諸母也段氏儀禮漢讀考云案內則可者當作阿阿者古字假借也列女魏節乳母傳曰君子謂為乳子室於宮擇諸母及阿者必求其寬仁慈惠溫良恭敬慎而寡言者使為子師華孟姬傳曰妃后下堂則從傳母保阿霍夫人顯傳曰召太子食保阿輒先嘗之楚昭伯嬴傳曰與其保阿閉永巷之門他書亦言長於阿保之手說文姆與妿皆訓女師妿讀若阿疑阿即妿字教女子子者男子幼則亦教之也今案段氏謂可疑當作阿亦自有據故錄存之云其

不慈己則緦可矣者謂此三母若非慈己者則亦服緦可矣云不言師保慈母居中服之可知也者謂內則有三母此但言慈母不言師保以慈母居師保之中慈母服則師保亦服可知云國君世子生卜士之妻大夫之妾使食子三年而出見於公宮則劬者亦內則文彼注云劬勞也謂世子生卜擇士之妻或大夫之妾一人使之食子及三年而出歸則君有以勞賜之與庶母慈己者異故云非慈母也云士之妻自養其子者亦內則文鄭以君子子爲大夫公子之適妻子故引內則以見國君之食子者非慈母而又無服士妻則自養其子無三母亦無食母故專指大夫公子言也或疑內則所言三母是國君之禮非大夫之禮案通典載陳鑠問氾閻疑大夫無此禮氾閻荅曰內則實總國君及大夫養子之禮案內則云大夫見子之禮入門升阼階也遂左旋授師師子師也喪服有庶母慈己禮有子師此明大夫之子有師庶母慈己內則孔疏亦云此文雖據諸侯其實亦兼大夫士也但士不具三母耳大夫以上則具三母又梁武帝分別慈母爲三謂齊衰三年章所云慈母如母則命爲母子服以三年者此章庶母慈己則適妻之子無母使妾養之慈撫隆至服以小功者內則曾子問所

云慈母則皆無服其說已具載於齊衰三年章內又謂內則擇諸母是擇人而爲此三母非擇取兄弟之母謂鄭引彼無服以注慈己爲謬褚氏云內則師慈保本指庶母若缺人則兼取傅姆等其曰諸母即庶母也武帝專以慈母爲傅姆等而遺卻諸母非矣今案諸家駁鄭之說未當故皆不足以難鄭惟此條之義當以齊衰三年章慈母如母條爲比附不必以內則慈母食母爲比附蓋此兩條皆謂大夫士之子無母者彼妾子無母使他妾養之命爲母子則服三年所謂貴父之命也此適子無母使妾養之不得命妾爲母而其慈養之恩不可沒故不云慈母而云庶母慈己者而特制爲小功之服其妾子之無母養於他妾而未命爲母子者服亦如之是皆以其爲庶母而又有慈己之恩故加以此服也必知此條爲子無母者以梁武帝及禮記疏所引熊氏說皆指無母者言鄭注慈母如母傳云不命爲母子則服庶母慈己者之服明亦指無母者故知此條當與慈母如母條相比附以其無母而爲他母所慈養故制三年及小功之服也若內則之三母是平日養子之法非無母而使之養且有選於傅姆之中不必盡爲庶母者亦與此條名實不符又引大夫之子有食母爲證而

彼注以乳母當之則亦服止於緦不得服小功又內則師慈保三母彼注明云人君養子之法而此注說國君之制但引士大夫之妾使食子以明非慈母不無嬌揉遷就又士妻自養其子士未嘗無妾也總之鄭以此爲大夫之制故强引內則以相比附而中多罅漏後人所以不滿於此注者多也○蔡氏德晉云附補五條爲適孫之婦爲不傳重適婦及傳重非適婦爲從父昆弟之子昆弟之孫爲所後者之妻之父母姊妹今案不傳重適婦即小記所云適婦不爲舅後者則姑爲之小功是也

右小功五月

緦麻三月者緦麻布衰裳而麻絰帶也不言衰絰略輕服省文　疏　正義曰此章在五服之內爲最輕三月既葬除之無受也殤不別章略之吳氏紱云若不及三月而葬者如其期服之而後除　注云緦麻布衰裳而麻絰帶也者謂以緦布爲衰裳以麻爲絰帶故服名緦麻也段氏玉裁云緦者布名猶大功小功皆布名也注當云緦麻緦布衰裳今本脫一緦字今案緦義詳下麻澡麻也賈疏云上殤小功章云澡麻絰帶況緦服輕明亦澡澡麻

可知云不言衰經略輕服省文者謂經當云緦裳麻經今但云緦麻是省文也敖氏云齊衰三月不言繩屨大功不言冠布纓小功不言布帶緦麻不言衰經服彌輕則文彌略也

傳曰緦者十五升抽其半有事其縷無事其布曰緦謂之緦者治其縷細如絲也或曰有絲朝服用布何衰用絲乎抽猶去也襍記曰緦冠繰纓

疏正義曰李氏云閒傳緦麻十五升去其半有事其縷無事其布曰緦事猶治也朝服之布其經千二百縷緦半之升數雖少而縷之精麤如朝服故服次小功也敖氏云抽其半則成布七升有半也乃在小功之下者以其縷細也凡五服之布皆以縷之麤細爲序其麤者則重細者則輕故升數雖多而縷麤猶居於前如大功在繐衰之上是也升數雖少而縷細猶居於後如緦麻在小功之下是也朱氏軾云織具曰篾篾四十齒爲一升齒兩縷共八十縷抽其半則每齒一縷十五升本千二百縷此十五升則六百縷也冠裳亦同段氏玉裁云凡布幅廣二尺二寸禮經布八十縷爲升猶說文之布八十縷爲稯也斬衰三升三升有半齊衰四升繐衰小功之縷四升有半大

功八升若九升小功十升若十一升緦布朝服之縷七升有半升數各不同而皆合二尺二寸之度以成布十五升去半者十五升朝服之升數也去其半則爲七升有半朝服用十五升其布密緦用其半其布疏總衰用小功之縷而升數不及半緦用朝服之縷而升數衹取半皆聖人因宜適變之精意今案緦之縷精麤旣如朝服而升數亦如之則何以別於吉服故必抽其半爲七升有半也說文緦十五升布也與傳文異當有脫誤金氏榜據之謂緦亦十五升布非矣襍記朝服十五升去其半而緦加灰錫也鄭注緦精麤與朝服同去其半則六百縷而疏也又無事其布不灰焉今案據襍記云去其半而緦則緦非十五升布明甚此傳云有事其縷謂湅治之使細無事其布謂不加灰治之使滑易也蓋加灰治其布使滑易則是錫矣互詳記傳錫者十五升抽其半無事其縷有事其布曰錫下姜氏兆錫謂十五升抽其半乃是去其半升爲十四升有半盛氏世佐取之謂下記云三升有半 四升有半半者皆謂半升也其說似乎有據今附存焉 注云謂之緦者治其縷細如絲也者治其縷卽傳所謂有事其縷也蓋治之則縷細如絲故取此義名爲緦也云或曰有絲者謂緦之中有絲

故名緦與說文一曰兩麻一絲布也說同云朝服用布何衰用絲乎此鄭破或之說謂朝服吉服用布何衰凶服乃用絲乎言其不然也云抽猶去也者案抽不訓云但此傳云抽其半與閒傳襍記云去其半義同故云抽猶去也云襍記曰緦冠繰纓者此因經未言緦之冠與纓故引襍記以明之彼注云繰當爲澡麻帶絰之澡謂有事其布以爲纓李氏云冠之布與衰同纓則加澡治之又事其布也斬衰冠繩纓纓重於冠齊衰以下布纓纓與冠同緦冠澡纓纓輕於冠服輕者冠彌飾也

族曾祖父母族祖父母族父母族昆弟族曾祖父者曾祖昆弟之親也族祖父者亦高祖之孫則高祖有服亦明矣

疏 正義曰族曾祖父者高祖之子己之曾祖親兄弟也族祖父者高祖之孫己之祖父從父昆弟也族父者高祖之曾孫己之父從祖昆弟也族昆弟者高祖之玄孫己之三從昆弟也爾雅父之從祖祖父爲族曾王父父之從祖祖母爲族曾王母卽此經族曾祖父母也爾雅又云父之從祖晜弟之母爲族祖王母則父之從祖晜弟之父爲族祖王父卽此經族祖父母也爾雅父之從祖昆弟爲族父父之從祖晜弟

之妻爲族母今本爾雅作族祖母誤即此經族父母也爾雅族父之子相謂爲族晜弟即此經族昆弟也黃氏云族曾祖父者曾祖之兄弟也其子謂族祖父又其子謂族父又其子謂族昆弟凡四世以曾祖祖父己旁殺之義推之皆當服緦李氏云族之爲言屬也骨肉相連屬也春秋傳曰凡諸矦之喪同姓臨于宗廟同宗于祖廟同族于禰廟杜預云同族謂高祖以下也此四緦麻與己同出於高祖恐其親盡相疎故以族名之今案爾雅族晜弟之子相謂爲親同姓謂之親同姓則無服矣大傳曰四世而緦服之窮也五世袒免殺同姓也六世親屬竭矣吳氏廷華云據下從祖昆弟之子條爲族父之報服則四者皆報也　注從支亦高祖之孫下據通典及賈疏述注俱有祖父之從父昆弟之親一句鄭意以族曾祖父爲高祖之子則族祖父亦高祖之孫二者同出於高祖而皆有服明高祖亦當有服也賈疏云已上至高祖爲四世旁亦四世旁四世旣有服於高祖有服明矣鄭言此者舊有人解見齊衰三月章不言高祖以爲無服故鄭從下鄉上推之高祖有服可知餘詳齊衰三月章曾祖父母下馬氏云族祖父祖之從父昆弟也族父從祖昆弟之親也族祖父亦高祖之孫徐氏乾學云馬云從祖昆弟之親謂從祖昆弟之父耳與鄭注

言親字不同

庶孫之婦 疏 正義曰馬氏云祖父母爲適孫之婦小功庶孫婦降一等故服緦李氏云適孫之婦服無文以次差之當小功也庶婦小功適婦則大功庶孫之婦緦故適孫之婦當小功今案庶婦見小功章此庶孫之婦緦蓋亦殺於庶子婦也

庶孫之中殤 庶孫者成人大功其殤中從上此當爲下殤言中殤者字之誤爾又諸言中者皆連上下也

疏 正義曰注云庶孫者成人大功其殤當中從上者案殤小功章傳曰中殤何以不見也大功之殤中從上謂成人本服大功者其殤服當中從上是以爲庶孫之長殤已見殤小功章明中殤從上亦在彼章此不得復言中殤也故云此當爲下殤言中殤者字之誤爾云又諸言中者皆連上下也者賈疏云謂大功之殤中從上小功之殤中從下殤之內無單言中殤者此經單言中殤故知誤宏爲下也程氏瑤田謂此經始發中從下之例故特著中殤以明之以鄭注爲非張氏履辨之云中殤非從上卽從下實無容獨見且見中不見下惟下從中乃可若中從下仍

當見下不見中如前傳所云也今案此辨極是馬氏云祖爲孫成人大功長殤降一等中下殤降二等故服緦也言中則有下文不備疎者略耳王氏肅云此見大夫爲孫服之異也士爲庶孫大功則大夫爲之小功降而小功者則殤中從上故舉中以見之案馬氏謂中下殤降二等已於傳大功之殤中從上義不合王氏以此爲大夫爲孫服尤謬皆不及鄭注之精也

從祖姑姊妹適人者報 疏 正義曰從祖姑者從祖祖之女於己爲從姑從祖姊妹者從祖之孫女於己爲再從姊妹故經合而言之爲從祖姑姊妹也爾雅父之從父姊妹爲從祖姑馬氏云從祖姑姊妹於己再從在室小功適人降一等故緦也案言報者明兩相爲服也

從祖父從祖昆弟之長殤 不見中殤者中從下 疏 正義曰從祖父者從祖祖之子從祖昆弟者從祖祖之孫其本服皆見小功章馬氏云成人服小功長殤降一等故緦也中下殤無服故不見也 注云不見中殤者中從下者據前傳小功之殤中從下故言長殤不言中殤也馬謂中下殤無服故不見意亦是而不如鄭說

據傳之精賈疏云從祖父長殤謂叔父敖氏云上章之首連言三小功此惟見二者之殤蓋以從祖祖父未必有在殤者也

外孫女子子之子　疏正義曰李氏云女外適所生故曰外孫外祖父母以尊加小功爲外孫自從其正服緦車氏垓曰外孫爲外祖服小功者由母而推之也故重外祖爲外孫服緦麻者由女而推之也故輕敖氏云此服亦男女同爾雅女子子之子爲外孫

從父昆弟姪之下殤夫之叔父之中殤下殤言中殤者明中從下　疏正義曰從父昆弟本服大功其長殤小功姑適人者爲姪本服大功其長殤亦小功俱見小功章故下殤在此章也馬氏云降二等故服緦也妻爲夫之叔父之長殤見小功章故中下殤在此馬氏云妻爲之服也成人在大功中下殤降二等故服緦也但此兩條一言下殤一言中殤下殤不同者妻爲夫之親服大功之殤中從下故注云言中殤者明中從下也若丈夫爲殤服大功之殤中從上故不言中殤敖氏云見中殤者明其與前條異張氏履云此夫之

叔父之中殤下殤其中從下必連言之以見與從父昆弟姪者之專言下殤爲中從上之不同處是此條言中殤下殤之義也

從母之長殤報 疏正義曰馬氏云成人小功長殤降一等故緦也敖氏云前章從母成人之服已言報此復見之者嫌或略於殤也今案外親之殤服僅有此條者外親之服皆緦殤則無服惟從母加服小功故長殤緦中下殤亦無服也

庶子爲父後者爲其母 疏正義曰此庶子謂妾子也賈疏云此謂無冢適惟有妾子父死妾子承後爲其母緦也李氏云此服自士上達天子皆然今案服問曰君之母非夫人則羣臣無服唯近臣及僕驂乘從服唯君所服服也鄭注禮庶子爲後爲其母緦曾子問曰古者天子練冠以燕居鄭注天子練冠以燕居蓋謂庶子王爲其母孔疏練冠乃異代之法案喪服緦麻章云庶子爲後爲其母緦鄭注服問云庶子爲後爲其母緦則是周法天子諸侯大夫士一也案孔疏是或謂大夫以上無緦服不知無緦服乃指旁親言之盛氏世佐云至情所

闕雖加一日愈於已苟有死於宮中之例可援以少伸吾情焉雖天子諸侯亦不以貴而絶其母也此說得之又此爲父後故降而服緦不以嫡母之存没異也或謂厭於嫡母尤非

傳曰何以緦也傳曰與尊者爲一體不敢服其私親也然則何以服緦也有死於宮中者則爲之三月不舉祭因是以服緦也君卒庶子爲母大功大夫卒庶子爲母三年也士雖在庶子爲母皆如衆人

疏正義曰何以緦也怪其不服母之本服而問也與尊者爲一體二語乃傳者引舊傳以明之尊者謂父私親謂其母庶子爲父後傳父之重即與父爲一體而妾母不得體君是己之私親故不敢服也馬氏云承父之體四時祭祀不敢申私親服廢尊者之祭故服緦也然則何以服緦也乃再問辭以與尊者爲一體即當無服今服緦何也有死於宮中者以下又是荅辭馬氏云緣先人在時哀傷臣僕有死宮中者爲被一時不舉祭因是緦服也今案襍記曰父母之喪將祭而昆弟死既殯而祭如同宮則雖臣妾葬而後祭即其義也注云君

卒庶子爲母大功者大功章公之庶昆弟爲母是也云大夫卒庶子爲母三年也者卽大功章大夫之庶子爲母傳曰大夫之庶子則從乎大夫而降也注云言從乎大夫而降則於父卒如國人也是也云士雖在庶子爲母皆如衆人者謂君在庶子爲母在五服外大夫在庶子爲母大功士雖在庶子爲母亦期與衆人同沒亦三年也詳齊衰三年章父卒則爲母下葢爲父後則服緦不爲父後則其服如是也○吳氏廷華云敖氏本無因字又案其妻之服當以晉孔瑚從降說爲是

士爲庶母 疏 正義曰賀氏循云庶母士父之妾也服緦麻雷氏次宗云爲五服之凡不稱其人者皆士也若有天子諸侯下及庶人則指其稱位未有言士爲者此獨言士何乎葢大夫以上庶母無服庶人無妾則無庶母爲庶母者唯士而已故詭常例以著唯獨一人也

傳曰何以緦也以名服也大夫以上爲庶母無服 疏 正義曰何以緦也問辭以名服也荅辭馬氏云以有母名爲之服緦也傳又云大夫以上爲庶母無服此解經獨言

士之義也敖氏云大夫以上爲庶母無服者以庶母之服緦而大夫以上無緦服故也又大夫以上於其有親者且降之絕之則此無服亦宜矣

貴臣貴妾此謂公士大夫之君也殊其臣妾貴賤而爲之服貴臣室老士也貴妾姪娣也天子諸侯降其臣妾無服士卑無臣則士妾又賤不足殊有子則爲之緦無子則已

疏正義曰注云此謂公士大夫之君也者上斬衰章公士大夫之衆臣爲其君傳曰君謂有地者也此注云公士大夫之君指此云殊其臣妾貴賤而爲之服者此謂於臣妾中別其貴者而爲之服也云貴臣室老士也者斬衰章傳曰室老士貴臣也注云室老家相也士邑宰也是家相邑宰爲公士大夫之貴臣也云貴妾姪娣也者姪是妻之兄女娣是妻之妹從妻來爲妾也曲禮曰大夫不名世臣姪娣故此爲妾之貴也云天子諸侯降其臣妾無服者天子諸侯絕朞以下故爲臣妾無服云士卑無臣則士妾又賤不足殊有子則爲之緦無子則已者戴氏震校集釋以注則士二字爲衍文是也鄭謂士既卑無臣而其妾又賤不足以別其貴者但以有子無子分之而已喪服小記曰士妾有子而爲之緦無子則已此鄭所本也彼注

云士卑妾無男女則不服不別貴賤與此注義同葢鄭以此經服貴臣貴妾緦者專爲公士大夫之君故歷言天子諸侯及士以明之也馬氏云君爲貴臣貴妾服也天子貴公諸侯貴卿大夫貴室老貴妾謂姪娣也陳氏銓云天子貴臣三公貴妾三夫人諸侯貴臣卿大夫貴妾姪娣大夫貴臣室老士貴妾亦爲姪娣然則天子諸侯絶期於臣妾無服明矣大夫非其同尊毎降一等而已爲臣妾貴者有緦麻三月也今案陳氏分別天子諸侯大夫貴臣貴妾較馬尤精又馬氏解此經兼天子諸侯言陳氏則專指大夫言意亦同鄭也秦氏蕙田謂陳說與馬同誤矣通典載袁悠問雷次宗曰喪服大夫爲貴臣貴妾緦何以便爲庶母無服又案檀弓云悼公之母死哀公爲之齊衰有若曰諸侯爲妾齊衰禮歟鄭注云妾之貴者爲之緦耳左傳云晉少姜卒齊使晏嬰請繼室叔向對曰寡君以在縗絰之中案此諸侯爲妾便有服也次宗荅曰大夫爲貴妾緦案注貴妾姪娣也夫姪娣實貴而大夫尊輕故不得不服至於餘妾出自凡庶故不服又天子諸侯一降旁親豈容勝妾更爲服也鄭注檀弓謂諸侯爲貴妾緦與所注喪服相違左傳少姜縗絰之言是春秋時諸侯淫侈乃爲齊縗非周公之明典也今案雷氏之荅與鄭此注同惟大夫爲貴臣

貴妾緦而爲庶母無服不能無疑焉敖氏云此亦士爲之也大夫以上無緦服張氏爾岐云大夫以上爲庶母無服而服其貴臣貴妾於義似難强通此始承上士爲庶母之文言士禮耳其私屬亦可謂之臣妾之有子者卽貴者也沈氏彤云士之貴臣謂羣吏之長若士冠特牲之所謂宰也又云士亦姪娣具爲正觀昏禮可見亭林謂士無姪娣非也淩先生云經所云貴臣貴妾在士爲庶母之下明指士之臣妾也貴臣貴妾卽曲禮所謂士不名家相長妾是也家相者貴臣也長妾者貴妾也士不名之則貴可知也若大夫則云世臣姪娣矣鄭君必欲守其士卑無臣之說謂此指公士大夫之君不無强經從己之病恐不可從以上數說與鄭異今并錄附焉

傳曰何以緦也以其貴也 疏 正義曰言以其爲臣妾之貴者而服之則凡臣妾不得而同矣

乳母 謂養子者有它故賤者代之慈己 疏 正義曰乳母專以乳哺言與慈母養己者異荀子曰乳母飮食之者也而三月是也呂氏坤云此乳母者葢僱他人之婦乳哺三年恩亦如母故以母呼之者韓昌黎蘇東坡於乳

母皆葬而爲之銘爲之緦麻服圖注乃云父妾乳哺者謬甚矣今案父妾慈養己者命爲母子則服三年不命爲母子則服小功不得服三月也呂氏之辨精矣注云謂養子者有它故賤者代之慈己者鄭意以此乳母本非養子者乃因養子者有疾病它故使賤者代之則固不以爲父妾也內則大夫之子有食母鄭注選於傅御之中麻服所謂乳母也云選於傅御亦非謂父妾可知惟此二注義有不同內則注因經云食母明是食養子者故以此經乳母當之此注不言食母而云養子者有它故賤者代之慈己則其義較廣如士之妻固自養其子然或有疾病死亾等事豈能不使它人代乳乎又庶人之家有故而代乳者亦多竊謂此服當通大夫士庶人言之唯大夫之子父在不服父没乃服敖氏之說是也至國君之子於師慈保母皆無服則固不爲乳母服耳

傳曰何以緦也以名服也 疏 正義曰馬氏云士爲乳母服以其乳養於己有母名郝氏敬云乳母外人婦代食子者本不名母而以乳得名本無服而以名得服今案二說發明傳義是也

從祖昆弟之子 族父母爲之服 疏 正義曰從祖昆弟之子即己之再從昆弟之子也 注云族父

母爲之服者，章首係從祖昆弟之子爲族父母服緦麻，故族父母報之亦緦麻也。敖氏云：經但見族父爲此服，注兼言族母者，足經意也。婦人爲夫黨之卑屬與夫同。又云：爲族曾祖父、族祖父、族父、族昆弟皆緦，其族昆弟固相爲矣。此條則族父報，然則族曾祖父於昆弟之曾孫，族祖父於從父昆弟之孫，以其爲旁親卑者之輕服，故略之而不報歟？徐氏乾學云：族父爲從祖昆弟之子服，則族曾祖父必爲昆弟之曾孫服，族祖父必爲從父昆弟之孫服，非略之而不報，直文不具耳。今案：徐說是也。

曾孫。孫之子。

疏 正義曰：爾雅：孫之子爲曾孫。敖氏云：此曾祖爲之服也。以本服之差言之，爲子期，爲孫大功，則爲曾孫宜小功，乃在此者，以曾孫爲己齊衰三月，故己亦爲之緦麻三月，不可過於其爲己之月數也。沈氏彤云：凡正尊爲卑屬，其衰服與年月皆各降於其爲己之服一等。緦麻月數如曾祖，而衰降三等，以月除衰所降，適符，亦爲曾孫宜也。若立爲適曾孫，則視適孫。其玄孫以下亦稱曾孫，服俱同。今案：沈說是也。玄孫爲高祖服與曾孫爲曾祖同，則高祖爲玄孫服亦與曾祖爲曾孫同，詳齊衰三月章曾祖父母下。

父之姑歸孫爲祖父之姊妹疏正義曰父之姑卽祖父之姊妹也。注云歸孫爲祖父之姊妹者爾雅女子謂晜弟之子爲姪謂姪之子爲歸孫是也郝氏懿行爾雅義疏云釋名云婦人謂嫁曰歸姪子列故其所生爲孫也鄭駁五經異義云婦人歸宗女子雖適人字猶繫姓明不與父兄爲異族然則歸有二義以服制推之鄭義爲長今案爾雅又云王父之姊妹爲王姑父之姑卽王姑也李氏云不言適人者行屬已尊適人可知猶從祖祖父之不言殤服也盛氏世佐云此同曾祖之親也其成人而未嫁者服之如從祖祖父適人者降一等故在此經不云適人者亦文省徐氏乾學云己之姑大功則父之姑宜小功而乃降至緦麻者猶己之世叔父期年而父之世叔父小功也

從母昆弟疏正義曰從母昆弟卽從母之子也爾雅曰從母之男子爲從母昆弟其女子子爲從母姊妹敖氏云此服從母姊妹亦存焉外親之婦人在室適人同

傳曰何以緦也以名服也疏正義曰此外親之輕者而亦服之故傳發問也以名服也者馬氏云姊妹之子相爲服也以從母有母名以子有昆弟名賈疏云因從母有母名而服其子故云以

名服也必知不因昆弟名以其昆弟非尊親之號敖氏云名謂昆弟之名母爲姊妹之子小功子無所從也惟以名服之從母以以名加此以名服子於母黨其情蓋可見矣然則有可從而不從者所以遠別於父族歟今案賈疏專以名屬從母言敖氏專以名屬昆弟言不如馬說之備蓋二義兼有之也

甥姊妹之子【疏】正義曰此舅爲姊妹之子服也爾雅男子謂姊妹之子爲出然則出與甥名異實同矣釋名舅謂姊妹之子曰甥甥亦生也出配他男而生故其制字男傍作生也敖氏云亦丈夫婦人同

傳曰甥者何也謂吾舅者吾謂之甥何以緦也報之也

【疏】正義曰甥者何也問甥何以稱也謂吾舅者吾謂之甥若辭汪氏琬云凡父黨之尊者由父推之則皆父之屬也如世父叔父從祖祖父是也至父之姊妹不可謂之父矣其可謂之母乎故聖人更之曰姑傳曰謂吾姑者吾謂之姪蓋不敢以昆弟之子爲子也凡母黨之尊者以母推之則皆母之屬也如從母是也至母之昆弟不可謂之母矣其可謂之父乎故聖人更之曰舅傳曰謂吾舅者吾謂之甥蓋亦不敢以姊妹之子爲子也

此先王制名之微意也盛氏世佐云甥之名不一故傳釋之云謂吾舅者吾謂之甥明其對舅立文爲姊妹之子也爾雅云姑之子爲甥舅之子爲甥妻之昆弟爲甥姊妹之夫爲甥孟子云帝館甥于貳室是壻亦名甥矣以上諸甥皆與此甥舅之甥與今案何以緦也報之也亦問荅辭言甥爲舅緦故舅亦報之以緦也唐貞觀中令甥爲舅加服小功後顯慶中亦令舅報甥小功

壻女子子之夫也疏正義曰爾雅女子子之夫爲壻說文壻者女之夫也从士从胥聞一知十爲士胥者有才知之稱故女之夫爲壻也今案壻亦稱甥見上

傳曰何以緦報之也疏正義曰何以緦問辭報之也荅辭馬氏云壻從女而爲己服緦故報之以緦也

妻之父母疏正義曰爾雅妻之夫爲外舅妻之母爲外姑釋名外舅外姑言妻從外來謂至己家爲歸本作婦段跡作歸故反以此義稱之夫妻匹敵之義也成氏云婦人謂夫之父母曰舅姑男子亦謂妻之父母曰舅姑但加

外字耳夫婦齊體父母互相敬也今案妻之父母亦稱舅姑坊記曰壻親迎見於舅姑舅姑承子以授壻鄭注舅姑妻之父母是也

傳曰何以緦從服也 從於妻而服之 疏 正義曰馬氏云壻從妻而服緦也義與鄭同服問曰有從重而輕爲妻之父母鄭注妻齊衰而夫從緦麻不降一等言非服差李氏云妻之父母妻服期而夫從服緦抑外親以崇己族故不從降一等之例雖母黨亦然加不過小功而已敖氏云從從期服而緦是降於其妻三等矣妻從夫降一等子從母降二等夫從妻降三等差之宜也服問又曰有從有服而無服公子爲其妻之父母鄭注凡公子厭於君降其私親女君之子不降也喪服小記曰世子不降妻之父母鄭注世子天子諸侯之適子也徐氏乾學云世子不降妻之父母而公子反無服何也蓋緣世子得遂其妻服而公子於妻則在五服之外緦冠麻衣旣葬而卽除彼於妻旣不服則妻之父母又何服之有今案徐說是也

姑之子 外兄弟也 疏 正義曰此舅之子爲姑之子服也注以姑之子爲外兄弟者李氏云姑外適而生故

曰外兄弟

傳曰何以緦報之也疏正義曰李氏云姑之子從於母而服己己則報之餘詳舅之子下

舅母之昆弟疏正義曰校勘記云注徐本集釋通解俱作昆楊氏作兄案毛本亦作兄戴氏震校集釋云昆今注疏本訛作兄考篇內及爾雅釋親曰昆弟曰從父昆弟曰從祖昆弟曰族昆弟皆不稱兄弟女子謂其五屬之內亦然至若母與妻之黨爲兄弟及舅之子爲內兄弟姑之子爲外兄弟皆不得稱昆弟而兄弟又爲小功以下通稱此經傳中辨別親疏義例不㝎溷同也今案戴說是○爾雅母之昆弟爲舅母之從父昆弟爲從舅孫炎云舅之言舊尊長之稱釋名夫之父曰舅舅久也久老稱也母之昆弟曰舅亦如之也

傳曰何以緦從服也從於母而服之疏正義曰注云從於母而服之者母爲昆弟服大功子從之服緦也敖氏云母於昆弟之之爲父後者期子乃不從服小功者亦可見從服一定之制矣車氏垓云

姑父之姊妹也舅母之昆弟也其親同而服乃不同者蓋姑之之服由父之同氣推之也故重舅之服由母之異姓推之也故輕唐貞觀中增舅服爲小功與從母同顧氏炎武云唐人所論服制似欲過於聖人嫂叔無服太宗令服小功曾祖父母舊服三月增爲五月嫡子婦大功增爲期衆子婦小功增爲大功舅服緦增爲小功父在爲母服期高宗增爲三年婦爲夫之姨舅無服玄宗令從夫服又增舅母緦麻堂姨舅袒免而宏文館直學士王元感遂欲增三年之喪爲三十六月皆務飾其文欲厚於聖王之制而人心彌澆風俗彌薄不揆其本而妄爲之增益亦未見其名之有過於三王也是故知喪不過三年示民有終之義則王元感之三服三十六月者紕矣知親之殺禮所由生則太宗魏徵所加嫂叔諸親之服者紕矣華氏學泉云或問從母之夫舅之妻及姑姊妹之夫皆無服何也曰服有五而其族三曰父族母族妻族族俗稱三黨是也姑姊妹之有服父族也從母及舅之有服母族也姑姊妹之夫不可謂父族從母之夫舅之妻不可謂母族父族由父而上之至於高曾故歸孫爲祖之姊妹猶有服母族不遠及故母之從姊妹兄弟卽無服恩有所限也妻族不旁及止於妻之父母恩

尤殺於母族矣古之制服其稱量之不爽如此今案顧說華說滐得經意後之欲更服制者皆不知先王制作之精義也

舅之子內兄弟也〔疏〕正義曰此姑之子爲舅之子服也注云內兄弟也者對姑之子爲外兄弟言也馬氏云今之中外兄弟也然則謂舅之子爲內兄弟謂姑之子爲外兄弟乃漢時之稱鄭據以釋經也敖氏云此與姑之子相爲皆男女同也

傳曰何以緦從服也〔疏〕正義曰從服也者亦是從於母而服之母爲昆弟之子大功子從之服緦也程子曰報服若姑之子爲舅之子服是也異姓之服只推得一重若爲母而推則及舅而止若爲姑而推可以及其子故舅之子無服卻爲姑之子服旣與姑之子服姑之子須報之也故姑之子舅之子其服同徐氏乾學云姑之子爲舅之子是從服舅之子爲姑之子方是報服今案禮經言從服若子從母臣從君妻從夫夫從妻皆是無姪從姑者徐氏據本經以駮正程子之說自是

夫之姑姊妹之長殤疏正義曰馬氏云成人服小功長殤降一等故服緦也中下殤降一等無服也禮三十而娶而夫之姊殤者關有畏厭溺者陳氏銓云夫未二十而娶故有姊殤然矣夫雖未二十則成人孔氏倫云蓋以爲違禮早娶者制非施畏厭溺也徐整問射慈云古者三十而娶何緣當服得夫之姊殤服經文特爲士作若說國君皆別言君若公慈荅曰三十而娶禮之常例也古者七十而傳宗事與子年雖幼未滿三十自得少娶故曾子問曰宗子雖七十無無主婦此言宗子巳老傳宗事與子則室有主婦吳氏紱云古者女二十而笄笄則不爲殤矣或其弟年十五六以上早昏其姊未及笄而夙者容有之今案馬氏以姊殤爲關畏厭溺姝謬孔氏駁之是矣至申早娶之義則射說尤精或以姊字爲衍文非也

夫之諸祖父母報諸祖父母者夫之所爲小功從祖祖父母外祖父母或曰曾祖父母曾祖於曾孫之婦無服而云報乎曾祖父母正服小功妻從服緦疏正義曰校勘記云諸祖父母關葛本俱脫報字○注諸祖父下徐陳通解要義俱無母字通典集釋俱有閩本父母二字擠刻今案有母字是也嚴本亦脫今補校勘記

又云通典引鄭注從祖祖父母下有郎祖之兄弟也從祖父母郎父之堂兄弟也十七字又注末妻從服緦下有於夫皆有名於己從輕遠故不復條目而總言諸祖也唯曾祖外祖外祖父母不報三十字皆不類鄭注蓋杜氏所附益唯從祖祖父母四字空據補程氏瑤田云注外祖字當爲從祖之譌前小功章連言從祖祖父母從祖父母此夫爲之小功者也凡服必由近及遠不當舍從祖父母而服從祖祖父母又云鄭注第二个曾祖字亦是從祖字之譌段氏玉裁云注末當作外祖父母正服小功妻從服緦此以外祖父母破曾祖父母之說也外祖父母正服小功見小功章妻從服緦見禮記服問有從無服而有服注賈作疏時未能正誤字耳經明言諸祖父母則祖父母三字成文故注於內親舉從祖祖父母於外親舉外祖父母皆見小功章妻從服緦麻而兩祖父母報之或欲以曾祖父母易去外祖父母故鄭復辨之言假令曾祖父母在內則不得云報言外祖父母在內則與本經禮記合舉從祖祖父母可以關從祖父母舉外祖父母可以關從母皆見小功章妻皆從服緦皆報今案此注疑實頗多據校勘記之說則從祖祖父母下當有從祖父母四字據程說則外祖父母爲從祖父母之譌第二个曾祖父母亦爲從祖父母之譌據段

說則當依今本作從祖祖父母外祖父母而第二个曾祖父母爲外祖父母之譌三說似段得之而亦未盡是葢程氏以諸祖爲指從祖祖父母從祖父母二者其說本於敖氏吳氏廷華云從祖父母乃父行非祖父行也江氏筠云敖以從祖父母入諸祖內其於服固是矣而祖字卻涉假借褚氏寅亮云從祖祖父母及從祖父母自是兩輩安得以諸字賅之依注從祖祖父母及外祖父母之說爲是同是祖行可統言諸也夫之外祖父母妻亦服之據服問有從無服而有服公子之妻爲公子之外兄弟注云爲公子之外祖父母從母緦麻是也沈氏彤云夫之從祖祖父母㫄尊外祖父母雖正尊而外親故皆報也以上數說皆與段略同明諸祖中不得有從祖父母也其引服問以證爲夫之外祖父母服尤確至注末曾祖父母正服小功云云似可依原文解不必改曾爲外葢鄭意以夫正服小功者妻從服降一等緦而從祖祖父母外祖父母夫皆服小功故以夫之諸祖爲指二者言也而又云或曰曾祖父母曾祖於曾孫之婦無服而云報乎者緣當時有人解諸祖兼曾祖在內故鄭駁之謂經明云報若以爲曾祖則於曾孫婦無服何得云報乎又云曾祖父母正服小功妻從服緦者此因妻爲夫之曾祖父母服經無明文故因或說而幷明

之恐人疑曾孫婦於夫之曾祖亦無服也若如段說改曾爲外則外外祖父母夫服小功上巳言之何用複說乎但曾孫爲曾祖齊衰三月而鄭云正服小功者鄭意以高祖曾祖皆有小功之差故也說具齊衰三月章沈氏彤云鄭意以曾祖爲曾孫服緦於其妻降一等則無服故不得云報然曾孫婦於夫之曾祖父母固從服緦以夫爲曾祖父母雖齊衰三月而正服則小功妻從服降一等則宜緦也正服猶云本服其說是也又程氏謂凡服必由近及遠不當舍從祖父母而服從祖祖祖父母不知經言夫之諸祖父母正是舉遠以包近大功章見夫之祖父母世父母叔父母則從祖祖父母有服明甚段氏謂舉從祖祖父母可以關從祖父母是也馬氏云妻爲夫之諸祖父母服所服者四其報者二曾祖正小功故妻服緦不報也從祖祖父旁尊故報也案馬說未明晰似有脫文不如鄭說之精也

君母之昆弟 疏 正義曰馬氏云妾子爲嫡夫人昆弟服也今案此郎上文所謂舅也云君母之昆弟者義繫君母言之與前章言君母之父母同敖氏云此服亦不報

傳曰何以緦從服也 從於君母而服緦也君母在則不敢不從服君母卒則不服也 疏

正義曰校勘記云注而服緦也徐本作而舅服之也集釋通解俱與今本同黃氏丕烈云舅服之謂以服舅者服之也今本作而服緦也非　云君母在則不敢不從服君母卒則不服也者以妾子爲君母之昆弟服與爲君母之父母從母同故依前傳釋之也義詳小功章君母之父母從母傳下馬氏云從母在爲之服義與鄭同敖氏云庶子從君母之服唯止於此不及其昆弟之子與從母昆弟異於因母也

從父昆弟之子之長殤昆弟之孫之長殤爲夫之從父昆弟之妻疏正義曰從父昆弟之子昆弟之孫此二者本服小功馬氏云成人小功長殤降一等故服緦也又案夫之從父昆弟之妻亦娣姒也其服降於親娣姒故服緦也

傳曰何以緦也以爲相與同室則生緦之親焉長殤中殤降一等下殤降二等齊衰之殤中從上大功之殤中從下同室者不如居室之親也齊衰大功皆服其成人也大功之殤中從下則小功之殤亦中從下也此

主謂妻爲夫之親服也凡不見者以此求之

疏正義曰何以緦也問辭以爲相與同室則生緦之親焉荅辭此釋經爲夫之從父昆弟之妻義也葢夫之從父昆弟之妻夫本不爲服而其妻乃相爲服者馬氏云娣姒以同室相親生衰緦之服是也檀弓曰同爨緦長殤中殤降一等四語乃因妻爲夫黨之親服而并言其爲夫黨之親殤服之例也賈疏云長殤中殤降一等者據下齊衰中殤從上在大功也下殤降二等者亦是齊衰下殤在小功者也○注皆謂服其成人也校勘記云徐本通典集釋要義敖氏俱無謂字通典服上有謂字與前小功殤章注合今案通解及今注疏本服作明亦無謂字今從通典　云同室者不如居室之親也者以上小功章娣姒婦傳云相與居室中此傳云相與同室明是親疏不同葢同室者乃大功同門共財之親居室者則小期之親朝夕與居者也故彼小功而此則緦也餘詳小功章娣姒婦傳下云齊衰大功皆謂服其成人也者謂傳所云齊衰大功皆指成人本服言非謂殤服以殤無服齊衰故也云大功之殤中從下則小功之殤亦中從下也者大功重於小功大功之殤中從下明小功之殤亦中從下可知上殤小功章注云大功之殤中從上則殤

齊衰之殤亦中從上也彼注舉輕以明重此注舉重以明輕賈疏謂皆是省文舉一以包二是也云此主謂妻爲夫之親服也凡不見者以此求之者是上殤小功章傳云大功之殤中從上小功之殤中從下是主謂丈夫爲殤者服此傳云齊衰之殤中從上大功之殤中從下是主謂婦人爲殤者服也但注不云婦人爲殤者服而云妻爲夫之親服者以婦人爲本宗殤服亦與丈夫同惟爲夫黨之親殤服與丈夫異所以然者妻從夫服本降一等齊衰之殤長殤中殤夫服大功者妻服小功下殤夫服小功者妻服緦麻大功之殤長殤中殤夫服小功下殤夫服緦麻者妻惟長殤服緦麻中殤下殤則無服若小功之殤雖長殤妻亦無服故變言齊衰之殤中從上大功之殤中從下以別於丈夫也其爲夫黨之殤服凡不見於經者皆當以此例求之敖氏云長殤中殤降一等下殤降二等此主言丈夫爲大功以上之殤婦人爲夫族齊衰之殤也不宐在此蓋脫文也又云齊衰之殤中從上二句亦脫文失其次而在此褚氏寅亮云此雖兼丈夫爲大功以上之殤婦人爲夫族齊衰之殤在內而意實起下齊衰之殤二句故賈疏言爲下婦人著殤服而發之也何敖氏言不宐在此乎婦人服殤發凡

於末者以別於男子今案褚說是也又程氏喪服足徵記亦駁鄭注以此四句爲經沈氏垚取之而張氏履淩氏曙皆辨之今錄其說於後沈氏垚云程易疇足徵記駁鄭注處精確不刊如緦麻章末長殤中殤降一等四句乃經文所謂齊衰之殤大功之殤指成人服齊衰大功者而言小功殤服章傳所謂大功之殤小功之殤即據殤服而言成人服齊衰者其長中殤降在大功而爲大功之殤故大功之殤中從上即齊衰之殤中從上也成人服大功者其長殤降在小功而爲小功之殤其中殤則從下殤而降在緦麻所謂小功之殤中從下也故小功之殤中從下即大功之殤中從下也鄭誤經爲傳謂皆據成人以前爲主丈夫爲殤者服後主婦人爲殤者服改庶孫之中殤爲下殤謬張氏履云案此條乃程氏之誤非鄭氏之謬也齊衰之殤中從上者降在大功謂大功之殤中從上即齊衰之殤中從上其說無所閡若大功之殤中從下其長殤乃小功而中從下入緦麻則當云緦麻之殤中從下蓋據本服之降而言則長中下皆可冠以本服若即據殤服而言則長中殤在大功者可云大功之殤而下殤在小功者即不得云大功之殤長殤在小功者可云小功之殤而中從下入緦麻者

即不得云小功之殤今中從下非小功而冠以小功則
小功其本服也然則大功之殤中從上大功亦本服也
程氏說看似直截而細案之文義已不甚通如此又云
丈夫婦人爲齊衰之殤長中降一等下降二等其爲中
從上也竝見大小功章惟丈夫爲大功之殤中亦從上
而爲人後者爲其昆弟從父昆弟之長殤在小功章爲
其從父昆弟之下殤在緦麻章而中殤獨未見故傳以
發之至於婦人爲夫族大功之殤則小功章爲夫之叔
父之長殤緦麻章爲夫之叔父之中殤下殤已明見中
之從下故於兩章爲夫之叔父下不復發傳而又恐人
疑其與大功之殤中從上之文不合也故於緦麻章末
婦人爲夫族服之後總發長殤中殤降一等下殤降二
等齊衰之殤中從上以見婦人爲夫族之與丈夫同者
又發大功之殤中從下以見婦人爲夫族之與丈夫異
者因欲明其異者遂自其同者而統言之所以辭備而
成文也若如程氏說以長殤中殤四句爲經文則中殤
之從上從下經已明著其例而小功章爲人後者爲其
昆弟從父昆弟之長殤不見中殤明是大功之殤中從
下者又何容發問而贅此異名同實之傳即發問亦但
荅以中從下也即與經例前後相應而其義已大明又

何容辭費轉滋後人之疑乎且果小功之殤即指殤服試曲爲解曰此小功之殤長殤也其中則從下而入緦麻也而昆弟之子女子子夫之昆弟之子女子子之下殤亦皆小功之殤也而其中乃竝從上而在大功章亦與小功之殤中從下之文相戾程氏之說其不可通又有如此者又云婦人爲本宗隆服也故其爲殤服與丈夫同爲夫之親從服也故其爲殤服與丈夫異惟大夫之妾爲庶子之殤中從上與主爲丈夫之例不協然此所謂妾爲君之黨服得與女君同者不足以爲難至小功以上妻亦有降一等者如爲夫之世叔父母是也齊衰之殤較重故中從上不異而於大功之殤獨異大功之長殤稍重亦不可異下殤則已再降矣故獨於中殤爲異先王制禮之意精矣密矣淩氏曙云程氏謂長殤中殤降一等云云四句皆經文說者以其綴緦麻章末遂誤以爲緦麻卒章之傳不知傳皆憑經說義無憑空立義之例案喪服爲夫之從父昆弟之妻此獨非經乎下文傳曰云云正是依經說義若如程說全經之例有傳文之下贅以經四語戛然而止不復發傳者乎程云兩殤服章專主於齊衰之殤而制之也夫齊衰之長殤降一等已入殤大功章矣齊衰之下殤降二等已入殤

小功章矣更無須復爲齊衰發例也而緦麻之卒章傳又有齊衰之殤云云者一則主乎男子一則主乎婦人前後不嫌重複也況傳例一發於爲從父昆弟之丈夫下一發於婦人爲夫之親之服下故知其義然也程又疑如謂小功之殤中從上爲成人之小功夫成人之小功其長殤則緦麻也安得復有下殤之服而爲中殤之所從者乎案此不必疑也中殤從下殤無服若不發中從下之例不幾於小功之殤中從上乎況經只云從下未有服字也案以上俱見張氏履喪服足徵記辨誤內其申明注義駁正程說詳矣是矣凌先生禮經釋例云近有謂此四句爲喪服經文誤入傳中者無端平地起波嘘宋儒鎦簡之燼其風不可長也案此亦是駁足徵記之說淩先生與程同邑同講學者故不欲顯斥其名也

卷二十四終

儀禮正義卷二十五　鄭氏注

績溪胡培翬學

記疏正義曰吳氏廷華疑義云案記不應有傳此自公子爲其母至惡笄有首布總以上疑爲經文凡衰外削幅以下則記文也今案凡衰外削幅以下無傳故吳氏云然蓋亦泥於子夏作傳之說也盛氏世佐云諸說不出一手亦非一代所成似爲近之餘詳篇首目錄下及士冠禮記下

公子爲其母練冠麻麻衣縓緣爲其妻縓冠葛絰帶麻衣縓緣皆既葬除之公子君之庶子也其或爲母謂妾子也麻者緦麻之絰帶也此麻衣者如小功布深衣爲不制衰裳變也詩云麻衣如雪縓淺絳也一染謂之縓練冠而麻衣縓緣三年練之受飾也檀弓曰練練衣黃裏縓緣諸侯之妾子厭於父爲母不得伸權爲制此服不奪其恩也爲妻縓冠葛絰帶妻輕疏正義曰言公子謂父存也大功章言公之庶昆弟則父沒也父沒爲母妻大功父存則制此服馬氏云不見日月者既葬而除

之無日月也鄭氏謂三月而葬詳下　注云公子君之庶子也其或爲母謂妾子也者以公子是適夫人第二子以下及妾子之統稱對適長子一人言故云庶子但適妻所生子爲母皆得伸其正服故知此爲母謂妾子爲所生母也爲妻則庶子皆同云麻者緦麻之絰帶也者五服緦麻最輕故舉以爲言案下解麻衣云如小功此云緦麻者緦麻與小功絰帶同也記先言麻而後言麻衣故知此麻指首絰與要帶言也云此麻衣者如小功布深衣爲不制衰裳變也者案襍記大夫卜宅與葬日有司麻衣鄭注麻衣白布深衣閒傳又期而大祥素縞麻衣鄭注麻衣十五升布深衣也謂之麻者純用布無采飾也彼麻衣制同而不用小功布爲衣異故鄭云此麻衣者以別之也案深衣用十五升布此用小功布而云如深衣者如其制度耳蓋深衣連衣裳爲之此記言麻衣不言衰裳故知亦如深衣不制衰裳是變於正服也知用小功布者詩蜉蝣孔疏云大功章公之庶昆弟父卒爲母大功父在之時雖不在五服之例其縷麤細宜降大功一等用小功布李氏云父在士之子爲其母妻期大夫之庶子爲其母妻大功則公子宜爲其母妻小功矣故知此麻衣用小功布也引詩麻衣如雪者證麻衣用白布耳其實彼箋解麻衣爲深衣案深衣

純以采麻衣純以布二者不同而詩箋謂麻衣卽深衣者以其皆用白布故得通稱也云縓淺絳也一染謂之縓者說文絳大赤也縓赤黃色是縓爲淺絳也一染謂之縓爾雅文爾雅又云再染謂之赬三染謂之纁引之以證一染之爲色淺也云練冠而麻衣縓緣三年練之受飾也者五服皆用生布此用練熟布爲冠故云練冠也說文練湅繒也段氏注云湅者瀰也瀰者淅也淅者汏米也湅繒汏諸水中如汏米然已湅之帛曰練今案布之名練亦是已湅者方氏愨謂用練帛爲冠非矣沈氏彤云練冠升數經傳無文今以旣葬受冠升數推之則斬衰當八升齊衰當九升開元禮練冠八升九升是也此麻衣之練冠當十升注云此麻衣如小功布小功降服十升則練冠亦十升也喪服四制曰父母之喪十三月而練冠是練冠爲餘服非正服蓋奪其正服卽以餘服爲正也沈氏大成云注當疊縓緣二字今本脫蓋上一句乃謂練冠而著麻衣者則縓緣也對麻衣之名深衣中衣者以采緣名長衣者以素緣而言下云縓緣三年練之受飾也乃專釋縓緣二字今案沈說是緣是飾邊之名三年之喪以縓爲練之受飾故下卽引檀弓以明之亦是餘服非正服也檀弓曰練練衣黃裏縓緣鄭注小祥練冠練中衣以黃爲內縓爲飾是也此縓

緣用縓色布爲之賈疏於縓冠則云以布爲縓色於縓緣則云以繒爲縓色一縓而解爲二失之矣又閒傳期而小祥練冠縓緣據孔疏亦是緣衣與檀弓同敖氏乃謂爲緣冠尤誤云諸侯之妾子厭於父爲母不得伸權爲制此服不奪其恩也者公子被厭不得爲母服今於五服外權制此服以達其情是不奪其母子之恩也云爲妻縓冠葛經帶妻輕者以爲妻麻衣縓緣與母同而以縓爲冠以葛爲經帶與母異是妻之喪輕於母也馬氏云天子諸侯之庶子爲其妻輕故縓冠葛帶義與鄭同

傳曰何以不在五服之中也君之所不服子亦不敢服也君之所爲服子亦不敢不服也君之所不服謂妾與庶婦也君之所爲服謂夫子與適婦也諸侯之妾貴者視卿賤者視大夫皆三月而葬【疏】正義曰傳問爲母妻何以不在五服之中怪其輕而問也敖氏云君之所不服子亦從乎其君而不敢服之傳以此釋其所以不在五服中之意君之所爲服子亦各以其服服之傳又因上文而并言此以見凡公子之服與不服其義皆不在己也注云君

之所不服謂妾與庶婦也君之所爲服謂夫人與適婦也者邵氏寶云庶母於君爲妾庶子之妻於君爲庶婦君服妻不服妾服家婦不服庶婦君之所不服而權制此服焉故在五服之外云諸侯之妾貴者視卿賤者視大夫皆三月而葬者大戴禮□□篇文也或謂此十八字當屬上經注文之末賈疏云鄭意注傳云君之所不服謂妾與庶婦也下乃解妾有貴賤葬有早晚故至此引之其說是也案穀梁傳云公子之重視大夫卿大夫三月而葬則公子之妻亦三月而葬可知○李氏云齊王子有其母死其傅爲之請數月之喪孟子曰是欲終之而不可得也如謂此也公子旣以厭降其母妻爲其母妻之黨無服其妻於公子之黨自如其本服服之舅不厭婦故也服問曰有從輕而重公子之妻爲其皇姑有從無服而有服公子之妻爲公子之外兄弟有從有服而無服公子爲其妻之父母是也錢氏大昕潛研堂荅問云問王子有其母死者其傅爲之請數月之喪陳氏暘謂王子所生之母死厭於嫡母而不敢終喪古人之於嫡庶若是其嚴乎曰陳氏之說本於趙邠卿謂王之庶夫人死迫於嫡夫人不得行其喪親之數其實不然也禮家無二尊故有厭降之義父卒爲母齊衰三年

而父在則期厭於父也禮尊君而卑臣亦有厭降之義天子諸侯絕旁期大夫降故大夫之庶子父在爲其母大功公子父在爲其母無服厭於尊也淩先生云父在爲母齊衰期厭於父至尊也若庶子爲後者爲母緦庶子不爲後者則記所云公子爲其母練冠麻麻衣縓緣不在五服之中矣皆厭於父至尊故也經傳無厭於嫡母之文孟子集注引陳氏說蓋沿趙岐之誤

大夫公之昆弟大夫之子於兄弟降一等兄弟猶言族親也凡不見者以此求之

疏 正義曰大夫以尊降公之昆弟以旁尊降大夫之子以從於父而降三人所以降之義不同而其服則同是以總云降一等也注云兄弟猶言族親也者此兄弟所包甚廣凡旁親期功以下皆是賈疏云下云小功以下爲兄弟恐此兄弟亦據小功以下得降故曰猶族親也則此兄弟及下文爲人後者爲兄弟皆非小功以下也今案賈氏此辨甚確據下傳注云於此發兄弟傳者嫌大功已上又加也然則小功以下爲兄弟一語專指兄弟皆在他邦不及知父母與兄弟居者而言不可以解他處兄弟明矣近人泥於小功以下四字於兄弟之義遂多窒礙

難通沈氏彤云賈云上經當已言訖恐猶不盡記人總結之案大功章云大夫爲世父母叔父母子昆弟昆弟之子爲士者又云大夫大夫之妻大夫之子公之昆弟爲姑姊妹女子子嫁於大夫者小功章云大夫公之昆弟大夫之子爲其昆弟庶子姑姊妹女子子之長殤又云大夫大夫之子公之昆弟爲從父昆弟庶孫姑姊妹女子子之適士者四條之中若世叔父姑姊妹昆弟從父昆弟昆弟之子其外若小功章從祖祖父從祖父從祖昆弟從父姊妹及從父昆弟之子昆弟之孫皆此經所謂兄弟也蓋從父以上爲祖父之兄弟即特牲饋食禮之長兄弟也昆弟以至從祖昆弟爲己之兄弟即特牲之衆兄弟也從子以下爲子孫之兄弟即特牲之兄弟弟子也姑姊妹女子子爲父及己之女兄弟即特牲之內兄弟也是兄弟者乃古人旁親之通親故鄭以族親解之四條外小功章諸親降一等爲緦此大夫以下三人絕緦則彼無服矣記之緦結蓋明此義

爲人後者於兄弟降一等報於所爲後之兄弟之子若子

言報者嫌其爲宗子不降〔疏〕正義曰校勘記云於兄弟之於要義作爲與上疏合案各本皆作於今從於又於所

爲後之兄弟之子若子自唐石經至今相傳各板本皆如是敖氏疑之子二字爲衍近金氏禮箋據通典載賀循爲後議引作於所爲後之子兄弟若子遂改其文於是戴氏校儀禮集釋程氏撰喪服足徵記因之雖其說不同而皆以石經爲誤淩先生云記文本明近儒據通典改作於所爲後之子兄弟若子好奇者多從其說竊謂儀禮有開成石刻可憑通典傳刻易淆未可據以改經也今案盧氏詳校阮氏校勘記皆從金戴之說非當以唐石經爲正○記曰爲人後者是以此四字提首而下一言其本宗服一言其所後服兩兩相應於兄弟降一等報爲本宗旁親之服也於所爲後之兄弟之子若子爲所後旁親之服也言若子則不降等矣言若子則其相爲服自見不必言報矣於本宗則降於所後則不降重一本也此兄弟卽昆弟記文言兄弟者六言兄弟服者二下文兄弟皆在他邦與兄弟居傳指爲小功以下其言兄弟服亦指小功以下言之以齊衰三月章傳曰小功者兄弟之服也是兄弟服指小功以下言也此節兄弟及上兄弟皆不指小功以下辨已見前鄭於上兄弟及下凡妾爲私兄弟皆以族親解之而此節無注則知兄弟卽謂昆弟矣於兄弟降一等卽經所云爲人後者爲其昆弟大功爲其姊妹適人者小功是也不曰

昆弟而曰兄弟蓋兼姊妹言之然降一等之服已見於經而記復言之者爲報言也段氏經韻樓集云經未言報故記補言報以足之與不杖章爲其父母報一例此説是也又云兄弟二字當作其昆弟三字則臆斷不可從耳近儒因傳小功以下爲兄弟一語遂謂兄弟與昆弟異不知以服而言則兄弟不可爲昆弟以人而言則昆弟亦可稱兄弟且儀禮爲人後者後大宗於其父母昆弟姊妹外皆不制降一等之服而惟以所後之親疏爲斷辨見小功章爲人後者爲其姊妹適人者下記不云所爲後之兄弟而云所爲後之兄弟之子所爲後之兄弟之子亦兄弟也因上兄弟而類及也後人者無親兄弟而容有從兄弟沈氏彤云所爲後謂我所爲之後之人所爲後之兄弟之子今於己爲從兄弟若子者言如親子之服大功也因服本親之兄弟而及今之從兄弟也褚氏寅亮云於所爲後之兄弟之子若子指爲人後者服所後者之旁親也二説較然分明視金戴諸家之據通典曲解者豈不允當乎褚氏又云有親兄弟之子乃取疏遠以爲後者或昆弟止一子或有可爲後者而廢疾不任事也今案斬衰章傳曰何如而可爲之後同宗則可爲之後是爲後不必定屬親兄弟之子也○張氏爾岐云注所謂宗子指爲人後者恐人疑入繼大

宗主宗事本親不爲降服故云報明兩相爲服皆降也今案據此注則儀禮所謂爲人後者皆後大宗益明矣

兄弟皆在他邦加一等不及知父母與兄弟居加一等皆在他邦謂行仕出游若辟仇不及知父母父母早卒

疏正義曰兄弟皆在他邦加一等者以其俱在異地無家室之親而有死者則生者爲之服加一等如無服則爲之緦緦則加服小功小功加服大功愍其容死故也不及知父母與兄弟居加一等者謂幼小父母俱亡不及知之依兄弟同居而兄弟死則此不及知父母者爲加服一等此雖不在他邦而亦加者所以荅其撫育之恩也或謂不及知父母者死而此與居之兄弟愍其孤幼爲加一等之服非矣褚氏云此乃爲加以加加於本服之外也若應降不降不可謂加 注云皆在他邦謂行仕出游若辟仇者此釋所以在他邦之由也行仕出游爲一事辟仇爲一事若猶及也見王尙書經傳釋詞行仕出游謂因行道求仕而出游如孔子周流列國是也辟仇謂若周禮調人云兄弟之讎辟諸千里之外從父兄弟之讎不同國是也吳氏廷華補被放者一層謂若晉放其大夫胥甲父于衞是也又云在他邦不必同行或先後相値亦是耳此駁賈疏之說也案

在他邦亦容有同行者亦容有先後相值者二說相兼乃備云不及知父母父母早卒者此謂父母卒而其子尚小故不及知也

傳曰何如則可謂之兄弟傳曰小功以下爲兄弟於此發兄弟傳者嫌大功已上又加也大功已上若皆在他國則親自親矣若不及知父母則固同財矣【疏】正義曰傳何如一問是問加一等者爲何如兄弟耳小功以下爲兄弟謂小功及緦袒免無服之兄弟皆當加一等也

注云於此發兄弟傳者嫌大功已上又加也者大功之服本重不可再加兄弟又爲昆弟之通稱若不明其爲何等兄弟恐人疑期服大功之親亦加也經記言兄弟者多矣獨於此發小功以下爲兄弟之傳明專指此節而言不可泥此傳以解他處之兄弟也云大功已上若皆在他國則親自親矣若不及知父母則固同財矣者此明大功以上不必加之義也蓋此兄弟是疏遠者故在他邦加一等若大功以上則本是親屬服稱其情無庸復加也又大功以上有同財共居之義其人幼小而父母卒則固當撫育之以其爲義所當然不必加服也

朋友皆在他邦袒免歸則已謂服無親者當爲之主每至袒時則袒袒則去冠代之以免舊說以爲免象冠廣一寸已猶止也歸有主則止也主若幼少則未止小記曰大功者主人之喪有三年者則必爲之再祭朋友虞祔而已疏正義曰敖氏云朋友相爲弔服加麻也此亦爲其客死於外尤可哀憐故加一等而爲之袒免以示其情歸於其國則復故而如其常服故曰歸則已也死於他邦者朋友袒免兄弟加一等其意正同此云歸則已是兄弟雖歸其加服固自若也亦足以見親疏之殺矣今案大傳曰五世袒免殺同姓也今爲朋友而袒免比於同宗五世之親是加服也○校勘記云注舊說下集釋要義敖氏俱無云字沈氏大成云士喪禮注及周禮司服注引舊說皆無云字今案嚴本有云字衍文云謂服無親者當爲之主每至袒時則袒袒則去冠代之以免者謂在他邦無親屬爲主喪則朋友服之卽當爲之主也旣爲之主則遇禮節有當袒時亦必袒袒則不當著冠故代之以免此釋禮所以袒免之由也問喪曰冠者不肉袒何也曰冠至尊也不居肉袒之體也故爲之免以代之也此鄭義所本云舊說以爲免象冠廣一寸者案士喪禮衆主人免于房注云舊說以爲免如冠狀廣一寸義互詳

彼汪氏琬云宋儒程氏大昌嘗辨袒免謂免如字不當音
問又曰不應別立一冠名之爲免予則曰布廣一寸從項
交額而卻繞於紒是故不成其爲冠也鄭氏亦未嘗以冠
名之也程氏曰解除吉冠之謂免如免冠之免予則曰此
非禮經之意也禮禿者不免謂其無紒可繞故不免也又
問喪曰免者以何爲也曰不冠者之所服也旣云所服則
必有其服而不止於不冠矣程氏曰衰絰冠裳俱有其制
而袒免則元無冠服故經莫得而記予則曰經文有之矣
小記斬衰括髮以麻爲母括髮以麻免而以布是免用布
也用布卽免之制也左傳韓之戰秦穆公獲晉侯穆姬使
以免服衰絰逆之則免之有服審矣免而括髮者爲母喪
也有免而不括髮者爲屬及五世之袒免是也華氏學泉云
袒者去衣也喪禮凡踊先袒將袒先免故曰袒而踊之又
曰袒成踊是袒以踊也冠者不袒故爲免以代之是免以
袒也又有事則袒故飯含主人南面左袒扱諸面之右凡
斂者袒大斂主人及親者袒旣夕啟殯商祝免袒之類凡
動變皆袒於事便也大斂之前主人及緦麻皆免袒旣殯緦
小功不免也虞卒哭則免之故當事而袒免者五服之所
同也但五世親盡宜袒則袒宜免則免事畢則除之而無
服耳今案汪氏辨免之制甚精華氏說袒之義亦詳幷錄

之云已猶止也者已字有數義此已字則作止解詩毛傳亦云已止也云歸有主則止也者以朋友在他邦無爲之主故祖免歸有主則不祖免也又云主若幼少則未止者此鄭推出一義蓋據小記朋友虞祔之文故卽引以爲證也小記曰大功者主人之喪有三年者則必爲之再祭朋友虞祔而已彼注云謂姒者之從父昆弟來爲喪主有三年者謂妻若子幼少大功爲之再祭則小功緦麻爲之練祭可也今案主人之喪謂爲人主喪再祭謂練祥言主幼少而大功之親爲之主喪則必爲之練及祥朋友主喪者但虞祔而已旣云虞祔矣則歸而其子尚幼無近親爲之主喪朋友亦必爲之主是未止也褚氏云注言爲之喪主更補記未備今案注言歸猶未止亦備記所未備也

朋友麻

朋友雖無親有同道之恩相爲服緦之経帶檀弓曰羣居則経出則否其服弔服也周禮曰凡弔當事則弁経服弁経者如爵弁而素加環経也其服有三錫衰也緦衰也疑衰也王爲三公六卿錫衰爲諸侯緦衰爲大夫士疑衰諸侯及卿大夫亦以錫衰爲弔服當事則弁経否則皮弁辟天子也士以緦衰爲喪服其弔服則疑衰也舊說以爲士弔服布上素下或曰素委貌冠加朝服論語曰緇衣羔裘又曰羔裘玄冠不以弔何朝服之有乎然

則二者皆有似也此實疑衰也其弁經皮弁之時則如卿大夫然又改其裳以素辟諸侯也朋友之相爲服卽士弔服疑衰素裳冠則皮弁加經庶人不爵弁則其弔服素冠委貌

【疏】正義曰賈疏云上文據在他國加袒免今此在國相爲弔服麻經帶而已孔氏穎達云麻謂經與帶皆用麻旣葬除之朱子云五服皆用麻朋友麻是加麻於弔服之上也案禮言朋友麻而不言師服者程子云師不立服不可立也如顏閔於孔子其成已之功與君父竝其次各有淺深稱其情而已下至曲藝莫不有師豈可一槩制服今案弔服加麻師與朋友同見檀弓注而其異於朋友者心喪三年出行亦經檀弓曰事師服勤至死心喪三年又曰孔子之喪二三子皆經而出是也　注云朋友雖無親有同道之恩相爲服緦之經帶者謂朋友雖非親屬而有同道之恩故於其殺也相爲之服論語曰以文會友以友輔仁是有同道之恩也知用緦之經帶者以五服唯緦最輕也引檀弓曰羣居則經出則否者證朋友服麻經之事也彼注云羣謂七十二弟子相爲朋友服是也云居則經出則否者對上孔子之喪皆經而出言也家語子游曰吾聞諸夫子喪朋友居則經出則否喪所尊雖經而出可也檀弓主人旣小斂袒括髮子游襲裘帶經而入鄭注所弔

者朋友是知朋友之喪服麻經帶也云其服弔服也者以記但云朋友麻而不言衰則不別制衰但用弔服而加麻經帶焉可知故云其服弔服也云周禮曰者司服職文鄭引以證弔服也云凡弔當事則弁經服者沈氏大成云周禮司服本文作凡弔事弁經服無當字則字此因小記有當事則弁經之語而誤衍云弁經者如爵弁而素加環經也者案司服注同彼注又云經大如緦之經襍記曰小斂環經公大夫士一也鄭注環經者一股所謂纏經也孔疏若是兩股相交則謂之絞今云環經是周迴纏繞之名故知是一股纏繞也云其服有三錫衰也緦衰也疑衰也者據司服言也云王爲三公六卿錫衰爲諸侯緦衰爲大夫士疑衰者司服文彼注云君爲臣服弔服也鄭司農云錫麻之滑易者十五升去其半有事其布無事其縷緦亦十五升去其半有事其縷無事其布疑衰十四升衰玄謂疑之言擬也擬於吉褚氏云疑之言擬以十四升布擬於十五升之吉布也蓋自三升以至十二升凶服也十五升吉服也若用十三升則嫌爲凶服十二升之等差故闕之不用而用十四升以取擬吉之義敖氏謂取疑似之義甚無謂也易文言陰疑于陽必戰漢儒亦訓爲擬云諸侯及卿大夫亦以錫衰爲弔服當事則弁經否則皮弁辟天子也

者案喪服小記曰諸侯弔必皮弁錫衰下記曰大夫弔于命婦錫衰服問曰公爲卿大夫錫衰以居出亦如之當事則弁絰大夫相爲亦然襍記曰大夫之哭大夫弁絰大夫與殯亦弁絰是鄭義所本惟司服王三衰其首服皆弁絰諸侯有弁絰皮弁之異故云當事則弁絰否則皮弁辟天子也鄭注服問云不當事則皮弁與此注義同注司服云國君於其臣弁絰他國之臣則皮弁與此注義異喪服小記孔疏申之謂皮弁錫衰有二義一則弔異國臣皮弁自弔己臣弁絰一則自弔己臣而未當事則皮弁至當事乃弁絰也云士以緦衰爲喪服其弔服則疑衰也者大夫以上無緦服士有緦服故弔服不以緦衰而以疑衰也云舊說以爲士弔服布上素下或曰素委貌冠加朝服論語曰緇衣羔裘又曰羔裘玄冠不以弔何朝服之有乎者此鄭引論語以破舊說也引羔裘玄冠而併引緇衣羔裘者以緇衣用布而素裳與玄冠皆是朝服不以弔也司服注亦引舊說而破之云然則二者皆有似也者賈疏云以其未小斂已前容有著朝服弔法則子游曾子弔是也又布上素下近士之弔服素下故云皆有似也江氏筠云素下之說是矣其引檀弓爲證恐非鄭義朝服所以云似者以其布十五升而疑衰則十四升相近故也云此實疑衰也其

弁絰皮弁之時則如卿大夫然又改其裳以素辟諸侯也者謂士之弔服實用疑衰其當事弁絰不當事則皮弁亦與卿大夫同惟諸侯疑衰用疑裳士疑衰改用素裳是辟諸侯也大司服注亦云士當事弁絰疑衰變其裳以素耳敖氏謂士當事素冠則庶人用何冠以弔乎敖說非也云朋友之相爲服即士弔服疑衰素裳者謂此朋友麻即用疑衰素裳而加麻也云庶人不爵弁弔服素冠委貌者謂庶人無爵弁故不用弁絰而素冠委貌也注不言其服蓋亦疑衰素裳可知賈此疏以爲白布深衣案深衣是庶人吉服不當用以弔司服疏謂庶人弔服亦疑衰素裳與士同而冠異其說得之餘詳下記傳曰錫者何也麻之有錫者也下沈氏彤云朋友不必其爵之同惟其有以成我而已旣友之而賴其成則雖天子諸侯亦自當爲之服故是記雖主大夫以下言之然不可云天子諸侯無朋友之服也敖氏謂國君不相弔未必有朋友之服則彼豈不知同盟之爲友邦遙哭之無殊於相弔賻且國君亦實有相弔之時戴德云諸侯會遇相弔錫衰皮弁加絰是也遙哭而服弔服見檀弓疏即國君朋友之服也今案沈說是也

君之所爲兄弟服室老降一等公士大夫之君【疏】正義曰臣從君服已見不杖期

章爲君之父母妻長子祖父母矣此記復言君故知是公士大夫之君也公士大夫稱君義已見前斬衰章兄弟服者指小功以下言之義詳下天子諸侯之臣重服從輕服不從此室老家臣卽兄弟服亦從服是與天子諸侯之臣異故特記之降一等者如君服小功室老則服緦也言室老不言邑宰賈疏謂邑宰遠臣不從服室老近臣故從君服義或然

夫之所爲兄弟服妻降一等〔疏〕正義曰兄弟服者謂小功以下之服齊衰三月章傳曰小功者兄弟之服也是其確證晉成粲據此記以爲嫂叔有服不知記明云夫之所爲兄弟服不云夫之兄弟則兄弟指服言不指人言明矣庾蔚之謂蔣濟成粲排棄經傳茍樹己說誠然賈疏云妻從夫服卽上經夫之諸祖父母見於緦麻章夫之世叔見於大功章夫之昆弟之子不降嫂叔又無服今言從夫降一等記其不見者當是夫之從母之類乎沈氏彤云夫之姑姊妹見於小功章賈乃遺之此條是總括之辭若夫之從祖父母夫之從父姊妹之類皆以小功而降爲緦夫之族曾祖父母族祖父母族父母及夫之從祖姑姊妹適人者之類夫皆爲之緦妻皆降

而無服並包含於其中矣江氏筠云此與上室老兩條非止爲服不見者以此求之亦兼爲不服者明之也葢小功降一等則緦緦降一等則無服矣今案沇說江說是也

庶子爲後者爲其外祖父母從母舅無服不爲後如邦人

疏正義曰云庶子爲後者爲其外祖父母從母舅無服者以與尊者爲一體於所生母止服緦故於生母之黨無服也邦人猶言衆人言庶子若不爲後則爲其母黨服與衆人同也盛氏云不言從母昆弟舅之子者舉其重者而輕者可知不爲後如邦人據士禮而言也若公子大夫之庶子爲尊者所厭雖不爲後於其母且不得伸三年於母黨之服亦不得伸也

宗子孤爲殤大功衰小功衰皆三月親則月算如邦人

言孤有不孤者不孤則族人不爲殤服服之也不孤謂父有廢疾若年七十而老子代主宗事者也孤爲殤長殤中殤大功衰下殤小功衰皆如殤服而三月謂與宗子絕屬者也親謂在五屬之內算數也月數如邦人者與宗子有期之

親者成人服之齊衰期長殤大功衰九月中殤大功衰七
月下殤小功衰五月有大功之親者成人服之齊衰三月
卒哭受以大功衰九月其長殤中殤大功衰五月下殤小
功衰三月有小功之親者成人服之齊衰三月卒哭受以
小功衰五月其殤與絕屬者同有緦【疏】正義曰賈疏云宗
麻之親者成人及殤皆與絕屬者同子謂繼別爲大宗
百世不遷收族者也孤爲殤者謂無父未冠而殀者也徐
氏乾學云大功衰小功衰者蓋成人宗子殀族人服之用
齊衰今宗子而殤則服當降一等宗子服止三月無可得
而降故不降其月數但降其衰制不用齊衰而用大功之
衰小功之衰也期仍三月服之常也衣用功衰服之變也
今案皆三月者謂三月而除之親則月算如邦人者謂親
則月數與衆人同各隨其親服之不皆三月也注云言
孤有不孤者不孤則族人不爲殤服服之也者以記言孤
明對不孤者而言不孤則其父尚在族人爲其父服不爲
其子服與宗子之母在則不爲宗子之妻服義同也云不
孤謂父有廢疾若年七十而老子代主宗事者也者此鄭
申言宗子有不孤之義也或父有廢疾不能主宗事而子
代之或父年已七十老而傳家事而子代之是皆有父在
不孤也云孤爲殤長殤中殤大功衰下殤小功衰皆如殤

服而三月者言此孤爲殤之服亦中從上長殤中殤則用大功衰下殤則用小功衰其服皆如大功小功之殤服而月數則三也雖下殤不用緦麻者重宗子也云謂與宗子絕屬者也者言此服之三月者皆在五屬之外與宗子疏遠本無服者也絕屬即大傳所云親屬竭矣也云親謂在五屬之內者指本有服者言也云算數也者爾雅釋詁文以下申言月算如邦人之義也云與宗子有期之親者成人服之齊衰期長殤大功衰九月中殤大功衰七月下殤小功衰五月者謂有期之親者宗子成人服之齊衰期殤則遞降其月數如此也云有大功之親者成人服之齊衰三月卒哭受以大功衰九月其長殤中殤大功衰五月下殤小功衰三月者謂大功之親本九月之宗子成人服之齊衰三月卒哭受以大功衰以終九月之數殤則遞降其月數如此也云有小功之親者成人服之齊衰三月卒哭受以小功衰五月其殤與絕屬者同者謂小功之親本五月宗子成人服之齊衰三月卒哭受以小功衰以終五月之數殤則降等與絕屬者同三月也云有緦麻之親者成人及殤皆與絕屬者同者謂緦麻之親本三月宗子成人服之齊衰三月無受服殤無可降亦服三月是皆與絕屬者同也徐氏乾學疑注大功成人服之齊衰三月卒哭受以

大功衰九月爲期年小功成人服之齊衰三月卒哭受以小功衰五月爲八月不知鄭注所謂九月五月者連齊衰三月計之此與大功章言布衰裳牡麻絰纓布帶三月受以小功衰卽葛九月者文法一例徐氏益未之思也

改葬緦　謂墳墓以他故崩壞將亡失尸柩者也改葬者明棺物毀敗改設之如葬時也其奠如大斂從廟之廟從墓之墓禮宜同也服緦者臣爲君也子爲父也妻爲夫也必服緦者親見尸柩不可以無服緦三月而除之

疏 正義曰穀梁傳云改葬之禮緦舉下緬也李氏云舉服之下者以其緬邈故也吳氏紱云改葬緦自天子至於士一也大夫以上無緦服此有之者非常服禮窮則同耳今案改葬與過時而葬者異孔叢子衛司徒文子曰喪服既除然後乃葬者則其服何服子思曰三年之喪未葬服不變除何有焉汪氏琬云或問過時而葬宜何服曰禮久而不葬主喪者不除又禮爲兄弟既除喪已及其葬也反服其服兄弟且爾則過時而葬主喪者宜仍服斬衰矣

注云謂墳墓以他故崩壞將亡失尸柩也者案葬也者藏也欲人之不得見也故改葬非出於得已惟墳墓崩壞將亡失尸柩不能不改葬故禮爲制改葬之服也呂氏春秋曰昔王季歷葬於渦山之尾欒水齧其墓見棺之前和是

其以他故崩壞之事韓氏愈改葬服議云改葬者爲山崩水涌毀其墓若文王之葬王季是也又云及葬而禮不備者若魯隱公之葬惠公以有宋師太子少葬故有闕之類敖氏云如晉惠公改葬共世子之類案此非出於不得已者故鄭不及之也云言改葬者明棺物毀敗改設之如葬時也者謂棺柩及凡送葬之物有毀敗者皆改設之如葬時故云改葬也云其奠如大斂者奠所以依神旣啟壙見尸柩必有奠其設之如大斂奠也云從庿之庿從墓之墓禮窆同也者案改葬之末必朝祖而云從廟之廟者敖氏云注言此者以徵改葬之奠當如大斂耳蓋祖奠如大斂奠故鄭氏以此況彼謂改葬之奠窆與之同也吳徐整問射慈云此大斂謂如始死之大斂邪從廟謂從何廟牲物何用慈荅奠如大斂奠士大斂特豚從禰廟朝祖廟從故墓之新墓皆用特豚大夫以上其禮亾以此推之大夫奠用特豚天子大牢諸侯少牢云服緦者臣爲君也子爲父也妻爲夫也者孔叢子衞司徒文子改葬其叔父問服於子思子思曰禮父母改葬緦旣葬而除之不忍無服送至親也非父母無服無服則弔服而加麻漢戴德云制緦麻具而葬葬而除謂子爲父妻妾爲夫臣爲君孫爲祖後也無遺奠之禮其餘親皆弔服今案鄭氏言臣爲君子爲父妻

爲夫者江氏筠云改葬究竟係誰改之三者皆是主改葬之人所以其義獨精又通典載蔡謨等說以爲改葬宜斬衰韓氏愈云經次五等之服小功之下然後著改葬之制更無輕重之差以此知惟記其最親者其他無服則不記也若主人當服斬衰其餘親各服其服則經亦言之不當惟言緦也其說是矣云必服緦者親見尸柩不可以無服者謂年遠改葬較之初葬雖有異但親見尸柩不可無服也云緦三月而除之者以緦本服三月也馬氏云棺有弛壞將亾尸䙴故制改葬棺物敗者設之如初其奠如大斂時不制斬者禮已終也從墓之墓事已而除不必三月唯三年者服緦期以下無服王氏云本有三年之服者道有遠近或有艱故既葬而除不得待有三月之限今案馬注與鄭略同唯云事已而除不必三月爲異王注亦謂不待三月後儒多從鄭說趙商答陳櫟問謂當待三月除以順緦之數賀氏循云鄭云三月者以親覩尸柩故三月以序其餘哀庾氏蔚之云改葬所以緦而不重者當以送亾有已復生有節若用始亾之服則是死其親故制緦以示變吉既有其服若旬月而葬則當如鄭氏說卒緦之限三月而除若葬過三月者須葬畢釋服服爲葬設故也韓氏愈云或曰經稱改葬緦而不著其月數則似三月而後除也

子思之對文子則曰既葬而除之今宏如何曰自啟殯至於既葬而三月則除之未三月則服以終三月也朱子云禮宏從厚從鄭可也

童子唯當室緦童子未冠之稱也當室者爲父後承家事者爲家主與族人爲禮於有親者雖恩不至不可以無服也

【疏】正義曰李氏云問喪曰禮曰童子不緦唯當室緦緦者其免也當室則免而杖矣言童子不杖不杖者不免當室則免而杖乃有緦服也　注云童子未冠之稱也者古者二十而冠十九以下爲童子也馬氏云童子未成人也襍記疏引戴德云童子當室謂年十五以上其意蓋以十五以下即未能當室也云當室者爲父後承家事者不爲父後則自有任家事之人不必以童子當之也惟其無父無兄而以身主家事則不能無與族人往來晉接之時故云爲家主與族人爲禮也鄭注問喪云當室謂無父兄而主家者也此注雖不言無父兄義當與彼同若有父兄則不得云爲家主矣敖氏謂童子當室有父在者非也云於有親者雖恩不至不可以無服也者言於族人有緦麻之親者雖年稚恩義未至然既與之爲禮不可以無服也

傳曰不當室則無緦服也【疏】正義曰記言唯當室緦則不當室自無緦服而傳言之者嫌期功之服亦無也蓋童子不當室雖無緦服而期功以上之服則仍服之故襍記曰童子哭不偯不踊不杖不菲不廬謂服期功以上之親而缺此五事亦以未成人寬之不責其備禮也然當室則於族人有緦服而於期親以上之服亦必備此五者故曰當室則杖言杖則五禮皆備可知矣

凡妾爲私兄弟如邦人嫌厭降之也私兄弟目其族親也然則女君有以尊降其兄弟者謂士之女爲大夫妻與大夫之女爲諸侯夫人諸侯之女爲天王后也父卒昆弟之爲父後者宗子亦不敢降也【疏】正義曰妾言凡者總包諸侯之妾與大夫士之妾言不杖期章曰公妾以及士妾爲其父母知諸侯之妾亦同也天子之妾當不服之如邦人者謂與衆人同 注云嫌厭降之也者張氏爾岐云妾爲私親疑爲君與女君所厭降實則不厭故服同邦人常法如女子子適人者之服也或曰妾從女君而服女君之黨嫌不自服其黨故記明之云私兄弟目其族親也者案兄弟之服所該甚廣此云私兄弟明指妾本族之親言故鄭云目其族親也云然則女君有

以尊降其兄弟者謂士之女爲大夫妻與大夫之女爲諸侯夫人諸侯之女爲天王后也者以記但云妾爲私兄弟則是女君有以尊不同而降其兄弟旁親之服者如士之女爲大夫妻之類是也云父卒昆弟之爲父後者宗子亦不敢降也者妾爲父母已見經不杖期章此記言私兄弟明指昆弟旁親言之大功章曰女子子適人者爲衆昆弟是以適人降在大功也不杖期章曰女子子適人者爲昆弟之爲父後者以其爲父後是小宗子婦人有歸宗之義故不降之而服期也此記旣云如邦人則衆所降者降之衆所不降者亦不敢降故鄭申言之也此注當以昆弟之爲父後者宗子作一句讀宗子卽指爲父後者李氏云如鄭義則繼禰之宗子嫁者亦不敢以尊降也射慈譙周賀循以爲大宗子亦不降案齊衰三月章婦人爲宗子鄭謂女子在室及嫁歸宗者則出嫁者不服今案李說是也

大夫弔於命婦錫衰命婦弔於大夫亦錫衰

弔於命婦命婦死也弔於大夫大夫死也小記曰諸侯弔必皮弁錫衰服問曰公爲卿大夫錫衰以居出亦如之當事則弁絰大夫相爲亦然爲其妻往則服之出則否

疏 正義曰注云弔於命婦命婦死也弔於大夫大夫死也者鄭恐人以弔於命婦爲命

婦夫姒而大夫往弔弔於大夫爲大夫妻姒而命婦往弔故云然然則弔於命婦爲命婦姒而弔其夫也弔於大夫爲大夫姒而弔其妻也江氏筠云汪鈍翁以命婦弔大夫爲非由未究注義耳秦氏蕙田云曲禮曰知生者弔大夫姒而命婦往弔其妻以與其妻相知故也何嫌於弔乎注引小記者證錫衰爲弔服也引服問者證大夫相弔用錫衰也敖氏云服問以錫衰爲大夫相爲之服則命婦相弔亦錫衰矣盛氏云此本與姒者無服故但服弔服而已

傳曰錫者何也緦之有錫者也錫者十五升抽其半無事其縷有事其布曰錫謂之錫者治其布使之滑易也不錫者不治其縷哀在內也緦者不治其布哀在外君及卿大夫弔士雖當事皮弁錫衰而已士之相弔則如朋友服疑衰素裳凡婦人相弔吉笄無首素總【疏】正義曰敖氏云有錫疑當作滑易蓋二字各有似以傳寫而誤也鄭司農注司服職云錫緦之滑易者其據此記未誤之文歟沈氏彤云傳云有錫則有不錫者此蓋對緦緦之無事其布而言不容破字且破有錫爲滑易恐上詳下略亦非言之序敖說也校勘記云案錫者滑易也有錫者治其布使之滑易也

有卽有事其布之有若但云麻之滑易則麻自滑易不見有事其布之意敖言先鄭作滑易姝屬傳會○錫者不何也以錫在五服外故問也荅云麻之有錫者見錫亦以麻爲之也十五升抽其半與緦同詳緦麻章傳下但緦則有事其縷無事其布錫則無事其縷有事其布此錫與緦所以異也襍記云加灰錫也卽此有事其布之謂斬衰章傳云冠六升鍛而勿灰然則不加灰雖鍛不可謂之有事也緦衰云有事其縷葢亦加灰治之敖氏云錫不治縷則其縷不如緦之細然弔服不可以無所事旣不治縷則當治布也治其布則滑易矣所以謂之錫○校勘記云注錫者不治其縷錫上徐本楊氏俱有不字前緦麻三月者傳疏引此注唯聶氏無不字各本俱有哀在外也徐本無也字亦與緦麻疏合雖當事徐陳集釋俱作雖毛本雖作唯重修監本誤作准皮弁錫衰而巳徐本無弁字張氏曰監本云皮弁錫衰從監本則如朋友服下徐本集釋俱有矣字今案錫上有不字非也皮下無弁字亦非餘俱從徐本　云錫者不治其縷哀在內也緦者不治其布哀在外者　鄭注周禮司服同褚氏云哀在內哀在外指所哀之人言以內外臣分布縷之治否也當善會云君及卿大夫弔士雖當事皮

弁錫衰而已者賈疏云士輕無服弁絰之禮有事無事
皆皮弁錫衰而已若然文王世子注諸侯爲異姓之士
疑衰同姓之士緦衰今又言士與大夫同錫衰者此與
士喪禮注同亦是君於此士有師友之恩者也沈氏彤
以注雖字本作唯賈出注語作雖謂鄭意主錫衰而言
故云唯賈意主皮弁而言故作雖通解續及楊圖竝從
賈但此注本因錫衰而及之主皮弁言者誤也唯當事
皮弁錫衰而已明不當事則皮弁疑衰也此與文王世
子注不相違與士喪禮注則文同而意異彼經云君若
有賜焉明君於此士有師友之恩故得與大夫同錫衰
此注但云弔士未見有師友之恩故唯當事錫衰而已
蓋諸侯爲卿大夫常錫衰爲士唯當事錫衰爲士有師
友之恩者亦常錫衰輕重等差皆各有其義也又此云
當事錫衰專謂將葬啟殯之時若大斂與殯則主人未
衰弔者亦安得而衰哉故知鄭不兼言之又卿大夫弔
士其冠不與君同蓋當事弁絰也今案詳注而已語氣
似作雖爲是而沈說辨析極細故竝附錄於此以待後
人考正云士之相弔則如朋友服矣疑衰素裳者詳前
朋友麻下云凡婦人相弔吉笄無首素總者因記言命
婦弔錫衰而未言首服故特明之云凡者謂卿大夫妻

與士妻也鄭注檀弓亦云婦人弔皆吉笄無首素總孔疏以爲大戴禮文李氏云婦人笄總相將男子弔服素冠故婦人素總爲父母卒哭折吉笄之首故弔服吉笄無首也○凡弔服之見於經注者周禮司服曰凡弔事弁經服鄭注弁經者如爵弁而素加環經司服又曰王爲三公六卿錫衰爲諸侯緦衰爲大夫士疑衰其首服皆弁經鄭注君爲臣服弔服也此天子之弔服也禮記喪服小記曰諸侯弔必皮弁錫衰服問曰公爲卿大夫錫衰以居出亦如之當事則弁經鄭注不當事則皮弁又鄭注文王世子云君雖不服臣卿大夫死則皮弁錫衰以居往弔當事則弁經於士蓋疑衰同姓則緦衰以弔之又鄭注司服云諸侯亦以錫衰爲弔服喪服小記曰諸侯弔必皮弁錫衰則變其冠耳又云國君於其臣弁經他國之臣則皮弁又鄭注上朋友麻云諸侯亦以錫衰爲弔服當事則弁經否則皮弁辟天子也以小記及服問考之諸侯惟有錫衰弔卿大夫之文而首服有皮弁弁經二者據服問云當事則弁經不當事自皮弁也鄭氏以天子皆弁經諸侯不皆弁經而變其冠爲皮弁辟天子又謂諸侯於己國之臣弁經於他國之臣皮弁其諸侯弔士之服經無明文鄭氏於文王世子注謂

同姓之士緦衰異姓之士疑衰於此注云君弔士雖當
事皮弁錫衰而已明當事不弁經以別於弔己國卿大
夫也但其服云錫衰不云疑衰又士喪禮君若有賜焉
則視斂旣布衣君至注云主人成服之後往則錫衰皆
與文王世子注異孔賈二疏以士於君有師友之恩故
錫衰釋之詳士喪禮君若有賜焉下經惟言諸侯錫衰
據鄭注則三衰俱有孔賈申之以司服云公如王之服
轉次相如故知諸侯亦有三衰也此諸侯之弔服也此
記云大夫弔于命婦錫衰命婦弔于大夫錫衰禮喪服
小記謂大夫相爲亦如公爲卿大夫錫衰以居當事則
弁經又曰爲其妻往則服之出則否襍記曰大夫之哭
大夫弁經大夫與殯亦弁經鄭注弁經者大夫錫衰相
弔之服也又鄭注朋友麻云卿大夫亦以錫衰爲弔服
當事則弁經否則皮弁辟天子也又鄭注司服云大夫
士有朋友之恩亦弁經案大夫之於大夫弁經已見襍
記及小記則此注始爲大夫於士言也大夫於士有朋
友之恩弁經則無朋友之恩者不弁經此注云卿大夫
弔士雖當事皮弁錫衰而已此卿大夫之弔服也上朋
友麻注云士以緦衰爲喪服其弔服則疑衰也又云其
弁經皮弁之時則如卿大夫然又改其裳以素辟諸侯

也朋友之相爲服卽士弔服疑衰素裳此注云士之相弔則如朋友服矣疑衰素裳注司服云士當事弁經疑衰變其裳以素耳案士弔當事弁經則不當事亦皮弁上注所謂弁經皮弁之時如卿大夫也此士之弔服也又朋友麻注云庶人不爵弁則其弔服素冠委貌檀弓疏謂鄭注不顯所著之服文承疑衰素裳之下則庶人亦用疑衰或者庶人布深衣冠素委貌也司服疏則謂庶人冠素委貌疑衰素裳與士服同而冠異今案深衣是庶人吉服不當用以弔似孔疏前說及司服疏爲是矣此庶人弔服也此記云命婦弔錫衰鄭注檀弓魯婦人之髽而弔也云禮弔服大夫之妻錫衰士之妻則疑衰歟皆吉笄無首素總此婦人弔服也以上所論皆主人成服以後之弔服見於經注而可考者如此

女子子適人者爲其父母婦爲舅姑惡笄有首以髽卒哭子折笄首以笄布總言以髽則髽有著笄者明矣

疏正義曰女子子適人者爲父母與婦爲舅姑其服皆期已見不杖期章因經未言首服故記明之惡笄有首以髽異於斬衰三年者之箭笄而髽此笄髽

連言是已成服之髽也詳斬衰章布總箭笄髽衰三年下盛氏云惡笄有首差飾也然則箭笄無首明矣卒哭子折笄首以笄子謂女子子也初喪亦惡笄有首以髽至卒哭後或有事歸於夫家則易吉笄而折其首以著之敖氏云以笄者著笄之稱也以笄則不復髽矣布總兼子與婦言之盛氏云此不專爲女子子發乃言於子折笄首之下者欲終言笄制而後及之耳今案檀弓南宮縚之妻爲姑總八寸鄭注云齊衰之總八寸餘詳斬衰章布總經及傳下○舊解有云髽無笄故鄭辨之李氏云南宮縚之妻之姑之喪夫子誨之髽蓋榛以爲笄髽笄之文相連亦髽有笄之證江氏筠云髽有二種一爲去笄之髽士喪禮婦人髽于室及旣夕所云髽者是也一爲著笄之髽此記所言及斬衰章箭笄髽是也以其可去笄故髽得與免相對又以其可著笄故免僅施之當事而髽得用於平時也今案鄭言髽有著笄者則固有不著笄者江說是也

傳曰笄有首者惡笄之有首也惡笄者櫛笄也折笄首者折吉笄之首也吉笄者象笄也何以言子折笄首而

不言婦終之也櫛笄者以櫛之木爲笄或曰榛笄有首者若今時刻鏤摘頭矣卒哭而喪之大事畢女子子可以歸於夫家而著吉笄折其首者爲其大飾也吉笄尊變其尊者婦人之義也據在夫家宜言婦終之者終子道於父母之恩

疏 正義曰傳恐人之疑箭笄亦有首故云笄有首者惡笄之有首也以別之而即申言之曰惡笄者櫛笄也明非箭笄敖氏因傳云笄有首而疑記文惡字爲衍非又記但云折笄首傳恐人疑爲折惡笄之首故云折笄首者折吉笄之首也又云吉笄者象笄也言吉笄以象骨爲之據周禮弁師天子諸侯皆玉笄王后夫人當亦同此象笄蓋謂大夫妻以下也吉笄尺二寸喪笄長尺亦見斬衰章傳下記初言女子子及婦之笄髽後乃獨言子折笄首而不及婦故傳發問以明之也○校勘記云注喪之大事畢閩監葛本喪俱誤作笄吉笄尊至義也十二字徐本集釋俱在折其首者上今本在爲其大飾也下通解無盧云案其語意似今本爲是若不先言折其首則所謂變者何指賈疏順文爲釋與今本合今案變其尊謂變惡笄而吉笄非指折其首言也詳賈疏是上下牽連總解而其述注則於女子子可以歸於夫家之後即述吉笄尊云云

明不與今本同盧說非仍從徐本　云櫛笄者以櫛之木爲笄或曰榛笄者葢見檀弓有榛以爲笄之文而兩解之也賈疏據玉藻櫛用樿櫛謂櫛用樿木爲之故鄭云以櫛之木爲笄故鄭兩存之也敖氏云此傳之櫛疑卽檀弓之榛葢聲相近而轉爲櫛耳經義述聞云榛本不得謂之櫛櫛沐所用之櫛亦有象櫛但云櫛笄何以別於下文之象笄且樿木爲笄則直稱樿笄可矣何必迂回其文而云櫛笄乎葢櫛當讀爲卽卽柞木也柞木麤惡故以爲喪笄爾雅曰櫬采薪采薪卽薪舍人曰櫬名采薪又名卽薪樊光曰荆州柞木曰采木是采薪卽薪皆柞木之別名單言之則或曰采或曰卽韓子五蠹篇之采椽及此傳之櫛笄是也今案賈敖之說未昀當從述聞爲正云有首者若今時刻鏤摘頭矣者惠氏棟云鄭以摘頭解笄首笄之首猶摘之頭漢之摘古之笄也續漢志曰摘長一尺爲簪今案鄭解有首在櫛笄之後是指吉笄之首言之故以漢時刻鏤摘頭況之也云卒哭而喪之大事畢女子子可以歸於夫家者葢葬畢而虞虞而卒哭是喪之大事畢也喪大記曰婦人喪父母旣練而歸彼注云歸謂歸夫家也但旣練而歸是正法卒哭後容有事而歸以其喪之大事巳畢故亦可權許

之也云而著吉笄吉笄尊變其尊者婦人之義也者蓋歸夫家不可純凶笄在首爲尊而首服尤以吉笄爲尊若仍惡笄不變則恐舅姑以爲嫌故易惡笄而著吉笄變其尊者是婦人事人之義也若布總之屬則不變之矣云折其首者爲其大飾也者以首有刻縷太飾故折去之卒哭未練亦不可純吉也云據在夫家空言婦終之者終子道於父母之恩者以歸於夫家空言婦而仍稱子者以子是對父母之稱是欲終守子道不忘父母之恩也敖氏云終終喪也言婦惡笄以終喪無折笄首之事故不言婦也今案敖說與鄭異鄭以傳不言婦之婦仍指女子子言終之爲終子道其說似迂曲不若敖以婦即記婦爲舅姑之婦終之爲終喪之順小記曰齊衰惡笄以終喪其證也後儒若張氏爾岐沈氏彤江氏筠盧氏文弨皆以敖義爲長

妾爲女君君之長子惡笄有首布總 疏 正義曰妾爲女君已見不杖期章此記其首服并及爲君之長子首服也妾爲舅姑即包於上條婦爲舅姑之中其爲夫則箭笄見斬衰章賈疏云妾爲君之黨服得與女君同故爲長子亦三年李氏云妾之事女君與婦之事舅姑等故其首服同其爲君之長子雖與

女君同三年而情本輕故從齊衰之首服亦惡笄有首布總也敖氏云笄總與上同乃別見之者明其不髽也或曰不言髽省文

凡衰外削幅裳內削幅幅三袧削猶殺也大古冠布衣布先知爲上外殺其幅以便體也後知爲下內殺其幅稍有飾也後世聖人易之以此爲喪服袧者謂辟兩側空中央也祭服朝服辟積無數凡裳前三幅後四幅也

疏 正義曰自此至袪尺二寸記喪服衰裳之制及尺寸之數也云凡者兼五服言之謂衰裳外削內削及裳每幅三袧之制五服皆同也唯斬衰不緝其邊齊衰以下則緝之爲異耳李氏云外削幅者削布之邊幅向外內削幅者幅向內也幅三袧者據裳而言敖氏云衰外削幅者所以別於吉服之制亦如喪冠外畢之類裳幅不變者衣重而裳輕變其重者以示異足矣故裳不必變也今案衰爲廣長當心者之正名而上衣亦通名衰故以衰與裳對言也　注云削猶殺也者廣雅釋詁削與殺皆訓減故鄭以殺釋之謂減殺其幅之邊也高誘注淮南亦云削殺也江氏永云論語非帷裳必殺之殺字與此義異彼殺謂斜裁此削謂摺倒一寸注雖以殺訓削義實

不同然則衰外削幅者謂摺倒一寸向外也裳內削幅者謂摺倒一寸向內也云大古冠布衣布先知爲上外殺其幅以便體也後知爲下內殺其幅稍有飾也者謂大古時冠衣皆以白布爲之士冠禮記曰大古冠布齊則緇之鄭注大古唐虞以上是也先知爲上謂衣也後知爲下謂裳也初時唯知便體故外殺其幅後稍知飾觀故內殺其幅云後世聖人易之以此爲喪服者言大古時吉凶皆用此服後世聖人更定服制乃專以此爲喪服也云袧者謂辟兩側空中央也者莊子云形之與形亦辟矣釋文辟相著也然則辟兩側者謂以兩側相著合則其中央自空也云祭服朝服辟積無數者朝祭之服謂六冕爵弁皮弁朝服玄端之屬辟積即袧也朝祭之裳每幅辟積無數此裳則限以三辟積亦其與吉服異者也云凡裳前三幅後四幅也者謂祭服朝服喪服之裳皆前三幅後四幅故云凡此卽論語所謂帷裳也賈疏云前爲陽後爲陰前三後四象陰陽也案帷裳之必須辟積者以其前三後四共七幅每幅二尺二寸兩畔各去一寸爲縫仍存二尺七幅共十四尺若不辟積其要中則太寬與身不相附但人身有廣狹不同故辟積不定其數喪服之裳雖限以三辟積而亦不言其寸數多寡也至深衣長衣之等連衣裳爲之制十二

幅以應十有二月無辟積與帷裳異江氏永云深衣裳用布六幅裁爲十二幅其當裳之前襟後裾正處者以布四幅正裁爲八幅上下皆廣一尺一寸又以布二幅斜裁爲四幅狹頭二寸寬頭二尺此四幅皆以狹頭向上寬頭向下連屬於裳之兩旁別名爲衽玉藻云衽當旁是也論語所謂非帷裳必殺之者如此今案深衣兩旁有斜裁倒縫之衽故下廣上狹要閒不須辟積也

若齊裳內衰外齊緝也凡五服之衰一斬四緝緝裳者內展之緝衰者外展之疏正義曰上言衰外削幅裳內削幅者五服所同但五服之衰與裳有齊者有不齊者故云若齊齊也齊謂緝其邊也不齊者謂斬也先言裳而後言衰者齊本據裳言之曲禮去齊尺玉藻足如履齊鄭注皆云齊裳下緝也論語攝齊升堂皇疏亦云齊裳下縫故先言裳也　注云齊緝也者據齊衰三年章傳也云凡五服之衰一斬四緝者謂斬衰不緝齊衰大功小功緦麻四者皆緝故云一斬四緝也云緝裳者內展之緝衰者外展之者說文展轉也謂轉其邊而緝之緝裳者則先轉其邊於內緝衰者則先轉其邊於外而後施鍼功也此內外與削幅之內外同者亦所以別於吉服上外削內

削指布幅兩畔之邊言故言幅此則指衰裳竟體之邊言故不言幅也

負廣出於適寸負在背上者也適辟領也負出於辟領外旁一寸疏正義曰負亦名負版見下注敖氏引孔子式負版者爲據江氏筠云論語此文承凶服者式之之下敖豈謂所式凶服之獨此邪蓋祇見字面同而喜爲牽合與衣帶下尺向一解作經帶之帶同一謬耳注云負在背上者賈疏云以一方布置於背上上畔縫著領下畔垂放之以在背上故得負名云適辟領也者適一名辟領詳下云負出於辟領外旁一寸云寸者據辟下領辟領並闊中總尺六寸負之兩旁各出辟領一寸則尺八寸也此言其廣也其長敖氏以爲比於衰或然

適博四寸出於衰博廣也辟領廣四寸則與闊中八寸也兩之爲尺六寸也出於衰者旁出衰外不著寸數者可知也疏正義曰適在兩肩博四寸者指一邊之適言之出於衰者則合適之兩相并闊中言之也注云博廣也者上言負廣出於適寸此言適博四寸之出於衰所云出者據橫闊而言鄭恐人疑博與廣有異故釋之云辟領廣四寸則與闊中八寸也兩之爲尺六寸也者李氏云衣領當項處左右各開四寸向外辟爲厭之是爲辟

領所開處則闊中也辟領與闊中每旁合爲八寸通左右計之則尺六寸衰廣四寸當心辟領旁各出衰外六寸闊中或作闕中謂闕去中央以安項也今案下衣二尺有二寸注加辟領八寸李氏亦云辟領賈氏作闕中以文義詳之此注似作闕是也吳氏廷華云衣當領處縱横各翦入四寸以所翦各反摺向外覆於肩謂之適亦曰辟領其中空者爲闊中合左右前後方八寸適亦如之今案據吳氏之說以爲適方八寸則每旁覆於肩者縱有八寸而横闊止四寸合兩旁八寸并闊中爲尺六寸也敖氏以爲當項之處縱廣四寸而横之闊狹不定則與方領之制姝矣似未可從云出於衰者旁出衰外者衰在胸前以兩肩辟領望之出衰外也云不著寸數者可知也者以衰止四寸而而辟領兩旁有尺六寸則其出於衰外可知故不必著其寸數也

衰長六寸博四寸 廣袤當心也前有衰後有負版左右有辟領孝子哀戚無所不在〔疏〕正義曰注云廣袤當心也者袤長也言其上下左右適當心之處也衰當心是前有衰也負在背上是後有負版也適在兩肩是左右有辟領也云孝子哀戚無所不在者言衰與負版辟領設於前後左右皆以表其哀戚之心是無所不

在也李氏云衰表其哀摧之心負言負其悲哀適言主於念親不及他事今案黃氏榦之楊氏復據注言孝子哀慼無所不在謂衰負辟領惟子爲父母用之此外皆不用敖氏則謂凡凶服衰弔服無不有衰其辟領亦當同之若負版則惟孝子乃有之故記先言之也先大父云衰是綴於當心之名而凶服弔服之上衣亦通名衰故經記毎言大功衰小功衰緦衰錫衰疑衰皆指上衣言之非謂此長六寸博四寸之衰也當以黃楊之說爲正褚氏云邱氏濬欲作一外衿掩於內衿之上服之謂必如是衰乃當心非服也

衣帶下尺　衣帶下尺者要也廣尺足以掩裳上際也　疏　正義曰五服皆言衰裳鄭注斬衰章凡服上曰衰下曰裳是通謂上衣爲衰也此承上衰長六寸博四寸之文則舉其實而言曰衣謂上衣也帶謂當帶之閒故鄭以要釋之或以帶爲經帶絞帶固誤即因注言要而以衣帶下尺爲衣要亦非裳有要而衣無要也云廣尺足以掩裳上際也者此廣尺謂縱廣一尺故賈疏辨之云據上下闊一尺若橫而言之不著尺寸者人有麤細取足爲限也又云言上際者對兩旁有衽掩裳兩相下際也吳氏廷華云帶者腰閒當帶之處衣長二尺二寸不過及要與裳相

接每不能掩故於當帶處以布綴之垂下長尺以掩裳際也今案吳說最明晰

衽二尺有五寸衽所以掩裳際也二尺五寸與有司紳齊也上正一尺燕尾一尺五寸凡用布三尺五寸

疏正義曰玉藻云衽當旁鄭注衽謂裳幅所交裂也凡衽者或殺而下或殺而上是以小要取名焉衽屬衣則垂而放之屬裳則縫之以合前後上下相變江氏永云衣衽者斜殺以掩裳際之名深衣裳前後當中者不名衽唯當旁而斜殺者名衽故經云衽當旁明其不當中也鄭云凡衽者或殺而下或殺而上此廣解凡裳之衽也衽有二朝服祭服喪服皆用帷裳前三幅後四幅裳際不連有衽掩之用布交解寬頭在上合縫之狹頭在下如燕尾之形即喪服篇衽二尺有五寸是也此衽之殺而下者也深衣之衽當裳旁亦交解而以狹頭向上寬頭向下此衽之殺而上者也云衽屬於衣則垂而放之之謂朝祭喪服之衽云屬於裳則縫之以合前後即深衣之衽也今案江氏言衽制特詳故備錄之此　注云衽所以掩裳際也者謂裳兩旁之際本不連合故制爲此衽以掩之云二尺五寸與有司紳齊也者玉藻曰紳長制士三尺有司二尺有五寸此衽二尺五寸是與紳齊也云上正一尺燕尾一尺五寸凡

用布三尺五寸者戴氏震校集釋云燕尾一尺五寸各本訛作二尺五寸據三尺五寸之布裁成兩袵上下各留正一尺中一尺五寸交裁之得正布一尺燕尾一尺五寸通正與燕尾共二尺五寸爲袵今改正校勘記云諸本皆誤唯敖氏作燕尾一尺五寸不誤今案三尺五寸之布除去正一尺者二仍一尺五寸斜裁之爲兩燕尾各得一尺五寸合正一尺爲二尺五寸成上寬下狹之形以其寬頭綴之於衣自上垂下如燕尾然玉藻注所謂或殺而下者此也左傳魯昭公比及葬三易衰衰袵如故衰或即此袵賈疏云此謂男子之服婦人則無故鄭上斬衰章注云婦人之服如深衣則衰無帶下又無袵是也

袂屬幅屬猶連也連幅謂不削

疏正義曰袂袖也注云屬猶連也者言此記屬字之義與連同說文屬連也云連幅謂不削者李氏云布幅二尺二寸凡用布兩邊各削去一寸爲縫此袂則全幅用之屬之於衣欲其與袂中縱橫正方也敖氏云袂屬幅而不削是繚合之也此袂之長短蓋如深衣之袂亦反詘之及肘

衣二尺有二寸此謂袂中也言衣者明與身參齊二尺二寸其袖足以容中人之肱也衣自領至要

二尺二寸倍之四尺四寸加辟領入正義曰校勘記云
寸而又倍之凡衣用布一丈四寸疏注加辟領八寸徐
本集釋通解楊氏俱作辟領李氏曰辟領賈氏作闕中今
案此計用布之數當作辟領爲是今本作闊中則又因闕
中而誤也 云此謂袂中也言衣者明與身參齊二尺二
寸其袖足以容中人之肱也者賈疏云上云身袂據從身向
袪而言此衣據從上向掖下而言李氏云袂中謂袂自上
向掖下之廣狹也中人之肘尺二寸袂可以回肘故袂中
二尺二寸左右袂中與身參齊故舉衣之尺寸以見袂中
也布幅二尺二寸袂中與衣身長亦二尺二寸以其正方
故謂之端衰襍記曰端衰喪車皆無等無等者自天子達
於庶人也王氏廷相云此言喪衣者目袂之本及衣身而言
也今案深衣云袼之高下可以運肘彼注云袼衣袂當掖
之縫也與此衣言袂中義同說文肘臂節也肱臂上也二者
相近故深衣言肘而注以肱言之義亦同也云衣自領至
要二尺二寸倍之四尺四寸加辟領八寸而又倍之凡衣
用布一丈四寸者此計衣身用布多少之數未計及袂袪
及負衽之等也賈疏云自領至要皆二尺二寸者衣身有
前後今且據一相而言故云衣二尺二寸倍之爲四尺四
寸總前後計之褚氏云倍二尺二寸爲四尺四寸加辟領

八寸則五尺二寸矣此指一邊言也合左右兩邊言之則共用布一丈四寸故注曰而又倍之云云楊氏復以而又倍之句專指加於闊中者言說太新而鑿

袪尺二寸袪袂口也尺二寸足以容中人之併兩手也吉時拱尚左手喪時拱尚右手

【疏】正義曰馬氏云袪袂末也尺二寸足以容拱手也喪拱上右手鄭義與馬略同玉藻言深衣之制亦曰袪尺二寸鄭注袪袂口也袂即袖也馬云尺二寸足以容拱手而鄭云足以容中人之併兩手也者以拱時必併兩手故有尚左尚右之分也檀弓曰孔子與門人立拱而尚右二三子亦皆尚右孔子曰我則有姊之喪故也二三子皆尚左是吉時拱尚左手喪時拱尚右手也李氏云袂中二尺二寸自掖下微圜裁之至袂口而狹止闊尺二寸深衣曰袂圜以應規是也襍記曰凡弁經其衰侈袂侈袂者蓋半而益一則其袂三尺三寸袪尺八寸敖氏云此袂廣二尺二寸而袪尺二寸亦謂圜殺一尺如深衣之袪也此衣與袪袵帶下之度吉服亦然特於此見之耳萬氏斯同云袪尺二寸者謂於二尺二寸之袂縫其下一尺而其上一尺二寸不縫也故袪謂之袖口乃通典謂繼袂之末又綴以廣尺二寸之布則

失之遠矣今案通典非萬説亦非當以圜殺之説
爲是褋記所云其衰侈袂者大夫以上之弔服也

衰三升三升有半其冠六升以其冠爲受受冠七升衰斬衰也

或曰三升半者義服也其冠六升齊衰之下也斬衰正服
變而受之此服也三升三升半其受冠皆同以服至尊宜
少差

疏 正義曰自此至篇末言斬衰齊衰及大功之受服故
并言總衰衰冠之升數也以經各章俱未明言故
特記之案斬衰章傳云衰三升冠六升閒傳曰斬衰三升
旣虞卒哭受以成布六升冠七升即此記云以其冠爲受
受冠七升也唯此記并言三升有半之衰爲異耳以其冠
爲受受者謂以初喪成服時冠六升之布爲旣葬後受衰之
布受冠七升者謂以七升之布爲旣葬後受冠之布也黃
氏榦云案練再受服經傳雖無明文謂旣練而服功衰則
記禮者屢言之服問曰三年之喪旣練矣期之喪旣葬矣則
服其功衰褋記曰三年之喪雖功衰不弔又曰有父母
之喪尚功衰而祔兄弟之殤則練冠是也案大功之布有
三等七升八升九升而降服七升爲最重斬衰旣練而服
功衰是受以大功七升布爲衰裳也斬衰章賈疏云斬衰
裳三升冠六升旣葬後以其冠爲受衰裳六升冠七升小

祥又以其冠爲受衰裳七升冠八升又閒傳小祥練冠孔疏云至小祥以卒哭後冠受其衰而以練易其冠而橫渠張子之說又曰練衣必煅煉大功之布以爲衣故言功衰功衰上之衣也以其著衰於上故通謂之功衰必著受服之上稱受者以此得名受蓋以受始喪斬疏之衰而著之變服其意以喪久變輕不欲摧割之心亟忘於內也據橫渠此說謂受以大功之衰則與傳記注疏之說同謂煅煉大功之布以爲上之衣則非特練中衣亦練功衰也又取成服之初衰長六寸博四寸縫於當心者著之於功衰之上是功衰雖漸輕而長六寸博四寸之衰猶在不欲哀心之遽忘也此說則與先儒異當考今案父母之喪其長六寸博四寸之衰終喪服之橫渠之說是也詳篇首斬衰經下注云衰斬衰也者此條是言斬衰之制因記未言斬故明之云或曰三升半者義服也者以傳記無文故引或說爲證也李氏云義服者爲君服也三升半之衰不見於閒傳經記亦無降正義服之文先儒以閒傳齊功之衰各有三差之爲三等又以此記之三升半爲義服今案舊說以臣爲君之等爲斬衰義服不知臣之爲君當與子爲父同戴氏震以三升有半之衰專爲公士大夫之臣服其君較舊說爲長詳前斬衰章云其冠六升齊衰之下也者閒

傳曰齊衰四升五升六升今以六升布爲冠是齊衰之下也云斬衰正服變而受之此服也者謂斬衰初服衰三升冠六升旣葬變而服衰六升冠七升也云三升三升半其受冠皆同以服至尊宜少差也者謂衰有三升三升半之分而冠同六升受冠同七升以斬服所以服至尊不得過爲差別也吳氏廷華疑義云衰旣稍差冠自不必再差是少差也

齊衰四升其冠七升以其冠爲受受冠八升言受以大功之上也此謂爲母服也齊衰正服五升其冠八升義服六升其冠九升亦以其冠爲受凡不著之者服之首主於父母【疏】正義曰以其冠爲受受冠八升者謂旣葬後以初喪成服時之冠七升布爲衰更以八升布爲冠也注云言受以大功之上也者閒傳曰大功七升八升九升今旣葬受以七升之衰是受以大功之上也云此謂爲母服也者閒傳曰爲母疏衰四升受以成布七升冠八升是爲母服也褚氏云爲母雖有期與三年之別而衰四升冠七升則同其說是也云齊衰正服五升其冠八升義服六升其冠九升亦以其冠爲受者此因記未言而注申之亦以其冠爲受謂旣

葬後亦以初喪成服時之冠布爲衰也云凡不著之者服之首主於父母者謂齊衰有正服義服而記不悉著之以制服主於父母故特舉爲母之服言之舉重以見其餘也

總衰四升有半其冠八升此謂諸侯之大夫爲天子總衰也服在小功之上者欲著其縷之精麤也升數在齊衰之中者不敢以兄弟之服服至尊也

【疏】正義曰此記總衰及冠之升數也經云旣葬除之則無受也李氏云齊衰五升者冠八升總衰雖四升有半而縷則細故冠與之同　注云此謂諸侯之大夫爲天子總衰也者本上經文云服在小功之上者欲著其縷之精麤也者謂此經喪服之序總衰在小功之上以總衰用小功之縷其精麤同故服序相次是欲著其縷之精麤也云升數在齊衰之中者不敢以兄弟之服服至尊也者齊衰四升五升六升而此總衰四升有半是在齊衰之中也不敢以兄弟之服服至尊也用齊衰三月章傳文言小功之服不敢以服至尊故縷與小功同而減其升數與小功異也吳氏廷華云經總衰在大功後者以喪期爲次也此在大功前者以升數爲次也

大功八升若九升小功十升若十一升此以小功受大功之差也不言七升者主於受服欲其文相值言服降而在大功者衰七升正服衰八升其冠皆十升義服九升其冠十一升亦皆以其冠爲受也斬衰受之以下大功受之以正者重者輕之輕者從禮聖人之意然也其降而在小功者衰十升正服衰十一升義服衰十二升皆以卽葛及緦麻無受也此大功不言受者其章旣著之

疏正義曰閒傳曰大功七升八升九升小功十升十一升十二升彼注云此齊衰多二等大功小功多一等者以此但云齊衰四升而彼云齊衰四升五升六升是較此記多二等此記但云大功八升若九升而彼兼言七升此記但云小功十升若十一升而彼兼言十二升是較此記多一等故彼注以閒傳是極列衣服之差與此記主於受服言者異也此記若字當與及字與字同義經傳釋詞曰若猶及也與也吳氏廷華疑義云此記大功不言七升者蓋因上齊衰受衰七升明爲大功之衰故與小功不言十二升皆爲省文也江氏筠云不言七升者以與下小功二等相配蓋記人固不悉數備見觀上齊衰闕二等可明也此與大功章傳俱不言十二升者當以其止爲受冠之所用而衣不及之耳今案吳氏省文

之說未的江說與注略近 注云此以小功受大功之差也者謂以小功二等爲大功受服之差也云不言七升者主於受服欲其文相值者敖氏云注謂記者於小功言十升若十一升不言十二升是主於受服故於大功亦但言八升若九升以當之而不必言七升是欲其文相值若謂七升者亦受十升而幷言之則大功三而小功二其文不相值也鄭意葢如此云言服降而在大功者衰七升正服衰八升其冠皆十升義服九升其冠十一升亦皆以其冠爲受也者謂降服衰七升正服衰八升冠皆十升旣葬皆以冠十升之布爲衰義服九升冠十一升旣葬亦以冠十一升之布爲衰鄭言此者以大功正服義服受布止差二等故不及十二升也敖氏云此齊衰以至小功服各有三等自大功以上皆有受服受冠其受服當下於本服三等故斬衰受以齊衰之下齊衰三等受以大功三等各如其次焉大功之上亦受小功之上皆校三等也以例言之大功之中當受以小功之中大功之下當受以小功之下而乃不然中者亦受以小功之上下者則受以小功之中止校二等此非有他故葢欲以小功之下十二升者爲大功義服之受冠而然也大功受冠亦多於受布一等云斬衰受之以下大功受之以正者重者輕之輕者從禮聖人之

意然也也者斬衰旣葬以冠六升布爲受是受以齊衰之下也大功正服亦受以冠十升之布義服受以十一升之布而不受以小功之下是受之以正也所以然者斬衰本重故受服降三等輕之以抑其哀情大功正義服本輕故受服但差二等使之從禮而不至於不及聖人制禮之意如是也云其降而在小功者衰十升正服衰十一升義服衰十二升皆以卽葛及緦麻無受也者謂小功降服正服義服三三者皆以故衰就葛終五月之期而無受服以及緦麻三月亦無受故記均不言之也云此大功不言受者其章旣著之者謂大功有受服而此亦不言受以大功章明云受以小功衰故此但列其升數之差而已鄭言此者以終明此條主爲受服而記之意也

附考五服衰冠升數及降正義服

五服用布升數詳於禮記閒傳而略具於此記斬衰二等齊衰大功小功各三等而以降正義之服分屬之則傳記無文自鄭此注始賈氏因於疏內極論降正義服其說多遺漏牴牾難以徵信嗣後宋勉齋黃氏榦有服例信齋楊氏復有圖皆以分別三者之服而亦互有同異良由傳記但言降服未有正義之名難於訂證也近盛氏世佐撰儀禮集編更定服圖江氏筠

撰讀儀禮私記著降正義服考定其說俱有合有不合而江氏較爲細密今參稽各家並下己意別爲圖說於後

衰冠升數圖說

斬衰　正服衰三升冠六升旣葬以其冠爲受衰六升冠七升　義服衰三升有半冠同六升旣葬以其冠爲受衰六升冠七升

以上衰冠及受衰受冠升數皆本此篇記文以三升半爲義服出鄭氏注諸家悉仍之又裳與衰同如衰三升者裳亦三升衰三升有半者裳亦三升有半後放此

齊衰三年服　衰四升冠七升旣葬以其冠爲受衰七升冠八升

此升數亦本此篇記文鄭氏注云此謂爲母服也齊衰正

服五升其冠八升義服六升其冠九升亦以其冠爲受凡不著之者服之首主於父母是鄭以此衰四升冠七升爲爲母服也不言父卒者蓋父在爲母雖降三年爲期而衰冠升數則同故鄭首解之曰爲母服而下卽言齊衰正服五升義服六升明此五升六升者不以服母也賈於篇首疏云三年齊衰惟有正服四升冠七升於此記斬衰三升疏云齊衰之降服四升是降正之名自相歧異也黄例楊圖皆以爲降服蓋因鄭明言正服五升故不得以此四升爲正服而又明知降字未安乃爲之說曰此降服乃降斬衰而爲齊衰也江氏仍之盛氏改降爲正曰爲父斬衰爲

母齊衰服之正也旣得伸三年矣不可爲降姜氏兆錫亦駁降斬衰爲齊衰之說今案以三年之衰冠爲降服者固非而以爲正服亦未的凡言正者對降與義之名此齊衰三年章無降服義服則亦不必言正但云齊衰三年服以別之可矣鄭注止云爲母服而不言正降者以爲正則降三年而杖期者亦同衰四升冠七升以爲降則此三年者實非降服故空其文今之稱齊衰三年服者本鄭義也

齊衰杖期　降服衰四升冠七升旣葬以其冠爲受衰七升冠八升　正服衰五升冠八升旣葬以其冠爲受衰八升冠九升　義服衰六升冠九升旣葬以其冠爲受衰九升冠十升

賈氏疏衰期傳疏標列降正義衰冠升數及受衰受冠升數如此蓋本此記鄭注分別四升五升六升三等服之文也乃篇首疏又云杖期齊衰有正而已父在爲母與爲妻同正服衰五升冠八升不特與鄭義違戾且與疏衰期傳疏亦不合矣後儒多糾其誤黃例不分齊衰三年及杖期不杖期而統標降服正服義服殊混楊圖杖期止有降服正服無義服江氏仍之亦非也盛氏更定圖以降服衰四升正服衰五升義服衰六升冠皆七升受衰亦皆七升受冠皆八升下不杖期章更定降正義衰冠升數俱亦同此不知何據云然斷不可從

齊衰不杖期　降服同上　正服同上　義服同上

此不杖期亦當有三等之服賈疏於不杖章祖父母下云此章有降有正有義是也篇首疏又云不杖期但有正義二等故黃氏譏其自相牴牾也楊圖亦有降正義三等江氏仍之

齊衰三月　正服衰五升冠八升升無受　義服衰六升冠九升無受

賈疏謂齊衰三月止有義服無正服黃例楊圖仍之李氏如圭云曾祖父母不當爲義服亦宜衰五升冠八升其說是也今增正服或曰正服衰五升冠八升不與祖父母服同乎曰此所謂禮窮則同也然祖父母期曾祖父母三月

服雖同而月已減矣且鄭注曾祖父母條特云重其衰麻可證也

殤大功九月七月　降服衰七升冠十升無受

大功分降服正服義服三等亦本此記鄭注也此殤大功則有降服而無正服義服楊氏云殤大功九條皆降服是也賈篇首疏云殤大功有降有義降服衰七升冠十升義服衰九升冠十一升黃榦因增義服江氏仍之盛氏從楊圖今案鄭注明云服降而在大功者衰七升此殤服皆是降服則不得別爲義服九升明矣葢降而在大功者其服本非大功因降在此當重於正服義服故殤大功在大功

前殤小功在小功前以其有齊斬之服降在此也賈疏謂有義服由未理會鄭注服降而在大功者衰七升一語耳

大功

降服衰七升冠十升既葬以其冠爲受衰十升冠十一升正服衰八升冠同十升既葬以其冠爲受衰十升冠十一升義服衰九升冠十一升既葬以其冠爲受衰十一升冠十二升

此降正義三等旣葬皆以其冠爲受亦本此記鄭注也賈氏疏喪期傳疏列大功三等服如此黃例楊圖同二家皆云自斬衰至大功降服凡八條冠皆校衰三等正服義服二條冠皆校衰二等蓋謂大功降服衰七升冠十升是冠校衰差三等也以上斬衰齊衰皆然大功正服衰八升冠亦十升大功義服衰九升冠十一升是冠校衰止差二等

也江氏仍之盛氏則以降正義三等衰雖異而冠同十一升受衰亦皆十一升受冠皆十二升與鄭注違不可從

繐衰七月 衰四升有半冠八升旣葬除之

繐衰鄭注無義服字黃例楊圖同以服止一等無庸區別也賈疏標義服之名盛氏江氏仍之非

殤小功 降服衰十升冠升同無受

殤無正義服辨已見前此記鄭注云其降而在小功者衰十升一語足爲確據賈疏謂殤小功有降有義降則衰冠同十升義則衰冠同十二升黃例楊圖因此皆有義服之目江仍黃楊盛氏駁之更定爲降服是矣或曰殤大功殤

小功服亦止一等何必言降曰成人大功小功皆有降有正有義不言降無以別之且殤爲降服見傳注此定名也

小功　降服衰十升冠升同卽葛五月無受　正服衰十一升冠升同卽葛五月無受　義服衰十二升冠升同卽葛五月無受

小功分降服正服義服三等亦本此記鄭注黃側楊圖標列同江氏仍之盛氏更定圖以殤小功降服小功降正義服冠皆十五升抽其半則與疏衰期傳緦麻小功冠其衰也一語顯悖矣不可從

緦麻　降正義同衰十五升抽其半冠升同無受

此本黃側楊圖賈疏云緦麻亦有降有正有義但衰冠同

十五升抽去半而已則又黃楊所本也盛氏江氏俱同

降正義服圖說

斬衰正服

父　諸侯爲天子　君　父爲長子　爲人後者爲其父母　妻爲夫　妾爲君　女子子在室爲父　子嫁反在父之室爲父　附傳父卒然後爲祖父後者服斬

斬衰義服

公士大夫之衆臣爲其君布帶繩屨

黃例楊圖皆以諸侯爲天子君公士大夫之衆臣爲其君三條入義服蓋因賈氏篇首疏云爲君以三升半爲義及此記衰三升疏云諸侯爲天子臣爲君之等是義斬之文也盛氏江氏仍之今案戴氏震金氏榜皆以三升半之衰爲專指公士大夫之臣爲其君言其說甚確蓋喪服經文

列諸侯爲天子及君於父後明君父同尊衰冠不得有異也今順經文之次列二者於父爲長子之前而舊說之誤自見詳斬衰章公士大夫之衆臣爲其君布帶繩屨下附傳一條黃列入楊無盛亦無江從黃例說見後

齊衰三年服　父卒爲母　繼母如母　慈母如母　母爲長子　附記妾爲君之長子　附小記祖父卒而後爲祖母後者三年

黃例楊圖皆以父卒爲母繼母如母慈母如母三條爲降服母爲長子及附記一條爲正服江氏仍之盛氏改降爲正以爲母三條及母爲長子一條皆爲正服以附記一條爲義服謂舊以母爲長子爲正服衰冠升數皆下降服一

等案父爲長子旣無所降母不應有異故進與爲母者同
今案以母爲長子與子爲母衰冠升數同其說是也但齊
衰三年服不立降正義之名說已詳前今以正經四條及
附二條同列爲三年服焉附小記一條黃列入降服楊無
盛亦無江從黃例說見後

齊衰杖期降服　父在爲母

齊衰杖期正服　妻

齊衰杖期義服　出妻之子爲母　父卒繼母嫁從爲之服報

賈疏以父在爲母與爲妻同正服衰五升冠八升誤辨見
前黃例以四條同列入正服而於父在爲母下注云當是

降服楊圖改父在爲母爲降服是矣而餘三條同入正服猶未當江氏依楊圖盛氏則以出妻之子爲母父卒繼母嫁從爲之服二條亦入降服尤非蓋出母嫁母當與父在爲母衰冠有别子爲母本宜三年因父在而降至期故爲降服若母爲父所出及母嫁而子從皆已自絕於父本可無服子之服之一則以有親者屬之義一則以有荅其養育之義而加服以伸其情何得爲降且不特不得爲降而已凡此皆服之變亦不得云正也當改入義服爲允

齊衰不杖期降服　爲人後者爲其父母報　女子子適人者爲其父母　公妾以及士妾爲其父母

齊衰不杖期正服

祖父母　世父母叔父母　昆弟
爲衆子　昆弟之子　適孫
公妾大夫之妾爲其子　不降正
大夫之適子爲妻　大夫之庶
子爲適昆弟　女子子適人者爲
其昆弟之爲父後者　姑姊妹女
子子適人無主者　姑姊妹報　女
子子爲祖父母　大夫之子爲世
父母叔父母子昆弟昆弟之子姑
姊妹女子子無主者爲大夫命婦
者惟子不報　大夫爲祖父母適
孫爲士者

齊衰不杖期義服

繼父同居者　爲夫之君　爲君
之父母妻長子　祖父母　妾爲女
君婦爲舅姑　夫之昆弟之子

以上黃例楊圖略同唯不降之服黃例俱入之正服中而注明不降字於其下楊圖則別爲不降正之目曰降則爲

大功唯不降故在正服今從楊圖又適孫一條楊圖入之不降正江氏移於正服內而爲之說曰信齋列適孫於不降正蓋因傳不敢降其適之云也然傳所云不敢降有不可得而泥者蓋必有降之者而後可名爲不降大夫之適子爲妻傳鄭注云降有四品君大夫以尊降公子大夫之子以厭降公之昆弟以旁尊降爲人後者女子子嫁者以出降則不降之服唯此四者內有之耳此傳云不降者蓋對庶孫以立文猶之母爲長子傳對衆子立文而曰父之所不降母亦不敢降也初不得謂之不降服又大功章適婦一條傳亦有不降其適之文信齋列之正服則此宜如

之明矣今案黃例適孫下無不降二字江說是從之

齊衰三月正服

曾祖父母　曾祖父母爲士者如衆人　女子子嫁者未嫁者爲曾祖父母

齊衰三月義服

寄公爲所寓　庶人爲國君　爲舊君君之母妻　大夫在外其妻長子爲舊國君　舊君　丈夫婦人爲宗子宗子之母妻　繼父不同居者　不降義　大夫爲宗子

舊說齊衰三月止有義服無正服辨見前黃例依經文爲次楊圖分四層以爲曾祖父母者爲首以爲宗子者次之而附記宗子孤爲殤大功衰小功衰皆三月親則月算如邦人一條於下以寄公爲所寓及爲君者又次之以繼父

不同居者一條終焉江氏以宗子孤爲殤一條分附殤大功殤小功之後其說曰經文而外勉齋所附入者孫爲祖承重二條及妾爲君之長子一條是也信齋無承重二條而增宗子孤爲殤一條葢信齋惟取本經記勉齋兼取子夏傳其幷附小記一條者則以傳故及之耳今竝仍之但信齋以宗子孤爲殤附於齊衰三月大夫爲宗子之下葢取其月數同也然此爲殤服又其衰爲大功小功且所謂月算如邦人者中含九月七月五月之正數則宜析之爲二而各附於其殤服之末今案宗子孤爲殤一條本是殤服不宜附在此章江說是也又江氏於此章別立不降義

之目以大夫爲宗子曾祖父母爲士者如衆人女子子嫁
者未嫁者爲曾祖父母三條入焉下章又別立不降降之
目說詳後今標目依之而以爲曾祖父母二條入正服更
定於右

殤大功降服

子女子子之長殤中殤　叔父之長殤
中殤　姑姊妹之長殤中殤　昆弟之
長殤中殤　夫之昆弟之子女子子之
長殤中殤　適孫之長殤中殤　大夫
之庶子爲適昆弟之長殤中殤　不降
降　公爲適子之長殤中殤　大夫爲
適子之長殤中殤　附記宗子孤爲殤
大功衰三月親則月算如邦人

以上楊圖不一一開列但總標之曰殤九條皆降服黃例
則以夫之昆弟之子女子子之長殤中殤一條爲義服江

氏依之盛氏仍移入降服云案世叔母爲夫之昆弟之子在不杖期章則爲義服旣以殤降在此亦當爲降服其說是也今從之江氏於上章別立不降義之目此又別立不降降之目其說曰不降之服勉齋俱入之正服中信齋別立不降正之目然竊謂不降之服降正義三等中俱有之宜於三者之內各標不降之目然後服制不至混誤其說是今標目依之唯江氏於不降降下注云有殤降無尊降以大夫之庶子爲適昆弟之長殤中殤公爲適子之長殤中殤大夫爲適子之長殤中殤三條入焉案大夫之庶子爲適昆弟本服是加非降也此似誤今仍移入降服餘從

之附記一條亦依江氏附入說見前

大功降服

姑姊妹女子子適人者　為人後者為其昆弟　女子子適人者為衆昆弟　姪丈夫婦人報　大夫為世父母叔父母子昆弟昆弟之子為士者　公之庶昆弟大夫之庶子為母妻昆弟　為夫之昆弟之婦人子適人者　大夫之妾為君之庶子女子子嫁者未嫁者為世父母叔父母姑姊妹　不降降　大夫大夫之妻大夫之子　公之昆弟為姑姊妹女子子嫁於大夫者　君為姑姊妹女子子嫁於國君者

大功正服

從父昆弟　庶孫　適婦　不降正　皆為其從父昆弟之為大夫者

大功義服

夫之祖父母世父母叔父母

姪丈夫婦人報黃例舊列於正服為夫之昆弟之婦人子適人者黃例舊列於義服盛氏以此二條移入降服其言

曰姑在室爲姪姪爲姑與世叔父同本皆服期夫之昆弟之婦人子亦夫之昆弟之子也本服期二者皆以適人降大功當爲降服大夫之妾爲君之庶子一條江氏移入降服而爲之說曰妾爲君庶子之服經凡三見大功九月章大夫之妾爲君之庶子一也殤小功章大夫之妾爲庶子之長殤二也小功五月章大夫之妾爲庶子適人者三也勉齋於大功一條屬之義服殤小功一條屬之降服信齋於大功一條屬之正服殤小功一條屬之降義服其小功五月一條則俱屬之降服竊謂婦人爲夫之族類是義服君之子非可以他族類比今定此三條俱爲降服大功以

從乎女君而降殤小功以爲殤而降成人小功以出適而降今案盛氏江氏說是俱從之又大夫大夫之妻大夫之子公之昆弟爲姑姊妹女子子嫁於大夫者君爲姑姊妹女子子嫁於國君者二條黃例列於正服之後注云有出降無尊降楊圖列於不降正盛氏移入降服江氏以此二條別爲不降降今從江氏

緦衰七月服

諸侯之大夫爲天子

殤小功降服

叔父之下殤　適孫之下殤　昆弟之下殤　大夫庶子爲適昆弟之下殤

爲姑姊妹女子子之下殤　爲人後者爲其昆弟之長殤　從父昆弟之長殤

爲夫之叔父之長殤　昆弟之子女子子之下殤　夫之昆弟之子女子子

之下殤　爲姪庶孫丈夫婦人之長殤
大夫公之昆弟大夫之子爲其昆弟
庶子姑姊妹女子子之長殤　大夫之
妾爲庶子之長殤　附記宗子孤爲殤
小功衰三月親則月算如邦人

殤無正義服黃例以爲夫之叔父之長殤夫之昆弟之子女子子之下殤二條爲義服江氏仍之楊圖以爲夫之叔父之長殤大夫之妾爲庶子之長殤二條爲降義服皆非也今從盛氏皆移入降服又江氏以大夫庶子爲適昆弟之下殤一條別入不降降亦非辨見殤大功章今仍移入降服附記一條則從江氏附入也

小功降服

從父姊妹孫適人者　爲人後者爲其姊妹適人者　大夫大夫之子公之昆弟爲

小功正服

從父昆弟庶孫姑姊妹女子子適士者

大夫之妾爲庶子適人者

從祖祖父母從祖父母報　從祖昆弟

爲外祖父母　從母丈夫婦人報　庶婦

君母之父母從母　君子子爲庶母慈己者

小功義服

夫之姑姊妹娣姒婦報

以上次序俱本黃例唯從父姊妹孫適人者當作一句讀黃例因賈疏誤分爲二楊圖同皆非也江氏云從父姊妹勉齋列之降服信齋列之正服案經下云孫適人者適人二字實總姊妹孫三者言之蓋本爲一條也考鄭於大功章從父昆弟注云其姊妹在室亦如之然則鄭明謂此爲適人者而服降於在室一等矣宜從勉齋所定無疑也盛

氏亦列之降服今從之

緦麻降服

庶孫之中殤　從祖父從祖昆弟之長殤
從父昆弟姪之下殤　夫之叔父之中殤下殤　從母之長殤報　夫之姑姊妹之長殤　從父昆弟之子之長殤　昆弟之孫之長殤　以上皆殤服　從祖姑姊妹適人者報　庶子爲父後者爲其母

緦麻正服

族曾祖父母　族祖父母　族父母　族昆弟　庶孫之婦　外孫　士爲庶母　從祖昆弟之子　曾孫　父之姑　從母昆弟　甥　壻　妻之父母　姑之子　舅　舅之子　君母之昆弟

緦麻義服

貴臣　貴妾　乳母　夫之諸祖父母報　爲夫之從父昆弟之妻

以上略依江氏考定唯夫之叔父之中殤下殤夫之姑姊妹之長殤二條黃例楊圖俱別爲義服江氏因之盛氏移

入降服今從盛氏又從祖姑姊妹適人者報庶子爲父後者爲其母士爲庶母乳母四條江氏或從黃或從楊其說曰從祖姑姊妹適人者報勉齋列之正服信齋列之降服案此本服小功以出適降一等則信齋是也庶子爲父後者爲其母信齋列之正服勉齋列之降服案注云君卒庶子爲母大功大夫卒庶子爲母三年士雖在庶子爲母如衆人是不爲父後之服如此今服緦以爲父後而降則勉齋是也其士爲庶母及乳母二條勉齋俱列之義服信齋俱列之正服案經於齊衰三年章見慈母之服於小功章見君子子爲庶母慈己者之服彼兩條皆爲正服則此爲

庶母空如之至乳母注云謂養子者有他故賤者代之慈己既爲賤者又因慈母有故而代之固視三母爲有間矣先儒以庶母爲父妾之有子者乳母爲僱他人之婦俱係不易之論士爲庶母當從信齋入正服乳母當從勉齋入義服今案江說是也○又案黃氏云降正義服之中其取義又有不同者有從服有報服有名服有加服又有生服盛氏因之一一編列今每類略舉數條列於後餘可例推從服如婦爲舅姑不杖期妻從夫而服爲君之父母妻長子祖父母不杖期臣從君而服大夫之妾爲君之庶子大功妾從君而服君母之父母從母小功子從母而服妻之

父母緦夫從妻而服之類是也報服如杖期章繼母嫁從爲之服報不杖期章爲人後者爲其父母報大功章姪丈夫婦人報小功章從祖祖父母從祖父母報緦麻章從祖姑姊妹適人者報之類是也名服如世母叔母不杖期士爲庶母緦之類以母名服是也加服如爲外祖父母小功以尊加從母小功以名加君子子爲庶母慈己者小功以慈己加是也生服如夫之娣姒婦小功以相與居室中則生小功之親焉爲夫之從父昆弟之妻緦以相與同室則生緦之親焉是也

卷二十五終

儀禮正義卷二十六　鄭氏注

績溪胡培翬學

士喪禮第十二

鄭目錄云士喪其父母自始死至於既殯之禮喪於五禮屬凶禮大戴第四小戴第八別錄第十二

疏正義曰此與下既夕禮本爲一篇以簡冊繁重分而爲二此篇所載至卜葬日止皆在未啟殯之先故鄭云士喪其父母自始死至於既殯之禮也云士者以禮記襍記喪大記諸篇所言喪禮多君大夫士竝陳此篇則專言士之喪禮故以士名篇也賈疏云天子諸侯皆有士此當諸侯之士據鄭注喪大記士沐粱及大小斂陳衣與此異者每以爲天子之士則鄭意以此篇爲諸侯之士禮明矣姜氏兆錫曰士喪禮是士自死而子爲之喪之禮以下文死于適室復以爵弁推之可見所謂葬用死者之爵也舊乃謂士喪其父母之禮失之矣吳氏紱曰此主有位之士其子喪之之禮至士之父母妻長子死喪之從同仕焉而已者禮亦如之若未仕之士未必有赴于君君弔之事而其他亦或從殺矣今案古者士之子恆爲士士之父亦士也

下記云赴母妻長子則曰君之臣某之某死賈疏據此謂妻與長子二者亦依士禮則士之父母死自用士禮明矣吳氏說較爲周備賈疏又謂記不云父者以其經主于父死故記不言父此說非也案記云赴曰君之臣某死卽指父言以士之父亦君之臣也云喪於五禮屬凶禮者周禮大宗伯云以凶禮哀邦國之憂下卽云以喪禮哀死亾是也各本凶下無禮字據集釋增小戴第八先大父樸齋先生三禮目錄校證云據士冠禮疏當作第十三第八乃士虞禮臧氏庸本經改爲小戴第十三之襍記恤由之喪哀公使孺悲之孔子學士喪禮士喪禮於是乎書鄭注云時人轉而僭上士之喪禮已廢矣孔子以教孺悲國人乃復書而存之萬氏斯大曰前此喪禮已亾微孺悲之學幾無可考故當時小斂之奠曾子云在西方子游云在東方未成服而弔曾子則襲喪子游則裼喪負憂之反柩曾子以爲禮子游以爲非兩賢並及聖門於禮尚未能歸一由無成書可執也然則儀禮十七篇必謂盡出先王之舊始亦不深考也今案士喪禮制自周公至孔子時雖廢不行而其書尚在故孔子得以教孺悲非孔子作之也萬氏據此遂謂十七篇非先王之舊過矣至曾子子游之異議由當時喪

禮久廢不講非無成書也然周公制禮當有天子諸侯大夫之喪禮今惟士喪禮首末完具次第井如而天子諸侯大夫禮散見於傳記者多不全備故謂士喪禮之書由孺悲之學而存則可以士喪禮爲非先王之書則不可

耳

士喪禮死于適室幠用斂衾適室正寢之室也疾者齊故於正寢焉疾時處北墉下死而遷之當牖下有牀衽幠覆也斂衾大斂所并用之衾衾被也小斂之衾當陳喪大記曰始死遷尸于牀幠用斂衾去死衣

［疏］正義曰注疾時處北墉下陸氏釋文作庸云牆也本亦作墉張氏識誤從釋文作庸李氏集釋同朱嚴州刻本明徐本敖氏通典通解俱作墉毛本誤牖又注死而遷之當牖下嚴本徐本釋文通典集釋通解楊氏敖氏俱作當毛本誤南阮氏校勘記云據疏內稱北牖南牖者非一似可兩通今案校勘記之說非也下篇記云寢東首于北墉下又云設牀第當牖鄭俱本此爲說知作墉作當者是禮經釋例曰室在堂後南有牖北惟牆無牖也士大夫以上皆同詩豳風七月塞向墐戶毛氏傳向北出牖也庶人蓽戶然則北牖蓋庶人之室士大夫不爾也案北

牖燕寢亦有之宗廟正寢之室則無任氏啟運宮室考云或以爲室北有牖非也惟私室有北出小牖亦據詩塞向爲說私室卽謂燕寢也段氏玉裁曰凡室之北有墉無牖郊特牲云薄社北牖使陰明也此可證宗廟正寢之牖不北矣今案士昏禮婦盥饋席于北墉下鄭注墉牆也室中北牆下又婦廟見席于北方鄭注北方墉下是北唯有墉無牖諸說甚確禮記喪大記寢東首於北牖下鄭注或爲北墉下釋文牖舊音容知或本作墉爲是作牖誤也論語伯牛有疾自牖執其手皇侃義疏云牖南窗也君子有疾寢於北壁下東首今師來故遷出南窗下案皇疏言北壁足爲北墉之證實勝賈孔疏朱子集注作北牖下亦承疏文之譌誤耳禮記檀弓坊記俱有飯於牖下之文惟室南有牖北無牖室內止有一牖故言牖下卽知其處不必分別南北也下經云商祝執巾從入當牖又乃襲三稱節注亦云當牖則作當爲是作南誤矣 注云適室正寢之室也疾者齊故於正寢焉者案自天子至士皆有正寢燕寢詳士昏禮燕寢常居之所正寢唯齊及疾乃居之檀弓云君子非致齊也非疾也不晝夜居於內鄭注內正寢之中是也正寢天子諸侯謂之路寢大夫士又謂之適寢下篇記云士處適寢此云適室卽適寢之室也但經言適室不

言適寢者以寢是大名統堂室與房言之此士之死在室
內又下沐浴含襲是小斂亦在室行之故言室不言寢也記
云有疾疾者齊注正情性也適寢者不齊不居其室此注
云疾者齊故於正寢焉是推言居正寢之由禮記喪大記
云君夫人卒於路寢大夫世婦卒於適寢內子未命則死
於下室遷尸於寢士之妻皆死於寢鄭注言死者必皆於
正處也是死於適室所以正其終兩注相兼乃備春秋莊
公薨于路寢穀梁傳路寢正寢也寢疾居正寢正也男子
不絕于婦人之手以齊終也僖公薨于小寢左傳卽安也
穀梁傳小寢非正也是也云疾時處北墉下死而遷之當
牖下者當値也言疾時處室之北墉下死則遷之當室之
牖下也墉必言北者以室中東西北三面皆有墉故須言之
北以別之若牖止有一不須言南也下記云遷尸注徙於
牖下也亦不言南此注因經不言遷尸故據記補之云有
牀衽亦據記言也記云設牀第當牖衽下莞上簟注衽臥
席卽下莞上簟是也云幠覆也斂衾大斂所并用之衾衾
被也小斂之衾當陳者案說文幠覆也衾大被也毛傳衾
被也賈疏云死必覆之爲其形褻經直云斂衾不辨大小
鄭知是大斂衾者以是時小斂之衾當陳故不用小斂衾
而用大斂衾也下經襲訖云幠用衾衾亦卽此衾也至小斂

訖大斂之衾衾當陳則用夷衾覆尸下經男女奉尸俠于堂幠用夷衾之注夷衾覆尸柩之衾也是也喪大記云君大夫士皆小斂一衾大斂二衾今始死用大斂一衾以覆尸及大斂時兩衾竝用故云大斂所竝用之衾也引喪大記曰始死遷尸于牀幠用斂衾去死衣者見幠用斂衾在遷尸之後且覆之以衾以便去死衣也彼注云死衣病時所加新衣及復衣也去之以俟沐浴黃氏榦曰復而後行死事則幠用斂衾當在復之後然復楔齒綴足飯設飾帷堂竝作則亦初無先後之別今依經文朱氏軾曰未復不當用斂衾吳氏廷華曰未復亦不當去死衣今案喪大記云唯哭先復復而後行死事彼注云復而不蘇可以爲死事是復時方望其生豈有先加以斂衾之理又喪大記注以去死衣中有復衣則鄭意亦以幠用斂衾爲在既復之後矣檀弓云復楔齒綴足飯設飾帷堂竝作葢謂此數事竝于始死之日爲之耳非謂無先後之別也據孔疏云自復以下諸事竝起則復自在先惟此篇敘始死甚略不載設牀遷尸諸事故以幠用斂衾括之王氏士讓紃解云幠用斂衾當在既復之後經以死于適室先之立文不得不然要之初死卽復復後乃幠用斂衾耳喪大記有疾病廢牀之文詳下記○禮經釋例云凡始卒于室小斂後則奉尸于

堂大斂于阼階上殯則于西階上案士喪禮死于適室是始卒於室也又云布席于戶內下莞上簟此小斂之席也在室中故曰戶內又云設牀第于兩楹之間此小斂後夷尸之牀也在堂上故曰兩楹之閒也餘詳下記大斂于阼下

復者一人以爵弁服簪裳于衣左何之扱領于帶

復者有司招魂復魄也天子則夏采祭僕之屬諸侯則小臣為之爵弁服純衣纁裳也禮以冠名服簪連也【疏】正義曰復者人子不忍死其親冀精氣之反而重生故云復檀弓所謂復盡愛之道是也據襍記云復西上則復者不止一人鄭注謂復者多少各如其命之數此云復者一人士禮也以爵弁服者士冠禮陳三服以爵弁服為上李氏如圭儀禮集釋曰凡復皆用死者之上服喪大記曰君以卷夫人以屈狄大夫以玄赬世婦以襢衣士以爵弁士妻以稅衣鄭注君以卷謂上公也夫人以屈狄互言耳上公以袞則夫人用褘衣而侯伯以鷩其夫人用揄狄子男以毳其夫人乃用屈狄矣赬赤也玄衣赤裳所謂卿大夫自玄冕而下之服也徐氏乾學曰稅衣卽褖衣襍記曰復諸侯以襃衣冕服爵弁服夫人稅衣揄狄狄稅素沙內子以鞠衣襃衣素沙下大夫以襢衣其餘如士孔疏下大夫以襢衣者

是下大夫之妻所復禭衣也其餘如士者謂褖衣如士之妻周禮夏采天子復以冕服是復皆用斂者之上服也簪裳于衣謂連綴其裳于衣使合爲一以便何也左何之者左爲陽何俗通作荷古作何沈氏形儀禮小疏曰說文何儋也臣鉉等曰儋何卽負何也凡儋何負何皆在肩背敖云左手何之張云左臂何之皆非廣雅釋詁扱插也王氏疏證曰插臿扱捷古通用爾雅釋器扱衽謂之襭郭注扱衣上衽於帶此云扱領于帶盛氏世佐儀禮集編曰領爵弁服純衣之領也帶復者之帶也復者以左肩何爵弁服而插其領於己之帶間以固衣而登梯也復時旣不用冠則帶韠之屬皆不用可知張氏以帶爲復衣之帶非吳氏紱曰簪裳又扱領防遺脫也經不言復者何服下記云復者朝服喪大記同　注云復者有司招魂復魄也者言士之復者以有司爲之　蓋隸子弟私臣之屬鄭注三禮多解復爲招魂復魄孔穎達云招魂是六國以來之言故楚辭有招魂之篇禮則云復今案此說非也下經云北面招以衣則禮固言招矣凡人形體謂之魄其精氣謂之魂禮運云體魄則降知氣在上知氣卽魂也昭七年左傳云人生始化曰魄旣生魄陽曰魂是形魄具而魂氣附焉則生形魄存而魂氣離焉則死楚辭所謂魂魄離散也郊特牲曰

魂氣歸於天形魄歸於地檀弓曰魂氣則無不之也人始死魂氣猶存故孝子欲招之使復附於魄以生是以有復之事故解復爲招魂復魄也後世大招招魂之辭葢本禮經以爲名云天子則夏采祭僕之屬者周禮有夏采祭僕隸僕皆掌復事故云之屬詳下云諸侯則小臣爲之者喪大記云小臣復鄭注小臣君之近臣也孔疏據此謂大夫士以下復亦用近臣今案此小臣係與周禮大僕祭僕同官者非內小臣周禮小臣掌正王之燕服位王之燕出入則前驅是其職親近于君故亦云近臣與喪服傳所謂近臣閽寺之屬別云爵弁服純衣纁裳也者見士冠禮云禮以冠名服者此復者但以衣裳招而不用爵弁今經不云純衣纁裳而云爵弁服是以冠名服也云簪連也者據釋名簪本爲連冠於髮之名今連裳於衣亦名爲簪又集韻簪或从鬵作鬻一切經音義引通俗文綴衣曰鬻綴亦訓連也

升自前東榮中屋北面招以衣曰皐某復三降衣于前

北面招求諸幽之義也皐長聲也某死者之名也復反也降衣下之也喪大記曰凡復男子稱名婦人稱字 疏

正義曰周禮夏采大喪以冕服復于大祖以乘車建綏復于四郊祭僕大喪復于小廟隸僕大喪復于小寢大寢檀

引曰君復於小寢大寢小祖大祖庫門四郊鄭注謂尊者求之備也士禮但復于寢而已此云升謂升適寢之屋也榮詳士冠禮東榮西榮之前爲南其後爲北云升自前東榮者謂自東榮之南以升也喪大記曰復有林麓則虞人設階無林麓則狄人設階鄭注階所乘以升屋者虞人主林麓之官也狄人樂吏之賤者士亦未必有狄人之官當使隸子弟設之中屋屋脊之上聲高則遠聞也北面招以衣卽下記所云左執領右執要招而左也曰皋某復三謂呼死者之名而令其來復三卽喪大記所謂三號也禮運曰及其死也升屋而號告曰皋某復喪大記曰升自東榮中屋履危北面三號諸文有詳略而義同鄭注喪大記云升東榮者謂卿大夫士也天子諸侯言東霤危棟上也號若云皋某復也孔疏三號號呼之聲三徧也必三者一號於上冀神在天而來也一號於下冀神在地而來也一號於中冀神在天地之閒而來也降衣于前前謂南檐也降衣如魂之降也喪大記曰捲衣投于前蔡氏德晉禮經本義云捲衣自前投下蓋前爲陽冀生氣之來也王氏士讓儀禮糾解云降只言衣不云弁與裳者弁不以復裳連於衣降則俱降又案襍記曰諸侯行而死於館則其復如於其國如於道則升其乘車之左轂以其綏復大夫士死於

道則升其乘車之左轂以其綏復如於館死則其復如於家喪大記曰其爲賓則公館復私館不復其在野則升其乘車之左轂而復是皆言復之變禮也　注云北面招求諸幽之義也者檀弓曰望反諸幽求諸鬼神之道也北面求諸幽之義也鄭注鬼神處幽闇孔疏言鬼神處在幽闇故望幽以求之北方是幽闇復者北面求鬼神之義云皐長聲也者文選西京賦神皐薛注皐接神之聲禮運孔疏皐引聲之言引亦長也云復反也者詩我行其野篇言歸思復毛傳復反也云降衣下之也者言復者何衣升屋今自屋下之也引喪大記者證某爲死者之名喪大記曰凡復男子稱名婦人稱字鄭注婦人不以名行孔疏殷以上貴賤復同呼名周則稱天子稱天子諸侯稱某甫且字矣大夫士稱名婦人竝稱字喪服小記曰復與書銘自天子達於士其辭一也男子稱名婦人書姓與伯仲如不知姓則書氏鄭注此謂殷禮也殷質不重名復則臣得名君周之禮天子崩復曰皐天子復諸侯薨復曰皐某甫復其餘及書銘則同據鄭云其餘則同是卿大夫以下周亦稱名矣曲禮曰天子崩復曰天子復矣諸侯復曰某甫復矣是鄭所本也孔叢子曰衞將軍文子之內子死復者曰皐媚女復子思聞之曰此女氏之字非夫氏之名也婦人於夫氏

以姓氏稱禮也今案喪服小記疏云復則婦人稱字此云書姓與伯仲是書銘也孔叢子謂復稱姓氏不足據

受用篋升自阼階以衣尸

受者受之於庭也復者其一人招則受衣亦一人也人君則司服受之衣尸者覆之若得魂反之

疏 正義曰受用篋校勘記云唐石經徐本通解楊敖俱作篋釋文集釋俱作篋陸氏曰本或作篋石經考文提要定作篋云喪大記注司服以篋待衣於堂前可證今案周禮夏采注引此文亦作篋當從篋爲是 注云賈疏云鄭知受之於庭者以其降衣簷前受而升自阼階明知受之於堂下在庭可知云受衣亦一人以上經云復者一人決之也云人君則司服受之者周禮司服職曰共其復衣服是復時衣司服共之則亦司服受之也喪大記曰捲衣投于前司服受之是也士未必有司服之官當亦隸子弟私臣之屬受之耳云衣尸者覆之若得魂反之者據喪大記云復衣不以衣尸不以斂此云衣尸者葢暫覆之謂若得魂反而依於衣也吳氏紱曰受用篋以爲魂之所依不可徒手受慎之也以衣尸者欲魂附衣復於體魄而更生也若覆之而不生則俟浴時竝此衣去之鄭注喪大記云不以衣尸謂不以襲也浴而去之又注去之以衣亦兼復衣言也阼階主人平日所升之

階故敖氏云升自阼階象其反也

復者降自後西榮

不由前降不以虛反也降因徹西北屝若云此室凶不可居然也自是行死事

疏 正義曰降自後西榮謂從西榮之後以降也西榮之後即西榮之北也喪大記曰降自西北榮孔疏不正西而西北者因取西北屝為便也 注云不由前降不以虛反也者言復望得魂反今魂不反是虛反故不欲由前降而由後降也今案鄭此說未然此時復者方降衣於前俾受者覆尸以冀其生豈在屋上即逆意其不生而不由前乎蓋復者之降由後示與升相變亦為徹西北屝便也敖氏云降於此者與升時相變也下文設奠之類升降異階者其義皆然云降因徹西北屝若云此室凶不可居然也此說亦非喪大記曰甸人取所徹廟之西北屝薪用爨之孔疏爨然也甸人取復魄人所徹正寢西北屝以然竈煮沐汁也謂正寢為廟神之也舊云屝是屋簷也熊氏云屝謂西北隅屝隱之處今案復者徹西北屝亦是求其生沈氏彤曰西北屝乃室隱闇之處徹之者去其蓋蔽以通神也降衣于前不知魂之反不反故又徹西北屝意魂或自此而反也然則北面招者求諸幽徹西北屝者通諸幽也鄭謂若云此室凶不可居然則是方冀其生而即致死之不誠甚矣豈招魂復魄

之意邪至喪大記云取所徹廟薪用爨之者本非爲用爨而徹乃旣徹則用以爨無用之用也故用時謂之薪而徹時不謂之薪吳氏紱曰徹廟者欲其神自上而下二說實勝注義沈說尤詳善

右始死復

楔齒用角柶爲將含恐其口閉急也 疏 正義曰張氏爾岐云復者猶冀其生復而不生始行死事楔齒至帷堂事死之初事也喪大記曰小臣楔齒用角柶綴足用燕几君大夫士一也周禮玉府大喪共角柶自天子至士同用角柶矣 角柶以楔齒故又名爲楔下記云楔貌如軛上兩末詳後 注云爲將含恐其口閉急也者案周禮注鄭司農云角柶角匕也以楔齒令可飯含禮記孔疏云楔柱也柶以角爲之長六寸兩頭曲屈爲將含恐口閉急故以柶柱張尸齒令開也賈疏云此角柶其形與扱醴角柶制別故屈之如軛中央入口兩末向上案柶狀如匕本有兩末之形非屈之使然下綴足用燕几是平日常用之几則角柶亦是平日常用之物緣始死不能猝辦喪器故皆以生人之器爲用 賈謂與扱醴角柶制別恐非

綴足用燕几綴猶拘也爲將屨恐其辟戾也

今文綴爲對 疏 正義曰檀弓云毀竈以綴足孔疏謂用毀竈之甓連綴死人足令直可著屨也案此殷禮周用燕几燕几燕居常用之几也 注云綴猶拘也者謂拘束其足也云爲將屨恐其辟戾也者辟戾不直也爲尸應著屨恐足辟戾故用燕几綴拘之令直也下記云綴足用燕几校在南御者坐持之注校脛也尸南首几脛在南以拘足則不得辟戾矣張氏爾岐云几兩頭有脛竝排兩足於兩脛之間以夾持之是也云今文綴爲對者古今文疏義云綴正字對聲近假借字鄭以下記及禮記字竝作綴故從古文餘詳下記

奠脯醢醴酒升自阼階奠于尸東鬼神無象設奠以馮依之 疏 正義曰奠脯醢醴酒者檀弓曾子曰始死之奠其餘閣也與鄭注不容改新孔疏始死未容改異故以生時庋閣上所餘脯醢以爲奠也下記云若醴若酒注云或卒無醴用新酒是醴酒止用其一爲始死促遽不備敖氏以醴酒具有爲四物與記不合盛氏世佐秦氏蕙田皆辨之升自阼階奠于尸東者禮經釋例曰凡奠于堂室者陳徹皆升自阼階降自西階敖氏曰此時尸南首東乃其右也奠於其右若便其飲食然記曰卽牀而奠當腢用吉器注器未變也亦是不容改異之意 注云禮始於飲食詩曰神

嗜飲食故設奠以爲鬼神憑依之所劉熙釋名云喪祭曰奠李氏如圭云是謂始死之奠自始死至葬之祭曰奠不立尸奠置之而已朱子曰自葬以前皆謂之奠其禮甚簡蓋哀不能文而於新死者亦未忍遽以鬼神之禮事之也張氏爾岐曰喪禮凡二大端一以奉體魄一以事精神楔齒綴足奉體魄之始奠脯醢事精神之始也禮經釋例云若然則葬乃奉體魄之終祭乃事精神之終也荀子曰葬埋敬藏其形也祭祀敬事其神也○禮經釋例又云凡始卒小斂大斂朝夕哭朔月薦新遷柩朝廟祖大遣皆奠案士喪禮始卒奠脯醢云云

帷堂事小訖也

疏正義曰檀弓曾子曰尸未設飾故帷堂小斂而徹帷仲梁子曰夫婦方亂故帷堂小斂而徹帷方氏慤曰人死斯惡之矣以未設飾故帷堂蓋以防人之惡也小斂則既設飾矣故徹帷若是則帷堂之禮爲死者爾豈爲生者哉而仲梁子以謂夫婦方亂故帷堂失禮意矣盛氏世佐取方說今案鄭注斂者動搖尸帷堂爲人褻之言方亂非也是仲梁子之言鄭氏已非之矣尸未設飾未襲斂也 注云事小訖也者張氏爾岐曰以此時尚未襲斂暫帷堂以爲蔽故云事小訖今考此篇自始死帷堂之後三云徹帷大斂帷堂之後一云徹帷君使人弔徹帷君使人襚徹帷此二者皆

一居即下雖云徹而未嘗徹以弔襚之後不更云帷堂也及小斂云卒斂徹帷至大斂復云帷堂是小斂後之徹帷乃全徹去故曾子與仲梁子俱云小斂而徹帷也然小斂大斂俱是飾尸故將大斂復帷堂及大斂訖云卒斂徹帷以後不更帷堂矣檀弓經但言小斂而注云斂者動搖尸帷堂爲人褻之實兼大斂言之鄭氏之於禮精矣大斂後所以不更帷堂者以尸已斂於棺殯於肂也茲因姜氏兆錫論帷堂徹帷之義未詳析故特考之又襍記曰朝夕哭不帷鄭注緣孝子心欲見殯肂也旣出則施其扂鬼神尚幽闇也似大斂後仍有帷者案此是帷柩非帷堂喪大記曰士殯見衽塗上帷之鄭注帷之鬼神尚幽闇也士達於天子皆然是柩旣殯之後於殯旁帷之與帷堂異故襍記又云無柩者不帷鄭注謂旣葬也棺柩已去遂去帷是也又檀弓曰帷殯非古也自敬姜之哭穆伯始也鄭注禮朝夕哭不帷蓋謂朝夕哭時當暫去帷以見殯肂而敬姜之哭穆伯仍帷之不去故檀弓以爲非古也此皆旣殯帷之之帷非謂帷堂也

右楔齒綴足奠帷堂

乃赴于君主人西階東南面命赴者拜送赴告也臣君之股肱耳目死當有恩

正義曰赴于君者使人告於君也其辭詳下記襚記疏曰士計於同國大夫曰某死計於士亦曰某死計於他國之君曰君之外臣某死計於大夫曰吾子之外私某死計於士亦曰吾子之外私某死此經唯言赴于君者舉其重者以該之也檀弓曰父兄命赴者父兄謂諸父諸兄也此謂始死主人方昏瞀故赴告姻族朋友則父兄命之若赴告於君必親命而拜送之者敬也鄭彼注分別大夫士似失之盛氏世佐曰是時親族僚友亦當使人赴之大夫士計於同國他國之辭見於襚記者詳矣敖云古者大夫士赴告之禮唯止於其君非又案大夫士之喪同國則赴異國則否以人臣無境外之交故也襚記言他國之君大夫士亦皆赴恐是春秋以後之禮非古也今案主人西階東命赴者喪大記曰凡主人之出也徒跣扱衽附心降自西階以由西階降故卽在西階東命之亦不忍當主位之意南面者方氏苞曰以赴者必南行拜送宜鄉之也注云赴告也者下記注云赴走告也襚記作計注云或皆作赴赴至也臣死其子使人至君所告之是也注義相兼乃備云臣君之股肱耳目者見虞書以其與君為一體故

必赴也云奴當有恩者君之禮也若下弔禭之類白虎通曰臣奴亦赴告於君何此君哀痛於臣子也欲聞之加賻賵之禮是也

有賓則拜之賓僚友羣士也其位猶朝夕哭矣疏正義曰此謂因命赴見賓遂拜之也不然則在室不出云有謂或有或無不定也鄭必知賓是僚友羣士者以下云有大夫則特拜之此但云拜故知是士之僚友也鄭注曲禮云僚友官同者以其官同誼親容始奴即來也云其位猶朝夕哭矣者謂賓位也若主人則仍西階東南面拜之褚氏寅亮曰未小斂前主人堂下之位暫在此旣小斂乃即阼階下西面位李氏如圭曰朝夕哭賓位在庭直東序及門東門西

右使人赴君

入坐于牀東衆主人在其後西面婦人俠牀東面衆主人庶昆弟也婦人謂妻妾子姓也亦適妻在前疏正義曰自此至堂下北面言尸在室主人以下哭位喪大記曰凡哭尸于室者主人二手承衾而哭謂此時也張氏爾岐云主人哭位惟小斂以前在此小斂後則在階下矣云入坐于牀東

者謂主人旣命赴而入室也是時遷尸于牀在室中牖下
牀東尸之東也敖氏云至是方言坐則先時主人亦立也
吳氏廷華云前亦坐于此二說皆未合姜氏兆錫曰喪大
記唯哭先復復而後行死事哭最先而哭位則序於此時
者蓋始死時主人啼婦人哭乃創鉅痛深心膽摧裂發於
不自禁者此說得之始死痛深哭發於不自禁追論哭位
上帷堂注云事小訖也謂事小定故至命赴後入哭乃序
之楊氏復曰始死哭位辨室中戶外堂下之位喪大記人
君禮亦必辨室中堂上堂下之位者非特男女內外親疏
上下之位不可以不正亦治喪馭繁處變之大法也應氏
鏞曰男東女西陰陽之大分也喪遽哀迫人襍事叢先謹
男女之辨而各以類從則紛糾襍亂者有倫矣蔡氏德晉
云尸首向南足向北主人坐于牀東衆主人又在主人之
東皆西面以向尸也婦人俠牀者男子牀東婦人牀西以
近而言也主婦坐于牀西衆主婦又在主婦之西皆東面
亦以向尸也盛氏世佐云俠夾通俠牀在牀西也與男子
相對故曰俠牀今案下記云室中唯主人主婦坐兄弟有
命夫命婦在焉亦坐鄭注別尊卑也又案喪大記曰旣正
尸子坐于東方卿大夫父兄子姓立于東方有司庶士哭
于堂下北面夫人坐于西方內命婦姑姉妹子姓立于西

方外命婦率外宗哭于堂上北面鄭注正尸者謂遷尸牖
下南首也其男子立于主人後女子立于夫人後又曰大
夫之喪主人坐于東方主婦坐于西方其有命夫命婦則
坐無則皆立鄭注凡此哭者尊者坐卑者立又曰士之喪
主人父兄子姓皆坐于東方主婦姑姊妹子姓皆坐于西
方鄭注士賤同宗尊卑皆坐案此經自主人而下不言坐
亦不言立據下記則自主人主婦外惟命夫命婦坐餘則
立據喪大記則士之喪自主人以下皆坐二者不同盛氏
世佐謂衆主人婦人不言坐蒙上入坐之文可知又以喪
大記與此記異爲各記所聞張氏惠言讀儀禮記云案經
云衆主人在其後婦人俠牀俱不言坐蒙上入坐文也與
喪大記正合據喪大記君之喪主人主婦坐餘皆立大夫
之喪主人主婦命夫命婦坐餘皆立士之喪則皆坐似是
等差如此若士禮衆主人以下立而不坐則經亦當分別
言之不得僅云在其後也盛氏張氏之說似是至下記所
云與喪大記所言大夫之喪合愚意當是記大夫之禮而
文有譌脫耳如士冠是士禮而記兼及大夫以上禮卿射
是大夫士禮而記亦及諸侯以上禮是其例也不然鄭注
下記云別尊卑也注喪大記云尊卑皆坐徵然不同若俱
士禮鄭何無一言辨及乎賈疏分別命士及不命之士非

詳訂疑注云衆主人庶昆弟也者謂主人之庶昆弟也敖氏云衆主人齊衰大功之親也若有斬衰者亦存焉下經云衆主人免記云衆主人布帶則是衆主人乃主言齊衰大功者沈氏彤云鄭所云庶昆弟於如者爲衆子不云衆子而云庶昆弟繼主人爲言當然耳是衆主人卽斬衰之親下經所云親者乃齊衰大功之親也敖以衆主人免衆主人布帶決此衆主人爲齊衰大功之親不惟彼此姝絕亦明與親者之文相妨且衆主人免衆主人布帶之下竝不言親者與衆兄弟則是統齊衰至緦麻之親皆在其中豈徒主言齊衰大功而已此其疏也鄭注下婦人云妻妾子姓亦專指斬衰者言之蓋主人在前衆主人在其後適妻在前妾與子姓在其後皆斬衰重服然後及於齊衰及於大功文王世子所謂以喪服之精麤爲序以次主人者是也云婦人謂妻妾子姓也亦適妻在前者沈氏彤云案喪大記云君之喪三日子夫人杖大夫之喪主人主婦室老皆杖士之喪主人杖婦人皆杖注云婦人皆杖謂主婦容妾爲君女子子在室者喪服妻爲夫杖婦爲舅姑不杖明夫人與主婦皆如者之妻注適妻卽主婦也又鄭注喪大記云子姓謂衆子孫也姓之言生也本注子姓以婦人皆杖注推之蓋專指女子子在室者姓字牽連及之耳

今案沈申鄭義皆是但謂衆主人免衆主人布帶爲統大
功以下則非耳又方氏苞云喪大記竝舉主人主婦道其
常也此曰婦人該其變也蓋或姒者妻早亾則子婦
不可以稱主婦是方意以此婦人中兼有子婦矣**親者**
在室謂大功以上父兄姑姊妹子姓在此者　疏　正義曰盛氏世佐云此亦兼男子婦人言也謂之親者對
下在戶外堂下者言耳其實比于在牀東西者爲少疎也
亦男子在東婦人在西吳氏紱云言在室則不必皆東西
面蓋亦有於北墉下南面者矣以室中狹隘又有弔襚者
入焉故也　注云賈疏云知親者謂大功以上者以大功
以上有同財之義敖氏云此親者繼婦人而言則是亦專
指婦人矣下篇曰主婦及親者由足西面是也沈氏彤云
案下篇云主婦及此親者由足西面其上云主人踊無算則
親者固專指婦人此篇下經云婦人尸西東面主人及親
者升自阼階則親者又專指男子本經上云衆主人在其
後婦人俠牀下云親者在室則親者兼男子婦人可知敖
據一端爲說非是若鄭云大功以上者但包齊衰之親不
兼上經衆主人蓋下云主人及親者不言衆主人則親者
宜兼衆主人此承上衆主人而言則親者宜在衆主人之
外故知鄭不兼言也今案沈說是也鄭云父兄姑姊妹子

姓本喪大記據彼云父兄子姓又云姑姊妹子姓則此注子姓兼男女言也父兄姑姊妹謂死者之諸父諸兄及諸姑姊妹子姓則死者之孫男女及昆弟之子男女凡屬齊衰大功者皆在其內賈疏據主人言誤詳訂疑又沈氏據文王世子以喪服之精麤爲序此確論也上篇俠牀謂斬衰者此節在室謂齊衰大功者下節戶外堂下謂小功以下者經文敘次井然如此

衆婦人戶外北面衆兄弟堂下北面

衆婦人衆兄弟小功以下【疏】正義曰戶外堂上也案鄭注喪大記婦人迎客送客不下堂云婦人所有事自堂及房男子所有事自堂及門故此哭位男子在堂下婦人在戶外堂上也盛氏世佐云戶外室戶外先言婦人自內及外也其親疏同而所立有遠近者內外之辨也皆北面向尸也褚氏寅亮云親疏之位以室與堂分男女之位在室者以東西分在堂者以上下分服　注云小功以下則緦服亦統之矣沈氏彤謂此小功緦服婦人兄弟中各有同姓異姓是也或以左傳士踰月外姻至疑始死哭位不得有異姓不知外姻是言其遠者若近則始死亦卽來也上言婦人下不言男子言兄弟者古人通謂婚姻爲兄弟又喪服傳謂小功以下爲兄弟故以兄弟該之也

右尸在室主人以下哭位

君使人弔徹帷主人迎于寢門外見賓不哭先入門右北面使人士也禮使人必以其爵使者至使人入將命乃出迎之寢門內門也徹帷扂之事畢則下之【疏】正義曰自此至不辭入也言君使人弔使人襚之事李穆亭曰君使人弔襚不言若則是君於士喪皆必有是禮矣必徹帷者以主人在堂下使者致命於堂上不可以帷隔之也敖氏曰喪不迎賓惟於君及君使則迎之此不出外門者別於君之自來也先入門右道之吳氏廷華云見賓不哭爲其以君命來今案喪大記曰男子出寢門見人不哭鄭注見人謂迎賓客據此經也北面如見君也　注云使人士也禮使人必以其爵者公食大夫禮云使大夫戒各以其爵此禮之通例也云使者至使人入將命乃出迎之者使者卽賓也喪事雖略於賓主之儀亦必先使人將命主人乃出迎也云寢門內門也者賈疏云大夫士唯有兩門以下云主人拜送于外門外故知此寢門內門也云徹帷扂之事畢則下之者賈疏云謂褰帷而上非謂全徹去案扂說文閉也襍記釋文引字林玉篇亦皆云閉也纂文云

古閤字是字書竝無褰帷之訓沈氏彤云㞒是帷之所以開閤者故閤之曰施其㞒開之則曰㞒之猶門闔之闔訓扃亦訓通其側一也段氏玉裁云士喪禮注曰徹帷㞒之事畢則下之襍記注曰皢出則施其㞒鬼神尚幽闇也據此二注㞒有褰舉之義與東都賦袪黼帷同疑說文閜當作開一說㞒在開閉之閒故兼此二義今案段後一說咯與沈同文選注云袪舉也廣雅釋詁云袪去也又云袪開也王氏疏證云莊子胠篋篇司馬彪注云從旁開爲胠秋水篇公孫龍口呿而不合呂氏春秋重言篇君呿而不唫高誘司馬彪注竝云呿開也袪胠呿古通用袖口謂之袪義亦同也竊疑此㞒字與袪胠呿亦通曲禮暑無褰裳鄭注褰袪也是㞒有褰義又下君使人襚復云徹帷是事畢則下之有事又徹之也下小斂訖徹帷經復云帷堂此君使人弔襚徹帷後不更云帷堂則賈以㞒爲褰帷而上非謂全徹去者確矣

弔者入升自西階東面主人進中庭弔者致命

主人不升賤也致命曰君聞子之喪使某如何不淑【疏】正義曰弔者入謂入寢門升自西階東面江氏筠云聘禮南面致命此不然者以其尸在室中弔主於尸者不容轉以身背之東面致命乃於生者兩盡也主人進中庭褚氏

寅亮云中庭東方之中庭也故弔者東面向之致命主人則北面受命敖氏謂西方之中庭非盛氏世佐云中庭東西節也其南北之節蓋三分庭一在北不在西方者以聽君命故也江氏筠說同今案褚氏以爲東方之中庭者據賓東面言也盛氏江氏以中庭爲東西之中者據聘禮賓自碑內聽命碑在東西之中也此時賓升西階致命則中庭在東西之中亦得東西向之又聽命室近堂當中庭少北盛氏江氏之說是也　注云主人不升賤也者案喪大記曰大夫于君命迎于寢門外使者升堂致命主人拜于下云拜于下則受命時得升堂也大戴禮曰大夫于君命升聽命降拜云大夫升聽命則士賤不得升也云致命曰君聞子之喪使某如何不淑者此無正文鄭約襍記爲言襍記諸侯相弔弔者入升自西階東面致命曰寡君聞君之喪寡君使某如何不淑賈疏云彼據鄰國之君此弔己國之士故不言寡也今案弔己國之士故亦不云君之喪而云子之喪也

主人哭拜稽顙成踊

稽顙頭觸地成踊三者三

疏 正義曰上言主人見賓不哭至是賓致命畢乃哭也拜稽顙者拜君弔之命也檀弓曰拜稽顙哀戚之至隱也稽顙隱之甚也鄭注隱痛也檀弓又曰辟踊哀之至也有算爲之節文也此經云成踊即

有算之謂也方氏苞曰前此哭無停聲踊無算至是有君命以敬節哀然後成踊禮經釋例曰凡君使人弔襚賵主人皆拜稽顙成踊非君之弔襚賵則拜而不踊又曰吉事之拜以稽首爲最重凶事之拜以拜稽顙成踊爲最重皆見君之禮拜稽顙成踊者卽周禮九拜之振動也杜子春云振讀爲振鐸之振動讀爲哀慟之慟最爲得之先後鄭不能引伸其說而各下己意經義遂晦今以禮經證之始知其說之確也踊與稽顙皆非拜拜而成踊謂之振動猶之拜而後稽顙謂之吉拜也大祝九拜之序稽首頓首空首三者皆吉事之拜由重而輕振動吉拜凶拜三者皆凶事之拜亦由重而輕次弟固井井也又周官九拜解曰檀弓孔子曰拜而後稽顙頽乎其順也稽顙而後拜頎乎其至也考之禮經但有拜稽顙而無稽顙拜之文則拜而後稽顙其周禮歟鄭氏檀弓注以爲殷之喪拜似與經未合也　注云稽顙頭觸地者禮記問喪曰稽顙觸地無容哀之至也是鄭所本也荀子曰至地曰稽顙案稽之言至也稽首稽顙同爲頭至地惟稽顙以顙觸地無容爲異耳說文顙頟也云成踊三者三者案曾子問君薨世子生三日告殯云祝宰宗人衆主人卿大夫士哭踊三者三孔疏每踊三度爲一節如是者三故云三者三又檀弓疏云跳躍

爲踊每一踊三跳三踊九跳是也

賓出主人拜送于外門外〔疏〕正義曰外門大門也對寢門爲外門凡迎送之禮迎于外門外者送亦于外門外此經迎于寢門外送於外門外又迎不拜而送拜皆喪禮異也此及上文但言主人不言衆主人者下記云尸在室有君命衆主人不出注云不二主故喪禮拜賓惟主人一人也以上是君使人弔之禮

君使人襚徹帷主人如初襚者左執領右執要入升致命襚之言遺也衣被曰襚致命曰君使某襚〔疏〕正義曰襚以助斂說文襚衣死人也少儀曰臣致襚於君則曰致廢衣於賈人敵者曰襚此云君使人襚則於敵以下亦稱襚也禮別更端弔襚不同時上君使人弔徹帷此又言徹帷則弔事畢即下之也主人如初謂如上弔時出迎先入諸儀也襚者左執領右執要案衣之上曰領裳之上曰要敖氏云此執衣如復則是衣裳具且襞裳於衣也蔡氏云襚衣多恐此衣或與彼裳混則襞裳於衣以成一稱空也入升致命亦如弔時也注云襚之言遺也衣被曰襚者白虎通云贈襚何謂也贈之爲言稱也玩好曰贈襚之爲言遺也衣被曰襚知死者則贈襚公羊傳衣被曰襚何注襚猶遺也遺是助死之禮穀

梁傳衣衾曰襚劉向說苑亦云衣衾曰襚衾郎被也蔡氏云大斂時衾亦在算則固有以被襚者矣云致命曰君使某襚者亦約襍記文賈疏云君襚雖在襲前襲與小斂俱不得用大斂乃用之吳氏廷華云大斂衣在外所以榮君賜也

主人拜如初襚者入衣尸出主人拜送如初

疏 正義曰主人拜如初拜君襚之命也云如初亦如上弔時拜稽顙成踊也襚者入衣尸此入謂入室衣尸者蓋以襚衣覆于斂衾之上出主人拜送如初亦送于外門外也以上是君使人襚之禮

唯君命出升降自西階遂拜賓有大夫則特拜之卽位于西階下東面不踊大夫雖不辭入也

唯君命出以明大夫以下時來弔襚不出也始喪之日哀戚甚在室故不出拜賓也大夫則特拜別於士旅拜也卽位西階下未忍在主人位也不踊但哭拜而已不辭而主人升入明本不爲賓出不成禮也

疏 正義曰此以下言因君使人弔襚出而見賓之儀也○升降自西階自下嚴本有階字唐石經無從石經○儀禮糾解云初喪尸在室不可乍違惟君命弔襚不可不出但既出而見賓之在焉則又無漠然竟入之理故因而拜

之敖氏云唯君命出小斂以前則然升降自西階自此至葬其禮然也於大夫云特拜見于士亦旅之也卽位于西階下此非正位因事而出乃在是耳主人卽位大夫宜辭之謂不必以己故而留于外也旣辭則主人乃入大夫若或不辭主人猶入矣今案升降自西階者以阼階是主階不忍由之曲禮云居喪之禮升降不由阼階是也有大夫則特拜之有者原是不定之辭但自此至入也皆言大夫賓之禮上命赴云有賓則拜之以賓是士故拜之而卽入此賓爲大夫是尊於己者故特拜之而少立于西階下東面皆以別於士蓋西階下本無位此卽位不過少立於此耳李氏如圭以不辭爲不致弔辭敖氏以不辭爲不辭主人使入玩經文語勢似敖義爲長王氏士讓曰不待大夫之辭而主人竟入以尸㫄不可久離故也此說得之又案喪大記曰士之喪於大夫不當斂則出此經云唯君命出則是小斂以前大夫來弔不當斂亦不出也喪大記與此不合但經是周公所作井然不紊記是後人所述或有異聞學者於經傳異同之說遵經而舍傳毋以傳而疑經可矣　注云唯君命出以明大夫以下時來弔襚不出也者唯獨也獨君命出則其餘皆不出也所以然者以始喪之日哀慼甚在室故不出拜賓也經云遂拜賓者係因君命

出而拜之非爲拜賓出賈疏謂因事曰遂是也云大夫則特拜別於士旅拜也者下小斂後主人拜賓大夫特拜士旅之是特拜別於士旅拜也云即位西階下未忍在主人位也者以阼階下是主人之位未忍在此故少立于西階下亦升降自西階之意也云不踊但哭拜而已者以下主人拜賓云即位踊是拜而成踊此不踊則但哭拜而已與正拜賓異也云不辭而主人升入義已見上云明本不爲賓出不成禮也者若爲拜賓出則拜必成踊且待其辭而後入乃爲成禮今即位而不踊又不待辭而即入則不成禮矣以本不爲賓出故不必與賓成禮也以上是總言受君弔襚之時其見賓之儀如此非專爲君使人襚言也

右君使人弔襚

親者襚不將命以即陳大功以上有同財之義也不將命不使人將之致於主人也即陳陳在房中

疏 正義曰自此至適房言親者及庶兄弟朋友致襚之事 注云大功以上有同財之義也者此親者兼齊衰大功而言以有同財之義故不將命亦不言主人拜也云不將命不使人將之致於主人也者上言親者在

室則可以直達故不須將命也云即陳陳在房中者以下徹衣者執以適房故知陳在房中也經云以即陳謂即就房中所陳處陳之少儀曰親者兄弟不以襚進是也

庶兄弟襚使人以將命于室主人拜于位委衣于尸東牀上

庶兄弟即衆兄弟也變衆言庶容同姓耳將命曰某使某襚拜于位室中位也

疏 正義曰喪大記云親戚之衣受之不以即陳孔疏大功以上襚之不將命自即陳于房中小功以下及同姓皆將命是此親戚之衣謂小功以下對上親者即陳言之也　注云庶兄弟即衆兄弟也者上經親者在室下即言衆兄弟故知此次親者即衆兄弟也云變衆言庶容同姓耳者庶疏遠之稱同姓謂祖免及絕服以外者大傳曰五世祖免殺同姓也六世親屬絕矣是也容同姓者容庶中兼有疏遠之同姓也敖氏以庶兄弟中兼有外兄弟但上衆兄弟注謂小功以下則外兄弟已統之矣此庶兄弟哭位在堂下故致命于室亦容有不在哭位而襚者故均須使人將命于室也下記云其襚于室戶西北面致命謂此時也云將命曰某使某襚者上某庶兄弟名下某所使人名云拜于位室中位也者謂室中牀東位也拜不稽顙別於君使人襚也又君襚以衣尸此委衣

於尸東牀上亦別於君襚也敖氏云辟君襚且不必其用之也張氏云委衣將命者委之也但致命北面委衣于尸東當西面李氏云下經曰西面委衣如於室禮則委衣西面是也

朋友襚親以進主人拜委衣如初退哭不踊

親以進親之恩也退下堂反賓位也主人徒哭不踊別於君襚也

疏 正義曰敖氏云親者襚不將命庶兄弟將命不親致朋友則親致之葢親則禮略疎則禮隆聖人之意然爾今案此卽父黨無容之義也主人拜亦拜于位不稽顙也敖氏云旣小斂拜襚者則稽顙此惟拜而已者以其與君襚同節宐遠辟之是也張氏爾岐云委衣如初如其于尸東牀上委之者朋友也今案下記云襚者委衣于牀不坐 注云親以進親之恩也者謂朋友相親之恩意也云退下堂反賓位也者賓位詳有賓則拜之下此退謂朋友襚者退也云主人徒哭不踊別於君襚也者上君襚時主人哭拜稽顙成踊此徒哭不踊是示別也敖氏以退哭不踊爲兼庶兄弟及朋友襚而言褚氏寅亮云朋友親襚故注以反賓位釋退字敖氏兼庶兄弟使者退言似混今案褚氏之說是也

徹衣者執衣如襚以適房

凡於襚者出有司徹衣

疏 正義曰上文君襚時襚者

左執領右執要此徹衣者執衣亦如之但云如襚則是凡
襚者皆左執領右執要也親者以下不言者省文襚記亦
曰襚者左執領右執要以適房當以陳也　注云凡於襚
者出有司徹衣者盛氏世佐云凡者凡君及庶兄弟朋友
之襚也親者襚以卽陳則不須徹矣方氏苞云君襚不徹
襲與小斂後仍以覆衾直至大斂然後以覆於外而包庶
襚耳今案下經陳襲事于房中及小斂陳衣于房皆不言
君襚似方説爲然親者襚以卽陳不須徹是此徹衣專指
上委于牀之衣也庶兄弟及朋友人甚眾恐襚
多牀不足容故凡於襚者出卽令有司徹之

右親者庶兄弟朋友襚

爲銘各以其物亾則以緇長半幅經末長終幅廣三寸書銘于末曰某氏某之柩銘明旌也襍帛爲物大夫士之所建也以死者爲不可別故以其旗識識之愛之斯錄之矣亾無也無旗不命之士也半幅一尺終幅二尺在棺爲柩今文銘皆爲名末爲旆也　疏

正義曰自此至階上言爲銘之事○書銘于末銘當作名
注大夫士之所建也嚴本脫士字據周禮司常云大夫士

建物當有士字故以其旗識識之嚴本脫以字據檀弓原文當有又檀弓識字不重嚴本重識字集釋各本同釋文云上音試下音式注疏本作下音志又周禮小祝注引檀弓亦重識字釋文識識竝傷志反一讀下識如字是鄭所見本與今異也今案上識字當作幟解識古幟字漢書王莽傳旌旗表識師古注識讀與幟同是也漢時多以旗幟連言高祖紀旗幟皆赤旗幟卽徽幟也下識字音式則當作知識解謂以其旗幟知之也若音志則當作識記解謂以其旗幟記之也二義竝通無旗嚴本旗作旌集釋同戴校云今注疏本訛作旗今案無旗謂無旗物也似當作旗在棺爲柩今禮記原文爲作曰○銘所以表柩也周禮司常曰大喪共銘旌喪服小記曰復與書銘自天子達于士其辭一也則銘天子至士皆有之爲銘各以其物是泛言爲銘之制如此各以其物謂各以生時所建之旗也司常曰掌九旗之物名又曰贊司馬頒旗物卽此經所謂物也亾謂無其物無物則以緇長半幅䞓末長終幅廣三寸爲之緇黑色䞓赤色言䞓末則上緇下䞓也說文䞓赤色也从赤巠聲又云䞓或从貞作赬是䞓爲正字也廣三寸謂緇䞓皆廣三寸也書銘于末謂書名於䞓也此銘當作名詳下曰某氏某之柩上某爲厶者姓氏下某厶者名喪服

小記曰復與書銘男字稱名敖氏云銘書其名者以卒哭乃諱故也　與注云銘明旌也者檀弓文彼注云神明之精云褋帛爲物大夫士之所建也者司常曰褋帛爲物又曰大夫士建物是鄭所本也案鄭引褋帛爲物非釋經物字以爲銘用生時所建之旗而褋帛爲物係士生時所建故引以明之也賈疏以鄭此注爲釋經物字則於經各字義難通故多曲說後人幷以此訾鄭誤矣詳訂疑云以死者爲不可別故以其旗識識之愛之斯錄之矣者亦檀弓文下又曰敬之斯盡其道焉耳鄭彼注解愛之敬之二句謂重與奠此又以解明旌者書銘亦是愛之斯錄之之事義得兩通故鄭兩解之也但此注止引愛之一句檀弓疏謂鄭士喪禮注引愛之敬之二事以解明旌似誤云亾無也者亾無古通此經亾爲有無之義以無釋之則易曉也云無旗不命之士也者以此篇是士禮無旗則是爲不命之士言也近儒疑無旗爲庶人非云半幅一尺終幅二尺者賈疏以布幅二尺二寸兩邊各去一寸爲二尺故半幅一尺終幅二尺合之則三尺也但此疏以布言之小祝司常疏又以爲用緇與此異云在棺曰柩禮記曲禮問喪二篇皆有此文云今文銘皆爲名末爲旆也者胡氏承珙云段氏玉裁曰周禮小祝故書作銘今書或作名祭統銘者自

名也云名名已足不必加金旁故說文於金部不錄銘字從周禮今書禮經今文也鄭君注經乃釋銘爲刻呂忱乃云銘題勒也不用許說承珙案小祝設熬置銘司農注引士喪禮爲名名各以其物及取名置于重據釋文云爲名音銘下取名同是司農引儀禮皆從今文作名杜子春引檀弓曰銘明旌也則字又作銘段氏以說文不錄銘字謂不必加金旁義固可通然銘字經典多有荀子禮論篇其銘誄繫世敬傳其名也是銘字不獨漢碑始有故鄭君定從古文惟書銘于末司農注小祝引作名鄭君注司常亦引士喪禮書名于末此蓋經字本作名淺人因注有今文銘皆爲名之語遂改經書名于末名字亦作銘不知鄭云皆者皆下文祝取銘置于重之類耳旣夕禮疏云今文銘皆作名者此銘及下陳明器云取銘置于茵二者皆名賈於此申明皆義而於士喪禮銘皆爲名不言皆字何指末爲旆此者爾雅繼旐曰旆郭注帛續旐末爲燕尾者釋名云旆以帛繼旐末也說文旆繼旐之旗也沛然而垂是旆本旐末之垂者引申爲凡垂之稱小雅出車傳曰旆旆垂旒貌又引申之凡垂末者亦謂之旆此銘旌之末如旗旐之末故今文得假旆爲末鄭用其正字故從古文○賈疏引禮緯云天子之旗九仞諸侯七仞大夫五仞士三仞但奺以尺

易例故下云竹杠長三尺司常疏引禮緯同小祝疏引作天子旌旗之杠九仞諸侯七仞大夫五仞士三仞文小異附載於此

竹杠長三尺置于宇西階上杠銘橦也宇梠也

【疏】正義曰敖氏據小祝注引無宇字遂以宇爲衍文今案小祝疏云置于西階上屋宇下則是注本有宇字而傳寫脫耳○杠銘銘之竿也以竹爲之　注云杠銘橦也後漢書馬融傳章懷注橦旗之竿是也吳氏紱云緇半幅䞓終幅合之長三尺竹杠長三尺稱之也古尺當今尺六寸有奇但取記姓名識別耳非如後世爲觀美也賈疏云此始造銘訖且置于宇下西階上待爲重訖以此銘置于重又下文卒塗始置于肂若然此時未用權置于此云宇梠也者賈疏云爾雅檐謂之樀郭云屋梠今案說文楣字下云齊謂之檐楚謂之梠是梠即檐也高誘注淮南子云宇屋檐也是宇與梠皆檐之名故鄭云宇梠也說文宇屋邊也宇本屋邊之名以檐在屋之邊故又名爲宇李氏如圭集釋云屋之邊垂謂之宇宇西階上宇之下西階之上也敖氏云置臥而縮置之今案敖說非也廣雅釋詁置立也謂立于西階之上其上當宇詩八月在宇亦謂上當宇也銘所以必置于西階上者以銘所以表柩柩在西階上故也此時尸未斂於柩蓋預書

以表之

右爲銘

甸人掘坎于階閒少西爲垼于西牆下東鄉甸人有司主田野者垼塊竈西牆中庭之西今文鄉爲面疏正義曰自此至西序下南上皆言陳沐浴襲飯含之具甸人掘坎以下言沐浴飯含之具陳于階下者陳襲事以下言襲衣物陳于房中者貝三以下言沐浴飯含之具陳于序下者凡三節〇坎以埋沐浴餘瀋及巾柶等物垼以煑潘水坎甸人掘之垼亦甸人爲之坎制詳下記階閒東西兩階之閒也少西則三分階閒一在西與垼說文作坄云陶竈窗也有窗故有鄉言西牆下則逼近西牆故東鄉也牆亦謂之壁特牲記饎爨在西壁注西壁西牆下是也 注云甸人有司主田野者周禮序官甸師下有徒三百人其職曰掌帥其屬而耕耨王藉又曰共野果蓏之薦是其主田野之事也先大父儀禮釋官云甸人公臣見公食大夫禮士無地不得有掌田野之人疏非是周禮宰夫職曰三公六卿之喪與職喪帥官有司而治之凡諸大夫之喪使其旅帥有司而治

之職職喪曰掌卿大夫士凡有爵者之喪凡公有司之所共職喪令之趣其事古者臣有喪事公家使人治之以喪事需人孔多家臣不能具官故也特牲士祭亦有公有司此與下管人夏祝商祝周祝家人卜人之屬蓋皆公家之臣求治喪事者也又案喪大記曰甸人爲垼于西牆下人君禮亦同周禮甸師掌帥其徒以薪蒸役外內饔之事與亨爨聯職故使爲垼也喪大記又曰甸人取所徹廟之西北厞薪用爨之云垼塊竈者下記云垼用塊注塊堛也說文堛凷也塊俗凷字是此竈以土塊爲之與常竈異也吳氏紱云沐浴之潘水必致其潔不敢以生人飲食之爨褻之鄭子之喪浴於爨室蓋不爲垼而浴水自爨室來故記者譏其簡略耳云西牆中庭之西也者李氏如圭云中庭庭南北之中也蓋堂之前爲庭庭之東西有牆此垼在西牆下而當庭南北之中故云中庭之西也云今文鄉爲面者胡氏承珙云說文偭鄉也段氏玉裁曰鄉今人所用之向字也漢人無作向者少儀尊壺者面其鼻注云鼻在面中言鄉人也案許所據少儀作偭說與鄭同承珙案鄭注周禮撢人使萬民和說而正王面考工記匠人面朝後市禮記玉藻惟君面尊皆云面猶鄉也惟言人則曰面言物可曰鄉故此從古文

新盆槃瓶廢敦重

鬲皆濯造于西階下新此瓦器五種者重奠事盆以盛水槃以承渜濯瓶以汲水也廢敦敦無足者所以盛米也重鬲鬲將縣於重者也濯滌溉也造至也猶餼也以造言之喪事遽

疏正義曰槃以承渜濯各本無以字盧校據疏補○此經言盆槃瓶廢敦重鬲皆以新器濯之使潔陳于西階下俟用　注云新此瓦器五種者重奠事者此五種皆用瓦尙質也必新之以送奠事重不敢用常褻器也云盆以盛水者廣雅釋器盎謂之盆王氏疏證云爾雅盎謂之缶郭注盆也顏師古注急就篇云缶盆盎一類耳缶即盎也大腹而斂口盆則斂底而寬上考工記陶人爲盆實二鬴厚半寸脣寸案盆陶人爲之是瓦器也下經祝淅米于堂用盆是盆以盛水淅米也云槃以承渜濯者下經云渜濯棄于坎注云沐浴餘潘水是也槃承餘潘是置於尸牀下承之說文槃承槃也從木般聲是槃爲承水器又云鎜古文從金盤籀文從皿是槃當以木與金爲之此注云瓦者據喪大記士倂瓦盤故知用瓦也喪大記又云沐用瓦槃似瓦槃有大小經所陳雖未言其數當不止一槃耳下云士有冰用夷槃鄭注周禮及喪大記俱以漢之大槃釋夷槃云廣八尺長丈二尺漆三尺漆赤中據此則夷槃有采飾當用木與金爲之與瓦異

餘詳下經云瓶以汲水也者說文缾罋也罋汲缾也缾或从瓦作瓶是瓶爲汲水器也云廢敦敦無足者所以盛米也者下經云黍稷用瓦敦是敦爲瓦器也又云敦啟會面足則敦有足矣但彼敦以盛黍稷此敦以盛飯含之米二者異故彼敦有足此敦無足賈疏云凡物無足稱廢士虞禮主人洗廢爵注爵無足是也餘詳少牢禮云重鬲鬲將縣於重者也者案考工記陶人爲鬲實五觳厚半寸脣寸鄭注觳受斗二升說文同則鬲容六斗也說文又云鬲或从瓦作𤮍是鬲瓦器也喪大記曰陶人出重鬲下經煮潘用鬲又以飯尸之餘米用鬲煮爲鬻縣于重故名重鬲或曰鬲用二故云重重鬲二鬲也云濯滌溉也者溉當从手作摡士昏禮曰某之子未得濯摡于祭祀說文摡滌也是濯爲滌洗使潔也云造至也猶饌也以造言之喪事遽者案造至也係常訓鄭注周禮司門及大司寇同儀禮凡陳器物多言饌鄭注士冠禮饌陳也是也此造亦爲陳故云猶饌也但不云饌而云造者以喪事匆遽有造次之義故云造也蔡氏德晉云言造者濯於他處乃以造於此也義亦通

右沐浴飯含之具陳於階下者

陳襲事于房中西領南上不綪 襲事謂衣服也綪讀爲緈緈屈也襲事少上陳而下不屈江沔之閒謂縈收繩索爲緈古文綪皆爲精

疏 正義曰此以下皆陳襲尸之具故云襲事賈疏云按下小斂大斂先陳先用後陳後用依次第而陳此襲事以其初死先成先陳後成後陳喪事遽備之而已故不依次也案西領者衣領向西也敖氏謂尸在室故西領王氏士讓云案冠禮陳服于房中東領北上此西領南上吉凶相變王氏說是也 注云襲事謂衣服也者西領故指衣服言之但下文所陳不止衣服舉其大者言也喪大記曰凡陳衣者實之篋取衣者亦以篋升降者自西階凡陳衣不詘非列采不入絺綌紵不入鄭注不詘謂舒而不卷也不入孔疏不入陳之也皆此陳襲衣服之事云綪讀爲緈緈屈也襲事少上陳而下不屈江沔之閒謂縈收繩索爲緈者案說文綪赤繒也綪之本義不訓屈故鄭讀爲緈以明之說文緈紆未縈繩紆詘也一曰縈也縈收卷也段氏玉裁云卷居轉切各本作弮非也今案紆訓爲詘詘與屈通說文以紆未縈繩解緈字是訓緈爲屈也未縈繩即未收卷之繩凡收卷繩索必屈之故江沔之閒謂縈收繩索爲緈鄭引當時語以證緈之爲屈義與許同也江沔之閒謂江水

北沔水南禹貢嶓冢導漾東流爲漢孔傳云泉始出山爲漾水南東流爲沔水至漢中東行爲漢漢水沔水卽漢水一水三名也下經小斂大斂皆云陳衣于房南領西上綪此云不綪故鄭云襲事少上陳而下不屈對小斂大斂言之也陸氏隴其云凡陳物少一行可訖者只須言南上北上不須言綪不綪若物多一行陳不盡須兩行三行者則必言綪不綪假如南上之物第一行從南至北第二行仍自南至北則謂之不綪若第一行從南至北第二行取便卽從北至南則是綪蔡氏德晉云陳設諸物首行從前至後陳之不能盡次行卽接續前行從後至前陳之如物之屈而復轉也不綪者每行更端別起皆從前至後不復與前行相接續也今案此二說釋經綪屈義最分明云古文綪皆爲精者胡氏承珙云今文作綪者綪從糸旁於縈屈之義爲近故鄭於經從今文作綪而注則讀爲緈以明其義禮記亦今文故玉藻齊則綪結佩而爵韠字亦作綪注云綪屈也不讀爲緈者以綪結連文屈義易明也綪皆爲精皆者皆下文陳衣于房南領西上綪也惠氏棟云說文緈讀若旌案孟郁脩堯廟碑精字作旌與古音合釋文音緈爲側庚反非也

明衣裳用布所以親身爲圭潔也疏正義曰論語齊必有明衣布是明衣爲平日齊

居之服也古者有疾則齊故襲時近體著此衣裳言明者取明潔之義其制詳下記用布謂用帷幂之布亦見下記云所以親身爲圭潔也者下文浴訖即設明衣裳又云明衣不在算故知是親身之衣圭亦潔也詳士虞記

鬠笄用桑長四寸纋中桑之爲言喪也用爲笄取其也長四寸不冠故也纋笄之中央以安髮

【疏】正義曰玉篇云髺胡括古活二切鬠同髺又云髻居濟切髤同髻是玉篇以髺鬠爲一字髻髤爲一字說文有髺無鬠有髤無髻髺作鬠云絜髮也髤簪結也段氏玉裁云鬠即髺字之異者絜髮束髮也簪結者既簪之髺也然則束之爲鬠簪之爲髺鬠與髺亦一矣餘詳鬠用組下盛氏世佐云鬠笄者鬠訖所加之笄也必連鬠言之者以別於固冠之笄耳　蔡氏德晉云生時固髮之笄用骨爲之今用桑變於生也　注云桑之爲言喪也用爲笄取其名也者以桑喪聲同喪事用桑是取其名也公羊傳虞主用桑何注桑猶喪也用桑者取其名義與此同襍記喪祭枇以桑畢用桑亦此義也云長四寸不冠故也者賈疏云凡笄有二種一是安髮之笄男子婦人俱有即此笄是也一是爲冠笄皮弁爵弁笄唯男子有而婦人無也此二笄皆長不唯四寸而已今此笄四寸者僅取入髻而已以其男子

不冠冠則笄長矣此注及下注知死者不冠者下記云其母之喪髺無笄注云無笄猶丈夫之不冠也以此言之生時男子冠婦人笄今死婦人不笄則知男子亦不冠也家語云孔子之喪襲而冠者家語王肅之增改不可依用也徐氏乾學云古人之襲斂全體包裹其內加冠則勢有所難容故不得已而去之意在堅束其尸非以爲容飾也又辨家語之僞云案襲衣之制士三稱大夫五稱孔子郎行大夫禮亦止於五稱豈有用十一稱之禮況古之襲與斂皆不用冠蓋既加冒則無所用冠也此云章甫之冠亦不可信足知家語非古也吳氏紱云襲不以冠者有掩以裹其首則無所用冠若有冠則不便於小斂大斂之縱橫收束也呂氏坤乃謂不冠非待死之禮未之思耳今案荀子禮論云設掩面儇目髺而不冠笄矣是可證死者不冠也不笄謂無固冠之笄楊倞注據此經笄用桑以不笄爲或後世略也誤矣云纋笄之中央以安髮者賈疏謂兩頭闊中央狹則於髮安沈氏彤儀禮小疏云案下經牢中旁寸注云牢讀爲樓樓謂削約握之中央今文牢爲纋若纋是兩頭闊中央狹則義與牢同鄭何以疊今文而不從也又案說文云優饒也不出纋字纋當讀從優優謂兩頭狹中央闊也中央闊則笄之益固而髮尤安疏乃反說非注義又

云玉篇云纚笄之中央髮也乃摘鄭注而失其意廣韻云笄巾則中又傳寫爲巾二書皆可信而其誤有如此者今案沈說是也

布衣環幅不鑿

環幅廣袤等也不鑿者士之子親含反其巾而已大夫以上賓爲之含當口鑿之嫌有惡古文環作還

疏 正義曰布巾爲飯而設以覆尸面用布爲之　注云環幅廣袤等也者謂巾之制正方也凡布幅廣二尺二寸廣袤等則方矣劉氏績三禮圖以爲方二尺二寸是也云不鑿者士之子親含反其巾而已大夫以上賓爲之含當口鑿之嫌有惡者以經云不鑿則禮固有鑿之者矣故知大夫以上鑿巾以含也知士之子親含者以下經主人左扱米實于右三實一貝左中亦如之是親含也襍記鑿巾以飯公羊賈爲之也鄭注記士失禮所由始也士親飯必發其巾大夫以上賓爲飯焉則有鑿巾孔疏飯含也大夫以上賓爲其親含恐尸爲賓所憎穢故設巾覆尸面而當口鑿穿之令含得入口也士自含其親不得憎穢之故不得鑿巾但露面而含耳於時公羊賈是士故爲失禮也是鑿巾嫌有惡也但此注云士親含反其巾彼注云發其巾似不同者沈氏彤云二義當兼用葢發其巾而反之也云古文環作還者惠氏棟云古環字皆作還春秋傳云諸侯之師還鄭而南又哀

三年傳云道還公宮公羊傳云以地還之也又云師還齊侯漢書食貨志云還廬樹桑皆讀爲環胡氏承珙云環幅者周一幅也昭十六年左傳環而塹之注云環周也今案還與環義雖通但作環易曉故鄭從今文**掩練帛**

廣終幅長五尺析其末掩裹首也析其末爲將結於頤下又還結於項中【疏】正義曰掩亦所以代冠惟有掩故不用冠也練帛熟帛經不言色蓋用素帛即考工記㡛氏所謂湅帛也說文練湅繒也是練爲已湅之帛以練帛爲掩取其軟也荀子所謂設掩面即此然掩以代冠自覆頭非覆面也廣終幅據聘禮疏引鄭志趙商問咫八寸四八三十二幅廣三尺二寸太廣非其度荅曰古積畫誤爲四當爲三三三咫則二尺四寸矣是終幅爲二尺四寸此掩蓋廣二尺四寸而長五尺也注云掩裹首也者謂以掩裹頭非連首全裹之也說文掩斂也小上曰掩釋名綃頭齊人謂之幓言斂髮使上從也方言幓幧頭也吳氏紱云下言幎目則掩自頷以上可知其說是也後世生人幧頭之制亦以帛爲之有似于掩故名爲幓然禮經自作掩幓是後代字吳氏廷華謂掩當作幓非矣後周之幞頭宋人之幅巾蓋亦以帛裹頭者書儀家禮襲用幅巾其做古者掩之遺象歟云析其末爲將結於頤

下又還結於項中者蓋即以掩前後兩端之末各析爲二條以爲繫後二條向前結於頤下前二條向後結於項中不別用組繫也云將者此時但陳之而已未結也

瑱用白纊　瑱充耳纊新緜

疏　正義曰注云瑱充耳者淇奧詩曰充耳琇瑩毛傳充耳謂之瑱是也亦名塞耳君子偕老詩曰玉之瑱也毛傳瑱塞耳也下記云瑱塞耳注云塞充窒是充耳塞耳義一也云纊新緜者詳下記屬纊以俟絕氣下士生時當用象爲瑱又別有紞以懸之著詩曰充耳以素乎而毛傳素象瑱此詩首章毛以爲士服故知生時當用象爲瑱今不用象而用白纊爲瑱又無紞懸異於生也

幎目用緇方尺二寸䞓裏著組繫　幎目覆面者也幎讀若詩曰葛藟縈之之縈䞓赤也著充之以絮也組繫爲可結也古文幎爲涓

疏　正義曰荀子云設儇目儇目即幎目也方尺二寸廣袤皆尺二寸也言䞓裏則緇其表矣　注云幎目覆面者也者說文幎幔也周禮有幎人今周禮作冪鄭注周禮云以巾覆物曰冪此幎目雖以目爲名亦兼覆面呂氏春秋知化篇云乃爲幎以冒面而死是也云幎讀若詩云葛藟縈之之縈者胡氏承珙云讀幎若縈祇是比方其音幎之

義爲覆賈疏謂似葛藟之縈非也云經赤也者爾雅再染謂之經鄭云赤係大概言之其實經是淺赤也云著充之以絮也者謂以絮充入緇表經裏之中云組繫爲可結也者賈疏云四角有繫於後結之組繫以組爲繫也云古文幎爲涓者古从冥从肙之字以聲近每多通借如蜎或作蠉狷亦作獧荀子作儇蓋與古文作涓相近鄭以幎爲正字故從今文

握手用玄纁裏長尺二寸廣五寸牢中旁寸著組繫牢讀爲樓樓謂削約握之中央以安手也今文牢爲纋旁爲方疏正義曰盛氏世佐謂握手所以韜手兩手各一方氏苞謂長尺二寸廣五寸乃以一面言其制宜合二面如囊是也但盛氏解牢中旁寸謂狹其中爲四寸以安食指中指無名指小指而其旁一寸以安大指方氏謂削約握之前半旁各一寸則皆未合至郝氏敬謂握手縫帛如箭韜尸兩手牢猶籠也空其中旁寬寸兩手交貫於牢萬氏斯大說亦略同沈氏彤儀禮小疏辨之曰郝氏因牢讀爲樓無他證又誤解下經設決麗于掔爲左決連右掔右決連左掔使手交如生故杜撰此制耳不知尸之手古今未有不旁坐者蓋象其始生時亦便於斂若兩手交疊則於斂不便其云牢猶籠也空其中旁寬寸解亦未洽

葢握手之制自賈疏已誤後世解者雖多不得其旨今案握手用玄纁裏據下記云裏親膚則玄在外矣長尺二寸謂從指至臂長尺二寸也凡言衣袂及手之長短皆自肩臂至指掌言之未有橫計之者下記云設握結于擘則從指至擘葢尺二寸也廣五寸乃言其寬經所云長廣止就一面言其制用兩面逢合如囊則以玄爲表每面各用玄長尺二寸廣五寸以纁爲裏亦每面各用纁長尺二寸廣五寸而縫合其兩旁及下端留上端不縫以手貫入也牢中旁寸者謂削約握上下之中兩旁共一寸則廣四寸矣所以必削握之中央者以握之中央正當指掌之上臂之下爲手之狹處故必削約之而握與手乃固注謂削約握之中央以安手是也著亦謂以絮充入玄表纁裏之中組繫亦以爲結注不言者已詳上也前陳明衣裳及飯含之巾言用布掩言用帛此及幎目不言者葢亦用帛爲之蒙掩而省也掩及幎目以裏首握手以裹手也　注云牢讀爲樓　校勘記謂樓字當從手作摟胡氏承珙云牢讀爲樓者聲之轉高誘注淮南牢籠天地云牢讀屋霤是其例爾雅陝而修曲曰樓此謂削約握之中央正與陝而修曲義近似不必改樓爲摟也今案嚴本作樓各本亦皆作樓惠氏棟云古音牢樓同從樓爲是今文樓爲緌各本作樓集

釋樓作牢校勘記云鄭旣讀牢爲樓因曰今文樓爲纋少
牢上佐食以綏祭注云綏或爲挼挼讀爲墮古文墮爲肵
與此同側纋字義詳上此握中央狹兩頭闊與纋義姝故
鄭從古文作牢而讀爲樓以明其義也旁爲方者段氏玉
裁云凡儀禮古文作旁今文作方凡尙書古文作方今文
作旁是方旁本通胡氏承珙云鄭意今文作方疑於其方
一寸故從古文

決用正王棘若檡棘組繫纊極二

決猶闓也挾弓以橫執弦詩云
決拾旣佽正善也王棘與檡棘善理堅刃者皆可以爲決
極猶放弦也以沓指放弦令不挈指也生者以朱韋爲之
而三𠇍用纊又二明不用也古文王爲玉今文檡爲澤世俗謂王棘矺鼠

疏

正義曰決著右手
大指所以鉤弦生
時用象骨爲之詳鄉射大射二篇注此用木異於生也用
正王棘若檡棘言王棘及檡棘之善者皆可用賈疏謂料
用其一不謂兼用是也組繫將以結於掔者極卽沓也亦
著於右手指以利放弦纊極謂以纊爲極也言二當著於
右食指將指

注云決猶闓也者闓開也大射注云決猶
闓也所以鉤弦而闓之是決以闓弦卽謂決爲闓也云挾
弓以橫執弦者言未射之時亦以決執弦大射儀云挾乘
矢于弓外見鏃于弣右巨指鉤弦注方持弦矢曰挾是也

詩云決拾旣佽車攻篇文鄭箋佽謂手指相次比也此引以證射時用決之意云正善也者鄭訓正爲善與士冠禮注同正秉王棘與檡棘故云王棘與檡棘善理堅刃者皆可以爲決也云極猶放弦也以沓指放弦令不挈指也者著極以利放弦因卽謂極爲放也大射儀朱極三注云極猶放也所以韜指利放弦也以朱韋爲之三者食指將指無名指無極放弦契於此指多則痛小指短不用是也沈氏彤云案說文云𢯱縫指𢯱也一曰韜也大射儀注云極所以韜指是沓與𢯱同沓指卽韜指也說文云挈縣持也釋文云挈劉本作契大射儀注云無極放弦契於此指多則痛釋名云契刻也是挈當爲契但二字亦通用云生者以朱韋爲之而三紩用纊又二明不用也者言此以別於生也陳氏祥道云生者以朱韋所以致飾紩者以纊所以復質敖氏謂士生時亦用二褚氏寅亮云生時用極皆三不以貴賤而差尸用二明不用也敖說非云古文王爲玉今文檡爲澤者胡氏承珙云周禮九嬪贊玉齍注故書玉爲王杜子春讀爲玉小篆玉與王皆三畫惟玉三畫勻王中畫近上不勻故古書每多相溷凡物之大者或有王名如爾雅蟒王蛇之類周禮獻人注亦云王鮪鮪之大者故從今文作王檡爲澤者玉篇云檡梬棗也梬棗似柹而小

是檡爲正字故鄭從古文云世俗謂王棘矺鼠者沈氏彤云玉篇云矺磓也磓落也若云王棘可以落鼠也惠氏棟云王棘矺鼠言王棘可以矺鼠也矺古磔字史記李斯列傳云十公主矺死于杜張守節云矺音貯格反司馬貞曰矺音宅與磔同古今字異耳磔鼠見張湯傳司馬公類篇云王棘一名矺鼠劉昌宗音矺爲托皆失之○凡射時著于手者有三一曰決著于右巨指車攻詩曰決拾旣佽毛傳決鉤弦也周禮繕人掌王之用弓弩矢箙矰弋抉拾鄭司農云抉所以縱弦也詩家說或謂抉謂引弦彄也儀禮鄉射禮司射適堂西袒決遂注云決猶闓也以象骨爲之著右大擘指以鉤弦闓體也大射儀司射適次袒決遂注云決猶闓也以象骨爲之著右巨指所以鉤弦而闓之是射者皆以象骨爲決無貴賤之異也士喪禮決用正王棘若檡棘注云決猶闓也王棘與檡棘善理堅刃者皆可以爲決是从者所用也鄭注繕人云抉挾矢時所以持弦飾也著右手巨指士喪禮曰抉用正王棘若檡棘則天子用象骨歟孔穎達疏申之曰以士用棘故推以上用骨諸侯亦用象骨大夫用骨不必用象今案鄉射大射二篇皆有士與射經不云士用棘注亦不云士不用象骨也則周禮注始未定之說歟說文亦云決以象骨爲之段氏玉

裁說文注云決卽今人之扳指也士喪禮用棘施諸死者疑生者用象若骨其說是也決字亦作抉又作玦詩儀禮作決周禮作抉禮記內則作抉一曰極著右巨指將指無名指大射儀朱極三注云極猶放也所以韜指利放弦也以朱韋爲之三者食指將指無名指無極放弦契於此指多則痛小指短不用士喪禮纊極二注云極猶放也以沓指放弦令不契指也生者以朱韋爲之而三死用纊又二明不用也賈疏云大射朱極三是爲君設鄭引以證士禮則尊卑生時俱三皆用朱韋死者尊卑同二用纊也極又名韘又名沓芄蘭詩曰童子佩韘鄭箋云韘之言沓所以彄沓手指孔疏云右手指著沓是也但毛傳以韘爲玦說文亦云韘射決也段氏玉裁云鄭以禮經之極釋韘意以韘極沓三字雙聲且極用韋爲之決則用象骨爲之故不從毛而易其義許說從毛也以字从韋論之鄭爲長矣禮經釋例亦云韘字从韋鄭義似長陳氏禮書亦取鄭氏此皆著于右手者也一曰拾著于左臂拾亦名遂又名捍又名韝一物四名車攻傳云拾遂也繕人注鄭司農云拾者所以引弦也詩家說拾謂韝扞也後鄭云韝扞著左臂裏以韋爲之鄉射禮注云遂射韝也以韋爲之所以遂弦者也其非射時則謂之拾拾斂也所以蔽膚斂衣也大射儀

注云遂射韝也以朱韋爲之著左臂所以遂弦也鄭注鄉射禮但云以韋爲之注大射云朱韋者蓋以大射極用朱韋故謂遂亦用朱韋歟戴氏震云禮大夫與士射袒纁襦君在大夫射則肉袒公袒朱襦皆既袒乃設拾故鄭氏曰著左臂所以蔽膚斂衣也曲禮野外軍中無摯以纓拾矢可也鄭注拾謂射韝內則右佩玦捍鄭注捍謂拾也言可以捍弦也說文韝射臂衣也此其著于左手者也廣雅拾捍韝韘也王氏疏證云拾捍韝爲一物韘爲一物廣雅以拾捍韝韘爲一物失之矣

冒緇質長與手齊䞓殺掩足冒韜尸者制如直囊上曰質下曰殺質正也其用之先以殺韜足而上後以質韜首而下齊手上玄下纁象天地也喪大記曰君錦冒黼殺綴旁七大夫玄冒黼殺綴旁五士緇冒䞓殺綴旁三凡冒質長與手齊殺三尺

疏 正義曰襍記云冒者何也所以揜形也釋名云以囊韜其形曰冒覆其形使勿惡也案冒是總名分之有質有殺劉氏績曰冒上身者方正故曰質冒下身者漸狹故曰殺與手齊掩足準𠀤者身而爲之初無寸量也今案喪大記云殺三尺劉蓋不以爲然以冒所以揜形必自首至足盡揜之人之長短不齊故經於質不言尺殺亦不言尺意蓋信經不信記也○注引喪大記云大夫

玄冒黼殺張氏淳儀禮識誤云監杭本黼作黻巾箱嚴本之爲黼其以禮記喪大記之文乎禮器曰君黼大夫黻喪大記之文蓋誤也從監杭本戴校集釋據識誤改黻字宜從之　云冒韜尸者制如直囊者以爲囊方便韜尸但其制當爲兩囊鄭注喪大記云冒者旣襲所以韜尸重形也孔疏云冒有質殺作兩囊是也云上曰質下曰殺質正也者質正係常訓以殺義易明質義難明故以正釋之言其制正直也云其用之先以殺韜足而上後以質韜首而下齊手者此時特陳之未用故云其用之也用必先韜足而上後韜首而下者以殺狹而質寬先用殺韜之而後韜質乃可綴合也云上玄下纁象天地也者係大概言之也其實六入爲玄七入爲緇緇是淺玄再染爲赬三染爲纁赬是淺纁也引喪大記者證冒有尊卑之差且以證士緇質赬殺與此經合也君以錦爲質黼爲殺大夫以玄爲質黼爲殺士以緇爲質赬爲殺記不云質而云冒者以冒是大名故代質言之下云凡冒質長與手齊殺三尺則固質殺分矣綴旁之義孔疏謂每囊橫縫合一頭又縫連一邊餘一邊不縫兩囊皆然不縫之邊上下安帶綴以結之張氏惠言儀禮圖云據鄭云殺韜足而上質韜首而下則質殺皆縫合兩邊如囊若如孔言則自旁韜之矣然則賈說爲

合綴云旁者就身中分之兩旁各七若五若三也今案張駁孔疏誠是但賈疏亦不分明賈旣云冒無帶無鈕而又云旁綴質與殺相接之處使相連則以何者綴之使連乎聶氏崇義云質與殺相接之處以線綴之使相連如聶說則必旣韜而後以線縫之於情事亦不合且若七若五若三奚以分葢綴旁之義當仍依孔疏用帶結但不於一邊綴之而於身之兩旁質與殺相接之處綴之使合兩旁各用七帶五帶三帶以爲差如張氏所云是也

爵弁服純衣　謂生時爵弁所衣之服也純衣者纁裳古者以冠名服死者不冠　疏　正義曰注云謂生時爵弁所衣之服也者各本無所衣二字釋文有惠氏棟云有者是疏葢脫也今據補云純衣者纁裳者喪大記云衣必有裳謂之一稱則所陳有裳因經未言裳故注補之此所陳止衣裳無冠而經云爵弁服是以冠名服故襍記子羔之襲也素端一皮弁一爵弁一玄冕一鄭注禮以冠名服此襲其服非襲其冠是也云死者不冠義詳前純衣纁裳詳士冠禮

皮弁服　皮弁所衣之服也其服白布衣素裳也　疏　正義曰此云皮弁服亦以冠名服也注白布衣素裳詳士冠禮

褖衣　黑衣裳赤緣之謂之褖褖之言緣也所以表袍者也喪大記曰衣必有裳袍必有表

不禪謂之一稱古文褖爲緣疏正義曰褖黑色釋名褖衣褖然黑色也褖亦作稅玉藻士褖衣褖或作稅襍記喪大記作稅衣釋文音俱與褖同是褖爲正字稅爲假借字也此經褖衣鄭注襍記云稅衣若玄端而連衣裳者是也沈氏彤云士冠禮所陳三服有玄端此易褖衣者褖衣連衣裳黑而非玄與生時相變又以明爵弁皮弁二服亦簪裳於衣也蓋衣裳連則便於襲斂王氏士讓云此三服者士冠三加之服也得正而斃服是服而安矣

注云黑衣裳赤緣之謂之褖褖者謂下本有之注疏本誤刪黑衣裳以赤緣之禮服無其文此注始指士昏禮女純衣纁袡言也彼注云純衣玄以纁緣其邊是以赤緣之也周禮內司服亦服褖衣爲下士妻服之褖衣本婦人之服褖衣黑此襲時所陳之衣亦黑又婦人之服連衣裳此褖衣亦連衣裳故以褖名之鄭卽以婦人之服解之也褖衣所以必連衣裳者褖衣以表袍袍本連衣裳也襍記子羔之襲也繭衣裳與稅衣纁袡爲一曾子譏其纁袡爲襲婦服則此褖衣不用赤緣矣纁袡係婦人始嫁之服平日服褖衣亦不用纁袡男子以褖名衣唯見此經鄭注內司服云男子之褖衣黑蓋謂此也云褖之言緣也者案此緣與上赤緣之緣異上緣謂緣邊此緣作飾字解蓋袍必以緣

衣表之是緣衣爲袍飾故云褖之言緣也所以表袍者也引喪大記者證褖衣表袍之義但今本喪大記作袍必有表不禪衣必有裳謂之一稱鄭引先云衣必有裳者欲以見爵弁皮弁褖衣三者皆連衣裳故爲一稱下云乃襲三稱卽謂此三服也袍必有表不禪者彼注云袍褻衣必有以表之乃成稱也子羔之繭衣裳與稅衣爲一亦是以稅衣表袍彼注云繭衣裳若今大纊也纊爲繭縕爲袍表之以稅衣乃爲一稱爾是也云古文褖爲緣者周禮內司服褖衣經本作緣衣鄭注云襍記曰夫人服稅衣揄狄又喪大記曰士妻以褖衣言褖者甚衆字或作稅此緣衣者實作褖衣也又云緣字之誤故於此經從今文作褖也段氏周禮漢讀考因詩緣衣孔疏謂內司服作緣衣遂謂今本作緣衣承石經之誤胡氏儀禮古今文疏義同今案內司服若作緣衣明言其色先後鄭注何以無一言及之且陸氏釋文亦作緣云緣或作褖同吐亂反則鄭本是作緣不作緣或孔所據本誤耳

緇帶黑繒之帶

疏正義曰緇帶詳士冠禮此襲時三服共一帶也襍記率帶諸侯大夫皆五采士二采鄭注此謂襲尸之大帶士以朱祿二采與此異者彼疏謂天子之士也

韎韐一命縕韍

疏正義曰韎韐詳士冠禮一命縕韍玉藻文彼注云縕赤黃

之間色所謂韎也是緼韍卽韎韐矣而云緼韍者凡冕服謂之韍以其一命之中兼有子男之大夫服冕服助祭又士之韎韐無飾大夫則飾以山故變言緼韍儀禮陳士服仍名韎韐也士冠禮爵弁服韎韐皮弁素韠玄端爵韠此則三服共一韎韐而已

竹笏

笏所以書思對命者玉藻曰笏天子以璆玉諸侯以象大夫以魚須文竹士以竹本象可也又曰笏度二尺有六寸其中博三寸其殺六分而去一又曰天子搢珽方正於天下也諸侯荼前詘後直讓於天子也大夫前詘後詘無所不讓今文笏作忽

疏 正義曰注云笏所以書思對命者書思對命玉藻文彼注云思所思念將以告君者也對所以對君者也命所受君命者也書之於笏爲失忘也釋名云笏忽也君有教令及所啟白則書其上備忽忘也此笏以竹爲之鄭引玉藻諸文證天子以下笏所用物及尺寸制度之異幷以證士之笏用竹也云士以竹本象可也者今本玉藻無以字彼注云大夫士飾竹以爲笏不敢與君竝用純物也孔疏云士以竹爲本質以象牙飾其邉云今文笏作忽者惠氏棟云說文無笏字古笏字本作曶鄭氏尙書曰予欲聞六律五聲八音在治曶注云曶者臣見君所秉書思對命者也穆天子傳曰帗帶搢曶說文曰曶出氣詞也从曰象氣

出形春秋傳有鄭大子智說文又云智籀文作智一曰佩也象形智又與忽通故儀禮一作忽是也胡氏承珙云案笏字玉篇始有引字書云珽也呼骨切徐鉉注說文尙知此字爲後後人所加葢鄭本儀禮古文作智今文假忽爲之後人盡改經注之智作笏耳今案說文智籀文作智是智智本一字段氏注云不得謂古笏可从口不可从曰是也故鄭氏尙書穆天子傳皆作智胡氏謂儀禮古本作智不無拘泥耳

夏葛屨冬白屨皆繶緇約純組綦繫于踵冬皮屨變言白者明夏時用葛亦白也此皮弁之屨士冠禮曰素積白屨以魁柎之緇約繶純純博寸綦屨係也所以拘止屨也綦讀如馬絆綦之綦

疏 正義曰戴校集釋以緇下約字爲衍與張說同今案唐石經有約字各家據釋文及屨人注引無約字以爲衍文然先鄭屨人注引此經冬白屨作冬皮屨或先鄭所見本與後鄭異○後鄭屨人注云舄屨有約有繶有純者飾也又云言繶必有約純言約亦有繶純三者相將則有繶純必有約下云綦結于跗連約可證也又後鄭屨人注云約繶純同色盛氏世佐云案皆皆冬夏也皮葛雖異其制則同言緇於繶與約純之閒明此三者皆緇也敖氏云踵屨後也以其當足踵之處故因以名之以

綦繫於此欲其斂也及著之乃繫于跗韠用爵弁之韠屨用皮弁之屨以二服尊也今案釋名云足後曰跟又謂之踵此時特陳之耳尚未著于尸也則組綦繫于踵自是繫于屨後下結于跗乃向前結之敖說可從　注云冬皮屨變言白者明夏時用葛亦白也者案士冠禮屨夏用葛冬皮屨經言夏葛屨則冬之爲皮屨可知故變言白以見夏亦用白也云此皮弁之屨者以此所陳係皮弁服之屨亦三服共一屨也引士冠禮者證此經言白屨繶純正是皮弁之屨素積白屨至純博寸俱士冠禮文詳士冠禮云綦屨係也所以拘止屨也者鄭以經言組綦綦是屨係之名用組爲之廣雅釋器云鞮屨其紟謂之綦王氏疏證云屨系謂之紟紟綦一聲之轉是也組綦以繫屨有拘止之義故云所以拘止屨也禮記內則屨著綦鄭注亦云綦屨繫也係系繫三字同孔疏云著屨之時屨上自有繫以結於足是也孔又釋綦爲絇據下云綦結于跗連絇則綦與絇別矣云綦讀如馬絆綦之綦者胡氏承珙云周禮弁師注云璂讀如薄借綦之綦綦結也案說文綥下云一曰不借綥即此所云薄借綦也薄不聲之轉綦即綥之或體喪服傳注云繩菲今時不借也不借爲草屨其系名綦以葛屨皮屨之系亦通名綦弁師之綦爲皮弁貫玉之結故以屨系

之綦明之此組綦本爲屨系故又以絆馬之綦明之耳今案廣雅釋器云縶纐絆也詩白駒縶之維之傳云縶絆也有客言授之縶以縶其馬箋亦云縶絆也說文纐絆前兩足也是馬絆之綦以絆馬足屨係之綦以拘止屨義近故鄭讀從之

庶襚繼陳不用

庶衆也不用不用襲也多陳之爲榮少納之爲貴

疏正義曰庶襚卽上親者及庶兄弟朋友之襚也親者卽陳於房其餘徹衣者執以適房是庶襚本在房中故繼陳之但襲不用耳注云庶衆也者庶襚對君襚言也云不用襲也者言不用以襲也賈疏云至小斂則用之唯君襚至大斂乃用也云多陳之爲榮少納之爲貴者喪服小記云陳器之道多陳之而省納之可也省陳之而盡納之可也彼注云多陳之以多爲榮此注多陳之少納之語蓋本於彼

右襲事所用衣物陳於房中者

貝三實于笄

貝水物古者以爲貨江水出焉笄竹器名

疏正義曰此陳貝以俟飯用也實于笄者以笄盛之也檀弓曰飯用米貝弗忍虛也襍記曰天子飯九貝諸侯七大夫五士三鄭注此蓋夏時禮也周禮天子飯

含用玉鄭蓋謂大夫以上不合用貝耳其士飯三貝固與
此經合矣案周禮大宰大喪贊含玉鄭注含玉死者口實
天子以玉玉襍記曰含者執璧將命曰寡君使某含則諸侯
含以璧玉府大喪共含玉典瑞大喪共飯玉含玉鄭注飯
玉碎玉以襍米也含玉柱左右齻及在口中者是天子飯
含用玉也又案傳注言飯含者甚多與周禮多不合文五
年公羊傳含者何口實也何注孝子所以實親口也緣生
以事死不忍虛其口天子以珠諸侯以玉大夫以璧士以
貝春秋之制也文家加飯以稻米大戴禮天子飯以珠含
以玉諸侯飯以珠含以璧大夫士飯以珠含以貝禮緯稽
命徵天子飯以珠含以玉諸侯飯以珠含以璧卿大夫飯
以珠含以貝白虎通所以有飯含何緣生食今死不欲虛
其口故含用珠寶物何也有益死者形體故天子飯以玉
諸侯以珠大夫以璧士以貝也孔氏廣森云如禮文明飯
與含爲二事士喪禮飯用米貝更無含物亦不見賓客歸
含之節容大夫以上乃得含耳襍記諸侯相含執璧將命
左傳陳子行使其徒具含玉則含者自天子至大夫皆用
玉其飯所用有差當如白虎通所說也今案飯含對文異
散亦通典瑞大喪共飯玉含玉是飯與含姝襍記鑿巾以
飯上經布巾環幅不鑿鄭注亦以含言之則士飯含不姝

或與大夫以上異如孔氏所云矣　注云貝水物古者以爲貨江水出焉者案爾雅舍人注云貝水中蟲也尙書大傳云散宜生之江淮之浦取大貝如大車之渠白虎通江出大貝是貝爲水物出於江也說文古者貨貝而寶龜詩錫我百朋箋云古者貨貝五貝爲朋漢書食貨志王莽貨貝有大貝壯貝幺貝小貝之名是古者以爲貨也笲竹器詳上昏禮

稻米一豆實于筐

豆四升　疏　正義曰此陳稻米以俟淅也楊氏復云此米凡三用祝淅米取潘以沐一也祝受宰米幷貝以含二也祝以飯米之餘煮鬻用二鬲懸于重三也周禮舍人喪紀共飯米鄭注君用粱大夫用稷士用粱皆四升喪大記曰君沐粱大夫沐稷士沐粱鄭注云士喪禮沐稻此云士沐粱蓋天子之士也以差率而上之天子沐黍與案此鄭義也若何沐云文家加飯以稻米則又似無尊卑之別矣稻筐俱詳聘禮豆四升昭三年左傳文

沐巾一浴巾二皆用綌于笲

巾所以拭污垢浴巾二者上體下體異也綌麤葛　疏　正義曰此下陳巾及櫛浴衣以待尸沐浴之用也沐浴對文異散文則浴亦可稱沐休是沐首浴是浴身說文沐濯髮也浴洒身也論衡沐去首垢浴去身垢曲禮襍記俱云身有瘍則浴首有創則沐

是沐與浴別也皆用綌者沐浴之巾皆用綌布為之三巾共實一笲也　注云巾所以拭污垢也者巾之用不一巾以覆物亦以飾首此巾則沐浴時所用以刷拭污垢者下浴用巾注用拭之是也云浴巾二者上體下體異也者玉藻浴用二巾上絺下綌是上下異巾也但此二巾皆用綌與玉藻異賈疏謂此為士禮玉藻為大夫以上禮又喪大記浴用絺巾孔疏引熊氏云此蓋人君禮或可大夫上絺下綌也云綌麤葛者詩葛覃為絺為綌毛傳精曰絺麤曰綌是也

櫛于簞簞葦笥【疏】正義曰士冠禮云櫛實于簞此及上巾于笄下浴衣于篋皆不言實者省文櫛簞俱詳士冠禮

浴衣于篋浴衣已浴所衣之衣以布為之其制如今通裁【疏】正義曰注云浴衣已浴所衣之衣者吳氏廷華云巾用以浴且拭浴竟初拭水氣未淨不可裸而俟故以此衣之云以布為之者以浴衣所以晞身故用布為之玉藻曰衣布晞身是也是浴衣生時亦有之矣云其制如今通裁者賈疏云通裁無殺或曰通裁大巾如衣者李氏如圭云巾櫛衣旣沐浴棄之故饌次貝米之下篋詳士冠禮

皆饌于西序下南上皆者皆貝以下東西牆謂之序中以南謂之堂【疏】正義曰饌陳也盛氏世佐云西序下堂上之西近序

也南上以貝爲上稻米以下次而北也敖氏云必南上者便其取之先後也　注云皆者皆貝以下者謂自貝以下皆陳於此一行陳之也東西牆謂之序謂堂之東西牆也云中以南謂之堂者以此所陳係在堂上而不言堂蓋堂之中以南乃謂之堂聘禮受玉于中堂與東楹之閒是也若中以北則近東近西者謂之東序下西序下近北者謂之戶牖閒或云戶東戶西戶外房外卽以所近名之不謂之堂也

右沐浴飯含之具陳於序下者

管人汲不說繘屈之管人有司主館舍者不說繘將以就祝濯米屈縈也【疏】正義曰自此至主人入即位言沐浴之事○汲引水於井也易井卦曰可用汲又曰汔至亦未繘井羸其瓶說文繘綆也綆汲井綆也是繘爲綆索繫於瓶以汲水於井也喪事遽故汲水者不暇解脫其繘但縈屈之執於手敖氏云此下當有盡階不升堂之文據喪大記言也　注云管人有司主館舍者儀禮釋官云管人亦公臣詳上向人下管人又見聘禮賈疏云聘禮記管人爲客三日具沐五日具浴此爲奴者故亦使之汲水也又禮記釋文云管人主管籥之人方氏慤

據之謂井竈亦其所司故使之汲水云不說繘將以就祝濯米鄭言此者一是急以水往祝處爲濯米之用一是恐濯米水不足須再汲故不說繘也知就祝濯米者以下云祝淅米于堂也屈縈義見前

祝淅米于堂南面用盆祝夏祝也淅汏也疏正義曰喪大記云管人汲授御者御者差沐於堂上鄭注差淅也淅飯米取其瀋以爲沐也此云祝淅米則管人汲以授祝矣下云管人受瀋亦受之於祝也吳氏疑義云祝淅之重其事或云御者淅之祝臨視之而已言於堂則在堂之中以南近階處矣南面便與管人接也盆即上陳于西階下之瓦盆　注云祝夏祝也者以下記云夏祝淅米差盛之也先大父儀禮釋官云夏祝商祝祝皆周祝也以習夏禮謂之夏祝習商禮謂之商祝三祝皆公臣當周禮喪祝之職周禮喪祝職曰凡卿大夫之喪掌事而斂飾棺焉喪大記曰君之喪大胥是斂衆胥佐之大夫之喪大胥侍之衆胥是斂士之喪胥爲侍士是斂鄭注胥當爲祝字之誤孔疏衆祝喪祝也以此考之則三祝皆君之臣來爲喪事者非士之私臣也喪大記疏云商祝亦是喪祝樂記云商祝辨乎喪禮周禮喪祝有上士二人中士四人下士八人則夏祝商祝皆喪祝爲之也周禮無夏祝商祝之官而喪大記

君大斂有商祝鋪絞衾給衣與士禮同蓋使喪祝兼習二代之禮因別其名以分主喪事亦猶冠禮存章甫毋追之意據此篇及下篇則掌淅米鬻餘飯進奠徹奠者夏祝也掌襲含小大斂拂柩飾柩御柩者商祝也掌取銘者周祝也下疏謂徹奠者不言祝名周祝徹之非是又謂旣夕開殯時以周祝徹饌而堂下二事不可並使周祝故夏祝取銘置于重亦緣注而誤辨見下篇吳氏廷華云夏祝商祝所掌當是二代舊禮周人因之以夏商爲名示所因也云淅汏也者汏舊誤作汰又作汏亦誤衆經音義引通俗文云淅米謂之洮汏說文淅汏米也汏灡也灡從簡有柬擇之意卽記所謂差也淅米又謂之釋詩釋之叟叟毛傳釋淅米也叟叟聲也爾雅溞溞淅也郭注洮米聲洮米淅米也今俗猶謂淅米爲淘米

管人盡階不升堂受潘煑于垼用重鬲

盡階三等之上喪大記曰管人受沐乃煑之甸人取所徹廟之西北厞薪用爨之 疏 正義曰說文潘淅米汁也祝授之管人受之用重鬲者以鬲煑之也賈疏云先煑潘後煑米爲鬻縣于重 注云盡階三等之上者士堂高三尺爲階三等詳士冠禮此云盡階故知在三等之上也引喪大記管人受沐乃煑之者沐卽潘也用之以沐故又曰沐煑之者

管人也引句人取所徹廟之西北扉薪用爨
之者卽復者降自後西榮所徹也義見前**祝盛米于敦**
奠于貝北復於筐處也疏正義曰此盛于敦之米卽上所淅之
米敦卽上陳于西階下之廢敦祝商
祝以下受米奠于貝北者爲商祝此亦同也奠于貝北俟
飯用也注云惠氏棟云處下有也字是云復於筐處者
米未淅時實于筐而陳于貝之北今淅之則盛
于廢敦而仍奠于貝之北故云復於筐處也**士有冰用**
夷槃可也謂夏月而君加賜冰也夷槃承尸之槃喪大記
曰君設大槃造冰焉大夫設夷槃造冰焉士併
瓦槃無冰設正義曰李氏如圭云設冰于牀下以寒尸
牀襢笫有枕疏也春秋傳曰命夫命婦喪沐用冰士加賜
則有冰金氏榜云士無冰用瓦槃嫌有冰亦用瓦槃故云
用夷槃可也又敖氏云言此於將沐浴之前蓋謂或得以
此夷槃爲沐浴之用也士若賜冰則有夷槃故因而用之
於此旣則以盛冰而寒尸也是句之上似當更有設槃之
文此特其後語耳敖意蓋謂沐浴時卽用夷槃以承渜濯
也或謂士賜冰以上有夷槃以盛冰又有瓦槃以承渜濯
二槃竝有且冰盛於夷槃中若浴時用以承渜濯則必去
冰而後可恐不如是之周折今案據鄭云旣襲旣小斂乃

設氷則沐浴在前設氷在後夷槃似不妨兩用敖說亦可存參不然經文言之於此非其次矣　注云謂夏月而君加賜氷也者周禮淩人夏頒氷故云夏月言此者士喪不得用氷必加賜而後有氷也月令二月開氷者左傳云獻羔而啟之公始用之是二月公始用氷至四月以後乃賜及臣下也云夷槃承尸之槃者淩人大喪共夷槃氷鄭注夷之言尸也實氷於夷槃中置之尸牀之下所以寒尸尸之槃曰夷槃牀曰夷牀衾曰夷衾移尸曰夷于堂皆依尸而爲言者也漢禮器制度大槃廣八尺長丈二尺深三尺漆赤中是夷槃爲承尸之槃也引喪大記者證有氷用夷槃及士非加賜不得有氷也彼注云造猶內也禮第袒簀也謂無席如浴時牀也禮自仲春之後尸既襲旣小斂先內氷槃中乃設牀於其上不施席而遷尸焉秋涼而止士不用氷以瓦爲槃併以盛水耳鄭蓋謂士無氷者盛水以寒尸也亦引漢禮大槃爲證又云夷槃小焉周禮天子夷槃士喪禮君賜氷亦用夷槃然則其制宏同之孔疏云其制宏同但大小稍異賈疏云諸侯稱大槃辟天子大夫士言夷槃卑不嫌但小耳是孔賈以士之夷槃與天子之夷槃制同而小也

外御受沐入　外御小臣侍從者沐管人所煑潘也　疏　正義曰外御受沐受之於管人

也在堂上受之入入室也喪大記曰管人授御者沐注云外御小臣侍從者賈疏云外御對內御爲名故下記云其母之喪則內御者浴則此外御是士之侍御僕從者儀禮釋官云外御士近臣云沐管人所煮潘也者楊氏復云祝淅笸之稻米以取潘管人受潘煮于垼外御受沐入乃沐吳氏廷華云名潘爲沐者以所用言之不言浴浴亦用潘可知

主人皆出戶外北面

象平生沐浴倮程子孫不在旁主人出而襢笫

疏 正義曰北面向室也敖氏云是時婦人亦皆出經不言略之方氏苞云主人皆出則前此未離牀東面之位明矣○注沐浴裸裎校勘記云裸徐本釋文通解楊氏俱作倮集釋作裸裎徐本通解楊氏俱作程釋文集釋俱作裎張氏曰注曰象平生沐浴倮程案監本及釋文程作裎旣夕禮謂其倮程監本亦作裎竝從監本及釋文今案陳鳳梧本作倮程說文裸本作臝或从果作裸袒也裎亦訓袒裸裎皆去衣之義作倮亦通作程則假借字也今從嚴本作倮程云象平生沐浴倮程子孫不在旁者釋經主人所以出之意倮程赤體無衣沐浴必露體故主人皆出也吳氏紱云古者命士以上父子異宮明王之政敬其妻子有道必無倮程以見其子孫者觙而沐浴猶此志也云主人出而襢

第者因下記言禮第而及之第簀也禮第去席而露其簀爲盈水便禮之者外御也**乃沐櫛挋用巾**挋晞也清也古文挋皆作振 疏 正義曰言乃沐者俟主人出乃沐浴也櫛者沐濯首亦濯髮髮濯則亂故必櫛以理之而後用巾也喪大記曰沐用瓦盤挋用巾孔疏謂用巾拭髮及面是也 注云挋晞也清也者王藻注云晞乾也言晞又言清者賈疏謂以巾拭髮使乾又使清淨無潘灡是也云古文挋皆作振者皆下挋用浴衣也胡氏承珙云鄭清訓用爾雅案爾雅挋拭刷清也郭注振訊抆拭埽刷皆所以爲潔清似郭所見爾雅本挋作振蓋用儀禮古文正所以明振爲挋之假借郭乃以振訊釋之誤矣鄭以挋爲正字故從古文**浴用巾挋用浴衣**用巾用拭之也喪大記曰御者二人浴浴水用盆沃水用枓 疏 正義曰上言沐此言浴也浴用巾者浴時用之以除垢挋用浴衣者浴竟用之以晞身 注云用巾用拭之也者謂拭去污垢案鄭注喪大記云挋拭也注此經云挋晞也清也與記異者段氏玉裁云晞者乾之也浴用巾旣以巾拭之矣而復以浴衣挋之謂抑按之使乾爾雅挋拭清也渾言之也析言之則挋與拭不同是也引喪大記者賈疏謂證浴人之數及浴之器物案喪大記

小臣四人抗衾御者二人浴下記云御者四人抗衾而浴但言抗衾之人數未言浴之人數故引喪大記以明之御者卽外御也浴水用盆沃水用枓亦喪大記文盆制詳上枓制詳少牢饋食禮生人之浴則自於杅槃中浴之玉藻出杅履蒯席連用湯鄭注杅浴器蓋浴時入杅浴竟出杅是自於浴器中浴也今浴尸係他人浴之故須用盆盛水用枓挹以沃之此盆卽上注云盆以盛水之盆與承渜濯之槃異凡祇所漸之潘管人所煮之沐其相授皆以盆盛之若承渜濯之槃則置於尸牀下者也枓與斗同周禮鬯人大喪之大渳設斗共其釁鬯鄭注斗所以沃尸是也渳謂浴尸小宗伯王崩大肆以秬鬯渳肆師大喪大渳以鬯則築鬻鄭注築香草煑以爲鬯以浴尸是周禮浴尸以煑鬯此經上云管人受沐入下卽言沐言浴是沐浴俱用煑潘矣敖氏據喪大記謂此經當有管人汲而授浴水之事亦文不具今案喪大記云管人汲不說繘屈之盡階不升堂授御者御者入浴是卽以井所汲之水浴尸也內則五日則燂湯請浴豈生時燂湯以浴死遂以水浴之乎周禮王崩浴以煑鬯喪大記但云汲水以浴又無君大夫士之分似未可信又此經先沐後浴順也喪大記則先言浴後言沐亦未合胡氏鎬云下記與喪大記互同者多蓋作喪

大記者取於此而竝採他說以廣之然則喪大記作於後人其有與禮經異者遵經而舍記可也

渜濯棄于坎沐浴餘潘水巾櫛浴衣亦并棄之古文渜作湪荊沔之閒語

【疏】正義曰說文渜湯也从水耎聲釋文渜奴亂反與濡音義俱別今喪大記作濡濯棄于坎孔疏引皇氏云濡謂煩潤其髮竟作濡字解則自六朝時已誤段氏玉裁云耎與需古音畫然分別後人淆亂其偏旁本从耎者譌而从需而音由是亂矣互詳特牲摡醢下廣雅濯濣也高誘注淮南子云濣臭汁也釋文濯直孝反賈疏云潘水旣經溫煑名之為渜則與說文渜湯也訓合又云已經沐浴謂之為濯則與高注臭汁訓合喪大記疏云濯不淨之汁是也坎即甸人所掘之坎　注古文渜作緣釋文集釋緣作湪當從之　云沐浴餘潘水巾櫛浴衣亦并棄之者賈疏云已沐浴訖餘潘水棄于坎知巾櫛浴衣亦棄之者以其已經尸用恐人褻之若喪大記云棄杖者棄於隱者故知亦棄于坎吳氏疑義云浴衣當在設明衣時去之注葢併言之耳云古文渜作湪者釋文湪劉音土亂反與渜音相近故古文假湪為渜鄭以渜為正字故從今文云荊沔之閒語者葢謂荊沔之閒多語渜為湪也禹貢荊及衡陽惟荊州江漢朝宗于海荊謂南條荊山沔即漢

水荆山沔水閒荆楚地也**蚤揃如他日**蚤讀爲爪斷爪揃鬚也人君則小臣爲之他日平生時疏

正義曰注云蚤讀爲爪者說文𠬸手足甲也爪覆手也蚤齧人跳蟲也段氏玉裁云叉爪古今字古作叉今用爪禮經假借作蚤曲禮大夫士去國不蚤鬋蚤即叉字也鄭注亦云蚤讀爲爪讀爲者易其字也不易爲叉而易爲爪於此可見漢人固以爪爲手足甲之字矣釋名曰爪紹也筋極爲爪紹續指端也亦不作叉胡氏承珙云鄭注考工記欲其蚤之正也亦云蚤當爲爪爪詩祈父予王之爪牙荀子爪牙之士勇力之臣也皆作爪不作叉則古人以爪爲手足甲之字其來久矣云斷爪揃鬚也人君則小臣爲之者喪大記云小臣爪足鄭注斷爪足也記又云小臣爪手翦須是小臣爲之也鄭意上不合有小臣故以喪大記爲人君禮又鄭訓揃爲揃鬚而未釋揃字之義喪大記之爪手翦須鄭無注孔疏云翦手爪又治須則固不以翦爲翦須矣萬氏斯大云揃展同展其鬚使直也或謂揃爲斷鬚生時豈斷鬚乎姜氏兆錫云揃有數訓一與剪翦同謂翦除之也一分也又一擇也又一與鬋同謂順也考史記西南夷傳西南夷後揃剽二方注訓揃剽皆分也則浴訖鬚或攪亂揃乃順而分之之義沈氏彤云案說文揃搣也

搣批也批捽也捽持頭髮也然則此經之揃謂持其髮而理之也今案揃鬋鬄三字古雖通用但以揃爲鬋則是鬋斷其髮固無是理至鬄字鄭注曲禮不蚤鬄云鬄鬄鬢則與揃鬋義別又鬄字本義說文訓爲女鬢垂皃亦與揃異萬氏謂展其鬢使直姜氏謂順而分之沈氏謂持而理之皆與孔疏治鬢義近說固可從然以揃同展及訓揃爲擇爲順於字書無考亦難據信案說文揃之本義爲搣玉篇廣韵皆訓搣爲摩則浴後鬢亂摩而理之於經義爲合段氏以揃爲翦失之云他日平生時者案士虞記之沐浴櫛搔揃乃生人脩飾容貌之事是生時亦蚤揃也然則蚤揃如他日亦如事生之禮矣

鬠用組乃笄設明衣裳用組組束髮也古文鬠皆爲括

疏正義曰上沐訖以櫛理髮以巾拭髮髮尚未爲紒也至爪揃後于是爲鬠用組束之乃笄以固髮設明衣裳以蔽體是其次也笄卽上桑笄也明衣裳是親身之衣蓋去浴衣而衣之也注云用組組束髮也者言以組束髮也云古文鬠皆爲括者胡氏承珙云周禮弁師王之皮弁會五采玉璂注故書會作鬠鄭司農云讀如馬會之會謂以五采束髮也士喪禮曰檜用組乃笄檜讀與鬠同書之異耳說曰以組束髮乃著笄謂之檜沛國人謂反紒爲鬠浦鏜云弁師注引

儀禮鬠作檜檜栝字異義同疑括乃栝字之誤案此特司農所見儀禮本作檜耳鄭君所見自作鬠鬠未必與司農同說文有髺無鬠疑鬠乃括之或體會聲昏聲相近故此鬠用組及下髺髮古文皆假括爲之鄭以从髟義近故從今文

主人入卽位已設明衣可以入也疏正義曰敖氏謂主人入則衆主人及婦人亦皆入卽位或云經不言皆惟主人入耳方氏苞云衆主人婦人親者必入視飯含不待言也今案方說是也注云巳設明衣可以入也者言已設明衣裳以蔽體則可以入也

右沐浴

商祝襲祭服褖衣次商祝祝習商禮者商人教之以敬於接神宜襲布衣牀上祭服爵弁服皮弁服皆從君助祭之服大蜡有皮弁素服而祭送終之禮也襲衣於牀牀次含牀之東衽如初也喪大記曰含一牀襲一牀遷尸於堂又一牀疏正義曰自此至主人襲反位論飯含之事○張氏爾岐云此但布衣牀上尚未襲而云襲者衣與衣相襲而布之也其布衣先祭服次褖衣至襲于尸則褖衣近明衣祭服在外敖氏云士祭於己用玄

端此襐衣雖以當玄端然非其本制故不在祭服之中吳氏紱云經言次者先爵弁服次皮弁服又次襐衣又次袍繭自表而裏一一布之於襲牀使整齊也不言袍繭於襐衣中包之矣　注云商祝祝習商禮者義見前云商人教之以敬於接神宜者以商祝習商禮商人之教主敬故於接神宜商人教以敬本白虎通云襲布衣牀上者以此經言襲非襲尸乃布衣襲牀之上待襲耳云祭服爵弁服皮弁服者以其皆從君助祭之服故謂之祭服襍記士弁而祭於公注弁爵弁是爵弁爲助祭服也云大蠟有皮弁素服而祭送終之禮也者郊特牲文引之者證皮弁亦爲助祭服也云襲衣於牀牀次含牀之東衽如初也者此時尸浴訖未含含牀郎浴牀牀猶是始死遷尸之牀也含牀在牖下襲牀在含牀之東亦在室內下記云設牀第當牖衽下莞上簟設枕是始死有衽席也浴時雖去之至含時襲時仍設之故云衽如初謂如始死時也喪大記曰含一牀襲一牀遷尸於堂又一牀皆有枕席是也鄭引此者證襲與含異牀下經設牀第于兩楹之閒衽如初有枕是遷尸于堂之牀也

主人出南面左袒扱諸面之右盥于盆上洗貝執以入宰洗柶建于米執以從俱入

戶西鄉也今文宰不言執

疏

正義曰：主人出，出室也。左袒扱諸面之右，賈疏云：面，前也。謂袒左袖扱於右腋之下帶之內，取便也。凡禮事無問吉凶皆左袒，惟受刑則右袒，詳覲禮。敖氏謂此用左手故左袒。褚氏云：然則用右手時多矣，遂右袒邪？此言是也。盆即前所陳之盆。盥于盆上爲洗貝。張氏惠言云：主人洗貝之盆，即祝淅米之盆也。李氏如圭云：不言設盥，喪事遽也。郝氏云：洗貝將奉含，洗柶將扱米。蔡氏德晉云：洗貝執以入者，以貝置于笄內，執笄以入也。宰洗柶建于米執以從者，以柶建于廢敦所盛米內，其葉向上，而執廢敦以從入也。方氏苞云：必袒者，逢掖長袖不利於飯含也。今案：袒以取便，而亦以爲哀痛之節。儀禮細解云：主人含尸，左袒，含畢，襲；小斂訖，袒；奉尸侇于堂，襲；將大斂，袒；斂于棺，卒塗，襲；將葬，啟殯，袒；朝于祖，襲；載柩，袒；卒束，襲；將祖，袒；旣祖，襲；柩行，袒；出宮，襲；將窆屬引，袒；窆訖，襲。蓋有勞事、敬事則袒，以致其不安，便其運動，而因以爲行禮之節。故檀弓云：有所袒，有所襲，哀之節也。注云俱入戶西鄉也者，以主人與宰入室，俱西鄉，俟祝受貝受米，乃由足西轉而東面也。云今文宰不言執者，胡氏承珙云：上文主人洗貝執以入，下文商祝執巾從入，皆有執字，此宰亦當言執，故鄭從古文。

商祝執巾從

入當牖北面徹枕設巾徹楔受貝奠于尸西當牖北面值尸南也設巾覆面爲飯之遺落米也如商祝之事位則尸南首明矣

疏正義曰巾卽上所陳之布巾也楔卽楔齒之角柶也名之爲楔與扱米之柶異徹去也郝氏敬云去枕使首仰則飯易入敖氏云旣設巾乃徹楔楔是巾之所覆不逮於口矣蔡氏德晉云蓋於當口揭開其巾去楔以待飯蔡說是也受貝奠于尸西者賈疏云就尸東主人邊受取笲貝從尸南過奠尸西牀上以待主人親含也今案徹枕諸事商祝從入爲之者周禮大祝相飯樂記云商祝辨乎喪禮故後主人入　注云當牖北面值尸南也者案尸首在南正當牖處下記云設牀笫當牖又云遷尸注云從於牖下是也今商祝當牖而北面則在尸之南可知所以必在尸之南者以徹枕三事須當尸首爲之乃便是商祝之北面爲面尸非面牖商祝蓋南當牖而北值尸也洪氏頤煊著宮室荅問以當牖北面句證室有北牖則誤甚矣云設巾覆面爲飯之遺落米也者蓋有巾以爲藉則飯時米不落牀笫閒此固一義敖氏謂設巾者慮孝子見其親之形變而哀或不能飯含此義亦通云如商祝之事位則尸南首明矣者賈疏云舊有解云遷尸于南牖時北首若北首則祝當

在北頭而南鄉今商祝事位以北面則尸南首明矣若然未葬以前不異於生皆南首檀弓云葬於北方北首者鬼神尚幽闇也唯有喪朝廟時北首順死者之孝心故北首也今案禮運云死者北首亦據葬後言之禮經釋例云凡尸柩皆南首唯朝祖及葬始北首司馬氏光書儀曰遷尸於牀上南首朱子語類亦從其說

主人由足西牀上坐東面不敢從首前也祝受貝米奠之口實不由足也　疏　正義曰主人由足西者主人入室在尸東今由尸足之北轉而西故云由足西也牀上坐東面蓋坐於牀上便飯事東面則在尸西矣　注云不敢從首前也者敖氏謂凡過尸柩而西東者必由其足敬也是也云祝受貝米奠之口實不由足也者此兼上下文釋之上文祝祝在尸東受主人貝奠于尸西下文又受宰米奠于貝北皆由尸首之南至尸西以口實是貴重之物不可由足且亦以見主人之由足西爲空手也

祝又受米奠于貝北宰從立于牀西在右米在貝北便扱者也宰立牀西在主人之右當佐飯事　疏　正義曰盛氏世佐云祝受米受敦於宰也宰從從主人亦由足而西也立於牀西少退於主人也亦東面　注云米在貝北便扱者也者以主人左手扱米北

近左故云便也敖氏謂奠米于貝北亦南上葢以與上陳于西序下時稻米在貝北同爲南上也義亦通云宰立牀西在主人之右當佐飯事者儀禮釋官云案宰士之私臣詳士冠禮周禮大宰大喪贊含玉此士禮亦佐含吳氏紱云檀弓云疾當養者孰若妻與宰是宰於臣中爲其親佐飯含宜也**主人左扱米實于右三實一貝左中亦如之又實米唯盈**于右尸口之右唯盈取滿而已【疏】正義曰檀弓云飯用米貝弗忍虛也不以食道用美焉爾鄭注謂食道褻米貝美則此米不貴明矣主人左扱米謂以左手用柶扱米於敦葢尸南首主人東面用左手右領下飯則順且不以手加於親之面也敖氏云先實米爲貝藉也又實米唯盈象食之飽也先右次左次中禮之序然也郝氏敬云飯爲食貝爲用愛親如生也王氏士讓云貝以三數米以三扱三三爲九扱亦禮成於三意其唯盈則加飯意也

注云于右尸口之右者賈疏云尸南首右謂口東邊是也云唯盈取滿而已者以九扱恐不滿故又實之取滿也**主人襲反位**襲復衣也位在尸東【疏】正義曰飯時袒今飯畢而襲飯時在尸西今反尸東之位將以視襲也 注云襲復衣也者以袒時扱左袖于右腋之下

今左袖不袒而襲是復其衣之常也云位在尸東者以初時主人哭位在尸東是尸東爲其故位故云反也

右飯含

商祝掩瑱設幎目乃屨綦結于跗連絇掩者先結頤下既瑱幎目乃還結項也跗足上也絇屨飾如刀衣鼻在屨頭上以餘組連之止足坼也【疏】正義曰自此至埋于坎言襲尸之事○云掩瑱設掩設瑱也設之序據經文先掩次瑱次幎目未服先屨者吳氏廷華云屨在服內也　注云掩者先結頤下既瑱幎目乃還結項也者據賈疏掩有四腳以後二腳先結頤下待設瑱塞耳幷施幎目乃以前二腳向後結于項如是則幎目上兩角在掩之內矣今案經文先言掩瑱後言設幎目則幎目當設於掩之外蓋此三者設之之法當先以掩之中幅不析者覆其頂以後端之二腳從後向前結于頤下復以前端之二腳從額向後結于項再以纊塞耳以幎目覆面以組向後繫之結于掩之外則掩益固此設之序也敖氏謂掩其前後而幎目加於掩之上不知掩以裏首非以覆面若覆面既有掩復有幎目不重疊邪敖說亦非以後諸家解設掩者或依鄭義或違鄭義多失其

實今不備錄云跗足上也者謂在足背之上云絇屨飾如刀衣鼻在屨頭上詳士冠禮云以餘組連之止足坼也者廣雅釋詁云坼分也又云坼開也葢組綦本繫在屨後兹襲時尸足著屨訖以綦之兩端向前結于足背上更以其餘組穿連兩屨之絇使不離開也

乃襲三稱遷尸於襲上而衣之凡衣死者左衽不紐襲不言設牀又不言遷尸於襲上以其俱當牖無大異

疏正義曰三稱爵弁服皮弁服褖衣也襲之則先褖衣而後爵弁服先其裏也衣裳具謂之稱爵弁服皮弁服是也單複具謂之稱褖衣袍繭是也然袍繭止用其一單複具者亦必有裳鄭注襍記云士襲三稱子羔襲五稱今公襲九稱則尊卑襲數不同矣諸侯七稱天子十二稱與萬氏斯大云古人死者惟襲衣親身服如生時而左衽為異小斂大斂則取衣包裹惟取結束堅牢所以然者小斂大斂衣多不能盡服於身不得不包之以爲固如是而入於棺尸乃安而不搖所謂附於身者必誠必信勿之有悔也後世送死之衣止有古人襲衣之數故止有襲而大小斂之禮亾間有行之且笑其迂滔滔流俗尚何言哉　注云遷尸於襲上而衣之者上文已布衣於含東襲牀上今乃遷尸就其上而衣之也云凡衣死者左衽不紐者左衽不紐本喪大記彼

注云衽向左反生時也不紐謂束畢結之示不復解也說文云紐系也一曰結而可解褚氏寅亮云紐俗諺謂之活結不紐則絞絞俗諺謂之死結是也云襲不言設牀又不言遷尸於襲上以其俱當牖無大異者賈疏云此對大斂小斂布衣訖皆言遷尸於斂上以其小斂於戶內大斂於阼階其處有異故也此襲牀與含牀竝在牖下小別而已無大異故不言設牀與遷尸也今案經但言乃襲亦省文耳

明衣不在算算數也不在數明衣禪衣不成稱也

【疏】正義曰敖氏云不言裳者文省耳此乃然者親身之衣褻故不在數中言之者嫌其衣裳具亦當成稱也注不在數張氏識誤據釋文去在字以不數明衣爲句是讀數爲上聲今案注云算數也本爾雅釋詁此數字當讀去聲羣經音辨云計之有多少曰數經云不在算謂不在多少之數也注以數釋算下即云不在數是述經語當以有在字爲是嚴本及各本俱有在字云明衣禪衣不成稱也者賈疏云明衣禪而無裏不成稱故不算也張氏爾岐云注疏皆以明衣禪不成稱故不在算愚謂此親體之衣非法服故不在算也說與敖同今案壺大記惟云袍必有表不禪衣必有裏不禪也袍是褻衣故必有以表之乃爲一稱若云明衣禪不成稱則爵弁服皮弁服

何嘗不是禪衣乎敖義似長

設韐帶搢笏韐帶韎韐緇帶不言韎緇者省文亦欲見韐自有帶韐帶用革搢插也插於帶之右旁古文韐爲合也

疏正義曰韐本爵弁服之韠帶笏亦是隨正服者故以三服襲尸之後即設之也　注云韐帶韎韐緇帶不言韎緇者省文其說是矣而又云亦欲見韐自有帶者以韐帶連言亦可見繫韐自有帶也言此者鄭欲明士襲時亦有二帶如生時耳云韐帶用革者玉藻云韠肩革帶博二寸韐與韠同故知帶亦用革也襍記公襲朱綠帶申加大帶於上鄭注申重也重於革帶也革帶以佩韍必言重加大帶者明雖有變必備此二帶也二帶大帶革帶也其朱綠帶孔疏謂是衣之小帶散在於衣非是總束其身若總束其身唯有革帶大帶也又鄭注襍記率帶云此謂襲尸之大帶率繂也繂之不加箴功又云襲事成於帶蓋帶以束衣又以繫韐搢笏故於帶詳言之云搢插也插於帶之右旁者搢插也鄭注樂記搢笏同又注內則搢笏云搢猶扱也扱亦與插同插於帶之右旁便於取用也江氏永云笏者古人以爲服飾常插之於帶閒有事出之無事仍插之禮經皆言搢笏後世謂之薄又謂之手板不插而執之乃有持簿執手板之事又有正笏之文皆非古制疏中凡言執笏者誤

也云古文韐爲合也者案說文韐爲㭘之或體皆从合得聲鄭注士冠禮云合韋爲之故古文假合爲韐鄭以作韐義顯故從今文

設決麗于掔自飯持之設握乃連掔

麗施也掔手後節中也飯大擘指本也決以韋爲之藉有彄彄內端爲紐外端有橫帶設之以紐擐大擘本也因沓其彄以橫帶貫紐結於掔之表也設握者以綦繫鉤中指出手表與決帶之餘連結之此謂右手也古文麗亦爲連掔作捥

【疏】正義曰校勘記云掔唐石經嚴徐集釋俱作掔下及注同鍾本誤作掔通解作掔案掔掔二字形近易譌郎說文掔字注中已誤作掔矣今案說文掔手掔也从手𢍏聲烏貫切掔固也从手臤聲苦閑切二字形音義俱別楊敖毛本俱沿通解之誤○此設決及設握皆謂右手也右手無決握則左右手皆有之敖氏謂左手無握郝氏謂左巨指亦施決皆誤褚氏寅亮云設決與握之法細玩注疏終未灑然容訂今案注疏之說誠有難解者咯依經文釋之決郎上所陳棘決掔掌之上肘之下也飯鄭氏謂大擘指本也麗施也上經陳決有組繫此設決於右大擘指以組繫施於掔結之以爲固而必先以組繞大擘指本繫之以爲根再以組之兩端施結於掔則決牢固而不動所謂自飯持之也經文

麗于擘舉其終而言至設握手乃以握之繫與施于擘之
決繫相連而結于擘則握亦固而不脫矣先設決而後設
握者決亦裹於握之內也不言設極敖氏以爲省文今案
上陳纊極止二鄭氏以爲示不用則亦裹於握之內而不
設矣　注云麗施也者鄭注呂刑越茲麗刑同云擘手後
節中也者下記注以爲掌後節中則此手亦指掌言也說
文擘手擘也段氏注云各本作手擘誤今正擘者手上臂
下也肉部曰臂者手上也肘者臂節也又部曰厷者臂上
也是則肘以下手以上渾言之曰臂析言之則近手處曰
擘又引此注云後節中者肘以上爲前節肘以下爲後節
後節之中以上爲臂則以下爲擘也云飯大擘指本也者
此無考沈氏彤云鄭必有所受不可輕改郝敬萬斯大讀
爲飯含之飯以爲自飯含時已設決是設於未襲之前矣
當襲時豈無觸閡今案設決設握係一時事若決必設於
飯時是何取義且與經文次序不合沈說是也又敖氏以
擘爲巨擘之別名引或說以飯爲後盛氏世佐以飯爲食
指皆臆見不可從云決以韋爲之藉有彄彄內端爲紐外
端有橫帶設之以紐擐大擘本也因沓其彄以橫帶貫紐
結於擘之表也者案據說文彄弓弩耑弦所居也此以爲
決有彄又據上經決止有組繫無紐此以爲有紐皆未詳

賈疏說亦不甚分明段氏玉裁云注云決以韋爲之藉又云以紐擐大擘本恐生者皆不必然也則其制無可考矣但鄭先云以紐擐大擘本再云以橫帶貫紐結於擘之表則設之固自大擘本始必如是而後經云自云持之之義可明也云設握者以綦繫鉤中指由手表與決帶之餘連結之此謂右手也者右手有決左手無決下記云設握裏親膚繫鉤中指結于擘注以爲手無決者是記所云爲左手設握之法也此與決連言故知謂右手但設握之法左右亦無大異特右手有決繫可連耳故注繫鉤中指亦據下記言也必云由手表者手入於握則繫必由握外結之故云由手表也餘詳下記云古文麗亦爲連者胡氏承珙云麗連一聲之轉云亦爲者因下文有設握乃連擊故此言亦也擊作捥者惠氏棟云說文曰擊手擊从手取聲漢書郊祀志云海上燕齊之閒莫不搤擊游俠傳云搤擊而游談高誘呂覽注云擊讀如棬椀之椀古文作捥春秋傳云捘衛侯之手及捥史記樊於期偏袒搤捥左傳史記多古文故皆作捥俗作腕非也今案鄭以擊爲正字故從今文

設冒櫜之幠用衾櫜韜盛物者取事名焉衾者始死時斂衾今文櫜爲橐

疏 正義曰襍記云冒者何也所以掩形也自襲以至小斂不設冒則形

是以襲而后設冒也鄭注后衍字蓋謂襲卽設冒耳蔡氏德晉云尸雖已襲然不設冒則其形尚見於外恐爲人所惡故設冒以掩之也沈氏彤云由櫛以蚤以揃而鬠焉笄焉設明衣裳焉由飯以掩以瑱以幎目以屨而襲焉由設韐帶以搢笏以設決與握而設冒焉皆順表裏爲序於上下有逆施者取事之便也褚氏寅亮云襲訖當馮尸哭踊經文不具　注云櫜韜盛物者取事名焉者案詩彤弓受言櫜之我將載櫜弓矢毛傳皆云櫜韜也是櫜爲韜盛物之名今設冒所以韜尸故云櫜之櫜之卽韜之前注所謂先以殺韜足而上後以質韜首而下是也櫜又有藏義廣雅釋器櫜韜皆訓爲弓藏櫜以藏弓矢亦以藏兵甲樂記名之曰建櫜鄭注謂閉藏兵甲是韜盛之事皆可以櫜名之故云取事名焉也云衾者始死時斂衾者經恐人疑設冒後不用衾故特言幠用衾以明之注知爲始死時斂衾者以其襲時無衾小斂之衾陳之故仍用大斂之衾卽篇首所謂幠用斂衾也云今文櫜爲橐者櫜橐形似又說文橐囊也囊橐亦所以盛物故字訛爲橐　鄭以櫜有韜義於冒尤切故從古文

巾柶鬠蚤埋于坎

坎至此築之也將襲辟奠旣則反之　疏 正義曰巾卽飯時覆面布巾及沐浴之巾也柶楔齒及扱米者也鬠櫛餘

亂髮也蚤所斷手足爪也喪大記曰君大夫鬊爪實於綠中士埋之鄭注綠當爲角聲之誤也角中謂棺內四隅也將實爪髮棺中必爲小囊盛之孔疏士埋之者亦有物盛髮爪而埋之上湏濯棄于坎注云巾櫛浴衣亦并棄之此不言櫛及浴衣者文不具也　注云坎至此築之也者巾柶等物上沐浴飯含訖巳棄于坎至此襲事訖乃築而埋之也下記云甸人築坅坎則此埋之者甸人也云將襲辟奠旣則反之者始死脯醢醴酒之奠設于尸東至襲時設襲牀于尸東是時尸在含牀自含牀移於襲牀奠在中間不便故將襲必須辟之辟謂去之也旣襲則仍反之于尸東以奠所以依尸不可空也賈疏據下記云小歛辟奠不出室又據大歛時辟小歛奠于序西南以爲襲時辟奠當於室西南隅或然

右襲

重木刊鑿之甸人置重于中庭三分庭一在南　木也懸物焉曰重刊斲治鑿之爲縣簪孔　疏　正義曰自此至置于重論設重之事○云重木者言重以木爲之也士重木長三尺

刊鑿之者謂刊而鑿之刊與鑿爲二事也甸人置重者下篇甸人抗重出自道注云言其官使守視之故置重使甸人也中庭東西之中也三當作參參分庭一在南者盛氏世佐云謂三分庭之一而在其南一分也如一庭深三丈則設重之節去堂二丈去門一丈矣沈氏彤云一在南者取碑與門之中也方氏苞云旣襲設冒親之形容不可復見故設木於中庭使神依焉注云木也縣物焉曰重者賈疏云此解名木爲重之意以其木有物縣於下相重累故得重名案詩無將大車祇自重兮鄭箋云重猶累也是也云刊斲治鑿之爲縣簪孔也者案刊是斲治之使成器鑿謂爲孔以縣簪朱氏軾儀禮節略云鑿其前爲二孔以簪貫之爲縣鬲之用云士重木長三尺者賈疏云大夫以上各有等當約銘旌之杠士三尺大夫五尺諸侯七尺天子九尺據豎之者横者宜半之張氏惠言儀禮圖云鄭言縣簪孔簪而言縣則疏云用幹內此孔中幹即簪也又云横者宜半之則似别有一木爲簪其說自相違戾今案鄭云長三尺不言横者則無横木可知張說是也唐開元禮亦云横者半之或後代之制與周異歟張氏又云重之下宜爲梢乃樹之

夏祝鬻餘飯用二鬲于西牆下夏祝祝習夏禮者也夏人教以忠其

於養宏鬻餘飯以飯尸餘米爲鬻也重主道也〔疏〕正義曰士二鬲則大夫四諸侯六天子八與簋同差　釋文鬻本又作粥今案粥俗鬻字經義述聞據太平御覽禮儀部二十七引此作盛用二鬲又據周禮小祝注舍人疏引此文俱作鬻餘飯盛以二鬲謂用上當有盛字今案用二鬲連于西牆下爲句當以無盛字爲是上云夏祝鬻餘飯鬻字當作活字解爾雅釋言鬻糜也釋名糜煑米使糜爛也是鬻與糜皆可爲煑米之稱此經不云夏祝煑餘飯爲鬻而云鬻餘飯此屬辭之法鬻字中兼有煑義上文甸人爲垼于西牆下西牆下有垼故就煑之鬻餘飯用二鬲于西牆下卽煑餘飯用二鬲于西牆下則用二鬲者謂煑用二鬲也中間若增盛字便不辭矣小祝注係節引經文盛以二鬲下卽云縣于重故增盛字以成其義蓋用二鬲煑餘米爲鬻卽用二鬲盛鬻以縣于重也舍人疏及御覽當因小祝注而增禮經本文固無盛字唐石經及各本皆然荀子楊注引亦無盛字似可仍之周禮鬲實六斗張氏惠言謂此稻米一豆爲鬻實二鬲則大不必六斗似鬲當有大小矣　注云夏祝祝習夏禮義詳前云夏人教以忠其於養宏者　夏人教以忠本白虎通云鬻餘飯以飯尸餘米爲鬻也者謂以前飯尸所餘之米煑爲鬻卽謂之鬻餘飯也

上飯尸時盛米受米等事皆商祝爲之故此特言夏祝以別之也云重主道也者檀弓云重主道也殷主綴重焉周主徹重焉鄭注始死未作主以重主其神也又云周人作主徹重埋之是未作主以前設重以依神故云主道也釋名重死者之資重也含餘米以爲粥投之甕而懸之比葬未作主權以重主其神也云士二鬲則大夫四諸侯六天子八與簋同差者賈疏云亦無正文鄭言之者以其同陳黍稷故知同差也案特牲用二敦少牢用四敦同姓之大夫士用簋故皆以簋言之明堂位云周之八簋詩云陳饋八簋皆天子禮自上降殺以兩明諸侯六祭統諸侯禮而云四簋黍二簋醢陽厭不用故也吳氏紱云用鬲之意不可曉意重爲主道設之之始設此以憑之亦以飯含所餘恐褻之不以他用也方氏苞云鬻鬲縣于重蓋親之養至是而終矣朝夕見之孝子之心有隱焉所謂以故興物也

冪用疏布久之繫用軨縣于重冪用葦席北面左衽帶用軨賀之結于後久讀爲灸謂以蓋塞鬲口也軨竹䈥也以席覆重辟屈而反兩端交於後左衽西端在上賀加也今文冪皆作密〔疏〕正義曰冪與鼏皆取覆義作鼏誤冪用疏布以覆鬲口也冪用葦席以覆重幷

覆二鬲也繫用軨以軨繫鬲穿入重之孔而縣之也帶用軨以軨横束席之中如帶也李氏如圭云北面以南爲後敖氏云重主道也故言面言衽與帶以見其義云沈氏彤云鬼神尚隱闇故冪重也北面向幽之義也　注云久讀爲灸謂以蓋塞鬲口也者說文久從後灸之也象人兩脛後有距也周禮曰久諸牆以觀其橈段氏玉裁云久灸疊韵火部曰灸灼也灼灸也灸有迫箸之義故以灸訓久士喪禮冪用疏布久之鄭曰久讀爲灸謂以蓋塞鬲口也旣夕苞筲甕甒皆木桁久之鄭曰久讀爲灸謂以蓋案塞其口此經二久字本不必改讀蓋久本義訓從後歫之引伸之則凡歫塞皆曰久鄭以久多訓長久故易爲灸以釋其義考工記灸諸牆以眡其橈之均許所偁作久與禮經用字正同又云距當作歫歫止也今案鄭本周禮作灸故讀禮經之久爲灸與說文從後灸之義合其注灸諸牆云灸猶柱也以柱兩牆之閒是柱亦爲止塞義沈氏彤云從後灸之者灸本訓也周禮謂從旁灸之此經謂從口灸之所從不同其爲灸則一也云軨竹䈇也者謂以竹䈇爲索賈疏以䈇與篾同謂竹之青可以爲繫者敖氏云軨字從革似當爲革之屬段氏云說文軨字後人所增鄭蓋以爲紟字紟者係也鬲與重但當以竹䈇係之因謂䈇爲紟今案

竹笞之說鄭必有本用之於鬲與重宆也云以席覆重辟屈而反兩端交於後左衽西端在上者案以席覆重非覆之於上當是四面旋轉覆之故如裳之有辟積辟謂空其中屈謂屈而轉之且兼覆二鬲則辟屈之處當上狹而下寬敖氏云北面謂席之兩端皆在北也左衽者右端在上而西鄉象尸者之左衽也沈氏彤以敖爲是謂注與經背今案注亦不背經但不如敖說之明顯耳葢席本是南轉而北又以兩端之餘者反向後轉之故云反兩端交於後重北面以西爲左則左衽自當以西爲上注葢謂轉而鄉東者在下轉而向西者在上耳鄭注喪大記左衽云衽鄉左是其義也賈疏誤詳訂疑云賀加也者沈氏謂加爲累加之葢用軨從南鄉北又從北向南而結之敖氏云後謂重之南是也云今文冪皆作密者胡氏承珙云冪之作密猶鼏之作密皆同聲假借禮經古文鼏皆爲密故冪亦作密此注今文當作古文校勘記云通部皆古文作密此不當作今文

祝取銘置于重祝習周禮者也

疏　正義曰此時銘未用權置於此必置于重者以重亦所以表柩也荀子曰書其名置于其重則名不見而柩獨明矣○禮經釋例云凡重置于中庭三分庭一在南案士喪禮襲畢重木刊鑿之甸人置于中庭三分庭一在南此

言置重之處也又云夏祝鬻餘飯用二鬲于西牆下冪用疏布久之繫用軨縣于重冪用葦席北面左衽帶用軨賀之結于後此言重之制度也旣夕禮遷于祖用軸重先奠從燭從柩從燭從主人從又云置重如初注如殯宮時也疏云亦如上篇三分庭一在南二在北而置之重爲行禮之大節小斂奠大斂奠朝夕奠經皆云奠者由重東南丈夫踊故遷于廟其置重之處亦如在殯宮之時以奠于廟亦有要節而踊之儀也士喪禮祝取銘置于重疏云以銘未用待殯訖乃置于肂旣夕禮啟殯祝取銘置于重殯時銘在肂至啟殯故復置于重也設祖奠時祝取銘置于茵此不置于重者注云重不藏故也襍記重旣虞而埋之鄭注就所倚處埋之孔氏正義曰旣夕記將葬朝禰廟重止於門外之西不入重不入者謂將嚮祖廟若過之然故不入明日自禰廟隨至祖廟庭厥明將出之時重出自道道左倚之鄭注道左主人位此注就所倚處埋之謂於祖廟門外之東也此埋重之處也旣夕禮將葬甸人抗重注重旣虞將埋之疏云天子九虞諸侯七虞大夫五虞士三虞未虞以前以重生其神虞所以安神雖未作主初虞其神卽安於寢不假重爲神主又士大夫無木主明亦初虞卽埋之也此埋重之時也又案張氏爾岐曰重以依神若置

之近南始若推而遠之矣且參分庭句一在南句亦覺不文本經言參分庭一在南者不一其自外入而言據外近南者也其自內出而言據內近北者也重固自內出者也考經文明云參分庭一在南不云一在北張氏此言顯與經違不可從也　注云祝習周禮者也者習周禮則爲周祝經不云周祝而云祝者以三祝皆周祝特以其兼習夏商之禮故異其名耳盛氏世佐以此爲夏祝誤○張氏爾岐云以上並始死之日所用之禮褚氏寅亮云死日襲次日小斂第三日大斂此士三日殯連死日數之明徵也大夫三日殯不連死日則第四日蔡氏德晉云周人斂用日出今死日卽襲則襲不必於日出吳氏紱云屬纊有早晚而衣具或需時則早者襲猶可逮死日之晚否則必至明日亦不可泥矣徐氏乾學云次日日出之前總可名爲死之第一日則襲仍死日之事云

右設重

卷二十六終

儀禮正義卷二十七　　鄭氏注

績溪胡培翬學

厥明陳衣于房南領西上綪絞橫三縮一廣終幅析其末

綪屈也絞所以收束衣服爲堅急者也以布爲之縮從也橫者三幅從者一幅析其末者令可結也喪大記曰絞一幅爲三

[疏] 正義曰自此至東柄言陳小斂衣物牲奠之事凡五節陳衣一也饌奠及東方之盥二也陳經帶三也陳牀第夷衾及西方之盥四也陳鼎實五也○張氏爾岐云厥明者繼昨日而言死之第二日也今案下陳大斂衣物云厥明滅燎此不言故記補之曰旣襲宵爲燎于中庭厥明滅燎陳衣蓋自始死至殯夜皆設燎也敖氏云此雖有他物而衣居多故惟以陳衣言之南領變於襲絞言廣不言長取節於人其度不定也李氏如圭云析其末謂析末爲三也凡陳衣斂時在外者先陳之布衣亦然今案據此則先陳者先用西上便於取也綪者第一行自西而東第二行則自東而西如物之屈而轉也其下皆然喪大記曰小斂大夫士陳衣于房中皆西領北上鄭以彼爲天

子之士或曰西領當南上北字誤 注云綪屈也者鄭前以綪讀爲綪明綪爲屈之義故此直以屈解之也云絞所以收束衣服爲堅急者也以布爲之者鄭注喪大記云小斂之絞也廣終幅析其末以爲堅之強也大斂之絞一幅三析用之以爲堅之急也是其言堅急之義也知以布爲者下記云凡絞紟用布倫如朝服是也云縮從也橫者三幅從者一幅析其末者令可結也者縮從詳鄉飲酒禮喪大記曰小斂布絞縮者一橫者三孔疏云以布爲絞從者一幅橫者三幅皆置于尸下從者在橫者之上每幅之末析爲三片以結束爲便也引喪大記曰絞一幅爲三者案彼文下有不辟二字孔疏讀辟爲擘謂大斂之絞一幅爲三不辟者謂以一幅布分爲三段不復擘裂其末小斂絞全幅析裂其末爲三據此則小斂之絞但析其兩端各爲三而中央仍是全幅不析與大斂之絞有異沈氏彤云鄭引以例小斂雖不裂全幅析其末亦爲三耳敖乃云析其兩端爲二如掩之制未然

緇衾赬裏無紞

紞被識也斂衣或倒被無別於前後可也凡衾制同皆五幅也 疏 正義曰赬爲經之或體紞右旁加點誤喪大記曰小斂君錦衾大夫縞衾士緇衾皆一是小斂之衾止一也又曰小斂君大夫士皆用複衣複衾陳氏澔云衣衾之

有縣纊者今案袍襺之屬是複衣也此云緇衾赬裏是以緇爲表以赬爲裏卽複衾也王制曰六十歲制七十時制八十月制九十日脩唯絞紟衾冒死而後制檀弓曰喪具君子恥具一日二日而可爲也者君子弗爲也謂絞紟衾冒也○注後下通解無可字惠氏棟云當有可字　云紞被識也者喪大記曰紟五幅無紞鄭注紞以組類爲之綴之領側若今被識矣生時禪被有識死者去之異於生也今案識記也紞以識記被之前後領在前故綴之領側領側爲領旁也孔疏分領與側爲二非是被識是漢時之名鄭舉以爲證紟是禪被與衾似殊然紟衾皆被故無紞同也云歛衣或倒被無別於前後可也者被無紞無以別前後但歛衣尙有倒者則被無別於前後亦可也此鄭申無紞之義也下祭服不倒則餘服有倒者故云歛衣或倒也云凡衾制同皆五幅也者謂衾制同五幅無尊卑之分亦據喪大記紟五幅爲言也

祭服次爵弁服皮弁服

疏正義曰李氏如圭云小歛祭服在中而次絞衾先陳者祭服尊也與陳襲衣之序同吳氏廷華云此陳衣先祭服後散衣歛時先散後祭先者在外後者在內亦美者在中之意　注云爵弁服皮弁服爲祭服義詳前商祝襲祭服下敖氏謂祭服當指玄端以上言褚氏寅亮云小歛固

有玄端服但在散衣中經所言祭服仍指助祭之服與襲時同注未可駁大斂祭服亦然今案褚說是也**散衣**

次襚衣以下袍繭之屬疏正義曰上襲時止有三稱故於祭服外惟言襚衣此斂時衣多故言散衣則爵弁服皮弁服以外之衣皆統之矣陳他物不言次此及祭服俱言次者以祭服非一稱散衣亦非一稱故言次謂次第陳之也　注云之屬則所包者多矣玉藻曰纊為繭縕為袍鄭注衣有著之異名也

凡有十九稱祭服與散衣疏正義曰喪大記曰小斂衣十有九稱不言君大夫士之異則尊卑皆十有九鄭彼注云法天地之終數也賈疏云天地之初數天一地二終數則天九地十人在天地之間而終故取終數為斂衣稱數○此經云凡者是統祭服散衣而言喪大記曰絞紟不在列鄭注以其不成稱不連數也謂不在十九稱之數此經上文亦陳絞衾鄭恐人以絞衾為在十九稱之內故特注之曰祭服與散衣也

陳衣繼之庶襚疏正義曰此云陳衣繼之與上襲時所云庶襚繼陳同也但經不云庶襚而云陳衣者以十九稱中兼有庶襚在內此則十九稱之外陳而不用者故目為陳衣云繼之者繼十九稱而陳也　注以庶襚釋陳衣者謂主人所自盡者已俱在十九稱之內此

所陳之衣則**不必盡用**取稱而已不務多 疏 正義曰上言庶襚繼皆庶襚耳陳不用則襲時全不用之此云不必盡用則斂時亦兼用之也但此十九稱之外所陳之衣則皆川之不盡者耳 注云取稱而已不務多者言所陳之衣雖多用之但取足十九稱而已不必盡也

右陳小斂衣

饌于東堂下脯醢醴酒冪奠用功布實于簞在饌東功布鍛濯灰治之布也凡在東西堂下者南齊坫古文奠爲尊 疏 正義曰經在饌東通典作在饌北今案下云設盆盥于饌東不云于簞東似作北是○上饌字作陳陳字解言陳脯醢醴酒于東堂下也下云在饌東則即謂脯醢醴酒爲饌矣冪奠用功布實于簞未冪也下奠于尸東乃冪之敖氏云下大斂之奠云兩瓦甒其實醴酒然則此醴酒惟在觶歟吳氏紱云吉祭豆籩陳于房中以婦人薦也喪奠不用婦人故脯醢醴酒俱饌于東堂下異於吉且欲以奠者之升降爲踊節也此爲饌之始至大斂饌有棜則謂東方之饌其處則同 注云功布鍛濯灰治之布也者賈疏以爲大

功布敖氏謂大功小功布未審以何者用之沈氏彤云冪奠以辟塵污宜用小功布矣云凡在東西堂下者南齊坫者案下記云設棜于東堂下南順齊于坫饌于其上是也鄭云凡是舉以例其餘凡陳物在東堂下西堂下者皆然坫詳士冠禮沈氏彤云凡堂之南下直東西序內者經皆謂之堂下自阼階以東通謂之東方自西階以西通謂之西方堂之東下謂之東堂下亦謂之堂東堂之西下謂之西堂下亦謂之堂西今案東堂下亦謂之東方西堂下亦謂之西方下文西方盥如東方是也云古文奠爲尊者惠氏棟云古尊字作尊與奠相似故譌从之奠从丌讀若箕尊从廾讀若拱今案小斂未設尊此所冪者奠非尊也經文奠通典作尊注爲尊釋文作奠皆形近誤○禮經釋例云凡將奠皆先饌于東方徹則設于西方案士喪禮小斂陳奠饌于東堂下脯醢醴酒冪奠用功布實于簞在饌東注凡在東西堂下者南齊坫大斂陳奠東方之饌兩瓦甒其實醴酒角觶木柶毼豆兩其實葵菹芋蠃醢兩籩無縢布巾其實栗不擇脯四脡注此饌但言東方則亦在東堂下也朝夕奠祝由主人之北適饌注適饌適新饌考前徹小斂奠乃適饌注東方之新饌敖氏繼公曰適東方之饌處以待事至也後放此則此朝夕奠亦饌于東方也朔月

奠東方之饌亦如之薦新如朔奠既夕禮遷柩朝廟奠東方之饌亦如之既夕記祝饌祖奠于主人之南當前輅北上巾之注既祖祝乃饌敖氏繼公曰于主人之南明其在車東也既夕禮大遣奠東方之饌四豆脾析蜱醢葵菹蠃醢四籩棗糗栗脯醴酒注此東方之饌與祖奠同在主人之南當前輅北上巾之是知未奠之前皆饌于東方也士喪禮徹小斂奠設于序西南當西榮如設于堂注爲求神于庭孝子不忍使其親須臾無所馮依也堂謂尸東也凡奠設于序西南者畢事而去之徹大斂奠設于序西南直西榮徹朔奠其設于外如于室注外序西南既夕禮徹祖奠設于西北注設于柩車西北亦猶序西南朝夕奠但云卒徹不云設于序西南者文不具也是知既徹之後皆設于西方也徹遷柩從奠不設于序西南者注云已再設爲褻也徹朝廟降奠不設于序西南者注云非宿奠也既夕記小斂辟奠不出室注未忍神遠之也辟襲奠以辟斂既斂則不出于室設于序西南既夕禮徹大遣奠徹巾苞牲取下體注苞者象既饗而歸賓俎者也士苞三个亦得俎釋三个襍記曰父母而賓客之所以爲哀小斂辟奠爲事之始未忍以神事之大遣奠爲事之終以賓客事之故皆不設于西方也

設盆盥于饌東有巾

爲奠設盥也喪事略故無洗也疏正義曰於酒醴脯醢之東設盆以盛水爲將奠者盥手也巾布巾以拭手敖氏謂盥盛盥水之器盆承棄水盛氏世佐云案盆盥以盆爲盥器也上經云盥于盆上是其用之之法敖說非○注爲奠設盥也敖本奠下有者字今案下舉鼎者亦盥於此若增一者字則似專爲進奠徹奠者設不足以該舉鼎者矣舉鼎雖非奠者然亦奠中事故言爲奠設以該之敖本有者字非　云爲奠設盥也者賈疏云謂爲設奠人設盥及巾下云夏祝及執事盥執醴先酒即是於此盥也但諸文設洗篚者皆不言巾以篚內有巾可知故不言至于不就洗篚皆言巾者恐揮之不用故言巾是以特牲少牢尸尊不就洗洗篚及此喪事略不設洗篚皆見巾是也禮經釋例云凶事略不設洗惟設盥以代之士虞禮在餞葬之後始設洗洗然亦設于西階西南水在洗西篚在東異於吉時之洗在東階東南也餘詳下西方盥如東方下

右饌小斂奠及設東方之盥

苴絰大鬲下本在左要絰小焉散帶垂長三尺牡麻絰右

本在上亦散帶垂皆饌于東方苴絰斬衰之絰也苴麻者其貌苴以爲絰服重者尚麤惡絰之言實也鬲搤也中人之手搤圍九寸絰帶之差自此出焉下本在左重服統於內而本陽也要絰小焉五分去一牡麻絰者齊衰以下之絰也牡麻絰者其貌易服輕者宜差好也右本在上服輕本於陰而統於外散帶之垂者男子之道文多變也饌于東方東坫之南苴絰爲上〔疏〕正義曰此及下陳絰帶者以小斂訖當服未成服之麻故也苴絰大鬲下本在左及下牡麻絰右本在上俱詳喪服傳斬衰章要絰帶也喪服經曰苴絰鄭注麻在首在要皆曰絰首絰象緇布冠之缺項要絰象大帶是苴絰大鬲爲首絰也散帶即要絰也李氏如圭云襍記曰大功以上散帶散帶者小斂後垂其帶至成服而絞之婦人則初而絞之與小功緦之男子同敖氏云散謂不絞之也此垂謂帶下也云帶垂又云長三尺見其帶下之長與大帶同也沈氏彤云此苴絰牡麻絰皆一股而纏不絞襍記云小斂環絰是也成服乃絞之與要絰同今案亦散帶垂亦初時不絞也據喪服經又有絞帶鄭注絞帶象革帶齊衰以下用布則斬衰之絞帶用麻即下記主人絞帶衆主人布帶是也男子之絰帶葢俱陳于東方其餘不言者經略

之　注云經帶之差自此出焉者喪服傳言五服之經帶有大小皆自斬衰苴經九寸遞減之故云自此出也云要經小焉五分去一者謂要經小於首經五分之一即喪服傳所謂去五分一以爲帶也云牡麻經者齊衰以下之經也者案喪服自齊衰至小功皆用牡麻經故云齊衰以下之經也云牡麻經者其貌易服輕者空差好也者陳氏祥道云經帶之麻有苴者有牡者有澡者苴色惡澡色潔牡則不惡不潔而適輕重之中是較之苴麻貌易而差好也餘皆詳喪服傳斬衰章云散帶之垂者男子之道文多變也者對婦人之帶初即絞之主質也云饌于東方東坫之南者李氏如圭云饌于東方不繼前饌而言則非東堂下矣下牀第夷衾饌于西坫南則東方之饌亦然云苴經爲上賈疏謂以苴經爲首南陳之是也

婦人之帶牡麻結本在房

經婦人亦有苴經但言帶者記其異此齊衰婦人斬衰婦人亦有苴經也

疏正義曰本謂麻之根本也郝氏敬云凡麻帶皆本下垂唯首經有上下本之異今案結本謂不垂異於男子也此婦人之帶結本亦謂大功以上者閒傳云麻之有本者變三年之葛鄭注有本謂大功以上也小功以下澡麻斷本是也在房敖氏謂在西房江氏筠讀儀禮私記云此用喪大記鄭

注也喪大記婦人髽帶麻于房中注云房中則西房也天子諸侯有左右房敖以大夫士房室制與天子諸侯同故移以說此耳然文承餟于東方之下且下又有餟于西坫南之文則此之所餟爲東而非西明矣又云明堂位夫人副禕立于房中疏亦謂東房中至祭統則明云夫人副禕立于東房矣江意蓋謂天子諸侯雖有東房西房其行事常在東房耳今案士之正寢亦有東西房詳大射儀但此經在房當在東房蓋小斂以後男子之位在阼階下故陳經帶于東坫之南婦人之位在阼階上故陳絰帶于東房皆就近陳之江說是也　注云婦人亦有苴絰但言帶者記其異者謂婦人亦有首絰此但言帶不言首絰者婦人之首絰與男子同帶則結本與男子異故特言之耳云此齊衰婦人斬衰婦人亦有苴絰也者謂絰言牡麻結本者乃齊衰婦人若斬衰之婦人則帶絰亦用苴麻也敖氏謂婦人斬衰之帶亦用牡麻褚氏寅亮云婦人重要男子重首豈有婦人絰帶反輕於首服而不用苴之理故注以此爲齊衰婦人之帶蓋舅姑之服本齊衰也主人母若在妻爲夫斬故注云斬衰婦人亦苴絰絰不言者存沒不定也今案褚說是也但斬衰婦人之帶結本與齊衰同則言結本亦可兼之矣

右陳小斂絰帶

牀笫夷衾饌于西坫南笫簀也夷衾覆尸之衾喪大記曰自小斂以往用夷衾夷衾質殺之裁猶冒也疏正義曰牀笫夷衾陳以待遷尸之用西坫南卽西方也注云笫簀也者爾雅釋器簀謂之笫郭注以爲牀版說文笫簀也簀牀棧也笫茵設於牀上以承席者云夷衾覆尸之衾者前此幠用斂衾用大斂之衾至小斂後大斂之衾當陳故制夷衾以覆尸但下幠用夷衾注又云覆尸柩之衾故賈疏云此衾本爲覆尸覆柩不用入棺今案小斂幠用夷衾是覆尸旣夕啟殯幠用夷衾是覆柩故下注又云覆尸柩之衾也敖氏謂夷尸于堂乃設此衾故以夷衾名之不以斂故別饌之是也引喪大記自小斂以往用夷衾夷衾質殺之裁猶冒也者證夷衾用於小斂之後孔疏謂夷衾所用繒色及長短制度如冒之質殺但不復爲囊及旁綴也聶氏崇義云不爲囊則仍衾制也今案冒以韜尸衾以覆尸制本不同而云質殺之裁猶冒者上陳小斂之衾云緇衾赬裏則是以緇爲表以赬爲裏此夷衾或以緇爲上以䞓爲下如冒之上緇質下䞓殺其色同故云猶耳

西方盥如東方爲舉者設

盥也如東方者亦用盆布巾饌於西堂下疏正義曰注云爲舉者設盥也者舉者謂將舉尸者卽下經士盥二人以並是也云如東方者亦用盆布巾饌於西堂下者上文設盆盥于饌東有巾此云如故知西方盥亦用盆及布巾也知西方爲西堂下者賈疏云以其東方盥在東堂下則知此西方亦在西堂下禮經釋例云凡凶事無洗或設盥于堂下或設盥于門外士喪禮將小斂饌于東堂下設盆盥于饌東有巾注爲奠設盥也又西方盥如東方注爲舉者設盥也亦饌于西堂下此設盥于堂下者也將大斂祝徹盥于門外注小斂設盥于饌東有巾大斂設盥于門外彌有威儀將朝夕奠徹者盥于門外旣夕禮請啟期後夙興設盥于祖廟門外疏云大斂設盥于門外雖不言東方約小斂盥在東堂下則大斂盥亦門外東方此下陳鼎如大斂奠則此設盥亦在門外東方如大斂奠也此設盥於門外者也今案小斂時東堂下之盥爲奠設西堂下之盥爲舉者設大斂時亦有二盥東堂下之盥移設于門外而西堂下之盥仍設如初以大斂亦有舉尸之事下熬黍稷各二筐節注云爲舉者設盆盥於西是也

右陳牀笫夷衾及西方之盥

陳一鼎于寢門外當東塾少南西面其實特豚四鬄去蹏兩胉脊肺設扃鼏鼏西末素俎在鼎西西順覆匕東柄鬄解也四解之殊肩髀而已喪事略去蹏去其甲爲不潔清也胉脅也素俎喪尚質既餟將小斂則辟襲奠今文鬄爲剔胉爲起古文鼏爲密疏正義曰寢門外正寢門外也當東塾少南少南於塾也吉事陳鼎北面今西面變於吉也肺周人所尚故與四鬄兩胉及脊共實于一鼎扃鼏詳士冠禮素俎在鼎西西順是橫設之覆匕東柄覆匕于俎柄在東葉在西亦橫設之李氏如圭云孔叢曰豕子曰豚鼏以茅爲之其本在東吳氏紱云始死奠用脯醢而已至此特豚一鼎踰日則可辨且小斂漸殷也今案喪奠有隆殺此小斂奠及朝禰奠皆一鼎大斂奠朔月奠遷祖奠皆三鼎加魚腊旣夕遣奠則五鼎如少牢也　注云鬄解也四解之殊肩髀而已者周禮典瑞以肆先王鄭注肆解牲體以祭因以爲名釋文肆他歷反鄭以此經之鬄與周禮之肆同故訓爲解也凡牲體前爲肩後爲髀析言之則肩下有臂臑髀下有肫胳詳鄉飲酒禮今但解豚之前肩左右爲二後髀左右爲二不分肩臂臑髀肫胳故云四解之殊

肩髀而已此四鬄幷兩胉一脊爲七體是爲豚解之法又二十一體爲體解之法詳特牲記云喪事略者楊氏復云四鬄者殊左右肩髀而爲四又兩胉一脊而爲七此所謂豚解也士喪禮豚解而已大斂朔月奠遣奠禮雖寖盛豚解合升如初至虞然後豚解體解兼有焉又云小斂總有七體士虞升左胖七體則解左胖而爲七比之特牲少牢吉祭爲略比之小斂以後爲詳矣沈氏彤云冠禮喪禮豚皆合升然冠禮是解爲二十一體而升昏禮用特豚亦然喪禮但解爲七體而卽升之數自不同鄭云喪事略者對冠昏之詳而言爾旣夕葬奠用成牲亦四解亦喪事略去蹏詳士昏禮云胉脅也者廣雅釋親胉脅也王氏疏證云胉或作膊通作拍周禮醢人豚拍鄭注鄭大夫杜子春皆以拍爲膊謂脅也或曰豚拍肩也今河閒名豚脅聲如鍛鎛鄭取河閒方音爲證者蓋以拍訓脅爲是也云素俎喪尚質者檀弓曰奠以素器以生者有哀素之心也鄭注哀素言哀痛無飾也凡物無飾曰素無飾是尚質也云旣餟將小斂則辟襲奠者案襲奠卽始死之奠旣襲仍設于尸東故名襲奠小斂布席于戶內自襲牀移尸于席上奠在中閒恐有妨礙故必辟之蓋亦辟於室之西南隅也云今文鬄爲剔者說文鬄髲也鬄或作髢鬄鬀髮也段氏玉裁

云鬄與鬎義別士喪禮特豚四鬄本作鬎今作鬄譌字又云漢時有剔字許不錄者禮古文作鬎今文作剔許於此字從古文故不取今文也剔者鬎之省俗據莊子音義呂忱乃錄剔於字林云剃也然則呂謂卽俗鬎字甚明又云大雅皇矣攘之剔之釋文云字或作鬄葢詩本作鬎譌之則爲鬄俗之則爲剔非古有剔字也周頌狄彼東南釋文云狄韓詩作鬄除也鬄亦鬎之譌鄭箋云狄當作剔用韓說也抑詩用逷蠻方箋云當作剔葢鄭不廢剔字胡氏承珙云段氏分別鬄鬎二字其說甚辨然左傳衛莊公見己氏之妻髮美使髡之以爲呂姜髢是鬄本鬎髮所爲古人以其聲同義近故經典卽假鬄爲鬎士喪禮之四鬄古文葢僭鬄爲鬎周禮小子羞羊肆注云肆讀爲鬄亦是假鬄爲鬎未必皆譌字也今文胉爲迫迫亦是假借字鄭以作胉義顯故從古文耳古文鼏爲密詳士冠禮○張氏惠言云經陳鼎西面面案下經鼎入阼階前西面錯注錯鼎於此空西面面疏云對在門外時北面則西面面當爲北面之譌存此俟考

右陳鼎實

士盥二人以竝東面立于西階下立俟舉尸也今文竝爲併【疏】正義曰自此至復位言小斂遷尸及主人主婦袒括髮免髽襲絰之節○此篇大小斂遷尸者士𥉁舉鼎者士既夕公賵士受馬以出注云此士謂胥徒之長有勇力者此不言蓋亦有勇力而能給禮事者可知二人以竝謂每二人爲偶非止於二人也此盥在西堂下故旣盥東面立于西階下待事喪大記曰士之喪士是斂又曰士與其執事則斂凡斂者六人孔疏凡者貴賤同也兩邊各三人故用六人　注云立俟舉尸也者謂俟舉尸遷于戶內服上也今文竝爲併詳士昏禮

布席于戶內下莞上簟有司布斂席也【疏】正義曰此爲小斂布席也李氏如圭云不牀者斂衣多布之於地喪大記曰小斂于戶內大斂于阼君以簟席大夫以蒲席士以葦席鄭注簟細葦席也三者下皆有莞鄭意蓋謂簟席蒲席葦席三者皆設之於上耳其下皆有莞據此經言也下記云設牀當牖下莞上簟是始死時之席此小斂下莞上簟下設牀第于兩楹之閒衽如初大斂布席如初注皆云亦下莞上簟是自始死至斂皆然又小雅斯干云下莞上簟是生人之席亦同經云布席席兼莞簟言莞在地上簟在莞上兩重耳盛氏世佐以

布席有三重席爲一重莞爲一重簟爲一重誤矣鄭箋詩云莞小蒲之席也注司几筵云繅柔嚅不如莞淸堅爾雅釋草莞苻蘺郭注今西方人呼蒲爲莞蒲江東謂之苻蘺用以爲席案周禮有蒲席又有莞席則莞當與蒲別說文莞艸也可㠯作席藺莞屬又云蔇夫離也段氏玉裁云莞之言管也凡莖中空者曰管莞葢即今席子草細莖圓而中空鄭謂小蒲實非蒲也郝氏懿行爾雅義疏云莞與藺相似莖圓而中空可爲席蒲葉闊而不圓其細小者亦可爲席所謂蒲苹者也是蒲莞非一物爾雅之莞乃蒲屬非藺屬故說文莞訓艸與藺相屬又別出蔇爾雅僭莞爲蔇注云莞蒲乃蒲之別種非似藺之莞也今案廣雅釋草云莞藺也又云蔥蒲莞也是莞有蒲之名蒲亦有莞名二者相似稱名多亂段氏郝氏辨之詳矣陸德明詩釋文云莞草叢生水中莖圓江南以爲席形似小蒲而實非也列子老韭之爲莞般敬順云莞音官似蒲而圓衆經音義云莞草外似蔥內似蒲而圓今亦名莞子是莞與蒲別也釋名云簟覃也布之覃覃然正平也說文簟竹席也鄭箋詩云竹葦曰簟注喪大記云簟細葦席是鄭意以喪大記士葦席與君簟席同孔疏云大夫辟君上席以蒲士卑不嫌故得與君同用簟也喪大記云小臣鋪席葢人君禮此士使有

司布之也**商祝布絞衾散衣祭服祭服不倒美者在中**斂者趨方或傎倒衣裳祭服尊不倒之也美善也善衣後布於斂則在中也既後布祭服而又言善者在中明每服非一稱也疏正義曰衾緇衾也上布席於地此布在席上先布絞餘以次布之絞在簟上衾在絞上散衣在衾上祭服在散衣上至斂時祭服近身散衣次之乃以衾裹於外而用絞束結之也美者在中中猶內也非中閒之中　注云斂者趨方或傎倒衣裳祭服尊不倒之也者喪大記云小斂之衣祭服不倒彼注云尊祭服也斂者要方散衣有倒蓋倒之取其前後厚薄均也云美善也善衣後布於斂則在中也者說文美與善同意善衣謂祭服後布則斂時在中不在外矣云既後布祭服而又言善者在中明每服非一稱也者以善者是祭服而又言善者在中則祭服中尤有善者小斂衣十九稱祭服非一稱或有新舊之異也○張氏爾岐云案疏云斂衣半在尸上是有藉者有覆者既云十九稱取法天地之終數當以十為藉九為覆也盛氏世佐申之云其藉尸者襚衣最下以次而上其覆尸者爵弁服最下以次而上如此則在中者皆其美者矣**士舉遷尸反位**遷尸今案此與經文次序未合似未可據

於服上疏正義曰反位反前西階下位 注云遷尸於服上疏者謂自襲牀上舉而遷之於戶內服上也喪大記曰士盥于盤上士舉遷尸于斂上檀弓上曰扶君卜人師扶右射人師扶左君薨以是舉鄭注卜當爲僕周禮射人大喪與僕人遷尸此天子諸侯禮也**設牀第于兩楹之間衽如初有枕**衽寢臥之席也亦下莞上簟疏正義曰兩楹之間堂東西之中也牀第即上陳于西坫南者至是設之於此以待侇尸也喪大記曰遷尸于堂又一牀皆有枕席即謂此也衽如初謂如始死時衽下莞上簟敖氏云兩楹閒東西節也宜于楹爲少北 注云衽寢臥之席也者曲禮云請席何鄉請衽何趾鄭注士昏禮亦以衽爲臥席莞簟詳前**卒斂徹帷**尸已飾疏正義曰斂與襲殊襲時衣少斂時衣多襲則衣之斂則包之此卒斂卒小斂也朱氏軾儀禮節略云或問并二斂爲一斂可乎曰不可事以有漸而後詳以兩斂之衣并於一日又復旋斂旋殯無論孝子力不能勝即執事之人倉皇急遽必至苟且塞責愼終之謂何而若是乎今案由襲而小斂而大斂以次行之亦不忍遽然其親之意古人之愼重于附身而勿使有悔者亦可見也徹帷義見前 注云尸已飾亦用檀弓曾子之言也

主人西面馮尸踊無算主婦東面馮亦如之馮服膺之疏正義曰主人西面主婦東面與始死俠牀面位同喪大記曰小斂主人即位于戶內主婦東面乃斂卒斂主人馮之踊主婦亦如之又曰君於臣撫之父母於子挽之子於父母馮之婦於舅姑奉之舅姑於婦撫之妻於夫拘之夫於妻於昆弟執之案此經主婦亦言馮者細別之有異渾言之則皆曰馮故喪大記又曰凡馮尸父母先妻子後是父母妻子皆可云馮也又曰凡馮尸興必踊方氏苞云至此則附身之事小備親之容色髮膚欲再見而不可得矣故踊無算注馮與憑同鄭注喪大記云馮必當心蔡氏德晉云主人馮尸謂服膺心上主婦馮尸則奉持心上衣也

主人髺髮袒眾主人免于房始死將斬衰者雞斯將齊衰者素冠今至小斂變又將初喪服也髺髮者去笄纚而紒眾主人免者齊衰將袒以免代冠冠服之尤尊不以袒也免之制未聞舊說以為如冠狀廣一寸喪服小記曰斬衰髺髮以麻免而以布此用麻布為之狀如今之著幓頭矣自項中而前交於額上卻繞紒也于房于室釋髺髮宜於隱者今文免皆作絻古文髺作括疏正義曰此髺髮免及下髽皆小斂後至成服之制袒為將

奉尸也經言主人髻髮袒則衆主人免亦袒衆主人免于房則主人髻髮亦于房省文互見也檀弓曰袒括髮變也去飾去美也袒括髮去飾之甚也髻髮以麻爲之免以布爲之見喪服小記此衆主人謂齊衰者義詳婦人髽于室下喪服小記孔疏云斬衰男子括髮齊衰男子免皆謂喪之大事斂殯之時是也○注又將初喪服也張氏識誤據監本改喪爲變嚴本作喪今案作喪爲是 云始死將斬衰者雞斯將齊衰者素冠者謂將斬衰者去冠而笄纚將齊衰者去吉冠而素冠問喪云親始死雞斯徒跣扱上衽鄭注雞斯當爲笄纚親始死去冠是也檀弓曰始死羔裘玄冠者易之而已案易謂變其常服則去常服之冠而素冠爲變去常服之冠而笄纚亦爲變下記乃卒主人嗁兄弟哭注云于是始去冠而笄纚服深衣引檀弓此文證之是鄭以去冠亦爲易也陳氏禮書據檀弓易之之文謂始死有易冠無去冠有易裘無袒衣又據檀弓叔孫武叔之母死既小斂舉者出尸出戶袒且投其冠括髮謂人子於始喪幸生之心未已故未忍去飾焉敖氏謂檀弓云易者易之以素冠深衣也始死之服主人以下皆同而未暇有所別異徐氏乾學讀禮通考云親始死徒跣扱衽無容哀之至也豈有下則徒跣而上仍著冠者乎孝子之心固謂

遭禍之深以罪人自處也倘猶加冠以爲飾是見親死無異於平日矣豈人情之所忍哉江氏筠云經但言髺髮袒而不言去冠蓋自始死時已去之矣問喪雞斯注讀爲笄纚非隱決也下云徒跣扱上衽衣屨如此豈尚留一冠以爲飾自來說此者多以叔孫武叔之母死投冠在尸出戶後而疑之案彼注云尸出戶乃變服失哀節此特其失之一耳喪大記卒小斂主人袒說髦括髮以麻初未聞有冠也沈氏彤云叔孫武叔爲其母則非斬衰之主人譏周云父卒爲母始死去玄冠尸襲之後因其笄纚而加素冠蓋斬衰笄纚自始死及於小斂之後不改如括髮之自小斂後及於成服而始改也爲母笄纚尸襲之後而卽加素冠如括髮之于卽堂下位而卽代以免也始死首服之節笄纚與括髮並重父母之喪皆然但家無二尊故又以時之久暫稍爲差等聖人之尤重父喪于始死之首服卽見之陳於檀弓問喪不別齊斬無父母之差失聖人制親喪輕重之義若敖謂始死之服主人以下皆同則斬衰之主人可覔同於齊衰以下者乎其說雖與陳姝其誤則一今案徐氏江氏沈氏申鄭義甚是鄭注檀弓於武叔之冠未言其非則沈氏之說尤合矣云今至小斂變又將初喪服也者謂斬衰笄纚者至小斂變而括髮齊衰素冠者至小斂

變而免又前此笄纚素冠非喪服此括髮與免爲喪服之始故云又將初喪服也云髻髮者去笄纚而紒者謂去笄纚而露紒鄭注問喪云二日去笄纚括髮謂小斂日也云衆主人免者齊衰將袒以免代冠冠服之尤尊不以袒也者問喪曰冠者不肉袒何也曰冠至尊也不居肉袒之體也故爲之免以代之也是也經未言衆主人袒實亦袒也故注補之文王世子云族之相爲也宜免不免有司罰之則免及於同族今鄭專以此免爲齊衰者以此經衆主人次於主人之後是次於斬衰之齊衰也云免之制未聞又引舊說及喪服小記者沈氏云鄭旣云免之制未聞又云舊說以爲如冠狀廣一寸蓋不以舊說爲然也引喪服小記以釋髻髮免此鄭自爲之說也幓頭總之類也免以代總而若幓頭豈一寸之廣而足邪賈云免與髻髮同但以布廣一寸爲異蓋幷舊說於鄭誤又杜佑云著之自額而卻交於項中幷其末覆紒而前綴連之此欲合舊說如冠狀之文卽幓頭之制而稍變焉但喪服小記云男子免而婦人髽以免對髽髽露紒免亦當露紒矣若幷其末以覆紒不如卻繞紒者得仍露紒之善也呂與叔云免以布爲卷幘以約四垂短髮而露其紒於冠禮謂之缺項此又因舊說廣一寸之云而誤以免爲缺項其說更不如杜今案

沈氏申鄭意亦是鄭蓋以髺髮免制同唯用麻用布爲異而況以漢之幓頭考方言廣雅皆有幧頭幓頭卽幧頭也幧頭又謂帞頭絡頭釋名又有綃頭云或謂之陌頭言其從後橫陌而前也從後橫而前其卽所謂自項而前交於額歟髺髮與免之制自鄭氏已不能詳後儒說者亦多沈氏但舉杜氏呂氏之說則猶未備司馬氏書儀云括髮先用麻繩撮髺又以布爲頭須齊衰以下皆免裂布或縫絹廣寸婦人髽亦紐麻爲繩齊衰以下亦用布皆如幓頭之制朱子云注疏以男子括髮與免及婦人髽皆如著幓頭然幓頭如今之掠頭編子免讀如字謂去冠李氏如圭云古者冠加於武有罪免冠而武獨存喪服之免以布象而爲之以其與冕弁之冕音相亂故讀如問此說亦本呂氏萬氏斯同云古者有纚以韜髮纚用繒爲之親始死去冠而纚猶存至小斂幷纚去之而易以括髮其制必與纚相似蓋纚用繒而括髮用麻布也戴氏震云喪之括髮謂麻束髮也始有喪去冠矣二日又去幷纚于是不復用吉時之總而以麻代之使髮不至於散而已矣免則布束髮易其麻也鄭君不解麻之所以代總而言更加麻於首失其傳歟案宋儒之說多由鄭義申之萬氏戴氏則與鄭異纚以韜髮總以束髮以說文髺訓絜髮證之似戴較萬爲勝

矣云于房于室釋髺髮宜於隱者謂主人去笄纚而髺髮衆主人去冠與纚而免婦人去笄纚而髽皆宜於隱處兼下文釋之也云今文免皆作絻者胡氏承珙云免字古人讀如免冠之免故今文又俗冕之或體作絻者爲之左氏哀二年傳使大子絻哀十二年傳季氏不絻皆作絻襄二十五年傳陳侯免又作免釋文免音問徐音萬若當鄭君時祇讀作免程氏演繁露謂鄭氏以免音問非是今文作絻者俗字今案據朱子及李氏之說則古竝不讀免爲問也云古文髺作括者說文髺絜髮也段氏注云絜各本譌作潔今依玉篇韻會正絜麻一耑也引申爲圍束之稱絜髮指束髮也髻即髺字之異者髺髻古文皆作括禮經髺髮戴記皆作括髮則用古文歟胡氏承珙云案說文括本亦訓絜鄭以髺於束髮較切故從今文

婦人髽于室

始死婦人將斬衰者去笄而纚將齊衰者骨笄而纚今言髽者亦去笄纚而紒也齊衰以上至笄猶髽髽之異於髺髮者既去纚而以髮爲大紒如今婦人露紒其象也檀弓曰南宮縚之妻之姑之喪夫子誨之髽曰爾毋縱縱爾爾毋扈扈爾其用麻布亦如著幓頭然

【疏】正義曰喪服所言髽是成服以後之髽此是未成服以前與男子之髺髮免同此婦人謂齊衰以上者喪服小記孔疏云

婦人將斬衰者於男子括髮之時則以麻爲髽齊衰者於
男子免時則以布爲髽其大功以下無髽是也敖氏謂有
當髽者有不當髽者沈氏謂小斂之節五服親屬無有不
髽者今案上言主人髺髮袒衆主人免于房此云婦人髽
于室婦人之髽猶男子之髺髮則髽亦婦人服之重者豈
可概施於五服且不獨婦人髽爲齊衰以上者即衆主人
免亦齊衰以上者下云男女奉尸俠于堂又云男女如室
位踊無筭此男女即謂上主人衆主人及婦人蓋皆死者
之妻妾子婦孫曾子姓也鄭注專以斬衰齊衰言之是已
此時尸未出戶婦人在室內故即髽于室賈疏謂大夫士
無西房故於室失之矣　注云始死婦人將斬衰者去笄
而纚將齊衰者骨笄而纚者案喪服小記云男子冠而婦
人笄婦人之笄猶男子之冠始死斬衰男子去冠故斬衰
婦人亦去笄齊衰男子去吉冠而素冠故齊衰婦人亦去
吉笄而骨笄吉笄者象笄也敖氏謂曾子問言婦爲舅姑
始死之服布深衣縞總則吉笄而纚自若又謂婦人斬衰
而下之服皆當如此沈氏彤云曾子問言縞總者謂在塗
趨喪之禮也若尋常在家而父母始死必去笄總而纚明
矣敖不深考而每易鄭說何邪今案此女子始嫁在塗聞
喪尙未至舅姑之門也縞是白繒女子始嫁首服次當以

組爲總今改服縞總則非吉笄而纚自若可知敖說誠疎矣云今言髽者亦去笄纚而紒也者謂至小斂斬衰婦人去纚而髽齊衰婦人去骨笄與纚而髽今但言去笄纚而紒者舉齊衰以包斬衰也云齊衰以上至笄猶髽者亦是舉齊衰以該斬衰非與齊衰以下爲對也據喪服經記無齊衰以下之髽喪服經云箭笄髽衰三年此斬衰之髽也記云惡笄有首以髽此齊衰之髽也彼注云言以髽則髽有著笄者明矣卽此注至笄猶髽之義也陳氏祥道云小斂之髽不言笄則未成服之髽無笄矣女子子適人者爲其父母婦爲舅姑惡笄有首以髽孔子言髽而繼之以榛笄則成服之髽有笄矣小記言齊衰惡笄以終喪則斬衰齊衰之髽皆終喪矣髽不及於大功者以髽不特對免而上同於括髮故也此說是也云髽之異於髻髮者旣去纚而以髮爲大紒如今婦人露紒其象也者案說文云髻絜髮也髽喪結也是髽與髻異鄭注檀弓云去纚而紒曰髽注奔喪云去纚大紒曰髽注喪服亦云髽露紒也是舉漢時露紒以解髽也引檀弓南宮縚之妻之姑之喪夫子誨之髽曰爾毋縱縱爾爾毋扈扈爾者亦是證露紒爲髽之象彼文縱縱作從從注云從從謂太高扈扈謂太廣喪服小記孔疏引之云是但戒其高大不云有厤布別物是知

露紒悉名髽也云其用麻布亦如著幓頭然者案喪服注云髽猶男子之括髮斬衰括髮以麻則髽亦用麻以麻者自項而前交於額上卻繞紒如著幓頭焉是鄭以髽與括髮制同故云亦如著幓頭然也斬衰之髽用麻齊衰之髽用布此注云用麻布兼齊衰言也禮記喪服小記孔疏載皇氏三髽之說謂一麻髽一布髽一是露紒之髽甚確今以此注考之皇說蓋本於鄭此注先言髽與髻髮異而釋之以露紒又引檀弓證髽之象下乃云其用麻布亦如著幓頭然則是髽有不用麻布者不用麻布之髽卽露紒是矣用麻布之髽與髻髮同不用麻布之髽與髻髮異用麻布之髽是用麻布纏繞於首而仍露其紒髻髮亦露其紒故其象同露紒之髽非有他物加於首只是去纚而露其髮耳麻髽布髽唯用於未成服之前露紒之髽則終喪皆然喪服經記所言是也蓋平時纚以韜髮亦以爲飾喪則去之成服之後男子有喪冠婦人則首去飾以表喪故說文以髽爲喪結結與髻同卽謂髽爲喪中去纚無飾之髻耳孔疏不達斯旨乃引皇說而復駁之謂止有麻髽布髽二者則豈婦人終喪皆加麻布於首哉其誤甚矣髽制唯鄭此注爲詳鄭仲師以爲枲麻與髮相半結之左傳杜注用其說謂髽爲麻髮合結則齊斬不分且合而爲結亦不

成制度馬季長以爲屈布爲巾高四寸著于顙上案旣云爲巾又云高四寸則是髽有一定之式孔子之誨兄女何必慮其從從扈扈而戒之哉此說孔仲達已辨之蓋皆鄭所不用耳○黃氏幹云括髮免髽乃小斂至大斂未成服之制又有變禮括髮免髽者奔喪是也有啟殯見棺柩變同小斂之時者旣夕禮丈夫髽散帶垂是也大要不出此三節而免之用爲尤廣小斂爲父括髮而至於爲母則卽位之後不括髮而爲免及啟殯則雖斬衰亦免而無括髮以至卒哭不惟此也自斬至緦皆有免五世無服者亦袒免童子當室免朋友在他邦亦袒免君弔雖不當免時必免是免之用尤廣也今案小斂卽位後爲母免啟殯雖斬衰亦免此二者巳在前三節之內此外尚有用免而黃氏未及者如襍記非從柩與反哭無免於堩喪服小記遠葬者比反哭者皆冠及郊而後免反哭又旣葬而不報虞則雖主人皆冠及虞則皆免是也檀弓魯婦人之髽而弔也自敗於壺鮐始也此則髽之失禮者也

士舉男女奉尸侇于堂幠用夷衾男女如室位踊無算侇之言尸也夷衾覆尸柩之衾也堂謂楹閒牀笫上也今文侇作夷疏正義曰士舉者當在尸之左右舉之男女則奉其首足耳敖氏

謂士舉首男奉其右女奉其左非矣喪大記曰男女奉尸夷于堂彼注云于遷尸主人主婦以下從而奉之孝敬之心如室位如室中男東女西之位也喪大記又曰哭尸于堂上主人在東方由外來者在西方諸婦南鄉鄭注由外來謂奔喪者也無奔喪者婦人猶東面然則男在尸東女在尸西其常位矣踊無算李氏如圭云爲動尸也問喪曰在牀曰尸在棺曰柩動尸舉柩擗踊無算方氏苞云喪事即遠此則親離其室之始故踊無算　注云侇之言尸也又云今文侇作夷者沈氏彤云賈疏云尸之衾曰夷衾尸之牀曰夷牀幷此經侇尸不作移字皆作侇者依人傍作之案喪大記侇亦作夷注與此注同彼疏云夷陳也釋文云夷如字陳也本或作侇又案說文云尸陳也侇訓尸而尸訓陳則侇與夷音義俱同不妨通用鄭所以擇從侇者爲依人旁作之于陳尸意尤切耳賈頗得之但云侇不作移似欲讀侇從移致方性夫注喪大記遂云夷之爲言移也則不免貽誤後人矣移字古音弋多反故說文云从禾多聲是移夷聲本不相近義亦迥殊豈容牽合胡氏承珙云夷侇二字同說文無侇字據禮記釋文引隱義云侇之言移也庾依韻集大兮反息也葢呂靜於侇字音義皆不同夷鄭君注禮則侇與夷皆爲尸陳之義今案下篇夷牀

餟于階閒注云夷之言尸也然則夷牀夷衾鄭皆以尸陳之義解之可知云夷衾覆尸柩之衾也者詳牀第夷衾餟于西坫南下云堂謂楹閒牀第上也者上經云設牀第于兩楹之閒兩楹閒爲堂之正中此云俟于堂故知在牀第上也

主人出于足降自西階衆主人東即位婦人阼階上西面主人拜賓大夫特拜士旅之即位踊襲經于序東復位

拜賓鄉賓位拜之也即位踊東方位襲經于序東東夾前

疏 正義曰主人出于足者尸南首北趾主人在東故由足北轉而西降自西階也衆主人東即位者斯時衆主人亦隨主人降自西階遂東即位于阼階下經不言衆主人降省文也婦人本在西亦由足北轉而東至阼階上婦人不下堂斯時主人等俱降故位於此方氏苞云既小斂則男女分堂上下即既殯後次分內外之義也詳下主人拜賓者前此尸在室主人不出此奉尸出矣故拜之獨言主人拜者喪不二主也大夫特拜士旅之尊卑異敖氏謂大夫人各一拜士雖衆惟三拜之而已是也即位踊者謂拜賓訖遂即東方阼階下西面之位而踊也斯時衆主人位于其後如在室經先言衆主人東即位而後言主人即位

者主人先拜賓而後卽位也前祖爲奉尸至此乃襲而著經于序東也是時婦人亦經于房中復位復阼階下西面位喪大記曰男女奉尸夷于堂降拜君拜寄公國賓大夫士拜卿大夫于位于士旁三拜夫人亦拜寄公夫人于堂上大夫內子士妻特拜命婦氾拜衆賓于堂上主人卽位襲帶經踊襍記曰小斂大斂啟皆辯拜孔疏云凡當小斂大斂及啟攢之時唯有君來則止事而出拜之若他賓客至則不止事事竟乃偏拜也蔡氏禮經本義引黃氏乾行云應子和謂賓於是拜然者弔生者故主人皆偏拜以謝之吳文正公云應氏謂賓於是拜然者古無是禮也公此辨是古今一大變易處蓋古人弔賓之禮於生者只有慰問之辭於死者則有襚賵之物及哭踊馮尸之節而已竝無拜祭於死者之禮至於主人拜賓以謝其恩禮拜送以重其來辱亦惟自盡而已賓皆無荅拜之文此古禮之精意也夫知生者弔知死者傷弔賓之情於是爲至主人拜謝理所宜然此何時而可交拜款曲以成禮邪故曲禮凡拜非弔喪無不荅拜者獨喪拜不荅意在斯也徐原一云古禮行弔但主人拜賓賓不荅拜至于尸柩所在雖朝夕設奠從無拜禮不但弔客不拜卽孝子亦未嘗拜蓋事之如事生禮如是也後世如開元政和諸禮皆然猶有古人之

意至溫公書儀則有主賓交拜之禮 且有入拜靈座之禮而交公家禮悉遵之與古禮始異矣 注云入拜賓鄉賓位拜之也者賓位蓋如朝夕哭位在庭直東序及門東門西者斯時主人降自西階即拜賓是鄉賓位拜之也云即位踊東方位者始以命赴出拜賓位在西階前鄭恐人以此位亦在西階前故特明之東方位即阼階下位也云襲經于序東東夾前者賈疏云謂當序牆之東又當東夾之前非謂就堂上東夾前也今案上文經帶饌于東方在堂下故此序東亦是堂下當東序之東或云主人位在東方此襲經亦在東方而下云復位何歟曰主人位在阼階下西鄉此更鄉堂東襲絰亦是於隱處故須復位也楊氏復云小斂變服有二節謂主人主婦馮尸後主人髻髮袒絞帶婦人髽于室衆主人免于房布帶此一節也奉尸侇于堂主人拜賓後即位踊襲經于序東此又一節也又云爲父母有小異據喪服小記斬衰括髮以麻爲母括髮以麻免而以布喪大記主人即位襲帶絰踊母之喪即位而免之文也小記孔疏云爲母小斂後括髮與父禮同至尸出堂子拜賓之時猶與爲父不異至拜賓竟即堂下位時爲父猶括髮襲經帶以至成服爲母則不復括髮乃著布免襲經帶以至成服蓋爲母易括髮爲免即在此經即位踊襲

經于序東時也今案奔喪云至于家括髮袒降堂東即位西鄉哭成踊襲絰于序東于又哭括髮袒成踊于三哭猶括髮袒成踊三日成服奔母之喪括髮袒降堂東即位西鄉哭成踊襲免絰于序東于又哭不括髮又云爲母所以異于父者壹括髮其餘免以終事是亦其證也○禮經釋例云凡主人之位小斂前在尸東小斂後在阼階下謂之內位旣殯在門外謂之外位案士喪禮始卒哭位主人入坐于牀東衆主人在其後西面注衆主人庶昆弟也此室中之位也親者襚不將命以即陳庶兄弟襚使人以將命于室主人拜于位注室中位也沐浴畢主人入即位飯含畢主人襲反位注位在尸東小斂畢主人西面馮尸踊無算皆室中尸東之位也奉尸侇于堂男女如室位踊無算則堂上尸東之位也又云主人出于足降自西階衆主人東即位又云主人拜賓大夫特拜士旅之即位踊襲絰于序東復位注即位踊東方位此阼階下西面之位也有襚者則將命擯者出請入告主人待于位大斂主人及親者升自西階出于足西面袒大斂畢主人降拜大夫之後至者北面視肂衆主人復位又云卒塗主人復位踊襲皆阼階下之位也蓋主人雖位在阼階下至大斂時仍升堂即尸東之位斂畢始復阼階下之位也大斂奠畢主人揖就

次注次謂斬衰倚廬齊衰堊室也大功有帷帳小功緦麻有牀第可也至此則主人居次矣旣夕記旣殯居倚廬注倚木爲廬在中門外東方北戶次在門外故有事先卽外位然後入卽內位也士喪禮朝夕哭丈夫卽位于門外西面北上外兄弟在其南南上注外兄弟異姓有服者也又云賓繼之北上門東北面西上門西北面東上西方東面北上主人卽位辟門注辟開也凡廟有事則開無事則閉此門外之位也又云主人拜賓旁三右還入門哭又云主人堂下直東序西面兄弟皆卽位如外位卿大夫在主人之南諸公門東少進他國之異爵者門西少進敵則先拜他國之賓凡異爵者拜諸其位此門內之位也朝夕奠畢賓出主人拜送衆主人出出門哭止皆復位闔門此門外之位也蓋主人雖位在門外至朝夕哭時仍入門卽阼階下之位至哭畢始復門外之位也旣井椁主人西面拜工左還椁反位哭不踊注匠人爲椁刊治其材以井構于殯門外也卜日旣朝哭皆復外位亦謂門外位也又云凡婦人之位小斂前在尸西小斂後至旣殯皆在阼階上柩將行始降在階閒案士喪禮始卒哭位婦人俠牀東面注婦人謂妻妾子姓也亦適妻在前此尸西之位也小斂畢奉尸俠于堂男女如室位又云婦人阼階上西面此阼階上

之位也大斂時婦人尸西東面至大斂畢婦人東復位仍復阼階上之位也朝夕哭婦人卽位于堂南上旣井槨婦人哭于堂此位當亦在阼階上是婦人之位自小斂後至旣殯皆在阼階上也旣夕禮還柩車婦人降卽位于階閒注位東上張氏爾岐曰婦人在車後南面故注云東上至此婦人始降在階閒者柩車將行故婦人於車後送之也楊氏復曰始死哭位必辨室中堂上堂下之位非時男女內外親疏上下之分不可以不正此亦治喪馭繁處變之大法也考男女之位小斂前親者在室以尸東尸西爲別小功以下以戶外堂下爲別小斂後以阼階上阼階下爲別旣殯無事則主人入于次婦人無事或退處于房中歟

右小斂遷尸及主人主婦袒髻髮免髽襲絰之節

乃奠祝與執事爲之疏正義曰自此至拜送于門外言小斂奠之事注云祝與執事爲之者謂始死孝子昏迷不能成禮祝與執事代之奠也執事詳下注曾子問曰天子諸侯之喪斬衰者奠大夫齊衰者奠士則朋友奠不足則取於大功以下者不足則反之鄭注主人不奠是也不足則反之孔疏謂反取前人執事者充之**舉者**

盥右執匕卻之左執俎橫攝之入阼階前西面錯錯俎北面舉者盥出門舉鼎者右人以右手執匕左人以左手執俎因其便也攝持也西面錯錯鼎於此宜西面錯俎北面俎宜西順之 疏正義曰舉謂舉鼎者二人右人兼執匕左人兼執俎卻之仰其匕也橫攝之橫持其俎也入入寢門也李氏如圭云舉鼎者兼執匕俎喪禮略也凡陳鼎于外者北面阼階下者西面喪禮陳鼎門外西面者變於吉在東方者未忍異於生至虞反吉乃設鼎於西階前吳氏廷華疑義云錯置也非屆錯之錯是也下同 注云舉者盥出門舉鼎者案上經設盆盥于東堂下之饌東注云爲賓設盥則此舉者蓋盥于東堂下而出門也敖氏以爲盥于門外盛氏世佐以爲盥于西方皆非也云右人以右手執匕左人以左手執俎因其便也者凡舉鼎以扃貫入鼎耳而舉之鼎西面則北爲右南爲左右人左近鼎以左手舉鼎空右手執匕左人右近鼎以右手舉鼎空左手執俎故云因其便也云攝持也常訓說文攝引持也云西面錯錯鼎於此宜西面者以置鼎於阼階前則西面爲宜也云錯俎北面俎宜西順之者以錯俎北面則俎橫而西順也錯俎者左人也 **右人左執匕抽扃**

予右手兼執之取鼏委于鼎北加扃不坐抽扃取鼏加扃於鼏上皆右手今文扃爲鉉古文予爲與鼏爲密疏正義曰右人左執匕者右人本以右手執匕爲右手將抽扃故左執之也又以扃交左手兼執之者爲將取鼏也以扃交左手若予之然故云予鼎北鼎右也委鼏於此而加扃焉亦便也立而不坐者褻事質也匕仍執之者以將北也注云抽扃取鼏加扃於鼏上皆右手者蓋右手旣委鼏於鼎北復於左手取扃而加於鼏上以右手作事便也因經未言右手故注明之云古文予爲與者爾雅予賜也說文予推予也與黨與也㚘古文與又与賜予也一勺爲予郭璞注爾雅云與猶予也注方言云予猶與也是與与二字皆与予通鄭以推予字本作予故從予扃爲鉉鼏爲密詳士冠禮

乃朼載載兩髀于兩端兩肩亞兩胉亞脊肺在于中皆覆進柢執而俟乃朼以朼次出牲體右人也載受而載於俎左人也亞次也凡七體皆覆爲塵柢本也進本者未異於生也骨有本末古文朼爲匕髀爲脾今文胉爲迫柢皆爲胝疏正義曰朼謂以朼出牲體於鼎也載謂載牲體於俎也朼者在鼎東西面載者在俎南北面兩

端謂俎之東西兩旁也亞者自兩旁至中爲次髀肩胉皆有左右兩者髀賤先載於俎之兩旁兩肩在兩髀內次於兩髀兩胉　又次於兩肩則脊肺居中矣執而俟者左人執以俟奠也　注云乃朼以朼次出牲體右人也者上文右人執匕故知朼者爲右人也云載受而載於俎左人也者謂右人朼出牲體授左人左人受而載之於俎也云亞次也者說文引賈侍中說以爲次第也云凡七體皆覆爲塵者此豚解爲七體法見前言肩以包臂臑言髀以包膞胳賈疏云前左右肩臂臑屬焉後左右髀膞胳屬焉并左右脅通脊爲七體是也又云下文大斂豚合升言合升則髀亦升矣凡言合升多并髀升非獨喪禮若體解升者皆髀不升鄭云近竅賤也是也沈氏彤云注云皆覆爲塵故云亦以別於生也案爲塵而覆則以覆爲冪矣俎之有冪見於少牢禮云佐食升肵俎鼏之敖云鼏當作冪是也但此經醴酒脯醢皆旣奠而後巾之不應於俎獨方載而即冪檀弓云喪不剝奠也歟祭肉也歟注云剝猶倮也有牲肉則巾之疏卽引此經小斂俎錯祝巾之爲證是下經巾之不惟冪醴酒與豆乃并俎而巾之也張稷若云皆覆謂牲體皆覆設之最得其解下進柢注云未異於生此覆設當同茲義又下經云載魚左首進鬐注云亦未異於生是進

柢猶進鬐覆設猶左首也盝俎用七體所以異異於生皆覆而進柢所以不異於生或異或不異而仁與智兼之矣敖說亦非張氏惠言讀儀禮記云案如注意宜有布覆之然經不見覆物當是牲體覆耳今案沈氏張氏之說是也云柢本也進本者未異於生也者賈疏云公食大夫亦進本是生人法故云未異於生也云骨有本末者曲禮云左朐右末是也云古文柶爲匕者詳少牢禮長柶下云今文柢皆爲胝者胡氏承珙云說文曰柢木根也韓非解老曰直根者書之所謂柢也木之所以建生也周禮或作抵作邸泉府買者各從其抵鄭云抵實柢字柢本也典端四圭有邸司農注引爾雅邸本也此今文又借胝爲之鄭以柢爲正字故從古文髀爲脾詳士昏禮胉爲迫見前

夏祝及執事盥執醴先酒脯醢俎從升自阼階丈夫踊甸人徹鼎巾待于阼階下執事者諸執奠事者巾功布也執者不升已不設祝既錯醴將受之

疏正義曰郝氏敬云夏祝祝及執事盥將升奠也夏祝執醴先升執事者以酒脯醢俎從升自阼階丈夫踊節也凡奠時男女踊皆以奠者往來升降爲節甸人徹空鼎出反門外故處也有司執巾以待祝于阼階下親授之今案盥盥于東堂

下也經不言主人踊而云丈夫踊兼衆主人言丈夫即男子之稱對婦人言之也儀禮釋官云周禮亨人掌共鼎鑊公食禮注云亨人兼亨人者少牢雍人陳鼎五賈疏云大夫無亨人則此亨人爲公臣來治事明矣　注云巾功布也者即上陳于東堂下算內功布也云執者不升已不設祝既錯醴將受之者據下文醴酒錯于豆南祝受巾故知祝既錯醴將受之此執巾者不升堂亦不設巾也○禮經釋例云凡奠于堂室者陳徹皆升自阼階降自西階奠于庭者陳由重北而西徹由重南而東士喪禮設小斂奠夏祝及執事盥升自阼階奠畢降自西階徹小斂奠盥于門外入升自阼階又云祝徹巾授執事者以待徹饌先取醴酒北面其餘取先設者出于足降自西階此奠于堂者也大斂奠祝執醴如初酒豆籩俎從升自阼階奠畢由楹西降自西階徹大斂奠徹者盥于門外燭先入升自阼階又云祝取醴北面取酒立于其東取豆籩俎南面西上祝先出酒豆籩俎序從降自西階朔月奠如朝夕哭之儀徹朔奠先取醴酒其餘取先設者敦啓會面足序出如入此皆奠于室者也皆升自阼階降自西階朝夕奠但云降自西階不云升自阼階者文不具也既夕禮遷柩朝廟設從奠升降自西階徹從奠徹者升自阼階降自西階設朝廟奠

升降自西階此亦奠于堂者奠升不由阼階者注云柩北首辟其足也士喪禮君臨大斂奠亦升自西階注云以君在阼故升不由阼階也旣夕禮徹降奠巾席俟于西方主人要節而踊注徹者由明器北西面旣徹由重東南疏云凡奠於堂室者皆升自阼階降自西階奠於庭者亦由重北東方來陳由重北而西面徹訖由重南而東象升自阼階降自西階也但設奠於柩車西而東面則徹者由奠東而西面徹之也此奠于庭者也故疏云然祖奠布席乃奠如初徹祖奠徹者東注由柩車北東適葬奠之饌大遣奠注奠由重北西旣奠由重南東祖奠大遣奠亦奠于庭者故如降奠之儀卽疏所謂陳由重北而西徹由重南而東也

奠于尸東執醴酒北面西上

執醴酒者先升尊也立而俟後錯要成也【疏】正義曰敖氏云奠于尸東先言其所奠之處下乃奠之禮經釋例云凡奠小斂以前皆在尸東大斂以後皆在室中遷祖以後皆在柩西旣還車則在柩東詳下篇遷祖席升設于柩西下檀弓曰小斂之奠子游曰於東方曾子曰於西方斂斯席矣小斂之奠在西方魯禮之末失也鄭注曾子以俗說非又大斂奠于室乃有席孔疏知曾子所言非者案士喪禮小斂之奠設于尸東今言西方故爲非也是小斂之奠

當在尸東也執醴酒者北面在俎南也西上統于尸也○注醴酒先升後設故執之者立以待豆俎錯而後錯之要其成也

豆錯俎錯于豆東立于俎北西上醴酒錯于豆南祝巾巾之由足降自西階婦人踊奠者由重南東丈夫踊巾之為塵也東反其位疏正義曰李氏如圭云言豆不言籩省文敖氏引爾雅竹豆謂之籩則言豆可兼籩矣其錯之次醢北脯南俎別為一行在豆東故云豆錯俎錯于豆東也立于俎北西上謂奠豆俎之人立于此俟祝畢事同降也醴酒錯于豆南其次酒在豆南醴在酒南總言之皆在豆南也楊圖如是張圖酒在醴南非矣記云兩甒醴酒酒在南此陳之序與奠異奠在尸東尸南首當以南為上也祝受巾巾之謂豆俎醴酒皆巾也鄭注檀弓喪不剝奠云脯醢之奠不巾者謂僅有脯醢無俎則不巾且據室內言也詳後朝夕奠下由足降自西階者斯時祝與執事者皆在尸東故由尸足北轉而西乃降自西階也奠者由重南東者謂由重之南而東沈氏彤云重以南為後由重南而東如由足而西無事不敢出其前也禮經釋例云凡奠于堂室者陳徹皆升自阼階降自西階奠于庭者陳由重

北面西徹由重南而東案此篇奠于堂室者唯君視斂奠
升自西階注云以君在阼也朝夕奠但云降自西階不云
升自阼階文不具也餘詳下篇釋例又云凡奠升自阼階
丈夫踊降自西階婦人踊奠者由重南東丈夫踊謂之要
節而踊案此小斂奠升自阼階丈夫踊奠畢降自西階婦
人踊奠者由重南東丈夫踊下大斂奠同是其例也餘亦
詳下篇賈疏云主人位在阼階下婦人位在上故奠者升
丈夫踊奠者降婦人踊各以所見先後爲踊之節是也又
謂重主道神所憑依故由重南東而過主人又踊此說本
下大斂奠注云爲神憑依之也吳氏廷華疑義云踊節由
于生感觸婦人在堂見其降而踊丈夫在阼見其過而踊蓋
感生于所見之奠也若謂重爲神所憑依主人因之而踊
則降自西階而踊者又何說邪又云奠時每節增痛奠者
西降一節也由重而東又一節也每節增痛故踊耳神所
憑依說未昀今案吳說是也又襍記云踊婦人居閒此經
奠升時丈夫踊降時婦人踊由重過時丈夫踊是亦居閒
之義也鄭彼注云婦人居閒者踊必拾主人踊婦人踊賓
乃踊蓋据喪大記弔者襲喪加武帶絰與主人拾踊而言
也但此經奠時不見賓踊之節鄭注亦未言及吳氏紱據
襍記注以由重南東丈夫踊之丈夫爲賓恐非注云巾

之爲塵也者爲久設恐塵埃加也云東反其位者沈氏彤云此經上云祝降自西階下大斂奠亦云祝降自西階奠者由重南東敖云由重南而東復其門東之位也祝位在門西案士虞禮云祝入門左北面敖云祝公有司之助喪祭者也特牲饋食記曰公有司門西北面東上是也又案特牲記云私臣門東北面西上此經之奠者蓋私臣也祝位在門西故降自西階直由堂塗反位奠者位在門東故必由重南而東乃復位也注反其位當如敖說今案沈氏釋鄭義是也賈疏以爲位在盆盥之東非矣

賓出主人拜送于門外廟門外也疏正義曰張氏爾岐云此賓爲小斂來者敖氏云凡喪賓皆于旣奠乃出李氏如圭云不送于外門外降于君使也注云廟卽此適室賈疏云以鬼神所在則曰廟故名適寢爲廟也

乃代哭不以官代更也孝子始有親喪悲哀憔悴禮坊其以燬傷生使之更哭不絕聲而已人君以官尊卑士賤以親疏爲之三日之後哭無時周禮挈壺氏凡喪縣壺以代哭疏正義曰張氏爾岐云此小斂後節哀之事今案經云不以官者對大夫以上言之也喪大記曰君喪虞人出木角狄人出壺雍人出鼎司馬縣之乃官代哭大夫官代哭不縣壺士代哭不以官注云

代更也者鄭注周禮喪大記代哭皆以更釋代葢謂更番相代也褚氏寅亮云此乃更代之代非替代之代吕氏坤誤認爲替代故言雇倩下賤僞爲哭聲以應弔賓而欲廢此禮今案倩哭以應弔賓乃後世之事先王時未有也此代哭者皆有服之人應在哭位者亦非下賤之謂未殯以前哭不絶聲但自始死至小斂已踰歷晝夜恐其以哀致毁故制代哭之禮使之相代而哭非謂有代哭者而孝子遂不哭也檀弓曰喪禮哀戚之甚也節哀順變也君子念始之者也此注防其以死傷生之義也云人君以官尊卑士賤以親疏爲之者鄭注喪大記亦云卽以親疏哭也天子諸侯之喪其臣皆服斬衰士賤以親疏代哭亦皆有服者也云三日之後哭無時者對未殯哭不絶聲而言卽下記旣殯哭晝夜無時鄭注哀至則哭是也賈氏釋哭無時未的詳訂疑引周禮者挈壺氏凡喪縣壺以代哭者證人君縣壺代哭之事彼注云禮未大斂代哭所謂禮卽據此經代哭在小斂後言之也

右代哭

有襚者則將命擯者出請入告主人待于位喪禮略於威儀旣小斂擯

者乃用辭出請之辭疏正義曰自此至以東言小斂後致襚之儀遠者或至小斂後乃襚云曰孤某使某請事有者不定之辭待于位卽阼階下之位經云襚者不云親襚是使人襚也故下言致命注云喪禮略於威儀旣小斂擯者乃用辭者前庶兄弟襚使人以將命于室則始死時亦將命但未用擯相傳辭耳此云出請入告是用辭矣云出請之辭曰孤某使某請事者約襍記鄰國來弔相者出請辭也入告是以賓之辭告主人其辭當曰某使某襚

擯者出告須以賓入須亦待也出告之辭曰孤某須矣疏正義曰出告告賓也以賓入帥之也注云須亦待也者上云主人待于位此出告賓而云須者亦言主人待俟之意孤某須矣亦襍記文

賓入中庭北面致命主人拜稽顙賓升自西階出于足西面委衣如于室禮降出主人出拜送朋友親襚如初儀西階東北面哭踊三降主人不踊朋友旣委衣又還哭於西階上不背主人疏正義曰賓入中庭北面致命者斯時尸在兩楹閒故北面也主人拜稽顙謝之襍記襚者致命曰寡君使某襚子拜稽顙是其

儀同也賓升自西階出于足西面者謂出尸足之北轉而東而西面也委衣如于室禮謂委衣于尸東牀上如尸在室之禮也降出仍由尸足北轉而西降自西階而出也主人出拜送亦送于門外也鄭注襍記云不迎而送喪無接賓之禮敖氏云小斂以後主人于喪賓則出送之惟不迎賓耳以上是使人襚之禮朋友親襚如初儀謂如上將命至拜送之儀但親襚不致命耳西階東北面哭踊三是異于初儀者故特言之主人不踊李氏如圭云拜君弔襚賵踊哭友襚不踊辟君也　注云朋友旣委衣又還哭於西階上不背主人者據經云東北面是鄉向尸哭之故亦不背主人也

襚者以褶則必有裳執衣如初徹衣者亦如之升降自西階以東　帛爲褶無絮雖複與禪同有裳乃成稱不用表也以東藏以待事也古文褶爲襲

疏 正義曰喪大記小斂君大夫士皆用複衣複衾大斂君褶衣褶衾大夫士猶小斂也鄭注褶袷也君衣尚多去其著也是複有著褶無著矣士小斂大斂皆不以褶而襚者以褶者賈疏云褶褶者所以襚主人未必用之斂耳執衣如初謂左執領右執要徹衣者亦如之亦左執領右執要也升降自西階徹者與襚者同此言以東謂徹者也襍記曰襚

者降出宰夫五人舉以東降自西階又曰宰夫舉襚升自西階西面坐取之降自西階彼君禮宰夫徹之此士禮當有司之屬徹之也　注云帛爲褶者玉藻文彼注云有表裏而無著此注云無絮對袍繭之屬有絮爲著者言之云雖複與禪同有裳乃成稱不用表也者凡禪衣必有裳乃成稱此褶衣雖複亦必有裳乃成稱與禪同也複與褶對文異散亦通喪大記曰袍必有表以其褻此褶非褻衣故不用表也云以東藏以待事也者鄭注襍記云以東藏于內彼含襚在殯後故但言藏此在未大斂之前故云藏以待事謂待大斂之事陳之也云古文褶爲襲者說文襲ナ衽袍段氏玉裁云小斂大斂之前衣死者謂之襲凡衣死者左衽不紐袍褻衣也斂始于襲襲始于袍故單言袍也襲字引申爲凡掩襲之用若記曰帛爲褶士喪禮古文作襲假借字也喪大記玉藻用禮今文作褶許依古文禮故不收褶字胡氏承珙云古襲字多與習通釋名云褶襲也覆上之言也但玉藻帛爲褶與禪爲絅對文專指裌衣而言說文以襲爲左衽袍是汎指斂服言之故鄭從今文作褶也

右小斂後致襚之儀

宵爲燎于中庭宵夜也燎大燋疏正義曰此小斂日之宵也自始死至殯每夜皆爲燎于中庭經言宵不言夕則是終夜設燎也襍記士喪有與天子同者三其終夜燎及乘人專道而行疏終夜燎謂柩遷之夜須光明故竟夜燎也注云宵夜也者說文同云燎大燋者毛傳說文皆以庭燎爲大燭少儀主人執燭抱燋注云未爇曰燋是燋與燭同鄭云大燭燋者亦謂此燎爲大燭也餘詳燕禮○張氏爾岐云以上皆親喪第二日禮今案白虎通引禮曰天子諸侯三日小斂大夫士二日小斂是士之小斂在第二日也

右小斂之夜設燎

厥明滅燎陳衣于房南領西上綪絞紟衾二君襚祭服散衣庶襚凡三十稱紟不在算不必盡用紟單被也衾二者始死斂衾今又復制也小斂衣數自天子達大斂則異矣喪大記曰大斂布絞縮者三橫者五疏正義曰自此至饌東言陳大斂衣貫及殯具之事○厥明者小斂之次日死之第三日也明而滅燎則燎固終夜達旦矣陳衣于房南領西上與小

斂同喪大記士與大夫皆陳衣于序東西領南上鄭云葢天子之士綪義見前絞數詳注言衾二則紟止一矣首陳君襚尊君賜也祭服散衣皆主人之衣而亦在庶襚之前三十稱與喪大記士陳數同言凡者謂自君襚至庶襚共三十稱也紟不在算不在三十稱之數也喪大記曰絞紟不在列此但言紟者絞在紟外衾亦紟類言紟而絞與衾亦不在算可知矣不必盡用者在三十稱外固不用在三十稱中亦容不盡用也喪大記曰大斂祭服無算謂祭服盡用之則散衣庶襚有不用者矣周禮守祧其遺衣服藏焉鄭云遺衣服大斂之餘卽此不用者矣　注云紟單被也者紟與衿別說文紟衣系也从糸今聲籒文从金作絵段氏注云聯合衣襟之帶也凡結帶皆曰紟喪禮紟單被也乃紟之別一義亦因可以固結之義引申之喪大記曰絞紟如朝服又曰紟五幅無紞鄭注如朝服者謂布精麤朝服十五升是紟以布爲之云衾二者始死斂衾今又復制也者始死制爲大斂之衾以覆尸今又制其一衾故爲二喪大記曰布紟二衾君大夫士一也彼注云二衾者或覆之或薦之云小斂衣數自天子達大斂則異矣者謂小斂自天子至士皆十九稱大斂則有多寡之殊喪大記曰君百稱大夫五十稱孔疏據鄭注雜記以襲禮士三稱大夫五稱諸侯

七稱上公九稱天子十二稱謂大斂天子當百二十稱上公九十稱侯伯子男七十稱今云君百稱者據上公舉全數而言之或五等同百稱也此篇賈疏謂喪大記士三十稱大夫五十稱君百稱不依命數是亦喪禮畧則天夫宐百二十稱以無正文故說各異也引喪大記曰大斂布紟縮者三橫者五者證大斂之紟與小斂異也喪大記又曰紟一幅為三彼注云大斂之紟一幅三析用之孔疏縮者三謂取布一幅分裂之作三片直用之橫者五又取布二幅分裂之作六片而用五片橫之於縮下也

東方之饌兩瓦甒其實醴酒角觶木柶毼豆兩其實葵菹芋嬴醢兩籩無縢布巾其實栗不擇脯四脡

此饌但言東方則亦拄東堂下也毼白也齊人或名全菹為芋縢緣也詩云竹柲緄縢布巾籩巾也籩豆具而有巾盛之也特牲饋食禮有籩巾今文嬴為蝸古文縢為甸

【疏】正義曰此饌大斂奠也兩瓦甒其實醴酒醴酒各一甒也角觶以角為之木柶以木為之下記云實角觶四木柶二素勺二此不言勺省文甒解柶豆籩葵菹嬴醢俱詳士冠禮敖氏云始死之奠用吉器小斂用素俎至是乃用毼豆而籩無縢皆以漸變之菹云芋

栗不擇脯四脡亦皆變於吉也　注云此饌但言東方則亦在東堂下也者上小斂饌于東堂下設盆盥于饌東亦在東堂下也而云西方盥如東方是東方即東堂下矣故鄭云亦在東堂下也下記云設桃于東堂下南順齊于坫饌于其上正指此饌言云𣰰白也者廣雅釋器云𣰰罽也𣰰是毛布色白此豆亦白故取以爲名也云齊人或名全菹爲芋者賈疏云鄭于周禮醢人注云細切爲齏全物若牒爲菹此云齊人名全菹爲芋者菹法舊短四寸者全之若長於四寸者亦切之但喪中之菹葵雖長而不切取齊人全菹爲芋之解也今案說文云芋大葉實根駭人故謂之芋也是芋爲麤大之稱此經云全菹芋亦是麤略之意故鄭取當時方言釋之云縢緣也詩云竹柲緄縢者此鄭以意釋之引詩爲證案毛傳云縢約也凡緣邊有約束之意故以縢爲緣此與𣰰豆皆是喪器無飾故鄭注檀弓竹不成用亦引此邊無縢爲說也柲詩本作閟詳後云布巾籩巾也籩豆具而有巾神之也者凡士虞特牲祭皆用兩籩兩豆小斂一籩一豆是不具又無巾此籩豆具而有巾是以神道事之故云神之也案特牲饋食禮記云籩巾以綌此引之者證布巾爲籩巾但據下記云凡籩豆實具設皆巾之則豆亦有巾鄭恐人以籩盛乾物或無巾故特言

之也今文巖爲蝸詳士冠禮古文縢爲甸者胡氏承珙云縢正字甸聲轉俗字故鄭從今文也**奠席在餽北斂席在其東**大斂奠而有席彌神之疏正義曰奠席即下設于奧用以奠者在餽北亦陳于東堂下也斂席大斂之席在其東在斂席之東也斂席亦下莞上簟簟以葦爲之周禮司几筵曰凡喪事設葦席則奠席亦葦席歟敖氏云此二席皆不在於大斂之奠在室遠于尸柩故始用席以存神也注云大斂奠而有席彌神之者賈疏云以小斂奠無巾大斂奠有巾已是神之今又有席是彌神之也今案據此則上注盛之也當作神之也明矣○禮經釋例云凡奠席皆東面設之無席之奠則統于尸案士喪禮奠席在餽北斂席在其東注大斂奠而有席彌神之又云席設于奧東面朝夕哭奠不云席蓋因大斂奠之席朔月奠及薦新奠皆如初奠之儀是室中奠席皆東面也旣夕禮遷柩從奠席升設于柩西奠設如初注從奠設如初東面也不統於柩神不西面也疏云知神不西面者特牲少牢皆設席于奧東面則天子諸侯亦不西面可知朝廟乃奠如初祖奠布席乃奠如初是柩側之奠席亦東面也又載柩畢降奠當前東旣夕記降奠席于柩西不云何面當亦東面大遣奠經不云席敖氏繼公曰

此設之次亦如殯奠既云如殯奠則亦有席東面矣至於始卒奠及小斂奠經皆不云有席蓋此時尸尚在席上故不用席奠無席則統于尸也從奠用席不統於柩者既殯則以神事之不同未殯時也

掘肂見衽

肂埋棺之坎也掘之於西階上衽小要也喪大記曰君殯用輴欑至于上畢塗屋大夫殯以幬欑置于西序塗不暨于棺士殯見衽塗上帷之又曰君蓋用漆三衽三束大夫蓋用漆二衽二束士蓋不用漆二衽二束

疏正義曰李氏如圭云見衽者衽出見于平地坎淺淺之節也張氏爾岐云衽所以聯合棺與蓋之縫者今謂之銀錠扣見衽者坎不沒棺其衽見於上也　注云肂埋棺之坎也者說文肂作肆云瘞也瘞與埋義同故謂埋棺之坎爲肂也云掘之於西階上者檀弓云夏后氏殯於東階之上殷人殯於兩楹之閒周人殯於西階之上故知於西階上掘坎也云衽小要也者漢時名衽爲小要故以釋之引喪大記君殯用輴欑至于上畢塗屋大夫殯以幬欑置于西序塗不暨于棺士殯見衽塗上帷之者證見衽之制彼注云欑猶菆也屋殯上覆如屋者也幬覆也暨及也天子之殯居棺以龍輴欑木題湊象椁上四注如屋以覆之盡塗之諸侯輴不畫龍欑不題湊象椁其他亦如之大夫之殯廢輴置棺西牆

下就牆欑其三面塗之不及棺者言欑中狹小裁取容棺
士不欑掘地下棺見小要耳帷之鬼神尚幽闇也士達于
天子皆然今案檀弓曰天子之殯也菆塗龍輴以椁加斧
于椁上畢塗屋喪大記但云君殯用輴故知謂諸侯也鄭
又引喪大記君蓋用漆三衽三束大夫蓋用漆二衽二束
士蓋不用漆二衽二束者證衽之制孔疏云衽謂燕尾合
棺縫際也束謂以皮束棺也棺兩邊各三衽每當衽上輒
以牛皮束之故云三衽三束也大夫士用横衽有二每衽
有束故云二衽二束也士卑不漆二衽二束與大夫同檀
弓云棺束縮二横三者據君言也若大夫士横唯二束此
文是也今案檀弓曰棺束縮二衡三衽每束一鄭注衡當
爲横衽今小要孔疏云棺束者古棺木無釘故用皮束合
之縮二者縮縦也縦束者二行也衡三者横束者三行也
衽每束一者衽小要其形兩頭廣中央小先鑿棺邊及兩
頭合際處作坎形以小要連之令固棺每束之處以一行
之衽連之若竪束之處則竪著其衽以連棺蓋及底之木
使與棺頭尾之材相固據此則衽有竪者有横者竪者兩
頭各二君大夫士同横者則君兩旁各三大夫士兩旁各
二喪大記所謂三衽三束二衽二束蓋指横者言之也又
孔疏以衽爲燕尾本喪服注衣衽之制也或曰棺衽以木

爲之兩端大中央小銀錠扣之說較勝

棺入主人不哭升棺用軸蓋在下

軸輁軸也輁狀如牀軸其輪輓而行 疏 正義曰檀弓曰天子之棺四重水兕革棺被之其厚三寸杝棺一梓棺二四者皆周喪大記曰君大棺八寸屬六寸椑四寸上大夫大棺八寸屬六寸下大夫大棺六寸屬四寸士棺六寸鄭注大棺棺之在表者也檀弓天子之棺四重以內說而出也然則大棺及屬用梓椑用杝以是差之上公革棺不被三重也諸侯無革棺再重也大夫無椑一重也士無屬不重也庶人之棺四寸趙簡子云不設屬椑時僭也今案棺制此二經及注具之矣棺入主人不哭者朱子曰動尸舉棺擗踊無算然殯斂之際亦當輟哭臨事務令安固不可但哭而已此其義也升棺用軸者斂時第以軸升棺而不以殯與天子諸侯用輴以升棺輴亦入殯中者異矣故下遷祖仍用軸蓋棺蓋也蓋在下謂升棺時蓋仍在堂下俟置棺于肂然後舉以升敖氏謂蓋在棺下恐非 注云軸輁軸也輁狀如牀詳旣夕禮遷于祖用軸下

熬黍稷各二筐有魚腊饌于西坫南

熬所以惑蚍蜉令不至棺旁也爲舉者設盆盥於西 疏 正義曰喪大記曰熬君四種八筐大夫三種六筐士二種

四筐加魚腊焉鄭注熬者煎穀也士喪禮曰熬黍稷各二筐又曰設熬旁各一筐大夫三種加以梁君四種加以稻四筐則首足皆一其餘設于左右周禮舍人喪紀共熬穀小祝設熬鄭注亦引喪大記及此經爲證今案說文云熬乾煎也熬或从麥作麰方言云熬火乾也凡以火而乾五穀之類自山而東齊楚以往謂之熬經言黍稷二種也各二筐四筐也又云有魚腊皆與喪大記合但彼云加魚腊謂加於黍稷之上此云有謂筐中有魚腊則魚腊與黍稷共筐矣饌于西坫南饌熬於此也或以注有設盆盥于西句謂饌于西坫南爲陳盆盥此說非也鄭注小祝引此經連引饌于西坫南句彼疏申之云饌於此者據未用時蓋後設于棺旁是可證矣　注云熬所以惑蚍蜉令不至棺旁也者爾雅釋蟲云蚍蜉大螘學記蛾子時術之鄭注云蛾蚍蜉也蛾一作蟻卽俗所謂馬蟻鄭於舍人小祝注皆以惑蚍蜉爲說注喪大記云將塗設于棺旁所以惑蚍蜉使不至棺也孔疏云熬謂火熬其穀使蚍蜉聞其香氣食穀不侵尸也加魚腊亦爲惑蚍蜉但此注後人多疑之敖氏云孝子以尸柩既殯不得復奠於其側雖有奠在室而不知神之所在故置此于棺旁以盡愛敬之心也然不以食而用熬穀不以牲而用魚腊亦所以異於奠也歟沈氏

形云祭奠之事於主設俎豆敦鉶於重縣二鬲鬻焉於葬藏苞筲甕甒於殯設熬黍稷魚腊焉重以先主而略於主殯以先葬而小於葬事異義同故殯之設熬黍稷猶重之縣二鬲鬻也熬黍稷之異於苞筲甕甒猶鬻之異於俎豆敦鉶也蓋不知何地之可以棲神故無之而不設飲食不知何飲食之可以歆神故相變而殊其品此誠孝子事鬼神之至情敖說得之吳氏廷華儀禮疑義云注謂以惑蚍蜉不至棺旁其說是也蓋新掘之土蚍蜉必多置熬於此以惑之則蟻且畢聚於熬徹熬而蟻隨之則肂中無蟻而柩可免於蠹蝕此禮之取善者注發其端而未竟其說致動後儒之疑又云此當設於掘肂時既塗徹之今案吳氏申注卻有意義但云既塗徹之則於下經文顯背又敖氏沈氏之說亦於理爲近故並錄之云爲舉者設盆盥於西者此注補經所未及也上小斂經云西方盥如東方注云爲舉者設盥爲舉尸者設也此大斂亦有舉尸之事下云士盥位如初注云亦既盥並立西階下則是西方有盥亦如小斂時矣而經未言及故注補之所以補於此者以熬黍稷饌于西坫南此盆盥亦饌于西故類及之猶小斂時經云牀笫夷衾饌于西坫南下即云西方盥如東方也此注云爲舉者上西方盥注亦云爲舉者蓋指舉尸者言若

設於東方之盥則注云爲眞設盥與此別賈疏誤詳訂疑

陳三鼎于門外北上豚合升魚鱄鮒九腊左胖髀不升其他皆如初合升合左右體升於鼎其他皆如初謂豚體及七俎之陳如小斂時合升四鬄亦相互耳

疏正義曰大斂陳三鼎盛於小斂也北上亦西面呂氏春秋云魚之美者洞庭之鱄廣韻鱄出洞庭湖易井谷射鮒鄭注鮒魚微小廣雅鰿鮒也鰿一作鯖俗作鯽蔡氏德晉云鮒鯽魚也其性相附故名鮒段氏玉裁云鱄鮒皆常用之魚也釋文鱄市轉反劉市專反姜氏兆錫以爲當音團謂即山海經黑水之鱄魚似鮒而彘尾恐非王尙書經義述聞云魚鱄鮒九者或用鱄或用鮒其數皆九也當以魚鱄鮒爲一句九爲一句士虞禮記升魚鱄鮒九當以升魚鱄鮒爲一句九爲一句魚鼎或鱄或鮒而兼言鱄鮒猶冪尊或絺或布而兼言絺布也否則鱄鮒竝用而欲合其數爲九孰多孰少乎謹案述聞之說是也喪大記孔疏云特牲士腊用兔少牢大夫腊用麋天子諸侯無文當用六獸之屬李氏如圭云凡言合升者皆弃髀升體解則否凡腊用全此及虞禮用左胖者喪禮略敖氏云凡腊必去髀不以豚解體解合升胖升而異

注云其他皆如初謂豚體及

七俎之陳如小斂時者前小斂惟豚一鼎此陳三鼎有魚腊是其異者其他豚解爲七體及陳俎七皆如小斂時也云合升四鬄亦相互耳者小斂四鬄爲七體亦合升此合升亦四鬄爲七體文互見耳

燭俟于饌東

燭燋也饌東方之饌有燭者堂雖明室猶闇火在地曰燎執之曰燭 疏 正義曰喪大記曰君堂上二燭下二燭大夫堂上一燭下二燭士堂上一燭下一燭鄭注燭所以照饌也滅燎而設燭今案饌在東堂下此云饌東則在東堂下之東也云俟者此時陳於此俟奠乃用以照室下云燭升自阼階是也　注云有燭者堂雖明室猶闇者以其大斂奠在室之奧最爲隱闇滅燎陳設衣物雖在既明之後而室中隱闇仍須燭照之故云堂雖明室猶闇也云火在地曰燎執之曰燭者以此燭係人執之與上爲燎于中庭異也餘詳燕禮

右陳大斂衣奠及殯具

祝徹盥于門外入升自阼階丈夫踊

祝徹祝與有司當徹小斂之奠者小斂設盥於饌東有巾大斂設盥於門外彌有威儀 疏 正義曰自此至適饌言徹小斂奠之事徹之爲將大斂也周禮

大祝大喪徹奠儀禮釋官云此奠徹者夏祝也升自阼階
丈夫踊義見前　注云祝徹祝與有司當徹小斂之奠者
一有司謂執事者注以經但言祝徹故特明之見徹者非祝
一人也敖氏云祝徹題下事也唯言祝見其尊者耳是也
云小斂設盥於饌東有巾大斂設盥於門外彌有威儀者
以大斂設盥變於小斂是有威儀小斂盥有巾則大斂亦
有巾也下既夕言夙興設盥于祖廟門外此不
言設略也李氏如圭云盥當亦于饌奠後設之

祝徹巾授執事者以待授執巾者於尸東使先待於阼階下爲大斂奠又將巾之祝還徹醴也

疏正義曰巾覆小斂奠者空先徹上祝受巾巾之故此亦祝徹之也
注云授執巾者於尸東使先待於阼階下者褚氏寅亮云
祝徹巾而不言降授執事者則在尸東可知矣執事受而
立待則位空如前阼階下也敖氏謂以巾授於阼階下又
謂執事以巾置于饌俱誤云爲大斂奠又將巾之者此釋
待字意前小斂奠用此巾今大斂奠仍將巾之故云以待
也云祝還徹醴也者祝既授巾還徹醴探下文而言也

徹饌先取醴酒北面北面立相待俱降

疏正義曰敖氏云饌字誤當作奠褚氏云奠亦可云饌
不必改今案褚說是也取醴酒亦祝及執事者一人

如前奠時吳氏廷華云醴酒先升而後設此先取者以降仍在先也注云北面立者立以待取籩豆俎者俱降也必相待俱降者以升降爲踊節故必俱也**其餘取先設者出于足降自西階婦人踊設于序西南當西縈如設于堂**爲求神於庭孝子不忍使其親須臾無所馮依也堂謂尸東也凡奠設于序西南者畢事而去之〔疏〕正義曰敖氏云其餘謂取籩豆俎者也先設者先取之後設者後取之旣取俟執醴酒者行而從之俱降此新奠設於旣殯之後而舊奠乃徹於未斂之前者爲辟斂故爾今案取先設者或設謂甲設豆此時仍取豆乙設籩此時仍取籩義亦通出于足降自西階亦由尸足北轉而西而降自西階也婦人踊義見前設于序西南當西縈者謂徹小斂之奠改設于西序之西南其北值西縈蓋在庭之西也敖氏謂設于西堂降自側階後儒多駁之以經明云降自西階乃云設于序西南又云如設于堂則在庭而不在堂明矣且凡言當東縈當西縈皆據在庭者言之敖說誤甚縈制詳士冠禮　注云爲求神於庭孝子不忍使其親須臾無所憑依也者謂旣設於堂復設於庭不知神之所在於彼乎於此乎故復求於此也奠以依神此時舊奠

已徹而新奠尚未設故徹之而仍設於此俟新奠設乃去之雖暫不忍使其無所憑依也云堂謂尸東也者謂此設于庭一如堂上尸東陳設之次第也云凡奠設于序西南者畢事而去之者凡奠謂此小斂奠及後各奠也賈疏云將徹後奠則設先奠于序西南待設後奠事畢則去之不巾以不久設故也

醴酒位如初執事豆北南面東上 如初者如其醴酒北面西上也執醴尊不爲便事變位 疏 正義曰醴酒謂執醴執酒者執事謂執豆俎之人立于豆北待執醴酒者設訖隨之同適新饌也 注云如初者如其醴酒北面西上也者前奠于尸東時執醴酒者先升北面西上今設于庭時仍北面西上是位如初不變也云執醴尊不爲便事變位者以執豆俎之人前立于俎北西上今東上者爲事訖向東爲便是變位矣故云執醴尊不爲便事變位也李氏如圭云下徹設大斂奠醴酒北面西上豆西面錯立于豆北南面籩俎旣錯立于執豆之西東上酒錯復位醴錯于西與此同則亦執籩豆俎者變位而執醴酒者不變也

乃適饌 東方之新饌 疏 正義曰適饌者謂祝及執事者適新饌處以待事 注云東方之新饌者經但言適饌注恐人不辨何方故特明之適之者以大斂訖將設新

斂於室也

右徹小斂奠

卷二十七終